To all our Korean friends,
Always remember the
"Mission is the Boss"
      — Tae Kim

엔비디아 레볼루션

이 책으로 충분합니다.

지난 10년간 기업 이미지를 그래픽 회사에서 AI 회사로, 최고의 AI 데이터센터 서비스와 기술 플랫폼 제공 기업으로 탈바꿈한 엔비디아의 강점과 사활을 건 기술혁신 과정을 생생하고 흥미진진하게 다루고 있습니다.

다른 회사보다 더 빠르게 움직이고 더 빨리 혁신하는 Biz 전략과 GPU 확장 제품 개발 사례는 엔비디아의 독특한 성공 전략과 특별한 기업문화, 그리고 젠슨의 탁월한 운영 능력의 결과이자 이 시대 최고의 기술 선도 경쟁력임을 보여줍니다.

거스를 수 없는 AI 시대의 선두에 서고 싶고 기술 업계의 정상에 도전하는 AI/반도체 업계 종사자분들이 이 책을 읽고 많은 인사이트를 얻을 것으로 믿습니다. 더불어 그들이 31년간 걸어온 도전의 가치를 느껴보기를 바랍니다.

— 홍상후
SKHU(SK Hynix University) 총장, 前 SK 하이닉스 부사장(Package&Test 담당)

헬레나와 노아에게 이 책을 바칩니다.

NVIDIA REVOLUTION

엔비디아 레볼루션

젠슨 황과 거대 테크기업의 탄생

태 킴 지음 | 김정민 옮김 | 김상균 감수

서三삼독

이 책은 엔비디아가 어떻게 기술 거인들을 제치고 AI 시대의 선두에 설 수 있었는지를 훌륭하게 밝혀냈다.

— 피터 하이, 〈포브스〉

세계에서 가장 중요한 기업 중 하나인 엔비디아의 역사를 생동감 있게 풀어낸 책이다. 태 킴은 엔비디아의 놀라운 성취와 이를 뒷받침한 독창적 실패를 능숙하게 서술한다. 동시에 창업자와 과학자, 직원들의 철학과 동기, 도전 정신을 섬세하게 포착해냈다.

— 매튜 볼, 베스트셀러 《메타버스 모든 것의 혁명》 저자

엔비디아의 놀라운 성장 뒤에는 그야말로 드라마가 숨어 있다. 태 킴의 취재는 이 과정에서 벌어진 사건과 인물들을 사실적으로 그려냈다.

— 필립 델브스 브로턴, 〈월스트리트 저널〉

이 책은 단순한 기업의 성공 스토리를 넘어서서 혁신과 인간 의지의 가치를 얘기하고 있습니다. 대만 이민자 소년에서 세계적 기업가로 성장한 젠슨 황의 여정은 그 자체로 한 편의 드라마이자, 글로벌 테크기업 성장의 교과서입니다.

저자는 엔비디아가 컴퓨터 그래픽 전문 기업에서 AI 시대의 핵심 기업으로 진화하기까지의 과정을 생생하게 담아냅니다. 젠슨 황의 선견지명, 과감한 도전, 그리고 평생 공부하는 학습자의 자세는 우리에게 깊은 영감을 전합니다.

특히 '화이트보드 문화'로 상징되는 엔비디아만의 조직문화는 창의성과 협업이 어떻게 기술 혁신으로 이어지는지를 명확히 보여줍니다. 실패를 두려워하지 않고 이를 성장의 발판으로 삼는 엔비디아의 기업문화는 '진정한 성공은 위기를 통해 단련된다'라는 통찰을 전합니다. 이런 통찰은 기술 산업을 넘어 모든 산업 분야에 적용할 수 있는 보편적 지혜입니다.

기술과 경영 분야 관계자뿐 아니라, 자신만의 길을 개척하고자 하는 모든 이에게 이 책을 권합니다. 혁신의 최전선을 담은 생생한 기록은 독자들을 새로운 가능성과 도전의 길로 이끌 것이라 확신합니다.

김상균

인지과학자, 경희대 경영대학원 교수

김상균

경희대학교 경영대학원 정교수. 학부생부터 스타트업 종사자, 기업 경영자와 실무자까지 다양한 층을 지도하는 인공지능, 메타버스, 미래 교육 분야의 선구자로 인간의 마음과 경험을 연구하는 인지과학자이기도 하다.

대학에서 학생들을 가르치며 '수강생이 뽑은 명강의', '학생이 선정한 최우수 강의상'에 각각 3회씩 선정되었고 기업, 교육 기관, 학부모 대상 강연을 2,000회 이상 진행한 강연 섭외 1순위의 AI 전문가로 꼽힌다.

삼성전자 임원을 대상으로 매달 2회씩 '첨단 기술 시대를 살아가는 인류의 미래와 지혜'에 관해 교육하고 있으며, 그 외에도 LG전자, SK그룹, 현대자동차, KBS 등 여러 산업군의 기업 임직원들에게 강의한다. tvN〈어쩌다 어른〉, JTBC〈차이나는 클라스〉, SBS〈빅퀘스천〉, KBS〈셈과 함께〉 등의 방송과 여러 유튜브 채널에 출연해 대중과 활발히 소통하고 있다.

인지과학, 교육공학 분야에서 90편의 논문을 발표했고《AI 코리아 2025》,《메타버스》,《초인류》,《AI×인간지능의 시대》,《기억의 낙원》등의 책을 썼다.

프롤로그

2024년 6월 14일,
젠슨을 만나다

/

다른 삶을 선택할 수 있었다면 젠슨 황^{Jensen Huang}은 아마도 교육자가 되었을 것이다. 그가 가장 좋아하는 도구는 화이트보드다. 1993년 엔비디아를 공동창업한 후 지금까지 계속 엔비디아의 CEO인 젠슨은 회의에 참석할 때마다 자주 자리에서 일어나 자신이 사랑하는 보드마커를 손에 들고 문제를 도식화하거나 아이디어를 스케치해서 사람들에게 보여준다. 다른 사람이 말하고 있거나 화이트보드에 뭔가를 쓰는 중이라 해도 마찬가지다.

실제로 그는 교사와 학생의 역할을 번갈아 맡으며 직원들이 생각을 발전시키고 눈앞의 문제들을 해결할 수 있는 협력적 분위기를 만들어낸다. 젠슨의 스케치는 아주 정확해서 기술 문서에 바로 사용해도 될 정도라고 한다. 동료들은 화이트보드로 복잡한 개념을 누구나 이해할 수 있게 설명하는 능력을 칭송하며 그를 '젠슨 교수'라고 부른다.

엔비디아에서 화이트보드는 그저 회의에서 소통하기 위한 도구가 아니다. 가능성과 변화의 유동성을 동시에 상징한다. 즉, 아무리 뛰어나고 훌륭한 아이디어라 해도 끝내는 사라지고, 새 아이디어가 그 자리를 차지하게 된다는 믿음을 보여주는 것이다.

캘리포니아 주 산타클라라에 있는 엔비디아의 본사 건물 두 곳의 회의실에는 화이트보드가 설치되어 있다. 이는 매일의 모든 회의가 새로운 기회이며, 혁신은 선택이 아닌 필수임을 상징하는 장치다. 준비 없이 화이트보드만 사용해서 설명하려면 능동적 사고가 필요하며, 이를 통해 직원이든 임원이든 그 주제를 얼마나 깊이 이해하고 있는지, 또는 얼마나 모르고 있는지가 여실히 드러난다. 화이트보드 앞에 선 직원은 실시간으로 자신의 사고 과정을 입증해야 하며, 그럴듯하게 작성된 슬라이드나 세련된 마케팅 영상 뒤에 숨을 수 없다. 화이트보드는 엔비디아의 독특한 문화를 가장 잘 드러내는 도구일 것이다.

1990년대 존재하던 수십 곳의 컴퓨터 그래픽 칩 회사 중의 하나로 소박한 출발을 했던 엔비디아는 주로 일인칭 슈팅 게임인 〈퀘이크Quake〉 와 같은 게임에서 최고 성능을 추구하는 하드코어 게

◈   1996년 이드 소프트웨어에서 개발한 일인칭 시점의 혁신적 슈팅 게임으로 FPS 장르와 3D 그래픽 기술 발전에 큰 영향을 주었다.

이머들에게나 많이 알려진 회사였다.

그러나 이제는 대* AI 시대의 고성능 프로세서를 우선 공급하는 주요 기업으로 성장했다. 엔비디아의 프로세서 아키텍처는 거대 언어 모델^{LLM, Large Language Model}을 학습시키고 실행하는 데 필수적인 동시 대량 연산 수행 능력이 뛰어나기 때문에 AI 작업에 최적화되어 있다. 엔비디아는 AI의 중요성을 일찍 깨닫고, 지난 10년 이상 하드웨어 향상, AI 소프트웨어 도구 개발, 네트워크 성능 최적화 등을 포함한 선행투자를 해왔다. 이런 혜안 덕분에 엔비디아의 기술 플랫폼은 오늘의 AI 시대를 적극 활용할 수 있는 완벽한 위치에 자리해 있다.

오늘날 AI의 활용 방식은 아주 다양하다. 기업들은 엔비디아 기반의 AI 서버를 활용해서 개발자들이 정말 하기 싫어하는 기초 코드 작성 업무를 대체해 프로그래머 생산성을 높이고, 반복적 고객 서비스 업무를 자동 처리하며, 디자이너가 텍스트 기반 프롬프트를 바탕으로 이미지를 생성하고 수정하도록 하여 아이디어를 더 빠르게 순환시키고 있다.

엔비디아의 혁신에는 그럴 만한 가치가 있었다. 2024년 6월 18일, 엔비디아는 시가총액 3조 3,000억 달러로 마이크로소프트를 제치고 세계에서 가장 시장가치가 높은 기업이 되었다. 엔비디아 AI 칩에 대한 엄청난 수요 덕분에 가능했던 수치였으며, 엔비디아의 주가는 그전 12개월 동안 3배나 상승했다. 엔비디아 주식 매수는 '역대급 성공'이라는 말로도 부족한 투자 사례다.

1999년 초 기업공개 이후 2023년 말에 이르기까지 엔비디아 투자자들은 연평균 복리 성장률^{CAGR, Compound Annual Growth Rate} 33퍼센트 이상을 얻으며 역사상 미국 주식 중에서 가장 높은 수익률을 누렸다.[1] 만약 어떤 투자자가 1999년 1월 22일 엔비디아가 상장했을 때 1만 달러를 투자했다면, 이것은 2023년 12월 31일에 1,320만 달러의 가치가 되었을 것이다.

엔비디아의 문화는 젠슨 황에서 시작한다. 친구, 직원, 공급업체, 경쟁자, 투자자, 그리고 팬들에게 그저 '젠슨'으로 불리는 인물이다(이 책에서도 이렇게 부르기로 한다). 그는 AI 시대가 오기 전에 이미 어느 정도 명성을 쌓아 2021년 타임지에서 선정한 '세계에서 가장 영향력 있는 100인'에 이름을 올렸다. 하지만 엔비디아의 가치가 1조 달러에 도달하고, 그 후 2조 달러, 3조 달러까지 높아지자 그의 존재감도 같이 몸집을 키웠다. 이제 그의 상징이 된 가죽 재킷과 단정하게 옆으로 빗어넘긴 풍성한 하얀 머리카락을 기사나 영상에서 쉽게 볼 수 있으며, 많은 매체가 그를 '지금껏 보지 못한 천재'로 표현한다.

반도체 산업 분야 취재에 오래 몸담았던 나 같은 사람들에게 젠슨은 꽤 오래전부터 잘 알려진 인물이었다. 그는 엔비디아 창립 후 31년 동안 계속 회사를 이끌어왔다. 이는 현직에 있는 테크기업 CEO 중 가장 긴 재임 기간에 해당한다. 그는 엔비디아라는 회사가 단지 생존하게 하는 수준에 그치지 않고, 이 살벌

하고 변동성이 높은 반도체 시장에서 경쟁자들을 모두 제치게 만든 데다, 나아가 지구상 거의 모든 회사를 뛰어넘게 했다.

나는 주식 애널리스트로 커리어를 시작해 현재 저널리스트로 일하면서, 줄곧 전문적인 시각으로 엔비디아를 지켜봐왔다. 그 과정에서 젠슨의 리더십과 전략적 비전이 어떻게 이 회사를 만들어왔는지를 직접 목격했다. 그렇더라도 나는 여전히 외부 관찰자의 입장이기 때문에 확실한 사실이 아니라 해석에 그칠 수밖에 없는 부분이 있었다. 엔비디아의 진정한 성공 비밀을 알아내려면 회사 내부와 외부의 많은 사람을 만나야 했다. 그리고 젠슨 본인과도 이야기할 필요가 있었다. 나도 그의 직원들처럼 그의 학생이 되어야 했다.

나는 엔비디아가 세계에서 가장 시장가치가 높은 회사가 되는 날을 단 4일 앞두고 그 기회를 잡았다. 엔비디아에서는 내가 책을 쓰고 있다는 사실을 알고 있었다. 2024년 6월 초, 담당자가 나에게 연락해 캘리포니아 공과대학교 졸업식에서 젠슨이 축사를 마친 직후 미팅을 주선할 수 있다고 전했다. 나는 당연히 제안을 수락했다.

정확히 2024년 6월 14일 금요일 오전 10시가 되기 전, 졸업식 연단 앞에서 젠슨을 기다렸다. 완벽한 캘리포니아식 날씨였다. 청명한 하늘과 따뜻한 햇살이 반겨줬다. 학생들은 가족들과 함께 거대한 흰 천막 아래에 자리를 잡고 앉아 있었다. 캘리포니아 공과대학교 이사회 의장 데이비드 톰슨이 젠슨을 소개했다. 그는 자신이 행사 전에 젠슨과 함께 캠퍼스를 돌아보는 동안 너무 시선을 많이 받아 마치 엘비스 프레슬리와 함께 걷는 것 같았다는 농담을 했다.

젠슨은 축사는 인상적이었다. 그는 학생들에게 명문대 졸업이 그들의 인생에서 중요한 '정점' 중 하나가 될 것이라고 했다. 그리고 자신도 정점에 대해 잘 안다고 언급한 후 이렇게 말했다. "우리는 지금 커리어의 정점에 서 있습니다. 엔비디아와 제게 관심이 있는 분들은 제가 무슨 말을 하려는지 이해할 겁니다. 다만 여러분에게는, 앞으로 더 많은 정점이 기다리고 있겠죠. 저는 그저 오늘이 나의 최고의 정점이 아니길 바랄 뿐입니다. 여기가 끝이 아니길 바랍니다."

그는 엔비디아의 미래에 새로운 정점과 클라이맥스가 계속 찾아오도록 지금까지처럼 노력할 것을 맹세했다. 그러고는 졸업생들도 이런 태도를 본받았으면 하는 마음을 슬쩍 내비쳤다.

젠슨의 차례가 끝난 후, 나는 담당자의 안내로 케크 우주연구센터로 서둘러 입장해 고풍스러운 나무 장식벽에 조종사, 우주비행사, 대통령들의 흑백 사진이 걸려 있는 회의실로 들어섰다. 그곳에서 젠슨이 나를 기다리고 있었다. 준비한 질문으로 들어가기 전에 잠시 가벼운 대화를 나눴다. 나는 1990년대부터 직접 컴퓨터를 조립했던 PC 게임 마니아였다고 나를 소개했다. 처음 엔비디아를 알게 된 게 PC의 그래픽카드를 찾아보면서부터였고, 항상 엔비디아 제품을 선택했다고 말했다. 그리고 내 커리어 초기에 월스트리트에서 운영되던 펀드에서 엔비디아에 투자한 선택이 나의 첫 번째 성공이었다고 했다.

"잘하셨네요." 젠슨은 표정 하나 바꾸지 않고 농담을 던졌다. "엔비디아는 저에게도 첫 번째 성공이었거든요."

그리고 우리는 엔비디아의 역사를 매우 폭넓은 범위에서 이야기했다. 젠슨은 엔비디아에 다녔던 직원들 다수가 엔비디아의 초창기를 향수 어린 시선으로 기억함을 잘 알고 있었다. 그러나 엔비디아의 스타트업 시절이나, 당시 자신의 실수들에 대해 지나치게 긍정적인 평가를 하는 것에 대해서는 받아들이기 어려워했다.

"젊었을 때는 잘 해내지 못한 일이 많았어요. 엔비디아가 첫날부터 위대한 회사였던 건 아니었죠. 우리는 31년에 걸쳐 회사를 위대하게 만든 거예요. 처음부터 훌륭하게 태어난 회사는 아니죠." 그는 이어서 말했다. "처음부터 훌륭했다면 NV1을 만들지 않았겠죠. 처음부터 훌륭했다면 NV2를 만들지도 않았을 거예요."[•] 그가 언급한 엔비디아의 초기 칩 두 가지는 크게 실패했고 엔비디아를 거의 망하게 할 뻔했다. "우리는 우리 자신을 극복한 거예요. 우리 스스로가 가장 큰 적이었어요."

엔비디아는 여러 차례 망할 뻔했다. 하지만 그때마다 극심한

[•]　　NV1과 NV2는 엔비디아가 1990년대에 처음으로 만든 그래픽 칩셋으로 독특한 렌더링 방식과 높은 가격으로 인해 상업적으로 성공하지 못했다.

스트레스와 압박을 받으면서도 실수에서 배우고 이겨냈다. 헌신적인 핵심 직원들을 지켜냈고, 이 중 상당수는 지금도 회사에 남아 있다. 당연히 떠난 사람들도 있었으므로 회사는 새로 뽑은 인재들을 기존 조직에 합류시켜야 했다. "항상 누군가는 떠났고, 그때마다 우리는 다시 일어섰습니다. 회사가 입은 상처를 치료해 살려냈죠."

그러고는 갑자기 자기 자신을 슬쩍 삼인칭으로 지칭하며 이렇게 말했다. "젠슨 황이 엔비디아의 초기 15년 동안 아예 참견하지 않았더라면, 그랬다면 정말 좋았을 거예요." 젠슨은 크게 웃었다. 당시 회사 경영 방식이나 세상 물정을 몰랐고 전략적 사고도 부족했던 자신이 자랑스럽지 않다는 뜻이었다.

나는 엔비디아의 과거를 그 창업자에 맞서 변호해야 하는 오묘한 상황에 놓였다. 나는 그런 초기 결정들(당시 내가 책을 준비하면서 꽤 깊이 알게 되었던 내용들)이 전부 나쁘지는 않았다고 짚어주었다. 실수가 있었더라도 그중 일부는 예측할 수 없었거나 젠슨이나 회사가 통제할 수 없는 외부 요인들과 강하게 연결된 것들이었다. 돌이켜보아도 그중 많은 일들은 피할 수 없는 일로 보였다. "이 정도로 넘어가죠." 젠슨은 말했다. "과거에 관한 이야기는 그다지 좋아하지 않거든요."

나는 엔비디아에 깊이 내재화된 태도가 바로 이것이라고 생각한다. 엔비디아의 문화는 실패든 성공이든 상관없이 뒤를 돌아보기를 지양한다. 대신 미래, 즉 기회를 뜻하는 빈 화이트보드에 집중하기를 추구한다. 하지만 엔비디아가 오늘날 어떤 회사인지 진정으로 이해하려면, 그들이 걸어온 길에 대해서도 알아야 한다.

이 책은 엔비디아에 대한 최초의 책이다. 젠슨 황의 이야기만이 아니라(물론 그는 항상 모든 이야기에서 중심에 있지만) 엔비디아에 관한 완전한 이야기를 다룬다. 1993년 젠슨 황, 커티스 프리엠Curtis Priem, 크리스 말라초프스키Chris Malachowsky가 데니스 패밀리 레스토랑 구석 자리에서 엔비디아를 창립했던 시기에서부터 시작할 것이다. 테크 분야에서 일하는 사람들에게는 아득히 오래 전으로 느껴질 만한 때다. 이 세 사람이 없었다면 엔비디아는 탄생할 수 없었다. 젠슨의 날카로운 비즈니스 감각과 밀어붙이는 경영 스타일도 성공의 중요한 요소였지만, 프리엠의 칩 아키텍처에 대한 탁월한 역량과 말라초프스키의 제조에 대한 전문성 또한 필수적인 부분이었다.

31년에 걸친 이 이야기를 하기 위해 나는 100명 이상을 인터뷰했다. 이 중 다수는 현직 또는 전직 엔비디아 직원으로 회사의 내부 사정을 잘 아는 사람들이다. 젠슨과 두 공동창업자, 초기 및 현재의 고위 경영진 대부분이 인터뷰에 응해주었다. 회사 외부 사람들에는 엔비디아에 초기 투자한 벤처 캐피털리스트 두 명, 기술 업계 CEO들, 엔비디아의 칩 제조와 판매에 도움을 준 파트너들, 그리고 엔비디아와 경쟁했으나 거의 계속 패배했던 다른 반도체 회사 관계자들이 들어간다.

　이 엄청난 인터뷰를 거치며 나는 엔비디아가 특별해진 이유를 이해하게 되었다. 엔비디아의 기술적 역량은 원인이라기보다 결과에 가까웠다. 또한 높은 시장가치에서 비롯된 재정적 자원이나 새로운 기회도, 미래를 예측하는 신비하기까지 한 능력도, 어떠한 행운도 이유가 아니었다.

　엔비디아가 특별해진 이유는 그만의 특별한 조직 설계와 일하는 문화 때문이다. 엔비디아의 기업문화는 각 직원에게 유례없는 독립성을 부여하면서 동시에 최고 수준을 요구한다. 최고의 속도를 강하게 밀어붙이면서도 최고의 품질을 추구한다. 젠슨은 전략가이자 실행자로서 회사 내 모든 사람과 모든 상황을 직접 파악한다. 무엇보다도 이 문화는 모든 임직원에게 거의 초인적인 수준의 노력과 정신적 회복력을 요구한다. 이는 엔비디아가 매우 강도 높게 일한다는 의미만은 아니다(물론 이건 사실이다). 핵심은 젠슨의 경영 스타일이 미국의 어떤 기업과도 다르다는 점이다.

　젠슨이 엔비디아를 이런 방식으로 경영하는 이유는 무엇일까. '엔비디아의 가장 큰 적은 경쟁사가 아니라 엔비디아'라고 믿기 때문이다. 더 구체적으로 말하면 젠슨은 성공적인 회사, 특히 엔비디아처럼 인상적인 성과를 오랫동안 내온 회사를 사로잡기 마련인 자기만족을 경계한다. 나는 기자 활동을 하면서 기업들이 성공하고 성장함에 따라 주로 내부 정치 문제로 인해 비효율적으로 변하는 경향을 봐왔다. 직원들이 혁신을 추구하거나 고객을 위해 일하기보다는 상사가 승승장구하는 데 도움이 되는 일에 집중하게 되기 때문이다. 이런 무의미한 경쟁은 직원들이 최선을 다해 일하는 것을 방해하고, 끊임없이 옆 부서의 위협에 신경써야 하는 상태를 만든다. 젠슨은 이런 문제를 없애는 방향으로 엔비디아의 조직을 설계했다.

"시간이 지나면서 전 무슨 일이 일어나고 있는지 깨달을 수 있었어요. 사람들이 어떻게 자기 영역과 아이디어를 보호하려 하는지 알게 되었죠. 그래서 훨씬 더 평평한 조직을 구성했어요." 젠슨은 말했다. 그는 내부 저격, 정량적 평가지표 싸움, 정치적 암투라는 독약에 대해 공개적 책임, 그리고 필요한 경우 공개적 질책을 해독제로 제시했다.

젠슨은 이렇게 말했다. "만약 다른 사람들이 성공하도록 돕지 않고 오히려 그들의 기회를 박탈하는 리더가 회사에 있다면, 전 그냥 공개적으로 말할 겁니다. 공개적으로 누군가를 비판해도 괜찮다고 생각해요. 이렇게 한두 번 반복하고 나면 아무도 그 비슷한 일도 하지 않게 되거든요."

엔비디아의 이런 독특한 문화는 심지어 테크 업계에서조차 평범하지 않게 들리거나 매우 가혹하게 보일 수도 있다. 그러나 내가 만난 전직 엔비디아 직원 중 여기에 불만이 있던 사람은 거의 없었다. 그들은 하나같이 엔비디아에는 대기업 조직에서 흔히 발생하는 내부 정치와 의사결정 지연이 거의 없었다고 말했다. 또한 엔비디아에서 적응하는 것이 얼마나 어려웠는지에 대해서도 언급했다. 예전 회사에서는 직설적이고 솔직하게 의사소통하는 일이 드물었고, 일을 기한 내에 끝내야 한다는 절박함이 훨씬 덜했기 때문이다. 그들은 엔비디아가 직원들에게 권한을 위임했을 뿐 아니라, 고용 상태를 유지하기 위한 필수조건으로 직업적 소명professional calling을 완수할 것을 '요구했다'고 설명했다.

어떤 면에서는 이것이 가장 순수한 형태의 엔비디아 방식이라 할 수 있다. 내 일에 최선을 다할 때 엄청난 보상이 따른다는 확고한 믿음이다. 이것은 역경 속에서 끝까지 버틸 수 있는 동력이다. 다른 말로 하면, 젠슨이 내 눈을 똑바로 바라보며 말했듯이 엔비디아의 성공 비결은 '순수한 의지력' 그것뿐이다.

더 정확히 하자면 엔비디아를 만든 것은 젠슨의 의지의 힘이다. 그는 회사 역사상 가장 중요한 결정들을 스스로 내렸다. 젠슨이 새로운 기술에 대해 아주 중요한 모험적 의사결정을 제대로 내릴 수 있었던 것은 엔지니어 출신의 창업자로서 그가 보유한 깊이 있는 기술 지식 덕분이었다.

나는 이 책에서 엔비디아 방식을 우리가 활용하지는 못하더라도 최소한 뭔가를 배울 수 있도록 일련의 원칙을 정리하려 노력했다. 그러나 이 원칙들 뒤에는 항상 하나의 질문이 도사린다. "엔비디아를 젠슨과 분리할 수 있을까?"

이 글을 쓰는 시점에 젠슨은 61세로 인생의 절반 이상인 31년 동안 엔비디아를 경영해왔다. 엔비디아는 어느 때보다 더 거대해졌고, 더 수익을 내고 있으며, 세계 경제에서 더 중요한 역할을 하고 있다. 그럼에도 엔비디아는 여전히 젠슨 개인에게 많은 부분을 의지한다. 애플은 1985년 스티브 잡스를 강제로 축출했을 때와 2011년 그가 사망했을 때의 위기를 극복하고 살아남았다. 아마존, 마이크로소프트, 구글 역시 제프 베이조스, 빌 게이츠, 래리 페이지와 세르게이 브린이 회사를 떠난 뒤의 위기를 잘 이겨냈다. 언젠가 엔비디아도 비슷한 변화를 겪어야 할 것이다. 젠슨 이후의 엔비디아가 어떤 모습일지는 아직 명확하지 않다. 엔비디아의 문화가 유지될지, 지금의 동력을 지속할 수 있을지는 미지수다.

결국, 화이트보드의 유용성은 보드마커를 쥔 사람의 한계에 따르는 법이다. 천재의 빛을 받아 빛날 수는 있겠지만, 그 빛을 만들어낼 수는 없다.

차례

3부 익스포넨셜 Exponential : 폭발적 성장

(2002~2013)

4부 인피니트Infinite: 무한한 확장과 지배
(2013 – 현재)

~ 1993 ————

1부

제로 Zero: 가능성의 세계

1

소년과 청년

"

나는 싸움을 먼저 걸지 않아요.
하지만 일단 시작하면 절대 물러서지 않죠.

"

젠슨 황의 아버지는 아들 젠슨이 네 살이던 시절, 뉴욕을 방문한 뒤 미국이란 나라에 송두리째 마음을 빼앗겼다. 그때부터 부부의 목표는 오직 하나, 큰아들과 막내 젠슨을 이 기회의 땅에서 자라게 할 방법을 찾는 것이었다. 쉽지 않은 일이었다.

1963년 2월 17일 젠슨 황은 대만에서 대만인 부부의 아들로 태어났다. 아버지의 직업 때문에 여기저기 이사를 했고 형편이 넉넉하지도 않았다. 이 가족이 꽤 오랜 시간 태국에 머물렀을 때, 어머니는 두 아들에게 영어를 가르치면서 매일 사전에서 무작위로 10개의 단어를 골라 철자를 쓰고 뜻을 외우도록 했다.[1]

정치적 혼란이 한 차례 태국을 뒤흔들자 부부는 두 아들을 워싱턴 주 터코마에 사는 친척에게 보내기로 결심했다. 터코마는 북부 태평양 철도 노선의 종착지에 있어서 한때 '운명의 도시'라 불리던 곳이지만 1970년대에는 뉴욕의 역동적인 분위기와는 한참 거리가 멀었다. 느낄 수 있는 것이라고는 축축함과 음침함, 도시 외곽에 자리한 펄프 가공 공장 때문에 공기에 섞인 유황 냄새뿐이었다. 젠슨의 친척도 미국에 정착한 지 얼마 되지 않은 처지였지만 아이들이 새로운 나라에 적응하도록 성심껏 도우며 이들의 부모가 뒤따라 태평양을 건너오기를 기다렸다.

남자아이 둘을 감당하기란 정말 쉽지 않았다. 젠슨은 말한다. "얌전히 앉아 있는 법이 없었죠. 형과 저는 부엌 찬장에 있는 모든 사탕을 꺼내 먹고, 지붕에서 뛰어내리고, 창문을 넘어 나가고, 집안에 진흙을 온통 묻혀 들어오고, 샤워커튼 닫는 것을 잊어서 욕실 바닥을 물바다로 만들곤 했어요."[2]

형제의 부모는 자신들은 아직 미국 땅으로 건너오지 못한 상태였지만 아이들만큼은 좋은 교육을 받을 수 있도록 미국 기숙학교에 보내고 싶었다. 그래서 외국 학생들을 받아주는 켄터키 주 동부의 오나이다 침례교회 학교를 찾아내었고, 거의 모든 자산을 팔아 학비를 마련했다.

젠슨은 켄터키 주의 구릉지대를 달리던 차가 작은 건물 하나를 스쳐 지나갔던 첫날의 기억을 아직도 생생히 간직하고 있다. 그 건물은 오나이다 마을의 유일한 주유소이자 식료품점이자 우체국이었다. 젠슨의 기숙학교에는 300명 남짓한 학생들이 다녔고, 남녀 비율이 거의 비슷했다. 하지만 젠슨의 가족이 철석같이 믿었던 명문 사립학교는 아니었다. 오나이다 침례교회 학교는 방황하는 청소년들을 갱생시키는 재활학교로 1890년대에 가족 간 갈등이 깊은 미국 가정으로부터 아이들을 분리 보호하기 위해 설립된 곳이었다.

설립 취지에 맞게 이 학교는 학생들에게 체계적인 일정을 지키도록 했다. 매일 아침 젠슨은 낡아빠진 선개교*를 지나 레드버드 강을 건너 수업을 들으러 갔다. 수영 클럽에 들었고, 축구를 했으며, 미국식 젤리, 소시지, 비스킷 빵, 그레이비소스 등 미국식 음식에 눈을 떴다. 일주일에 두 번 교회에 갔고 주말에는 ABC 방송국의 〈선데이 나이트 무비〉 프로그램을 시청했다. 가끔 저녁에 학교의 관리인과 체스를 두기도 하고 또 가끔은 관리인이 자동판매기 재고를 채우는 걸 도와주고 그 대가로 공짜 탄산음료를 받기도 했다. 종종 시내로 나가는 날은 식료품점에서 퍼지시클**을 사 먹을 수 있었고 그러지 않는 날에는 기숙사 방 창밖에 심어진 나무에 열린 사과를 따 먹으며 만족했다.

무엇보다 이 학교는 학생들이 허드렛일을 하는 것을 중요한 교육 과정의 일부로 여겼다. 모든 학생은 매일 일을 할 의무가 있었다. 본격적인 육체노동을 할 만큼 충분히 몸이 자란 젠슨의

⦿ 다리 중간에 배가 다닐 수 있도록 다리의 일부가 수평으로 회전하는 교량
⦿⦿ 초콜릿, 버터 등이 들어간 반죽을 막대에 꽂아 얼린 아이스크림

형은 인근 담배 농장에 배정됐다. 어린 젠슨은 3층짜리 기숙사 청소를 맡았다. "저는 화장실 청소 담당이었죠. 한 번 보면 도저히 잊을 수 없는 그런 것들을 봤어요."[3]

젠슨은 상대적으로 어렸기 때문에 그리고 아마도 인종이 다른 영향도 있었기에 못된 학생들에게 괴롭힘을 당하곤 했다. 학교는 표면적으로는 학생들의 갱생을 목표로 운영됐지만, 실제로는 관리가 허술했다. 그 때문에 젠슨은 입학 초기 몇 달 동안 여러 차례 구타를 당하며 힘든 시간을 보냈다. 심지어 룸메이트도 공포의 대상이었다. 젠슨보다 여덟 살이나 많고 온몸이 문신과 흉터로 가득했다. 그러나 젠슨은 결국 두려움을 이겨내는 법을 배웠다. 룸메이트 형과 친구가 되어 그에게 읽는 법을 가르쳐줬고 그 보답으로 룸메이트는 젠슨에게 웨이트리프팅 운동의 세계를 알려줬다. 거기에 푹 빠진 젠슨은 근력만이 아니라 자신감, 즉 자신을 당당히 드러내기 위한 열망과 능력을 얻게 되었다.

나중에 젠슨을 보좌하는 임원진은 그가 유년시절에 강인한 길거리 싸움꾼 같은 정신력을 키웠다고 표현했다. 젠슨 본인도 말한다. "아마 학교에 다니던 시절의 영향일 텐데요. 나는 싸움을 먼저 시작하지 않아요. 하지만 일단 싸움이 일어나면 절대 물러서지 않습니다. 그러니 만약 누군가가 나를 건드리려 한다면 다시 한번 생각하는 게 좋을 겁니다."[4]

몇 년 후, 젠슨의 아버지와 어머니는 태국을 떠나 포틀랜드 광역도시권˚의 외곽에 위치한 도시인 미국 오리건 주 비버턴으로 이사했다. 그리고 아이들을 켄터키 주 '기숙학교'에서 데리고 나와 공립학교에 입학시켰다. 물론 젠슨은 부모님과 함께 살게 되어 행복했지만, 오나이다 침례교회 학교에서 보낸 시간도 소중했다. 그의 인격 형성에 중요한 경험이 되었다고 회고한다. "전 겁먹는 일이 별로 없어요. 한 번도 가본 적 없는 곳에 가는 일도 걱정하지 않아요. 불편함도 웬만하면 견뎌내죠."[5]

포틀랜드 시내에 있는 엘크스 클럽 빌딩 4층, 샹들리에와 장식 천장으로 꾸며진 화려한 대형 공간에서 루 보첸스키라는 이름의 남자가 패들 팰리스˚˚라는 탁구 교실을 열었다. 매일 오전 10시부터 오후 10시까지 운영했고 어린 탁구 새싹들을 위한 주니어 프로그램도 인기 강좌였다. 젠슨은 학교가 끝나면 종종 패들 팰리스에 가곤 했는데, 그곳에서 스포츠에 대한 자신의 재능과 열정을 깨달았다. 그리고 어쩌다 보니 또 청소일을 하게 되었으나 이번에는 공짜가 아니었다. 보첸스키는 젠슨에게 패들 팰리스 바닥을 닦는 일을 시키고 돈을 주었다.

보첸스키 입장에서는 그저 선의로만 한 일은 아니었다. 그의 딸인 주디 호어프로스트는 1971년 중국에 방문한 미국의 핑퐁

˚   미국 오리건 주와 워싱턴 주에 걸쳐 있는 대도시권을 말하며, 이 대도시권에서 가장 큰 도시가 포틀랜드이다.
˚˚   Paddle Palace. '탁구채 왕국'이라는 뜻이다.

외교 팀의 일원이었다. 호어프로스트와 8명의 팀원은 1949년 중국 공산 혁명 이후 처음으로 미국 정부의 보증으로 중국에 공식적으로 방문한 미국인이었다. 비록 이때 미국 팀은 거의 경기에서 패했지만, 이 방문은 냉전으로 얼어붙었던 미중 관계의 해빙을 알리는 신호가 되었으며, 미국 내에서 탁구의 위상을 높이는 데 크게 기여했다. 보첸스키는 유망한 젊은 탁구선수를 발굴해서 이들을 국가대표급 선수로 육성하는 것이 자신의 의무라고 생각했다.

호어프로스트와 보첸스키 모두 젠슨의 탁구 실력과 근면함에 깊은 인상을 받았다.[6] 그래서 1978년 보첸스키는 〈스포츠 일러스트레이티드〉 잡지에 편지를 보내 젠슨을 태평양 북서부에서 등장한 선수 중 '가장 유망한 주니어 선수'로 극찬했다. 그는 그 잡지에 소개되는 다른 청소년들이 가족의 지원을 받아 매년 1만 달러를 들여 대회 투어를 다니는 것과 달리, 젠슨은 자신의 참가 경비를 스스로 벌었다고 강조했다.

"젠슨은 모든 과목에서 A를 받는 학생이고, 탁구 챔피언이 되고자 하는 열망에 굶주려 있습니다. 지금은 탁구 경력이 고작 3개월이지만, 1년 후 그를 꼭 주목해주세요." 보첸스키는 이렇게 썼다. 당시 젠슨은 겨우 14세였다.[7]

1970년대 초 탁구(핑퐁) 경기를 매개로 미국과 중국 간의 냉전 시기의 적대적 관계가 완화된 일을 말한다.

중국 공산당이 국민당 정부를 상대로 벌인 내전에서 승리하여 중화인민공화국을 수립한 사건

어느 날, 젠슨은 전국 탁구 대회에 참가하기 위해 라스베이거스에 갔다. 그런데 죄악의 도시 라스베이거스의 화려한 조명과 소음은 청소년 젠슨에게는 지나치게 매력적이었다. 경기를 앞두고 휴식을 취하지 않고 그는 밤새도록 라스베이거스 스트립Strip 거리를 누볐다. 그 결과 그는 경기에서 크게 패했다. 젠슨은 실패의 쓰라림을 절대 잊지 않았다. 30년 후 그는 이렇게 말했다. "13살이나 14살짜리가 처음 라스베이거스에 가면 경기에 집중하기가 어렵죠.[8] 지금도 그 대회에 더 집중하지 못한 것이 후회가 됩니다." 15세가 된 그는 U.S. 오픈 주니어 복식 대회에 참가했다. 이번에는 집중력을 잃지 않도록 주의했고, 그 결과 종합 3위를 차지했다.

젠슨은 항상 뛰어난 학생이었다. 하지만 다른 사람들과 사회적으로 상호작용하는 법을 배우기란 쉽지 않았다. "저는 굉장히 내성적이었어요. 말도 안 되게 수줍음을 탔죠. 데니스 패밀리 레스토랑에서 웨이터로 일한 경험이 그 단단한 벽을 무너뜨리는 데 도움이 됐어요."

젠슨이 15세일 때 그의 형은 포틀랜드에 있는 데니스 패밀리 레스토랑의 일자리를 소개해줬다. 그는 고등학생, 대학생 시절 몇 번의 여름을 이 24시간 식당에서 일을 하며 보냈다. 젠슨은

라스베이거스 남부의 주요 리조트가 모두 모여 있는 가장 화려한 대로

항상 그랬듯 설거지나 화장실 청소 같은 궂은일부터 시작했다. "아마 CEO 계보에서 저보다 화장실 청소를 많이 한 사람은 없을 거예요." 젠슨은 이렇게 회상했다.[9] 이후 그는 서빙 보조를 거쳐 웨이터로 일하게 된다.

젠슨은 데니스에서 일한 경험 덕분에 여러 중요한 인생 기술을 배웠다고 말했다. 혼란한 상황에서도 계속 일을 진행하는 법, 시간 압박을 받으며 일하는 법, 고객과 소통하는 법, 실수(주방의 실수)를 해결하는 법 등을 익혔다. 그리고 아무리 사소한 일이라도 자신의 업무를 잘 해내는 것에서 만족감을 느끼는 법과, 가능한 최고의 기준에 맞춰 그 일을 해내는 법을 배웠다. 같은 화장실을 백번 청소하는 일이든, 첫 방문이라 무엇을 주문해야 할지 몰라 허둥대는 손님을 응대하는 일이든 뭐든 상관없었다.

그는 자신이 항상 최선을 다하려고 노력했다고 회상한다. 그게 과해서 좀 이상한 목표를 세울 때도 있었지만 말이다. 예를 들면, 다른 직원들보다 더 많은 커피잔을 한 번에 들겠다는 목표가 그중 하나였다. 그는 매일 흘리는 땀에서 자부심을 느꼈다. "전 분명 데니스에서 역사상 가장 뛰어난 설거지 꾼이자 서빙 보조이자 웨이터였죠."

그런데 평범한 메뉴 주문 하나만큼은 예외였다. "저는 밀크셰이크 주문이 싫었어요. 왜냐하면 만드는 과정이 정말 싫었거든요." 밀크셰이크는 만드는 데 시간이 오래 걸렸고, 튄 걸 치우는데는 더 오래 걸렸다. 그래서 고객들이 콜라를 주문하도록 유도

　　　　　　　　1부 제로(Zero): 가능성의 세계

했고, 만약 그들이 계속해서 밀크셰이크를 원하면 "정말 괜찮으신가요?"라고 물었다.[10] 그는 일의 진실 중 하나를 이미 알아가고 있었다. 높은 기준 설정과 효율적 시간 활용 사이에는 상충관계가 있다는 사실이다.

젠슨은 오리건 주 비버튼에 있는 알로하 고등학교에 다니며 수학, 컴퓨터, 과학 동아리에서 친구들을 사귀었다. 모든 자유시간을 쏟아 애플 II 컴퓨터˙에서 BASIC 프로그래밍을 하거나, 전자 타자기처럼 보이지만 사실 더 큰 메인프레임 컴퓨터에 연결되어 있는 텔레타이프 터미널teletype terminal로 게임을 했다.

그리고 비디오 게임과 '사랑에 빠졌다.' 젠슨은 특히 해즈브로˙˙의 고전적 보드게임 〈배틀쉽Battleship〉을 바탕으로 한 메인프레임 게임인 〈스타트렉Star Trek〉을 좋아했다.[11] 그는 또한 아케이드 게임으로 〈아스테로이즈Asteroids〉, 〈센티피드Centipede〉, 〈갤럭시안Galaxian〉과 같은 아타리와 코나미의 게임에 시간을 많이 썼다.[12] 젠슨은 집에 컴퓨터가 없었기 때문에 게임이 하고 싶어지면 게임을 할 수 있는 장소로 가야 했다고 말했다. "우리집은 넉넉하지 않았거든요."[13]

또래에 비해 뛰어났던 젠슨은 태국의 초등학교에서 한 학년

˙ 애플이 1977년 출시하여 개인용 컴퓨터 시대를 여는 데 중요한 역할을 한 제품으로 BASIC 프로그래밍 언어를 지원하여 교육과 게임 분야에서 인기를 끌었다.
˙˙ 트랜스포머로 유명한 미국의 장난감 및 게임 제작회사

을 월반했고, 켄터키 주의 오나이다 침례교 학교에서도 또 한 학년을 월반했다. 그는 16세에 알로하 고등학교를 졸업하고 오리건 주 코발리스에 캠퍼스가 있는 오리건 주립대학교에 진학하기로 결심했다. 같은 주 안의 대학교여서 등록금이 더 낮다는 이유도 있었고 친구 딘 베르헤이든이 함께 진학한다는 이유 때문이기도 했다. 젠슨과 베르헤이든은 전기공학을 전공으로 선택했고, 많은 수업을 함께 들었다. 젠슨은 실무 경험을 쌓으려고 그지역의 테크기업인 테크트로닉 인더스트리스에 인턴십을 여러번 신청했지만 매번 거절당했다.

젠슨은 학부 2학년 때, 전기공학부 전공 250명의 동급생 중단 3명뿐인 여학생 중 하나였던 로리 밀스를 만났다. "전 동기중 가장 어린 학생이었어요. 키도 작았고, 몸도 삐삐 말랐었죠. 하지만 아주 멋진 작업 대사를 준비했어요." 젠슨은 말했다. 이때쯤 그는 사람들과 어울리지 못하던 시기를 벗어나 사교 기술을 상당히 연마한 상태였다. 그렇게 그는 회심의 대사를 날렸다. "내 과제 보여줄까?"[14] 그렇게 작업은 성공했다. 젠슨과 밀스는사귀기 시작했고, 1984년 함께 졸업한 직후 결혼했다.

젠슨은 미국에서 가장 큰 반도체 칩 제조업체들로부터 구애를 받았다. 처음에는 미국 전역에 지사가 있는 텍사스 인스트루먼츠에 가려고 했지만, 면접을 망쳤고 합격 통보를 받지 못했다. 이후 그는 캘리포니아에 기반을 둔 두 회사에서 면접을 봤다. 첫 번째 회사는 그가 오리건 주립대에서 이 회사의 마이크로프

1부 제로(Zero): 가능성의 세계

로세서 관련 연구를 보여주는 포스터를 본 이래 계속 동경해온 AMD였다. 두 번째 회사는 기술적 또는 과학적 용도로 사용되는 ASIC$^{application-specific\ integrated\ circuits}$(에이식, 응용 맞춤형 집적회로)이라고 불리는 맞춤형 마이크로칩을 만드는 'LSI 로직'이었다.

젠슨은 두 회사 모두에 합격했고, 자신이 보기에 사람들에게 더 잘 알려진 AMD를 선택했다. 그리고 낮에는 마이크로칩을 설계하고, 밤과 주말에는 스탠퍼드 대학교에서 전기공학 석사학위 과정을 밟았다. 일과 학업을 병행하는 와중에 그와 아내는 아들 스펜서와 딸 매디슨을 얻었다. 한 학기에 많은 수업을 들을 수 없었기 때문에 석사학위를 마치는 여정은 길고 힘들었다.

그는 마침내 8년 만에 석사학위 과정을 마쳤다. "저는 대단히 장기적인 관점을 가지고 있어요. 분명 어떤 것들에 대해서는 참을성이 없지만, 그 외의 것들에 대해서는 무한한 인내심을 가질 수 있는 게 접니다. 포기하지 않고 꾸준히 하는 스타일이죠."[15]

젠슨은 직장, 석사학위, 그림 같은 가정까지 모두 손에 쥐었다. 자기 자녀들에게 더 나은 기회를 주기 위해 미국 이민을 선택하며 엄청난 희생을 감수하는 수많은 이민자 부모의 이른바 아메리칸드림을 이룬 셈이었다.

젠슨은 그로부터 거의 30년이 지난 후 과거에 관한 질문에 이렇게 답했다. "자식들의 성공에 대해 품은 아버지의 꿈과 어머니의 염원이 결국 우리를 이 자리에 있게 했어요. 저는 그분들께 많은 빚을 졌습니다."[16]

그런데 젠슨의 야망은 그보다도 더 커졌다. 모든 일을 완벽하게, 그러면서도 가능한 한 효율적으로 해내고자 하는 열정 때문에 그는 자신이 하는 마이크로프로세서 설계 업무도 다시 들여다보게 되었다. 그는 분명 AMD에서 마이크로칩 설계 업무를 잘 해내고 있었지만, 그 일은 어느 순간부터 지루하게 느껴졌다. 당시는 마이크로칩 설계가 여전히 수작업으로 하나하나 이루어지고 있었기 때문이다.

그러던 중 동료 한 명이 LSI로 이직하면서 젠슨에게도 함께 갈 것을 권유했다. 당시 대부분의 반도체 제조업계 인재들과 마찬가지로 젠슨 역시 LSI가 칩 설계 과정을 훨씬 더 빠르고 더 쉽게 바꿀 혁신적인 새 소프트웨어 도구를 개발한다는 소문을 들었다. 그는 이 아이디어에 흥미를 느꼈다. 리스크를 감수해야 함은 알았지만, 그는 반도체 산업의 미래를 제대로 아는 것처럼 보이는 회사에서 일해야 한다고 생각했다. 젠슨은 끊임없이 미래를 내다보려 했기에 안정성을 포기하더라도 최첨단 수준을 추구하는 길을 걸었는데 이번 일 또한 그 같은 성향을 잘 보여주는 것이었다.

그는 결단을 내리고 LSI에 합류했고 고객사에서 고객과 함께 일하는 기술직 역할을 맡았다. 젠슨은 썬 마이크로시스템즈Sun Microsystems라는 당시 스타트업 고객사에 배정되었다. 그곳에서 두 명의 인물을 만난다. 엔지니어인 커티스 프리엠과 크리스 말라초프스키다. 이들은 3D 모델링이나 산업디자인 같은 전문적인 기술적, 과학적 과업을 수행하는 고성능 컴퓨터인 워크스테이션 컴퓨터를 사용하는 방식을 혁신할 비밀 프로젝트를 진행 중이었다.

이렇게 보면 분명 운도 젠슨이 이 새로운 기회를 잡는 데 한몫했다 할 수 있다. 물론 그의 재능과 기술도 중요했다. 그러나 젠슨의 생각은 달랐다. 화장실 변기를 닦던 위치에서 마이크로칩을 만드는 회사의 전 부서를 관리하는 위치까지 자신을 밀어 올린 가장 큰 요인은, 누구보다 큰 노력을 기울이고 누구보다 큰 고통을 견뎌내는 자신의 의지와 회복력이었다.

"너무 높은 기대를 품은 사람들은 대체로 회복력이 부족합니다. 안타깝게도 성공의 키는 회복력이거든요." 그는 나중에 이렇게 말했다. "위대함은 지능에서 나오지 않습니다. 위대함은 인격 character에서 나옵니다."[17]

그리고 젠슨이 보기에 인격은 오직 좌절과 역경을 극복한 결과다. 그에게 있어 일의 본질은 힘든, 종종 압도적이기까지 한 역경에 맞서 끈질기게 버티는 몸부림이다. 이것이 바로 누군가 성공에 대한 조언을 구할 때마다 그가 수년간 꾸준히 해온 답이다.

"당신이 충분한 고통과 시련을 통해 단련되기를 바랍니다."

2

프리엠, 말라초프스키, 그리고 젠슨

"

삼성에 데모용 칩을 만들어주자.
그러려면 우리에겐 그가 필요해, 바로 젠슨!

"

커티스 프리엠은 오하이오 주의 클리블랜드 교외 지역에 있는 페어
뷰 파크에서 고등학교에 다니며 학교 컴퓨터실에서 게임을 개발
하고 독학으로 프로그래밍을 배웠다. 이 고등학교에는 '텔레타
이프 모델 33 ASR 커플러'라는 모델명의 단말기가 있었는데, 이
단말기는 약 16킬로미터 밖에 있는 메인프레임 컴퓨터에 연결
된 전화선을 통해 데이터를 초당 약 10글자의 속도로 전송했다.
그는 BASIC 언어로 코드를 작성하고 이 명령을 천공 테이프˙에

˙ 하드디스크 드라이브나 플로피 디스켓과 같은 디지털 매체가 보급되기 전에 저장매
체로 쓰였던 종이테이프로 천공 위치에 구멍을 뚫거나 뚫지 않는 방식으로 데이터를
기록했다.

기록한 뒤 이 단말기의 테이프 리더에 천공 테이프를 읽히는 방식을 통해 자신의 프로그램을 원격으로 메인프레임에서 실행했다.

프리엠의 가장 야심 찬 프로젝트는 당구 게임이었다. 이 프로그램은 텍스트 문자로 당구대 위의 공 배치를 표현하고, 플레이어들이 자신의 순서마다 당구공을 치는 각도와 속도를 입력했다. 그러면 메인프레임이 당구공의 충돌과 이로 인한 당구공의 위치 변화를 계산해주었다. 이 프로그램은 매우 크고 복잡해서 프로그램을 기록한 천공 테이프 롤의 지름이 거의 23센티미터에 달했고, 게임을 업데이트할 때마다 천공 테이프에 기록하는 데만 거의 한 시간이 걸렸다. 그는 이 프로그램을 지역 과학 경진대회에 출품하여 1등 상을 받았다.

프리엠의 빼어난 프로그래밍 실력은 페어뷰 파크고등학교의 수학 책임자였던 엘머 크레스의 눈에 들었다. 프리엠의 멘토가 된 크레스는 학교에 단 한 대뿐인 메인프레임 단말기를 다른 학생들이 공부를 위해 사용하지 않을 때는 프리엠이 사용하도록 허락해주었다. 프로그래밍에 더 능숙해진 프리엠은 흑백 색상환을 활용해 아날로그 이미지를 수작업으로 디지털화하는 방법을 배웠고, 그렇게 디지털화된 이미지를 컴퓨터에서 조작할 수 있는 프로그램을 만들었다. 앞으로 컴퓨터 그래픽 세계를 탐험하게 될 프리엠의 장대한 여정은 디지털화한 크레스 선생님의 인물사진 크기를 조정하고 회전시키는 간단한 작업에서부터 시작되었다.

프리엠은 대학을 선택할 때 매사추세츠 공과대학교[MIT], 케이스 웨스턴 리저브 대학교, 렌슬리어 공과대학교[RPI]를 후보로 생각했다. 그가 결국 RPI에 끌리게 된 두 가지 요인은 다음과 같았다. RPI에서는 1학년 수업을 조교가 아니라 교수들이 직접 가르쳤다. 그리고 학교에서 곧 최첨단 IBM 3033 메인프레임 컴퓨터를 도입해 신입생들도 사용할 수 있게 할 것이라고 공지했다. 프리엠은 세 대학교에 모두 합격했지만, 이 IBM 컴퓨터 소식을 들은 뒤부터는 사실상 어디로 갈지 정해져 있던 것이나 마찬가지였다.

프리엠은 RPI에서 컴퓨터에 푹 빠져 지냈다. 그는 인텔 8080 프로세서[*]를 8인치 플로피 디스크 드라이브 두 개와 모니터에 연결해 직접 멀티버스 컴퓨터[**]를 조립했다. 물론 그를 매혹시킨 IBM 3033 컴퓨터와도 많은 시간을 보냈는데, RPI 부히스 컴퓨터센터 건물에 설치된 이 컴퓨터는 방 하나 크기에 육박하는 사이즈의 메인프레임으로, 발열이 심해서 겨울에 건물 전체 난방을 대신할 정도였다.

그런데 뜻밖에도 프리엠이 2학년일 때 아버지가 실직하면서 그의 인생궤도가 방향을 틀기 시작했다. 고정수입이 없는 그의

---

[*] 1974년 인텔이 발표한 초기의 8비트 마이크로프로세서

[**] 멀티버스(multibus)는 인텔에서 1970년대 개발한 컴퓨터 내부통신용 아키텍처이며, 멀티버스 컴퓨터는 이 아키텍처를 사용하는 컴퓨터를 말한다.

부모가 더 이상 대학 등록금을 감당할 수 없게 된 것이다. 학교에 지원을 요청했지만, RPI는 공대 연구실에서 일할 수 있는 일자리 외에는 직접적인 학비 보조를 제공하지 않았다. 그리고 연구실에서 벌 수 있는 돈은 학비를 감당하기에 턱없이 부족했다.

프리엠은 남은 2년 동안의 학비를 마련하기 위해 유망한 엔지니어들을 관리자 직위로 바로 올리기 위한 속성 코스인 제너럴 모터스^{GM}의 장학생 인턴십 프로그램에 등록했다. 여름방학 때마다 프리엠과 GM 장학생 그룹은 여러 제조공장에서 다양한 프로젝트를 수행했다. 어떤 프로젝트에서 프리엠은 폰티악 피에로$^{Pontiac\ Fiero \circledast}$ 자동차의 압축 성형 차체 패널을 생산하는 기계를 프로그래밍하기도 했다.

1982년 프리엠이 전기공학 학사학위를 받자, GM은 졸업 후 GM에서 일하는 것을 조건으로 그에게 대학원 공부를 계속할 수 있는 전액 장학금을 제안했다. RPI 대학교도 그에게 그래픽스 분야의 대학원 연구원으로 남기를 제안했다.

그러나 프리엠에게는 다른 계획이 있었다. 2년 전, 캘리포니아의 기업가 스티브 잡스와 스티브 워즈니악은 개인용 컴퓨터 스타트업의 초대형 상장에 성공하며 대박을 터뜨렸고, 그 과정에서 각자 1억 달러 이상의 돈을 벌었다. 애플 II 컴퓨터를 판매한 덕분에 애플의 매출은 당시 거의 3억 달러에 달했으며 애플은

＊　　　GM 산하 브랜드인 폰티악에서 1980년대에 생산된 2인승 미드십 엔진 후륜구동 스포츠카

역사상 가장 빨리 성장한 회사가 되었다. 애플 II는 메인프레임이나 미니컴퓨터보다 더 작고, 저렴하고, 성능이 뛰어난 개인용 컴퓨터에 대한 거대한 시장이 존재한다는 가설을 증명했다. 개인용 컴퓨터의 등장 덕분에 프리엠과 같은 엔지니어들은 그들이 사랑하는 최첨단 그래픽 칩을 개발할 기회를 얻었을 뿐만 아니라, 그렇게 좋아하는 일을 하면서 동시에 큰돈까지 벌 수 있는 환경을 얻었다.

프리엠은 중요한 성과를 눈앞에 둔 것으로 보이던 하드웨어 스타트업 버몬트 마이크로시스템즈의 제안을 받아들였다. 이 회사는 RPI 캠퍼스 북쪽으로 차로 약 3시간 걸리는 벌링턴 외곽의 오래된 방직공장 지대에 있었다. 컴퓨터 제조업체들을 위해 그래픽카드를 포함한 컴퓨터 장착용 보드들을 만드는 곳이었다.

어느 날 시카고에서 열린 한 무역 박람회에서 IBM 담당자 한 명이 이 회사의 부스에 찾아와 IBM PC용 그래픽카드를 제조할 수 있는지를 물었다. 당시 부스에 있던 직원들은 당연히 가능하다고 답했다. 스타트업다운 대답이었다. 단, 그들이 말하지 않은 것은 그런 그래픽카드를 만들 지식과 기술을 갖춘 직원이 딱 한 명뿐이고, 그 사람이 막 대학을 졸업한 23세의 커티스 프리엠이라는 사실이었다.

하룻밤 만에 프리엠은 하급 엔지니어에서 이후 1984년 출시될 IBM 프로페셔널 그래픽 컨트롤러^{PGC, Professional Graphics Controller}라는 그래픽카드의 수석 설계 아키텍트가 되었다. PGC 그래픽카드는 이전의 IBM PC 그래픽카드들보다 상당히 향상된 그래픽 기능을 제공했다. 초기 PC들은 모노크롬 디스플레이 어댑터^{MDA} 카드를 사용해서 검은 배경에 한 행당 80자, 총 25행의 초록색 텍스트를 표시하는 게 다였다. 그 이후 모델들은 컬러 그래픽 어댑터^{CGA} 카드를 사용해 개별 이미지 요소(픽셀)를 최대 해상도 640×200, 최대 16색으로 표현할 수 있었다. 그러나 엔지니어들은 곧 더 넓은 표현 공간을 원하게 되었고, 그 시절의 그래픽카드가 겨우 표현할 수 있었던 보라색, 파란색, 빨간색 등의 제한된 선택지에 날이 갈수록 불만을 느꼈다.

프리엠의 PGC 그래픽카드는 당시 출시된 다른 어떤 IBM PC 그래픽카드보다 더 많은 색상과 더 높은 해상도를 제공했다. 이 카드는 최대 해상도 640×480에서 최대 256색을 동시에 표현할 수 있었다. 게다가 그래픽 작업을 중앙처리장치^{CPU}와 독립적으로 실행할 수 있어 렌더링 속도도 더 빨랐다. 그리고 부팅 때는 CGA 호환 모드로 동작하되, 필요할 때만 고급 기능을 활성화하도록 설계되었다.

프리엠은 처음에는 이 회사에서 하게 된 일과 자신에게 빠르게 주어진 권한이나 책임에 들떴다. 하지만 결국 버몬트 마이크로시스템즈는 애플과는 전혀 다른 회사임을 깨달았다. 이 회사에서는 뛰어난 엔지니어를 채용하기가 어려웠는데 이유 중 일부는 직원들에게 스톡옵션이나 지분을 제공하지 않았기 때문이다. 많은 스타트업이 이런 방식을 통해 좋은 직원들을 끌어들이고 유지하며, 회사에 자금이 떨어질 내재적 위험과 압박감 속에서도 그들에게 동기를 부여한다. 프리엠이 아무리 열심히 일하고, 그가 만드는 그래픽카드가 아무리 훌륭해도, 그가 계속 그회사에 머문다면 스티브 잡스처럼 부자가 되기는 불가능했다.

그래서 그는 서쪽의 실리콘밸리를 바라보기 시작했고, 사실상 구직활동을 하기 위해 북부 캘리포니아로 휴가를 떠났다. 그곳에 도착하자마자 프리엠은 해변이 아닌 신문 가판대를 찾아〈산호세 머큐리 뉴스〉 신문을 사서 곧바로 구인란을 펼쳤다. 여러 스타트업의 구인공고 중에서 어느 하나가 특히 그의 눈을 사로잡았다. '젠래드^{GenRad}'라는 회사의 하드웨어 엔지니어 자리였다. 젠래드는 당시 회로기판과 마이크로프로세서 테스트 장비부문의 세계적 제조업체 중 하나였다. 다시 말해, 이 회사에 들어가면 주요 핵심 제조업체들이 개발한 최신 칩의 초기 버전에접근할 수 있다는 뜻이었다. 일단 이 가능성을 떠올리자 포기할수가 없었다.[1] 그는 젠래드에 면접을 보았고 합격했다.

버몬트로 돌아온 프리엠은 사직서를 냈다. 버몬트 마이크로시스템즈에서 일한 기간은 2년에 불과했지만 이 기간에 그 회사에서 역대 가장 주목받은 제품 중 하나를 설계했다. 그는 IBM에 납품하는 첫 그래픽카드를 출하한 바로 그날 퇴사했다. 출시기념 파티가 시작됐을 때, 프리엠은 퇴사 면담에 불려갔고, 이후출구까지 보안요원들의 에스코트를 받아 회사를 떠났다.

프리엠은 몰랐지만, 그가 들어갈 당시 젠래드는 위기였다. 1978년 성공적인 기업 상장을 하고 전자제품 테스트 시장에서 약 30퍼센트의 지배력을 확보하며 경쟁사인 테라다인과 휴렛팩커드^{HP}를 여유롭게 따돌리는 위치에 섰지만[2] 경영상의 잘못된 결정을 잇달아 저질렀고 회사는 위태로워졌다. 젠래드의 경영진은 반도체 테스트 시장에 진입하고자 물 쓰듯 투자금을 퍼부었으나 그 사업은 실패로 끝났다.

젠래드 경영진은 경쟁우위를 확실히 쌓기 위해 제조업체들에게 내부 칩 테스트 업무를 완전히 젠래드에 아웃소싱해야 한다고 요구하기 시작했고, 이 때문에 IBM, 허니웰 등의 제일 큰 고객사들과 마찰이 생겼다. 게다가 LTX라는 회사와의 합병이 실패하면서 젠래드의 고위 경영진에 대한 신뢰는 금이 갔고, 인재들은 회사를 탈출해 이직하면서 경쟁사들은 더욱 강력해졌다. 프리엠이 입사한 직후 젠래드는 재기 불가능한 수준까지 급격히 추락했다. 2년간의 혼란을 견딘 끝에 프리엠은 테크 업계 전문 헤드헌터를 찾아가 여기에서 탈출하게 해달라고 요청했다.

그때 웨인 로싱이라는 사람이 프리엠에게 썬 마이크로시스템즈의 엔지니어 자리 면접을 제안했다. 썬은 수천수만 달러에 달하는 하이엔드 UNIX 컴퓨터 워크스테이션의 초기 개척자로, 1982년 스탠퍼드 대학원생 세 명(스콧 맥닐리, 앤디 벡톨샤임, 비노드 코슬라)

이 설립한 회사였다.

　로싱은 1983년 출시된 애플 리사^Lisa 데스크톱 컴퓨터의 엔지니어링 팀을 이끌었으며, 로싱이 리사를 개발했던 시기는 프리엠이 IBM용 PGC 그래픽카드를 만들던 시기와 비슷하다. 리사는 데스크톱 컴퓨터의 세계를 영원히 바꿀 혁신적인 제품이란 기대를 한 몸에 받았으며, 텍스트로 된 명령줄 대신 그래픽 사용자 인터페이스^GUI를 갖춘 최초의 대중시장용 개인 컴퓨터이자, 대부분 컴퓨터에 하드 드라이브가 없던 이 시절 5메가바이트 하드 드라이브를 탑재한 최초의 컴퓨터로 설계되었다. 하지만 비슷한 가격대의 워크스테이션에 비해 소프트웨어가 부족하고 가격도 1만 달러에 달했던 리사의 운명은 출시 전부터 이미 예견되어 있었다. 애플은 참담한 판매실적을 거두고 남은 리사의 재고를 업체를 고용해 유타 주의 쓰레기 매립지에 묻었다. 그리고 로싱은 얼마 지나지 않아 애플을 떠났다.

　리사 개발 과정에서 로싱은 상당한 시간을 들여 경쟁 제품들의 성능을 평가했다. 그가 경탄했던 그래픽카드 중 하나가 바로 프리엠이 개발한 PGC 카드였다. 로싱은 그 카드를 쓰고 싶었지만 리사에는 맞지 않았기에 리사는 720 × 364 해상도의 단색 디스플레이만 지원하는 기본 그래픽 기능만 탑재하게 되었고, 결국 PGC를 쓴 IBM 기기들의 성능에는 한참 미치지 못했다.

　로싱은 썬 마이크로시스템즈에 합류한 후, 아름다운 컬러 그래픽을 빠르게 렌더링하는 발전된 기술을 최대한 활용하겠다고 다짐했다. 이를 위해서는 뛰어난 그래픽 칩을 설계할 수 있는 사람이 필요했고, 자연스럽게 커티스 프리엠에게 관심이 갔다. 로싱은 프리엠의 면접심사에서 PGC 같은 그래픽카드를 썬에서 만들 수 있겠냐고 물었다. 젊은 엔지니어의 답은 간결했다.

"예."

이는 썬의 경영진이 로싱에게 원했던 바와는 완전히 정반대였다. 당시 썬은 '스팍스테이션SPARCstation'이라는 새로운 컴퓨터 시리즈 출시에 집중하고 있었다. 특정한 과학기술 응용 분야에서 사용하기 위해 설계된 UNIX 기반 워크스테이션으로, 특히 교량부터 비행기, 기계 부품 같은 복잡한 물리적 객체 설계에 쓰이는 컴퓨터 지원 설계CAD와 컴퓨터 지원 제조CAM 프로그램이 주된 용도였다. 썬은 CAD와 CAM이 산업디자인을 손으로 그리는 것보다 훨씬 더 빠르고, 더 저렴하며, 더 정확하게 할 수 있게 해줄 것이라고 믿었으며, 스팍스테이션이 이 혁신을 이끌기를 원했다.

썬의 엔지니어링 부문을 맡은 부사장이자 로싱의 직속상사인 버니 라크루트는 스팍스테이션이 CPU 성능만으로도 시장을 지배할 수 있다고 믿었다. 그래서 스팍스테이션 팀에게 주 프로세서 성능 개선에 집중하고, 그래픽 기능에는 손대지 말 것을 지시했다. 그는 대부분의 그래픽 렌더링 작업이 CPU에서 처리되던 이전 세대의 썬 워크스테이션 그래픽 솔루션에 만족하고 있었다.

로싱은 격렬하게 반대했다. 애플에서 리사를 개발한 경험을 통해 그는 빠른 그래픽의 중요성을 배웠다. 일반적인 워크스테이션 사용자는 아무리 연산이 빠르거나 저장공간이 크다고 해도, 그래픽이 느린 것은 참지 못했다. 로싱은 스팍스테이션에 백만 픽셀과 수백 가지 수준의 색상을 표현할 수 있는 최첨단 디스플레이 기능을 넣어야 한다고 생각했다. 이를 실현하려면 그래픽 처리기능을 CPU에서 분리해 버몬트 마이크로시스템즈의 PGC와 같은 그래픽 가속기 칩으로 옮겨야 했다. 게다가 이런 일을 상사의 눈을 피해 진행해야 할 판이었다. 그래서 프리엠이 로싱에게 좀 더 자세한 설명을 요청했을 때 로싱의 답은 전적으로 열려 있었다.

"커티스, 하고 싶은 건 다 해도 돼요. 그냥 이전 워크스테이션과 같은 크기의 프레임 버퍼 안에 맞추기만 해주세요. 그 사이즈 안에 들어가기만 하면 메인보드에 넣을 자리가 생길 거예요."[3]

이것은 프리엠과 같은 엔지니어가 프로젝트에서 합리적으로 기대할 수 있는 '완전한 전권'에 가까운 것이었다. 프레임 버퍼 frame buffer, 즉 스팍스테이션이 그래픽 처리에 할당하는 메모리의 데이터 처리량 한계 내에서 작동할 수만 있다면, 그가 상상하는 것이 무엇이든 설계하고 만들 수 있다는 뜻이다.

프리엠은 혼자서는 이 프로젝트를 완성할 수 없음을 깨달았다. 같이 일할 사람이 필요했다. 곧 휴렛팩커드 출신의 엔지니어인 크리스 말라초프스키가 썬 마이크로시스템즈에 합류하면서

1부 제로(Zero): 가능성의 세계

이 문제는 해결되었다. 두 남자는 같은 사무실을 쓰며 '비밀 그래픽 팀'으로 불렸다. 그들은 윗선에서 금지한 작업을 몰래 추진했다.

크리스 말라초프스키는 같은 사무실을 쓰는 동료 프리엠과 달리 컴퓨터 세상에 늦게 입문했다. 말라초프스키는 1959년 5월, 펜실베이니아 주 앨런타운에서 산부인과 의사인 아버지와 작업치료사˚로 일하다 전업주부가 된 어머니 사이에서 태어나 뉴저지 주의 오션타운십 지역에서 성장했다. 십대 시절 목공에 빠져 가구를 만드는 목수가 되려 했으나, 부모님이 의학 쪽 진로를 강하게 권했다. 이 시점까지도 그는 전자공학이나 기술 쪽 직업을 생각해본 적이 없었다.

그는 17세에 고등학교를 졸업하고 플로리다 대학교에 입학했다. 의학전문대학원과 건설사업관리 학부가 유명하고 뉴저지의 추운 겨울에서 최대한 멀리 떨어진 곳이었다. 이 학교의 의학전문대학원 준비 과정에는 독특한 교육철학이 반영되어 있었는데 미래의 의사들이 폭넓은 지식을 배우게 하고자 생명과학 분야 외의 수업도 수강하게끔 되어 있었다. 말라초프스키는 생명과학 외부 과목 이수학점을 채우기 위해 물리학 수업을 듣다가 전기공학 관련 과정에서 A학점을 받았다. 그는 공학의 길이 자신을

˚   Occupational therapist. 질병, 부상 등으로 일상활동에 제약이 있는 사람들을 돕는 재활전문가를 말한다. 물리치료사와 달리 일상생활의 수행에 초점을 맞춘다.

부른다는 사실을 깨달았다.

그래도 말라초프스키는 의학전문대학원 입학시험인 MCAT을 치르던 날 점심시간까지는 이런 깨달음에 크게 신경쓰지 않았다. 피크닉 테이블에 누워 플로리다의 강렬한 해를 바라보며, 그는 아버지가 걸었던 길을 따라 의사의 삶을 산다는 계획에 대해 생각했다. 나는 평생 이 일을 하고 싶은 것인가? 24시간 호출에 응해야 하고, 거의 자지도 못하고 4일이나 5일 연속 근무를 서야 하는 일을? 그는 자문했다.

"내가 정말 약병에 적힌 이름의 뜻을 다 알고 싶은 걸까?"

"아니야." 그는 깨달았다. "나는 공학이 좋아. 엔지니어가 되는 게 낫겠어."

MCAT 시험을 마친 후, 자취방으로 돌아오는 길에 세븐일레븐 편의점에 들러 맥주 한 박스를 샀고 방에 들어오자마자 부모님께 전화를 걸었다.

"엄마, 아빠, 좋은 소식과 나쁜 소식이 있어요. 좋은 소식은 시험이 생각보다 어렵지 않았다는 건데요. 나쁜 소식은요. 제가 의사가 되고 싶지 않다는 거예요."

그는 부모님이 분명 크게 실망할 것으로 생각하고는 조용히 기다렸다. 그런데 오히려 안도감 섞인 목소리가 들려왔다. "잘 생각했어." 어머니가 가볍게 말했다. "넌 어차피 약 설명서도 안 읽잖니. 네가 좋은 의사가 될까, 잘 모르겠다는 생각이 들었어. 우리는 네가 아빠를 위해 무리하고 있지 않나 싶었거든."

말라초프스키는 전기공학 전공으로 바꾸었고 좋은 성적을 얻어 캘리포니아에 있는 휴렛팩커드에 취직했다. 그리고 제조 부문에서 일하면서 회사의 연구개발 부문에서 개발 중이던 새로운 16비트 미니컴퓨터 생산을 담당하게 되었다. "알고 보니 아주 좋은 자리였어요. 실제 컴퓨터가 어떻게 만들어지는지 배울 기회였거든요."

이론적으로 컴퓨터 칩을 설계하는 방법을 아는 사람은 많았지만, 대량생산을 할 수 있으면서도 수익성 있는 칩을 설계할 수 있는 사람은 거의 없었다. 말라초프스키는 휴렛팩커드에 처음 합류했을 때, 제조 부서에서 직접 실무를 경험하며 이 업계에서 실용적이고 현실적인 관점을 갖춘 인재로 성장할 수 있음을 깨달았다. 더구나 휴렛팩커드는 멘토링과 훈련 프로그램을 통해 젊은 엔지니어들을 잘 벼려진 베테랑으로 성장시키는 것으로 유명했다. 말라초프스키는 이 회사에서 경험을 쌓으면 그다음에 올 어떤 기회도 잡을 수 있는 준비된 인재가 될 것을 알았다.

제조 부서에서 일을 하던 그는 새로운 칩을 개발하는 사내 연구소에 합류하라는 제안을 받았다. 그렇게 HP-1000 미니컴퓨터 라인에서 일하면서 이 컴퓨터의 통신 주변장치용 임베디드 제어 소프트웨어를 개발하는 법을 배웠다. 이후에는 HP-1000의 CPU를 만드는 팀을 이끌게 되었는데, 그 CPU는 그가 이 회사에서 일을 시작했던 바로 그 건물에서 제조될 예정이었다.

매일 HP-1000에서 가장 중요한 부품을 개발하면서 동시에 말라초프스키는 회사 인근의 산타클라라 대학교의 컴퓨터공학 석사학위 과정에서 학업을 이어갔다. 그리고 CPU와 석사학위를 모두 완성하자, 대학 졸업 후 1년 만에 결혼한 아내 멜로디와 함께 어디에서 가정을 꾸릴지 고민하기 시작했다. 처음에는 영국 브리스톨에 있는 회사의 해외사무소로 옮길까도 생각해봤지만, 아내는 너무 먼 곳으로 이사하고 싶어 하지 않았다. 그래서 미국 이스트코스트 지역*을 살펴보게 됐다. 그들의 처가는 플로리다 북부에 시가는 뉴저지에 있었는데 그 중간 지점이 바로 노스캐롤라이나의 리서치 트라이앵글Research Triangle로, 이곳에는 세계적 수준의 대학인 듀크 대학교와 노스캐롤라이나 대학교뿐만 아니라 IBM과 디지털 이큅먼트 코퍼레이션DEC 같은 거대 테크 기업의 사무실이 있었다.

말라초프스키는 미대륙을 가로지르는 대장정을 결정하기 전에 그저 면접 연습을 해보겠다는 이유로 다른 회사의 일자리에 지원하기로 했다. 첫 면접은 에반스 앤 서덜랜드Evans & Sutherland의 초창기 슈퍼컴퓨터 개발부서에서 잡혔다. 이 회사는 주로 군사훈련용 하이엔드 비행 시뮬레이터를 만드는 그래픽 회사로 알려져 있었다. 그는 면접에서 바로 탈락했다. 면접관들은 그가 회사의 현 상태에 대해 너무 과하게 문제를 제기한다고 생각했다. 그

---

* 대서양과 인접한 미국 대륙 동쪽 연안 지역을 가리킨다. 메사추세츠, 뉴햄프셔, 노스캐롤라이나, 뉴욕, 뉴저지, 메릴랜드 등이 포함되어 있다.

1부 제로(Zero): 가능성의 세계

래서 회사와 맞지 않는다고 판단했다(말라초프스키는 면접 탈락에 대한 그들의 피드백을 듣고 이것은 회사 미래에 좋은 징조는 아니라고 생각했다. 그의 예상은 맞았다. 이후 에반스 앤 서덜랜드의 첫 슈퍼컴퓨터는 전혀 팔리지 않았고, 냉전 종식이 다가오면서 군사 목적 시뮬레이터 수요도 말라붙고 있었다).

말라초프스키의 연습용 면접 두 번째가 썬 마이크로시스템즈였다. 그는 상세내용이 공개되지 않은 그래픽 칩 개발직무에 지원했다. 기존 그래픽 관련 경력이 전혀 없었지만, 호기심을 이기지 못해 수석 엔지니어였던 커티스 프리엠과의 면접에 응했다. 그저 연습용으로 가볍게 시작했을 뿐인데, 이 면접은 말라초프스키의 인생 경로와 테크 업계 전체의 길을 바꾸게 되었다.

"커티스는 그래픽을 이해하는 사람이었어요." 말라초프스키는 이렇게 회상했다. "알고 보니 저는 구현하는 타입의 사람이었죠. 무엇을 해야 하는지, 뭐가 필요한지 말해주면, 그 일을 어떻게 해낼지를 알아내는 사람 말입니다."

프리엠은 로싱이 요구한 (그러나 로싱의 상사는 원하지 않았던) 고품질 그래픽을 구현하기 위해 말도 안 되게 거대한 그래픽 가속기를 설계했다. 이 가속기에는 두 개의 전용 ASIC이 들어갔다. 하나는 프레임 버퍼 컨트롤러[FBC, Frame Buffer Controller]로, 고해상도 이미지를 빠르게 렌더링하는 역할을 했다. 다른 하나는 변환 엔진 및 커서[TEC, Transformation Engine and Cursor]로, 사용자가 객체를 조작할 때 그 움직임과 방향을 빠르게 계산할 수 있었다. 기존의 썬 워크스테이션은 모든 작업을 CPU에서 처리했는데, 프리엠의 그래픽 가속기는 스스로 최대 80퍼센트의 연산 작업을 처리할 수 있었다. 전용 그래픽 칩에서 제일 잘 처리할 수 있는 특화된 일부 작업을 수행하고, CPU에서는 또 CPU가 잘하는 다양한 작업을 처리할 수 있게 부하를 덜어주는 방식이었다.

　매우 훌륭한 설계였다. 이론적으로는 그랬다. 하지만 말라초프스키는 이 설계를 현실적으로 구현해야 했다. 휴렛팩커드와 달리 썬은 자체 칩을 제조하는 회사가 아니었기 때문에 말라초프스키는 인근 산타클라라에 본사가 있는 LSI 로직에 도움을 요청해야 했다. LSI 로직은 당시 하드웨어 제조회사들을 위한 맞춤형 ASIC 제작 분야에서 글로벌 선두업체였다. 말라초프스키는 시기적으로 매우 운이 좋았는데, LSI가 그때 막 '게이트의 바다sea-of-gates'라는 새로운 칩 아키텍처를 도입해서 이를 통해 만 개 이상의 게이트 어레이gate array◉를 칩 한 개에 적재하는, 다른 제조업체들이 해내지 못한 놀라운 성과를 올린 시점이었기 때문이다. LSI의 자체 프로토타입 버전도 꽤 인상적이었지만, 스팍스테이션에서 충분한 처리 성능이 나오려면 프리엠의 칩 설계가 더 커져야 하는 문제가 있었다. LSI 경영진은 썬 마이크로시스템즈가 큰 고객이 될 가능성이 있음을 눈치채고 계약을 체결했다. 말

◉　여러 개의 게이트를 연결하여 특수기능을 수행하도록 한 집적회로

라초프스키가 나중에 살짝 언급한 바에 의하면, 그들은 이 제조 프로젝트를 진짜 해낼 수 있을지 걱정하는 것처럼 보였다고 한다.

LSI는 확실하게 프리엠과 말라초프스키가 설계한 칩을 구현해서 납품하고자, 회사에서 촉망받던 에이스를 고객사 썬을 관리할 담당자로 배정했다. 그 담당자가 바로 LSI에 입사한 지 얼마 되지 않았던 젠슨 황이었다.

말라초프스키가 말했다. "그 젊은 친구는 AMD에서 마이크로프로세서를 다루다가 LSI에 막 입사한 상태였어요. 커티스는 원하는 게 무엇인지 알고 있었고, 저는 그것을 설계할 수 있었고, 젠슨은 우리를 도와 그걸 어떻게 만들어낼지 알아냈죠."

세 사람은 함께 머리를 맞대고 프리엠의 설계를 실제 칩으로 제조할 수 있는 제조 프로세스를 개발해나갔다. 문제가 발생하면 각자 자신의 전문영역에서 해결책을 찾아냈다. 그러나 이렇게 압박감이 높은 프로젝트를 수행하는 소규모 팀에서는 긴장이 생기기 마련이었다.

말라초프스키는 말했다. "커티스는 아주 똑똑해요. 두뇌회전이 정말 빠르죠. 그는 어떤 아이디어를 떠올리자마자 바로 해결방법으로 넘어가기 때문에 다른 사람들이 그 과정을 따라갈 수 있는 단서를 주지 않아요. 여기에서 저의 가장 중요한 역할은 커티스의 아이디어를 쉽게 풀어 설명해 다른 사람들이 자신의 수준에서 이해하고 이 아이디어를 지지할 수 있게 만드는 것이라 생각했어요. 제 커뮤니케이션 기술이 제 엔지니어링 역량만큼이나 중요하더라고요."

하지만 때때로 커뮤니케이션은 노골적 갈등으로 발전하기도 했다. "크리스와 저는 아주 거칠고 가차 없는 말싸움을 벌이곤 했어요. 몸의 대화까지는 아니었지만, 서로 고함도 치고 소리를 마구 질러대면서 싸웠죠." 프리엠은 이렇게 회상했다. "크리스는 칩에 대한 결정과 관련해 저에게서 뭔가를 끌어내려 했어요. 저는 어느 순간 그가 원하는 답을 내놓고도 진정하지 못해서 싸움을 계속하려 했고요. 그러면 크리스가 '그만, 그만, 이제 끝났어. 원하던 답은 나왔어'라고 말하곤 했습니다."

그러면 프리엠이 사무실을 박차고 나갔고 다른 팀원들, 즉 이 시점에서는 둘밖에 없었던 하드웨어 엔지니어 톰 웨버와 비투스 렁은 걱정스러운 눈빛으로 말라초프스키를 바라보곤 했다. 둘 중 한 명이 머뭇거리다 이 팀이 이제 해체되는 거냐고 물으면 말라초프스키는 항상 이렇게 답했다. "이 팀은 문제없습니다."

젠슨도 이런 불꽃튀는 논쟁에서 위험보다 가능성을 보았다. 그는 이런 싸움을 '칼을 가는 과정'에 비유했다. 칼은 숫돌과 마찰을 일으켜야 더 날카로워진다. 그처럼 최고의 아이디어는 항상 열정 넘치는 토론과 논쟁에서 나오기 마련이다. 그렇게 칼을 갈아대는 과정이 불편할 수 있지만 말이다. 젠슨은 이때 이미 갈등을 피하기보다는 인정하는 법을 배우고 있었고, 이는 훗날 엔비디아를 경영할 때 그의 철학을 정의하는 중요한 깨달음이 된다.

말라초프스키가 회상했다. "우리는 LSI 로직의 표준 포트폴리오에 있던 모든 도구를 무시했어요. 젠슨은 똑똑하고 일을 아주 잘하는 사람이라 이런 식으로 말했죠. '이 문제들은 뒤에서 제가 해결할게요. 여러분은 신경쓰지 않으셔도 됩니다. 하지만 저 문제는 여러분이 해결하는 게 좋을 거예요. 제 선에서 처리할 수 없을 것 같거든요.'"

1989년 세 사람은 썬의 새 그래픽 가속기 사양을 최종 결정했다. FBC가 제대로 돌아가려면 게이트 4만 3,000개, 트랜지스터 17만 개가 필요했고, TEC는 게이트 2만 5,000개, 트랜지스터 21만 2,000개가 필요했다. 이들은 'GX 그래픽 엔진', 줄여서 GX란 이름으로 패키징될 하나의 그래픽 가속기 칩에 함께 들어갈 예정이었다.

이 '비밀 그래픽 팀'이 새로운 칩을 출시할 준비를 마쳤을 때, 또 하나의 호재가 찾아왔다. 불과 몇 년 전만 해도 그래픽 칩이라는 아이디어에 강한 반감을 보였던 임원 버니 라크루트가 웨인 로싱에게 스팍스테이션의 그래픽 성능 개선에 자원을 투입하지 말라는 자신의 지시를 따랐는지 물은 것이다. 로싱은 따르지 않았다고 답했다. 라크루트는 말했다. "잘했네."[4]

GX는 처음에는 선택사항인 애드온 부품으로 출시되었다. 썬은 이 애드온을 선택하는 고객에게 2,000달러를 추가 청구했다. GX는 디스플레이에서 동작하는 모든 작업의 속도를 높여주었다. 2D 기하학 처리, 3D 와이어프레임^{wireframe} 렌더링˚, 평범한 텍스트 스크롤을 보여주는 작업조차도 GX 가속기가 있으면 훨씬 더 빠르고 보기 좋았다.

"아마 역사상 처음으로 텍스트 창을 이용하는 시스템에서 텍스트 스크롤 속도가 인간이 볼 수 있는 속도보다 빨라졌을 겁니다. FBC가 화면을 그리는 과정을 지켜보지 않고도 대용량 문서를 위아래로 빠르게 스크롤할 수 있게 되었죠." 프리엠이 말했다.

그런데 GX 그래픽 칩의 성능을 가장 확실히 보여준 사례는 프리엠이 남는 시간에 개발하던 게임이었다. 그는 버몬트 마이크로시스템즈에 있을 때 A-10 워트호그 전투기˚˚가 나오는 비행 시뮬레이터 게임을 만들기 시작했다. 당시 버몬트 주 벌링턴에 있는 버몬트 공군기지에는 워트호그 전투기 편대가 주둔하고 있었는데, 그는 퇴근길에 기지 활주로 끝에 차를 세우고 전투기가 이륙하는 광경을 지켜보곤 했다.

프리엠은 그 전투기를 더 가까이에서 보려는 생각으로 시뮬레이터 프로그램을 만들었다. 가상의 냉전 중 분쟁지역에서 적군의 탱크를 파괴하는 '탱크 버스터'로서 A-10 전투기를 조종하며

˚ 　물체의 모서리만 그리는 렌더링을 말한다.
˚˚ 　정식 모델명이 A-10 Thunderbolt II인 미국 공군 전투기로, 특히 적군의 전차 및 장갑차량 파괴를 위해 설계된 거칠고 독특한 외관 때문에 혹멧돼지(Warthog, 워트호그)라는 별명이 붙었다.

날아다니는 느낌을 줄 생각이었다. 그러나 개인용 컴퓨터인 아타리 800은 A-10 전투기가 비행할 때 생기는 복잡한 물리적 요소를 렌더링하기엔 그래픽 처리능력이 부족했다. 프리엠은 이 게임을 결국 완성할 수 없었다. 사실 그가 상상한 게임을 구현할 수 있는 그래픽카드는 당시 시장에 존재하지 않았다. 어디까지나 GX 지원 스팍스테이션이 나오기 전까지 그랬다는 얘기다. 역사상 최초로, 현실감 있는 비행 시뮬레이터를 만드는 게 가능해진 것이다. 프리엠은 직원 할인 60퍼센트를 받아 수천 달러나 싸게 개인용 워크스테이션을 구매했다. 주 60시간씩 회사에서 일했지만 퇴근한 후엔 집에서 GX 칩의 성능을 최대한 활용할 새로운 시뮬레이터 프로그램을 개발했다. 마침내 그는 자신의 비전을 실현한 게임을 완성했다. 그는 게임에 〈에비에이터[Aviator](비행사)〉라는 이름을 붙였다.

〈에비에이터〉에서는 사용자들이 A-10 전투기가 아니라 고성능 F/A-18 전투기[•] 조종석에 앉아 다른 F/A-18과의 공중전투를 경험할 수 있었다. 이 게임은 사이드와인더 미사일[••], 기관총, 폭탄 등 F/A-18에 탑재된 무기를 전부 모델링했다. 프리엠은 〈에비에이터〉의 전장을 사실적으로 렌더링하기 위해 위성 데이터를 구매해 지형의 고도와 윤곽을 정확하게 표현하고, 텍스처 매

[•] 1970년대 미국 해군과 해병대용으로 개발된 다목적 전투기로 별명은 호넷(Hornet, 말벌)이다.
[••] 미국에서 개발된 단거리 공대공 미사일의 이름. 사이드와인더(sidewinder)란 이름은 측면으로 기어가는 움직임이 특징인 북미의 독사의 이름에서 유래했다.

핑 그래픽을 추가했다. 심지어 PC 호환용 조이스틱이 썬의 워크스테이션에서 작동할 수 있게 하드웨어 어댑터까지 설계해서 게이머들이 굳이 키보드로만 이 가상 전투기를 조종하지 않아도 되게 했다.

이 게임을 팔기 위한 비즈니스 파트너는 썬의 마케팅 부서에서 일하던 브루스 팩터였다. 팩터는 게임 판매와 마케팅을 맡기로 했는데 곧 〈에비에이터〉가 그저 여가시간을 보내는 게임의 용도를 넘어 썬의 워크스테이션 판매에도 기여할 수 있음을 깨달았다. 이 게임은 당시 대부분의 다른 PC 게임이 최대 320×200 해상도에 그칠 때 1280×1024 고해상도와 256색을 지원해서 GX의 그래픽 성능을 보여주는 아주 훌륭한 데모가 되었다. 게다가 워크스테이션 여러 대가 네트워크로 연결된 상태에서 다른 사용자와 실시간 대전이 가능했다. 이는 1990년대와 2000년대의 랜파티[LAN Party] 유행을 불러올 초기의 근거리통신망[LAN] 종류 중 하나였던 썬의 새로운 '멀티캐스팅' 프로토콜 기능을 이용한 것이었다.

프리엠과 팩터는 〈에비에이터〉의 무료 복사본을 썬 마이크로시스템즈의 모든 영업사무소에 배포했다. 영업대표들은 자사 컴퓨터의 성능을 보여주는 방법으로 이 게임을 활용했고, 워크스테이션 구매 고객들에게 선물하기 위해 게임을 더 구매하기도

---

* 1990년대 미국에서 유행했으며, 광역 인터넷이 보급되지 않은 시대에 참가자들이 개인컴퓨터나 게임콘솔을 가져와서 한 장소에 모여 로컬 네트워크로 연결하여 함께 게임을 즐기던 사회적 모임이었다.

했다.

프리엠이 당시의 일을 이렇게 회상했다. "제가 만든 게임은 하드웨어의 성능을 마지막 1비트까지 최대한 끌어내고 있었어요. 〈에비에이터〉는 꽤 중요해졌죠. 썬 마이크로시스템즈 영업부서가 표준 워크스테이션 성능을 홍보하는 데 가장 좋은 데모가 되었거든요."

〈에비에이터〉는 1991년 정식으로 출시되었다. 이 게임은 컴퓨터 그래픽 및 인터랙티브 기술 특별연구그룹SIGGRAPH, Special Interest Group on Computer Graphics and Interactive Techniques의 연례 컨퍼런스에서의 시연에도 등장했다. 이 행사에서 프리엠과 팩터는 워크스테이션 11대를 네트워크로 연결해 행사 참석자들이 참석자 간 공중전투를 체험할 수 있도록 했다.

이 〈에비에이터〉를 개발한 경험은 프리엠에게 게임 디자인 이상의 아주 중요한 교훈을 주기도 했다. 썬의 한 직원이 게임을 출시한 지 겨우 이틀 만에 게임을 해킹해서 구매하지 않아도 플레이할 수 있게 해버린 것이다. 프리엠은 더 이상의 해킹을 방지하기 위해 코드를 수정해서 코드 변경이 감지되면 실행이 비활성화되며 소프트웨어를 불법 복제 시도한 사용자 정보를 자신에게 이메일로 전송하는 새로운 버전을 출시했다. 이후 프리엠은 이와 유사한 개인키 암호화 기술을 첫 번째 엔비디아 칩 설계에 적용하게 된다.

옵션으로 출시되어 불타나게 팔린 GX 칩은 몇 년 후 모든 썬 워크스테이션 표준사양으로 탑재되었다. 이 성공은 프리엠과 말라초프스키의 경력을 한층 업그레이드시켰고 이들은 그래픽 아키텍트가 되어 '저사양 그래픽 옵션 그룹Low-End Graphics Option group'이라는 이름의 팀을 직접 이끌게 되었다.

한편, LSI가 칩에 투자하며 던졌던 주사위의 결과도 아주 깔끔하게 대박이 났다. LSI의 매출은 1987년 2억 6,200만 달러에서 1990년 6억 5,600만 달러로 성장했다. 이는 부분적으로 GX 매출이 견인한 결과였다. 초기 2칩 모델의 판매 단가는 거의 375달러였지만, 이후 1칩 버전에서는 약 105달러로 낮췄다. 그럼에도 불구하고 거둔 상당히 고무적인 성과였다. 젠슨은 LSI에서 재사용할 수 있는 지식재산과 설계 라이브러리를 활용하여 외부 하드웨어 업체를 위한 맞춤형 칩을 제작하는 일을 하던 코어웨어CoreWare 부문의 담당 임원으로 승진했다.

아이러니하게도 GX의 성공은 썬 마이크로시스템즈에 정반대의 영향을 끼쳤다. 1990년대 초가 되면서 썬은 로싱, 프리엠, 말라초프스키 같은 인재들이 자신의 직관을 따라 기술적 역량을 마음껏 펼칠 수 있던 스타트업 특유의 유연하고 빠른 분위기에서 점점 멀어져갔다. 기업문화가 점점 관료적, 통제적으로 바뀌었고 그만큼 일하는 속도도 느려지고 있었다. 프로젝트 팀들은 이제 가장 혁신적인 아이디어를 내고자 경쟁하지 않고 최대한 많은 경영진의 표를 얻을 파워포인트 발표자료를 만들기 위해 경쟁했다. 요컨대, 썬 마이크로시스템즈는 정치적으로 변질되었다.

말라초프스키나 프리엠은 이런 환경에서 일하고 싶지 않았다. 특히 프리엠은 '더 좋은 기술을 제안하기보다 다른 프로젝트를 방해하거나 중단시키는 것이 더 쉬워진' 기업문화가 불편했다. 그는 그저 좋은 그래픽 칩을 만들고 싶었을 뿐, 사내 권력 다툼에는 전혀 관심이 없었다.

썬의 새로운 칩 출시는 점점 뜸해지다 못해 종국에는 거의 멈춰버렸다. 슬라이드로 보기엔 그럴듯했지만 기술적으로 또는 경제적으로 구현 불가능한 새 제안들이 매분기 승인되었다가 다음 분기에는 취소되기를 반복했기 때문이다.

"2년 동안, 그 회사 사옥에선 어떤 성과도 나온 적이 없었어요." 말라초프스키는 그 이유를 이렇게 분석했다. "그들은 그때까지 너무 잘해왔기 때문에 성공하기 위해 노력하기보다 성공을 지키는 데에 더 신경쓰게 된 거예요. 실패할까 봐 두려움에 사로잡힌 겁니다. 적극적으로 목표를 노리는 자세를 잃은 거죠."

설상가상으로 썬은 프리엠과 말라초프스키가 GX로 이뤄낸 진전을 되돌리려고 했다. 어떤 발표 자리에서 프리엠의 팀이 삼성의 최첨단 비디오 메모리 기술을 탑재한 차세대 그래픽 가속기를 제안했으나 경쟁자였던 티모시 반 훅에게 밀려났다. 반 훅은 썬 워크스테이션의 그래픽 성능 한계를 높이는 최선의 방법이 전용 그래픽 칩에 의존하지 않고 CPU가 하이엔드 3D 그래픽 작업을 더 많이 처리하도록 하는 방향이라고 믿었다.[5] 프리엠은 기술적 이유로 이 아이디어가 성공할 수 없을 거라 확신했다. 그러나 이런 이유는 중요하지 않았다. 반 훅에게는 프리엠에게 없는 경쟁력이 하나 있었기 때문이다. 바로 썬의 공동창업자인 앤디 벡톨샤임의 신임이었다. 프리엠은 그 정도 영향력을 가진 후원자가 없으면 내부 경쟁에서 승산이 없음을 알고 있었다.

"앤디가 저에게 와서 우리 팀이 맡은 제품군은 이제 끝났다고 말했어요." 프리엠은 말했다. 프리엠은 이제 썬에서 일할 날이 얼마 남지 않았음을 깨달았다. 썬 경영진이 그의 팀을 해체하고 그를 해고한 다음, 말라초프스키를 다른 칩 프로젝트로 보내려 한다는 소문이 돌았다.

6년간 프리엠과 함께 일한 말라초프스키는 자신의 친구이자 회사에서 가장 재능있는 엔지니어 중 한 명인 프리엠이 이런 대우를 받자 분개했다.

"크리스는 제가 썬 경영진에게 두들겨 맞으면서 겪었던 모든 고난을 알고 있었어요. 그는 제가 등 뒤에 꽂히는 그 모든 화살을 참아내는 것에 존경심을 표시했죠. 그래픽 부문 부사장에게 너무 심하게 질책당하고 나서 인사 담당자와 함께 나가 공원 건물 주변을 걸으며 울었던 때도 있었어요. 아, 너무 가혹했어요."

벡톨샤임이 반 훅의 아이디어를 선택한 일은 두 사람에게는 마지막 남은 끈이 끊어지는 느낌이었다. 두 사람이 보기에 자신들이 GX로 거둔 성공은 이제 점점 엉망이 되어가는 이 회사에서는 아무 의미도 없는 것 같았다.

"우리는 시간이 얼마 남지 않았다는 것, 그리고 썬에서는 더이상 일하고 싶지 않다는 사실을 깨달았어요." 프리엠은 말했다. 그들은 이미 새 프로젝트를 생각하고 있었다. 썬 경영진이 기각한 차세대 가속기 칩 프로젝트를 부활시키는 것이었다.

"우리 그냥 삼성에 데모용 칩을 하나 만들어주면 어떨까?" 프리엠이 말라초프스키에게 물었다. "그냥 컨설턴트 역할을 하면서 삼성이 제조할 이 새로운 메모리 장치의 가치를 보여주기만 하면 돼."

말라초프스키는 그 제안이 흥미롭게 느껴졌다. 그들은 칩을 만드는 방법을 알았고, 뛰어난 칩에 대한 계획도 있었다. 그러나 이 우위는 분명 위험이 될 수도 있었다. 수십억 달러 규모의 고수익 반도체 산업에서 경쟁하는 회사들은 아주 작은 경쟁우위를 얻기 위해서 두 엔지니어의 아이디어를 훔치는 일을 마다하지 않을 것이기 때문이다. 자신들의 기술적 역량에 어울릴 정도의 사업 감각을 가진 파트너가 없다면, 차라리 시도조차 하지 않는 게 나을 수도 있었다.

그때 말라초프스키는 다른 아이디어를 떠올렸다. 그는 나중에 이렇게 회상했다. "이미 알던 사람이 있었어요! 외부 고객을 위해 기술 라이선싱과 시스템 온 칩^{SoC} 구현을 하는 업무로 옮겨간 아주 좋은 친구를 우리가 이미 알고 있더라고요. 그래서 우리는 젠슨에게 연락했어요."

말라초프스키와 프리엠은 젠슨 황에게 삼성과 일하는 데 필요한 계약서 작성하는 일을 도와달라고 요청했다. 세 사람은 이 한국 기업을 상대할 비즈니스 전략을 세우기 위해 회의를 자주 했다.

그러던 어느 날 젠슨이 말했다. "우리가 왜 이걸 남들을 위해 해야 하죠?"[6]

3

발렌타인의 재판

"

엔비디아, 당신들은 도대체 정체가 뭔가요?

"

커티스 프리엠과 크리스 말라초프스키가 그래픽 칩 스타트업을 시작하기로 마음먹은 타이밍은 정말 예술적이었다. 1992년 하드웨어와 소프트웨어의 비약적 발전 때문에 시장은 더 뛰어난 그래픽카드를 원했다. 하드웨어 측면에서는 PCI^Peripheral Component Interconnect 버스의 도입이 중요한 전환점이 되었다. PCI는 이전의 ISA^Industry Standard Architecture 버스를 개선하여 그래픽 가속기 등의 확장형 카드, 메인보드, CPU 사이에서 데이터를 훨씬 높은 대역폭으로 전송할 수 있는 하드웨어 연결 표준이었다. 이로 인해 고성능 카드를 설계하는 과정이 쉬워질 게 분명했으며, 그 결과물을 위한 시장도 훨씬 확장될 게 보였다.

소프트웨어에서의 발전은 당시 가장 최신의 컴퓨터 그래픽 기술을 보여주려는 의도로 마이크로소프트가 설계하여 출시한 윈도우 3.1이다. 트루타입 폰트를 도입해 모든 마이크로소프트 프로그램에서 픽셀 단위의 완벽한 텍스트 렌더링을 구현했으며, 새로운 AVI^Audio Video Interleave 비디오 인코딩 형식을 도입해 고품질 비디오 재생을 지원했다.

더 중요한 것은, 이런 발전된 기술을 운영체제 내부에만 숨겨 두지 않았다는 것이다. 이 운영체제는 현란한 스크린세이버, 사용자 맞춤형으로 설정할 수 있는 인터페이스, 윈도우 미디어 플레이어를 사용하도록 유도하는 장치들을 통해 그래픽 성능을 마음껏 뽐냈다. 윈도우 3.1은 1992년 4월 6일 출시 후 석 달 동안 거의 300만 개가 팔려, PC의 향상된 그래픽 성능을 활용하는 프로그램에 대한 강력한 수요가 있음을 증명했다.

프리엠과 말라초프스키는 자신들의 스타트업에 워크스테이션 시장이 아닌 PC 시장이 가장 큰 기회가 될 거라 판단했다. 그들은 프리엠이 만든 비행 시뮬레이터를 판매하는 것을 염두에 두었다. 이것을 직장 등에서 썬 마이크로시스템즈 하드웨어에 접근이 가능한 사람들만이 아니라, 개인용 컴퓨터를 보유한 모든 게이머에게 판매하려는 계획을 세웠다. 그리고 썬에서 그랬던 것처럼 비용을 절감하기 위해 칩이나 회로보드를 직접 제조하지 않기로 했다. 최고의 칩 설계에 집중하고 생산은 이미 고가

의 생산 인프라를 갖춘 반도체 회사들에 아웃소싱할 생각이었
다.

그래도 프리엠은 여전히 이 경쟁에서 자신들이 어느 정도 위
치에 있는지 예상할 수 없었다. "크리스와 내가 좀 뛰어난 것은
알았지만, 전 세계 사람들과 비교해도 그럴 것인지는 알 수 없었
어요."

썬의 기기에는 항상 윈도우와 유사한 그래픽 인터페이스가 있
었고 윈도우를 쓰는 PC들도 곧 다중 창 운영체제 환경을 지원
하게 될 참이었다. 프리엠과 말라초프스키가 이미 구현해본 기
능이다. 이걸 생각하니 자신들의 기술이 PC 시장에서도 가치가
있을 거란 생각이 들었다.

"열 개의 창이 열려 있을 때는 수많은 종류의 보안적 보호와
추상화 장치가 필요해요." 말라초프스키는 말했다. "당시 PC는
기본적으로 화면 전체를 다 쓰는 DOS 환경이었기 때문에 이런
문제들을 다룰 필요가 없었죠."

1992년 말, 프리엠, 말라초프스키, 젠슨은 이스트 산호세의
캐피톨 베리에사 교차로에 있는 데니스 레스토랑에서 계속 만
나며 비즈니스 계획을 구체화할 방법을 찾았다.

"우리는 갈 때마다 바로 무한리필 커피 한 잔을 주문했죠. 그
러고 나서 음, 네 시간 동안 앉아서 일했어요." 말라초프스키는
당시를 이렇게 떠올렸다.[1]

프리엠은 데니스 파이와 그랜드 슬램 아침세트를 엄청나게 먹

어댔다고 기억한다. 데니스 레스토랑의 그랜드 슬램 아침세트는 두 장의 버터밀크 팬케이크와 함께 달걀, 베이컨, 소시지가 나오는 메뉴다. 젠슨은 자신의 단골 메뉴를 기억하지 못했지만, 아마도 칠면조, 녹은 스위스 치즈, 토마토에 그가 좋아하는 베이컨을 추가한 슈퍼버드 샌드위치였던 것 같다고 했다.[2]

젠슨은 여전히 직장을 떠날 결심을 하지 못한 상태였다. 그는 샌드위치를 우물거리는 사이에도 커티스와 크리스에게 질문을 퍼부어댔다. "PC 시장이 얼마나 큰가요?" 젠슨은 물었다. "꽤 크죠." 그들이 대답했다. 사실이긴 했지만, 당연히 젠슨이 만족할 정도로 구체적인 답은 아니었다. "크리스와 저는 그냥 젠슨을 지켜보며 앉아 있었어요." 프리엠은 말했다.

젠슨은 PC 시장과 잠재 경쟁자를 분석하는 작업을 계속했다. 그는 이 스타트업에 기회가 있을 거라 믿었지만, 그들의 비즈니스 모델이 통할 거란 확신이 들기 전까지는 지금의 직장을 떠나고 싶지 않았다. 크리스와 커티스가 왜인지 모르지만 자신을 중요한 동료로 생각해준 것에는 감사한 마음이 들었다. 하지만 한편으로는 이렇게 생각했다고 한다. '나는 내 회사가 좋고, 너희들은 지금 회사를 싫어하잖아. 나는 잘 지내고 있고, 너희는 지금 엉망이야. 내가 왜 너희와 함께 떠나야 하지?' 젠슨은 이 스타트업이 연 매출 5,000만 달러를 올릴 수 있음을 증명한다면 합류하겠다고 말했다.

젠슨은 데니스에서 했던 긴 이야기를 애정을 담아 회상했다.

"크리스와 커티스는 제가 만난 사람 중 가장 똑똑한 엔지니어이자 컴퓨터공학자였어요.[3] 성공에는 운이 꽤 큰 역할을 하는데, 제 운은 그들을 만난 것이었죠."

결국 젠슨은 5,000만 달러 매출이 가능하다고 판단했다. 스스로도 게이머로서 게임 시장이 크게 성장할 거라는 확신이 있었다. 그는 말했다. "우리는 비디오게임 세대예요.[4] 비디오 게임과 컴퓨터 게임의 엔터테인먼트적 가치가 저에게는 너무나도 명백했습니다."

이제 관건은 누가 먼저 손을 들고 회사를 나갈 것인가로 바뀌었다. 프리엠은 1번 타자가 되어도 되는 상황이었다. 썬에서의 상황을 보면 어차피 몇 달 내에 회사를 떠나야 할 것 같았기 때문이다. 그러나 젠슨의 아내 로리는 말라초프스키가 썬을 떠나기 전에는 남편이 LSI를 그만두지 않길 바랐고, 말라초프스키의 아내 멜로디는 젠슨의 결심이 확실해지기 전까지 남편이 썬을 그만두지 않길 바랐다.

1992년 12월, 프리엠은 동료들이 빠질 길을 막았다. 그는 썬 마이크로시스템즈에 12월 31일부로 효력이 발생할 사직서를 제출했다. 그리고 다음날, 집에서 혼자 벤처회사를 창업했다. 그는 이렇게 회상했다. "그냥 이제 회사를 시작했다고 선언하는 식이었죠."

사실 이것도 부풀려진 묘사에 가까웠다. 회사의 상호도, 자금도, 직원도 없었다. 말라초프스키나 젠슨도 아직 합류하지 않은 상태였다. 프리엠이 당시 가진 것이라곤 아이디어 하나와 동료들에 대한 약간의 영향력뿐이었다.

"저는 그 둘에게 불쌍한 커티스를 혼자 떠돌게 놔둘 수는 없다는 압박을 가한 거죠." 프리엠은 이렇게 말하면서 어떻게 보면 죄책감을 줘서 끌어들인 셈이라고 덧붙였다. "아마 둘이 함께 얘기한 것 같아요. 커티스가 그만뒀으니 우리도 그만둬야 한다고요. 둘이 동시에 사직하면서 아내들의 걱정도 해결했어요. 우리가 원팀이라는 게 분명해졌죠."

말라초프스키는 썬 마이크로시스템즈에서의 마지막 프로젝트인 GX 라인의 새 업그레이드가 종료할 때까지 남기로 했다. 자기 팀 엔지니어들이 이 칩이 완벽함을 확인해주자 그는 편한 마음으로 1993년 3월 초를 퇴사일로 선언했다.

말라초프스키는 말했다. "좋은 엔지니어는 제 일을 팽개치고 도망치지 않아요." 좋은 엔지니어는 도구도 두고 떠나지 않는다. 그는 퇴사 전에 새로 시작할 스타트업으로 자신의 썬 워크스테이션들을 가져가도 되는지 물었고, 당시에도 그의 상사였던 웨인 로싱은 허락했다. 말라초프스키는 퇴사 전 며칠 동안 그 기기의 부품을 가능한 한 많이 업그레이드했다. "최대 용량 메모리, 최대 용량 디스크 드라이브, 최대 모니터 크기로 업그레이드해서 왔더라고요." 프리엠은 말했다.

젠슨 역시 원만하게 LSI를 떠나고자 했다. 그는 1993년의 첫 6주 동안 자신의 프로젝트를 회사 내의 다른 리더들에게 분배했다. 그리고 2월 17일, 우연히도 자신의 서른 번째 생일에 프리엠에게 공식적으로 합류했다.

로싱은 자기 후배인 프리엠이 큰 실수를 했다고 생각했다. 그해 1월 프리엠이 아직 '혼자 떠돌고' 있을 때, 로싱은 이제 전前부하직원이 된 그를 몇몇 썬 직원들이 몰래 비밀 프로젝트를 하고 있던 외부 장소로 초대했다. 프리엠이 비밀유지계약서에 서명하자 로싱은 썬이 나중에 자바^{Java}가 될 새로운 범용 프로그래밍 언어를 개발 중이라고 밝혔다. 이 프로젝트의 시작은 꽤 희망적이었지만, 로싱은 실행속도가 너무 느려서 실용적이진 않을 수 있다고 생각했다. 그는 프리엠에게 CPU의 처리 부담을 일부 덜어 새 프로그래밍 언어의 실행을 가속할 수 있는 칩을 설계하는 일에 관심이 있는지 물었다.

프리엠은 흔들렸다. 특히 젠슨과 말라초프스키가 정말 자신의 벤처회사에 합류하겠다는 약속을 지킬지 확신이 서지 않았기 때문이었다. "만약 그때 제가 예스라고 했다면, 저는 전혀 다른 길을 걷게 되었을 거예요."

프리엠은 로싱의 제안에 대해 진지하게 생각했다. 하지만 CPU 설계에 별로 흥미가 없었고, 당시 동료들과 함께 직접 그래픽 칩을 설계한다는 아이디어에 너무 들떠있었다. 비록 큰 위험이 따른다고 하더라도 말이다. 결국 그는 로싱의 제안을 거절했다.

로싱은 단념하지 않고 2월에 다시 연락을 해왔다. 이번에는 셋 중 한 명만 두들기지 않고 셋을 동시에 공략했다. 프리엠과 말라초프스키가 예전에 설계한 GX 칩을 포함해 썬의 모든 특허 포트폴리오를 그들이 세운 스타트업에 라이선싱하겠다는 계약을 제안한 것이다. 그 대신, 그들은 새로 만들 칩을 썬의 GX 그래픽카드와 IBM PC에 모두 호환되도록 설계하는 조건에 동의해야 했다.

로싱의 제안을 들은 후, 세 사람은 썬 사옥의 주차장으로 잠시 물러나 토론을 벌였다. 프리엠은 이 제안의 모든 영향을 고려하더니 "흥미롭다."라고 했다. 이 파트너십을 수락하면 회사 초기에 브랜드 가치가 높은 대형 고객을 확보할 수 있었고, 이전 고용주에게서 저작권 침해소송을 당할 수 있는 위험에서도 보호받을 수 있었다. 단점은 이 계약을 체결하면 그들이 생각하기에 진정한 기회가 잠든 PC 시장에 쏟을 시간과 자원이 줄어든다는 점이었다. 하나의 칩이 썬과 PC 플랫폼에서 전부 제대로 작동할 수 있을지도 확실하지 않았다. 결국 그들은 로싱의 제안을 거절하고 독자적인 길을 걷기로 했다.

주차장에서의 토론에서 프리엠은 자신이 새로운 PC 기반 그래픽 가속기에 대한 기본 상세내용을 이미 구상했다고 밝혔다. 이 가속기는 더 많은 색상을 지원하고, 그가 말라초프스키와 함께 썬에서 만들었던 GX 칩보다 더 큰 프레임 버퍼로 작동할 예정이었다. 여러 측면에서 이 칩은 그들이 6년 동안 개발했던 GX 칩의 진화형이 될 예정이었다.

프리엠은 마이크로소프트가 당시 새로운 운영체제 이름을 '윈도우 NT'라고 붙였는데 여기서 'NT'가 'Next Technology(차세대 기술)'를 의미한다고 얘기했다. 그래서 자신들의 칩을 'GX Next Version(차세대 버전)', 줄여서 'GXNV'라고 부르고 싶다고 했다. 이 약어의 발음은 'GX 엔비[envy](부러워함)'와 비슷하게 들렸다. 이는 썬의 워크스테이션 경쟁사들 사이에 생겼던 분위기를 가리키는 말이었다. 프리엠은 디지털 이큅먼트 코퍼레이션[DEC] 같은 경쟁사들이 GX 칩과 〈애비에이터〉 때문에 고객을 잃었다고 썬의 영업팀에게 토로했다는 이야기를 들은 적이 있었다. 이 이름은 그들이 다시 그런 업적을, 이번에는 자신들의 방식으로 직접 달성하겠다는 의지를 담은 것이었다.

과거와의 깨끗한 이별을 확실히 하기 위해 (그리고 아마도 아주 희미한 저작권 침해 가능성이라도 남겨두지 않기 위해) 젠슨은 프리엠에게 "GX를 빼죠."라고 말했다. 그래서 그들의 새로운 칩은 'NV1'이란 이름을 갖게 되었다.

세 명의 공동창업자는 산호세 교외의 프리몬트에 자리한 프리엠의 집에서 말라초프스키가 가져온 썬 워크스테이션과 비전 같은 것만 있는 상태로 업무를 시작했다. 프리엠은 자신의 침실을 제외한 모든 방을 치우고, 가구들을 전부 차고로 밀어넣은 후 개발장비를 놓기 위한 큰 접이식 테이블을 설치했다. 처음 몇 주는 별로 할 일이 많지 않았다. 세 사람은 매일 같이 만나 주로 식사 메뉴에 대해 이야기하곤 했다. "어젯밤에 뭐 했어요? 저녁은 뭐 먹었어요?"라고 서로 묻곤 했다는 게 젠슨의 기억이다. 하루 중 제일 큰 이벤트가 점심 메뉴를 결정하는 것이었다. "한심하게 들리겠지만 진짜 그랬어요."

시간이 지나 이들은 처음으로 제대로 된 하드웨어를 구매하기로 결정하고 게이트웨이 2000이 생산한 IBM 호환 PC를 주문했다. 이 업체는 우편 주문으로 컴퓨터를 판매하고 흑백 젖소 무늬 상자에 제품을 담아 배송하는 독특한 스타일로 유명했다. 기기가 도착하자, 자신들의 개발자 인생을 통틀어 썬 마이크로시스템즈 하드웨어와 소프트웨어만 집중적으로 봐온 프리엠과 말라초프스키는 당황할 수밖에 없었다. "우리는 PC 쪽 인간이 아니었어요." 말라초프스키는 말했다. "재미있죠. 세상을 정복하겠다고 나섰는데 PC에 대해 아는 게 없었어요."

다행히도 외롭고 막막했던 기간은 길지 않았다. 세 공동창업자가 벤처기업을 만들었다는 소문이 퍼지자, 썬 마이크로시스템즈의 몇몇 시니어 엔지니어가 퇴사하여 이 신생 스타트업에 합류했다. 초기의 핵심 영입인력에는 GX 팀의 소프트웨어 프로그래머였던 브루스 매킨타이어와 나중에 이 회사의 최고 과학자 직위에 오른 데이비드 로젠탈이 있었다.

프리엠이 말했다. "이 대단한 사람들이 이렇게 많이 와준 게 믿어지질 않았어요. 고정적 급여도 받지 않고 일하는 사람들이 열두 명이나 됐죠. 처음 투자를 받은 6월 정도까지는 급여를 지급하지 못했거든요."

매킨타이어와 프리엠은 썬의 GX 그래픽 칩을 게이트웨이 2000 PC에 꽂을 수 있는 보드에 탑재하는 일을 했다. 이런 하드웨어 인터페이스는 비교적 해결이 쉬웠지만, 소프트웨어 통합은 훨씬 더 어려웠다. 썬의 하드웨어는 마이크로소프트의 PC 운영체제가 이해할 수 없는 방식으로 명령어를 처리했기 때문이다. GX의 그래픽 레지스터가 윈도우 3.1과 호환되도록 다시 매핑하는 데에 꼬박 한 달이 걸렸지만 결국 이 문제도 해결했다. 자연스럽게 그들이 썬에서 윈도우로 이식한 첫 번째 게임은 프리엠이 만든 최신 버전의 〈애비에이터〉가 되었으나 게임 이름은 〈존5^{Zone5}〉로 변경했다.

이제 이 스타트업에는 직원들이 있고, 동작 가능한 데모 제품도 있었다. 법적으로 정식 회사가 되려면 공식 상호만 있으면 됐다. 프리엠에게는 이미 후보들을 적은 목록이 있었다. 초기의 유력 후보 중 하나는 '프라이멀 그래픽스$^{Primal\ Graphics}$'였다. 읽을 때도 멋졌고, 두 공동창업자 '프리엠^{PRIem}'과 '말라초프스키^{MALachowsky}'의 이름에서 따온 글자를 조합한 것이기에 의미도 있었다. 다른 사람도 이 이름을 좋아했다. 하지만 팀 전체로 보면 젠슨의 성도 들어가는 게 옳다고 생각하는 사람이 많았다. 안타깝게도 이 조건에 맞추자니 아주 약간이라도 매력적인 느낌을 주는 이름을 찾기가 쉽지 않았다. 다른 후보로 '화프리말^{Huaprimal}', '프리화말^{Prihuamal}', '말화프리^{Malhuapri}' 등이 있었는데, 이걸 보면 이름을 조합하는 아이디어는 당연히 포기해야 했다.

프리엠이 목록에 적은 다른 이름에는 대부분 자신이 기획했던 역사적인 첫 칩 설계를 표현하기 위해 'NV'가 들어갔다. 여기에는 '인벤션iNVention(발명)', '엔바이런먼트eNVironment(환경)', '인비전iNVision(상상을 뜻하는 단어 envision과 발음이 유사하다)' 등이 있었는데, 일상에서 쓰는 표현이기도 해서 이미 다른 회사들이 브랜드 이름으로 차용한 경우가 많았다. 어떤 화장지 제조회사는 환경친화적 제품 라인 이름으로 'Envision'을 상표 등록해두기도 했다. 다른 이름은 컴퓨터로 제어되는 변기 브랜드 이름과 너무 비슷했다. 프리엠은 말했다. "그 이름들은 전부 아주 구렸어요."

마지막으로 남은 이름은 '인비디아Invidia'였다. 프리엠이 '질투'의 의미를 가진 라틴어를 찾아보고 지은 이름이다. 어떤 면에서는 이것도 GX에서 일하던 시절을 떠올리게 했다. 프리엠과 말라초프스키가 썬 내부와 외부의 경쟁자들 모두 하나같이 자신들의 성공을 질투했다고 생각한 그 시절 말이다. "그다음 'I'를 빼고 당시 개발 중이던 NV1 칩을 기념하는 의미로 '엔비디아NVidia'로 결정했어요." 프리엠은 말했다. "사실 속마음으로는 엔비디아가 언젠가 질투의 대상이 되기를 바랐죠."

이름이 정해지자 젠슨은 변호사를 수소문해 쿨리 고드워드 로펌에서 일하던 제임스 게이더를 선택했다. 당시 이 로펌은 변호사 수가 채 50명이 되지 않는 중형 로펌이었지만, 실리콘밸리 초기 스타트업들이 가장 많이 찾는 로펌으로 틈새시장을 잘 구축하고 있었다. 게이더는 첫 미팅에서 젠슨에게 지금 지갑에 얼마가 있냐고 물었다. 젠슨은 200달러라고 답했다. "이리 주세요." 게이더는 말했다. 그리고 젠슨이 이제 엔비디아에서 대주주 지분을 갖게 되었다고 선언했다.

엔비디아의 법인등기 서류에 의하면 공동창업자들이 모두 동일 지분을 가지게 되어 있었다. 젠슨은 프리엠의 집으로 돌아가 다른 공동창업자들도 각자 200달러를 '출자'해 지분을 취득하게 했다. "좋은 조건이었죠." 젠슨은 나중에 특유의 무미건조한 톤으로 이때의 상황을 이렇게 표현했다.

1993년 4월 5일, 공식적으로 엔비디아가 탄생했다. 같은 날, 프리엠은 미국 차량등록국DMV에 직접 차를 몰고 가서 'NVIDIA' 개인 차량번호판을 신청했다.

엔비디아의 첫 번째 생존 기로인 자금 조달의 관문이 기다리고 있었다. 1993년에는 지금보다 훨씬 벤처캐피털 규모가 작았다. 실리콘밸리의 벤처캐피털들은 (지금도 그렇지만) 대부분 팰로앨토 샌드힐로드°에 본사를 두고 있었는데, 당시 이들이 다루던 투자금은 미국 전체 벤처투자금 규모 중 약 20퍼센트에 불과했고 보스턴과 뉴욕에 기반을 둔 회사들과 어깨를 나란히 하며 경쟁하고 있었다. 전체 벤처캐피털 산업도 틈새시장 수준으로 연 약 10억 달러(오늘날 달러 가치로는 20억 달러에 가깝다)를 간신히 넘는 수준이었다. 오늘날 캘리포니아 주 베이 에어리어°°에 있는 벤처캐피

- ●   Sand Hill Road. 캘리포니아 주 팰로앨토, 멘로파크, 우드사이드를 관통하는 약 9km 의 도로를 말하며 실리콘밸리 벤처캐피털을 상징하는 지역이다.
- ●●   Bay Area. 북부 캘리포니아 샌프란시스코 만을 중심으로 한 대도시권 지역으로 샌프란시스코, 오클랜드, 실리콘밸리, 나파밸리 등을 포함한다.

털들은 업계를 지배하며 매년 투자처를 조정하는 1,700억 달러 자금의 절반 이상을 투자한다.

그러나 벤처캐피털 업계에서 두 가지만큼은 항상 같았다. 첫 번째는, 이미 매출을 창출하고 있는 스타트업 창업자들이 아직 시장에 나온 제품이 없는 스타트업 창업자들보다 투자 유치에 성공할 가능성이 훨씬 더 높다는 사실이다. 이는 벤처캐피털의 초기 단계 기업에 대한 관심이 10년 이래 최저치였던 1990년대 초반에는 더욱 그랬다. 두 번째는, 비즈니스 세계가 원래 그러하듯이 이 업계에서의 성공은 사업모델이 얼마나 강한지 외에 누구를 알고 있는지 크게 좌우된다는 사실이다. 엔비디아의 경우, 창업자들의 넓은 인맥이라는 장점이 회사에 아직 수익원이 없다는 단점을 상쇄했다.

젠슨이 LSI 로직에서 원만하고 조심스럽게 퇴사하기로 했던 결정은 엔비디아의 자금 조달 단계에서 바로 빛을 발했다. 그가 사직서를 제출하자 그의 상사는 그를 바로 LSI의 CEO였던 윌프레드 코리건에게 데려갔다. 영국 출신 엔지니어인 코리건은 오늘날까지도 사용되는 여러 반도체 제조공정과 설계원칙을 개발한 인물이다. 젠슨의 상사는 내부에서 '윌프'로 친근하게 불리던 코리건이 이 젊은 엔지니어가 LSI를 완전히 떠나지 않도록 설득해주었으면 했다. 그러나 코리건은 젠슨의 차세대 그래픽 칩에 대한 비전을 경청한 뒤 이렇게 물었다. "나도 투자해도 되겠나?"[6]

코리건은 젠슨에게 엔비디아의 제품이 도달할 수 있는 시장규모와 전략적 포지션에 대한 세부사항을 꼬치꼬치 질문했다.

"어떤 사람들이 게임을 하나?"

"게임 회사에 대해 예를 들어 설명해주게나."

젠슨은 자신들이 이 기술을 구현하면 더 많은 게임 회사가 생길 거라고 답했다. S3나 매트록스Matrox 같은 기존 회사들은 주로 2D 가속 그래픽카드를 제조했고 3D 그래픽을 사용하는 게임은 이제 막 인기를 얻기 시작하던 시기였다.

설명을 들었지만 코리건은 결국 젠슨의 사업이 성공할 거라 믿지 못했다. 코리건은 젠슨에게 말했다. "자네는 곧 돌아오게 될 거야. 자네 자리를 그대로 두겠네."

그래도 코리건은 젠슨에게 세쿼이아 캐피털의 돈 발렌타인을 소개해주겠다고 했다. 발렌타인은 1982년 LSI 로직에 투자했고 이 회사가 이듬해 상장하면서 상당한 이익을 냈다. 그리고 아타리, 시스코, 애플 등의 테크기업에 투자하여 더 큰돈을 벌었다. 1990년대 초에 발렌타인은 '세계 최고의 벤처캐피털 투자자'로 인정받고 있었다.[7]

코리건은 엔비디아의 잠재력에 의구심을 가졌을지 몰라도, 젠슨에 대해서는 전혀 의심하지 않았다. 그는 회사를 떠나려는 이 젊은 엔지니어와 얘기를 나눈 후 발렌타인에게 전화를 걸어 엔비디아가 아니라 젠슨을 추천했다.

"돈, 잘 있었나?" 코리건은 대화를 이어갔다. "LSI 로직에서 나가려고 하는 젊은이가 한 명 있어. 이제 자기 사업을 시작하고 싶어 하는데 정말 똑똑하고 훌륭한 친구야. 한번 만나보는 게 좋을 것 같아."[8] 발렌타인은 젠슨, 프리엠, 말라초프스키와 만나기로 하고, 회사의 하급 임원을 통해 5월 말에 약속을 잡았다. 창업자들은 그때까지는 다른 잠재적 투자자들에게도 투자 제안을 할 수 있었다.

4월 중순, 엔비디아를 설립한 지 겨우 몇 주가 지났을 때 세 공동창업자는 매킨토시 라인의 그래픽 수요에 대해 논의하기 위해 애플 본사에 방문했다. 하지만 그 회의에서는 아무 성과도 없었다.

3주가 지난 뒤, 그들은 벤처캐피털 회사인 클라이너 퍼킨스 코필드 앤 바이어스 사무실에 방문했다. 이 벤처캐피털은 세쿼이아와 마찬가지로 1970년대에 창립한 이래 대박 투자의 역사를 이어오고 있었다. 성공한 투자처로 아메리카 온라인, 제넨텍°, 썬 마이크로시스템즈 등이 있었는데, 이 마지막 투자처로 인해 썬 출신이 있는 엔비디아의 공동창업자들이 클라이너 벤처캐피털에 관심을 갖게 된 것이다. 회의에서 클라이너 벤처캐피털의 한 임원은 회로보드에 집착을 보이며 엔비디아가 보드를 자체 제조해야 한다고 주장했다.

하지만 엔비디아가 계획한 그림은 엔비디아가 그래픽 칩을 자체 설계한 뒤 다른 회사에 칩 제조를 맡겨 그 칩을 보드를 생산하

° Genentech. 1976년 설립된 세계 최초의 생명공학 기업으로 첨단 기술 및 기법으로 의약품을 개발하며 현재는 거대 글로벌 제약기업인 로슈의 자회사이다.

는 협력회사에 판매하고, 그다음 이 보드 생산회사가 칩을 그래픽카드에 장착해서 PC 제조업체에 판매하도록 하는 구조였다.

말라초프스키는 이 임원의 고집을 이해할 수 없었다. "왜 보드에 들어가는 저항소자 몇 센트짜리를 가지고 경쟁해야 하죠?"라고 물었다. "제 말은, 우리에겐 보드 제조에 대해서는 그다지 대단한 전문성이 없다는 거예요. 우리는 우리가 잘하는 일을 할 겁니다. 그게 마음에 안 드신다면 뭐, 어쩔 수 없는 일이죠."

이는 부분적으로는 전형적인 스타트업 창업자에게서 볼 수 있는 (그리고 가끔 필요하기도 한) 호기 넘치는 태도이기도 했지만, 동시에 말라초프스키의 실용주의적 성향이 다시 한번 드러난 순간이기도 했다. PC 그래픽 시장을 장악하겠다는 엔비디아의 거대한 야망을 실현하기 위해서는, 모든 가능성을 좇아 자원을 골고루 분산시키기보다는 최고의 기회 하나에 집중해야 했다. 이것은 그들이 썬 워크스테이션과 IBM 호환 PC에서 모두 작동하는 칩을 만들자는 웨인 로싱의 제안을 거절한 이유이기도 했다. 다시 말해, 그들이 클라이너 벤처캐피털과의 대화를 중단해야 했다는 뜻이다.

서터 힐 벤처스와의 다음 미팅은 좀 더 순조롭게 진행되었다. 이번에도 공동창업자들의 이전 직장에서의 인맥이 힘을 발휘해 어느 정도 사전 소개를 받은 상태에서 성사된 자리였다. 서터 힐도 LSI 로직에 투자했었기 때문에 담당자들은 윌프 코리건에게 연락해 젠슨에 대해 물었고, 코리건은 돈 발렌타인에게 그랬던 것처럼 적극적으로 젠슨을 추천했다.

하지만 서터 힐은 이미 몇몇 그래픽 회사에 투자한 상태였고, 이미 자신들이 경쟁이 극도로 심하고 제품이 일반화되어 차별성을 갖추기 어려운 분야라고 판단한 이 시장에서 이제 시작하는 스타트업이 얼마나 차별화된 경쟁력을 확보할 수 있을지 의문을 가졌다.

엔비디아에 열정을 보였던 임원은 오직 몇 년 전 이 벤처캐피털에 합류한 텐치 콕스뿐이었다. 콕스는 회상했다. "이 투자 기회에 대해 서로 의견이 갈렸어요. 저는 다섯 명의 동업자가 있는 서터 힐에서 연차가 낮은 쪽이었죠."

콕스는 세 명의 공동창업자에게서 깊은 인상을 받았다. 이미 젠슨에 대해서는 코리건의 추천을 받은 상태이기도 했다. 그리고 미팅에서 프리엠과 말라초프스키의 전문성을 면밀히 검증한 뒤 3D 그래픽과 컴퓨터 운영체제에 대한 이들의 지식 수준에 놀랐다.

긍정적인 분위기에서 마무리된 서터 힐과의 미팅은 이틀 후 예정된 세쿼이아의 돈 발렌타인 앞에서의 투자 제안이 성공할 것이라는 희망적인 신호처럼 보였다. 엔비디아는 여전히 투자자에게 보여줄 자체 칩을 갖추지 못한 상태였지만, 개념 증명 목적 수준으로 개조해서 게이트웨이 2000 PC에서 작동하게 만든 썬 GX 그래픽카드를 시연할 수는 있었다. 당시 이 칩은 이미 출시된 지 4년이나 되었지만, 여전히 시장에 나온 그 어떤 윈도우

그래픽카드보다 뛰어난 성능을 자랑했다. 그들은 이를 보여주기 위해 20분 분량의 〈존5〉 게임 플레이를 준비했으며, 평범한 모니터가 아닌 다른 스타트업에서 만든 초기 가상현실 헤드셋으로 시연하기로 결정했다. 그들은 멋진 그래픽만 보여줘도 투자 제안 발표가 성공할 것이라고 믿었다.

그런데 엔비디아에서 몰랐던 사실이 있었다. 발렌타인은 제품 시연 방식을 싫어한다는 것이었다. 세쿼이아의 창립자인 그는 지겨울 정도로 많은 투자 제안 발표를 보았고, 창업자들이 기술을 자랑하고 멋지게 보여주려 한다는 사실을 잘 알고 있었다. 그는 번쩍거리는 제품보다는 창업자들이 제품의 잠재 시장과 경쟁 포지션을 현실적으로 이해하는지의 여부가 더 중요하다고 믿었다. 엔비디아의 공동창업자들은 스스로 만든 함정으로 걸어들어가는 중이었다.

샌드힐로드에 있는 세쿼이아의 사무실에서 세 공동창업자를 맞이한 사람은 예전에 인텔에서 일하다 지금은 세쿼이아에서 반도체 전문가로 일하며 최근 하급 임원으로 승진했던 마크 스티븐스였다. 그들은 나무 패널로 벽면을 마감한 어두운 회의실로 안내되었으며 거기에서 시연을 준비했다. 시연이 끝나자, 발렌타인은 태도를 완전히 바꿔 스타트업을 평가하는 자신의 스타일을 보여주었다. 즉, 창업자들의 전문성을 시험함과 동시에 압박을 받으면 어떻게 대응하는지 보기 위해 속사포 같은 질문들을 연속으로 던져낸 것이다. 말라초프스키가 나중에 일컫기를, 발렌타인이 회의실의 중심이 되어 '재판을 연' 상황 같았다고 했다.

"당신들은 무엇인가요?" 발렌타인은 세 공동창업자에게 물었다. "게임 콘솔 회사인가요? 그래픽 회사인가요? 오디오 회사인가요? 하나여야 할 거 아닙니까."

프리엠은 잠시 얼어있다가 불쑥 대답을 토해냈다. "그 모두입니다."

프리엠은 발렌타인이 질문한 모든 기능을 하나의 칩에 통합할 방법에 대해 길고 심오한 기술적 설명을 이어갔다. 프리엠이 NV1의 잠재력에 대해 설명한 내용 중 거짓은 없었다. 하지만 당황한 나머지 설명이 너무 어려워져서 엔지니어가 아니면 이해할 수 없을 정도였다. 프리엠에게 있어 이 계획은 자신들의 야망과 전문성을 보여주는 장치였다. 자신들이 다양한 시장을 동시에 평정할 수 있는 하나의 칩을 개발할 수 있고, 엔지니어링 복잡성을 크게 키우지 않고도 이 칩의 가능성을 확장할 수 있다는 뜻을 전하려 했다. 그러나 발렌타인에게는 프리엠이 우유부단하게 비쳤다.

"하나만 선택해요." 발렌타인이 딱 잘라 말했다. "그렇게 하지 않으면 자기 인식이 제대로 되지 않아 실패할 겁니다."

이어서 그는 10년 후 엔비디아의 위치에 대해 어떻게 생각하는지를 물었다. 프리엠은 답했다. "입출력 아키텍처를 지배할 겁니다." 이것도 사업적 질문에 대한 엔지니어적 답변이었다. 프리

        1부 제로(Zero): 가능성의 세계

엠이 말하려던 것은 차세대 엔비디아 칩은 그래픽 가속을 넘어 사운드, 게임 포트, 네트워킹과 같은 다른 컴퓨터 보드 작업까지 가속하는 기능을 담당하게 될 거라는 비전이었다. 그러나 이번에도 그의 답변은 세쿼이아 측의 그 누구도 이해하기가 어려웠다. 말라초프스키에 따르면 자신들조차 무슨 말인지 몰라 조금 당황했다고 한다.

스티븐스가 나서서 이 대화를 좀 더 실용적인 수준에서 이어나가보려고 했다. 그는 엔비디아가 실제로 칩을 생산할 제조사로 어디를 생각하고 있는지 물었다. 엔비디아 공동창업자들은 'SGS-톰슨'이라는 유럽의 반도체 회사에 맡길 계획이라고 답했다. 하지만 이 회사는 최근 대규모로 비용을 절감하고 싱가포르와 말레이시아로 생산을 아웃소싱해서 겨우 파산을 면한 상태였다. 이 답변을 들은 발렌타인과 스티븐스는 서로를 바라보고는 고개를 가로저었다. 그들은 엔비디아가 평판이 더 좋은 대만 반도체 제조회사인 TSMC와 일하기를 바랐다.

젠슨이 대화의 흐름을 발렌타인이 선호하는 시장 포지션과 전략에 관한 내용으로 되돌리려고 애썼지만 쉽지 않았다. 이어지는 질문 폭격과 어떤 질문에도 만족스러운 답변을 하지 못하고 있는 게 분명한 현실에 그조차 정신을 차리지 못했다. 이 미팅은 세쿼이아의 약속을 받지 못하고 끝났다.

"제가 정말 형편없는 발표를 했어요." 젠슨은 전체적인 수행 내용에 대해 자신의 책임을 인정하며 말했다. "무엇을 만들고 있는지, 누구를 위해 만드는 건지, 왜 성공할 것인지 그 자리에서 설명하기가 어려웠어요."

미팅이 끝난 후, 발렌타인과 스티븐스는 방금 들었던 내용에 대해 논의했다. 세 공동창업자가 똑똑하고, PC 플랫폼에 3D 그래픽을 도입하려는 그들의 비전이 꽤 괜찮아 보인다는 데 동의할 수 있었다. 발렌타인과 스티븐스는 게이머가 아니었지만, 세쿼이아는 최근 상장해 그들에게 큰 수익을 가져다준 컴퓨터 게임 퍼블리셔인 '일렉트로닉 아츠EA'에 투자한 바 있었다. 또한 (엔비디아 공동창업자들이 자신들이 이길 수 있을 거라 생각하는) S3라는 2D 그래픽 가속기 칩을 생산하는 회사에도 투자하고 있었기 때문에 이 시장에 가능성이 있음을 잘 알고 있었다. 게다가 발렌타인은 고성능 그래픽 워크스테이션 시장을 장악한 실리콘 그래픽스에 투자하지 않은 것을 후회하던 중이었다.

6월 중순에 세쿼이아는 엔비디아 공동창업자들과 두 차례 더 미팅을 했다. 그리고 최종 미팅에서 투자를 결정했다.

"월프가 당신들에게 돈을 주라고 하더군요. 당신들이 방금 한 말을 들어보니 내 직감으로는 꺼려지지만, 그래도 투자를 하기로 결정했어요. 하지만 내 돈을 잃으면 가만두지 않을 거예요." 발렌타인은 말했다.

엔비디아는 그달 말에 세쿼이아 캐피털과 서터 힐 벤처스로부터 각각 100만 달러씩, 총 200만 달러의 시리즈 A 자금을 확보했다. 이제 엔비디아는 첫 번째 칩 개발에 필요한 자금을 마련하

고 직원들에게 급여를 줄 수 있게 되었다. 젠슨, 프리엠, 말라초
프스키가 깨달음을 얻고 겸허해진 시점이었다. 그들은 사업 계
획이나 시연이 좋아서가 아니라, 자신들의 평판 덕분에 성공할
수 있었다. 이는 젠슨이 결코 잊지 못할 교훈이 되었다.

　젠슨은 말했다. "사업계획서 작성 능력이 좀 부족해도 평판은
나보다 먼저 나에 대해 말해준답니다."

1993
~ 2003 ——

원One : 개념에서 현실로

지옥과 천국

> "
> 위대한 기술과 위대한 제품을 만들었다고 생각했어요.
> 알고 보니 우리가 만든 건 위대한 기술뿐이었어요.
> 위대한 제품은 아니었죠.
> "

마침내 엔비디아는 어떤 칩을 만들지 말만 하던 단계에서 진짜 만드는 단계로 넘어갈 수 있게 되었다. 가장 먼저 해야 할 일은 프리엠의 집에서 진짜 사무실로 회사를 옮기는 것이었다. 서터 힐과 세쿼이아에서 받은 자금 덕분에 엔비디아는 서니베일*의 아퀴스 애비뉴 근처의 단층 건물 사무실을 임차할 수 있었다. 그들이 이곳에서 일하는 동안에도 인근 웰스 파고 은행이 여러 번 은행강도를 당할 정도라 완벽히 맘에 드는 위치라고 할 수는 없

● Sunnyvale. 미국 캘리포니아 주 산타클라라에 위치한 도시로 실리콘밸리의 중심지 중 하나다.

었지만, 그래도 엔비디아 직원들에게 제대로 된 회사를 다닌다는 느낌을 줄 수 있는 곳이었다.

처음으로 직원들에게 급여를 줄 수 있었다. 자금 조달 전까지 엔비디아에는 겨우 몇 명의 직원만 있었는데, 이들은 급여도 받지 않고 언젠가는 회사에 돈이 생길 거라는 약속만 믿고 일하고 있었다. 이제 엔비디아는 대대적 채용을 시작해 엔지니어링 및 운영 부문에서 20명의 신규 인력을 고용했다.

그중 한 명이 제프 피셔였다. 그는 위텍이라는 그래픽 칩 제조업체에 다니다가 엔비디아의 영업 부문 책임자로 스카우트됐다. 면접 과정에서 그는 엔비디아의 공동창업자들에게 매우 좋은 인상을 받았다.

"멋진 분들이었어요. 서로 아주 많이 달랐지만 대단히 똑똑했죠."라고 그는 회상했다. "젠슨은 본질적으로는 엔지니어지만, 여러 역할을 해낼 수 있는 사람이었어요. 커티스는 아키텍트였죠. 상하위 호환성°을 갖춘 통합 아키텍처 문제를 해결하고자 하는 의지가 있었어요. 크리스는 트랜지스터를 그 누구보다 쉽게 다루는 사람이었고요."

엔비디아의 초창기 직원 중 한 명이었던 로버트 송고르는 출근 첫날 너무 들떠서 젠슨에게 사무실 정문에 붙은 엔비디아 간판 앞에서 함께 사진을 찍자고 했다. 송고르는 말했다. "우리는

° 상위 호환성(forward compatibility)은 구버전 시스템이 신버전용 데이터까지 처리할 수 있게 하는 호환성이고, 하위 호환성(backward compatibility)은 신버전 시스템이 구버전용 데이터도 처리할 수 있게 하는 호환성을 말한다.

2부 원(One): 개념에서 현실로

■ 엔비디아의 첫 사무실 앞에서 로버트 송고르와 젠슨 황   (로버트 송고르 제공)

언젠가 엄청나게 커지고 유명해질 거예요. 그때가 되면 이 사진
이 중요해지겠죠."

 엔비디아가 직원 규모를 더 키우기 전에 세 공동창업자는 경
영체계를 수립하고자 했다. 프리엠과 말라초프스키는 썬에서 했
던 역할과 관계를 유지하고 싶었다. 프리엠은 회사의 최고 기술
책임자CTO로서 칩 아키텍처와 제품을 담당하고, 말라초프스키
는 엔지니어링 및 구현 조직을 이끌기로 했다. 그리고 그들은 당
연히 젠슨 황이 사업적 결정을 내려야 한다고 생각했다.

 "우리는 기본적으로 첫날부터 젠슨의 결정을 따랐어요." 프리엠은 말했다. 그는 젠슨에게 "회사를 운영하는 일은 당신이 맡아요. 크리스와 내가 할 줄 모르는 것들 전부 다요."라고 얘기했다. 젠슨이 기억하기에 프리엠의 말은 원래 훨씬 더 노골적이었다. "젠슨, 당신이 CEO예요. 맞죠? 자, 논의 끝."[1]

역할이 다 정리되고 프로젝트 팀에 인력이 들어오자 프리엠은 NV1 칩 설계에 착수했다. PC에서의 그래픽은 썬의 스파스테이션에서보다 환경적 제약이 더 컸다. 대부분의 PC에 들어가던 인텔의 당시 최신 CPU는 그래픽 렌더링에 중요한 고정밀 부동소수점floating-point 연산을 잘하지 못했다. 칩 설계자들이 의지할 수 있는 칩 제조회사의 역량이 부족하고 기술 수준도 높지 않아서, 엔비디아가 하나의 칩에 넣을 수 있는 트랜지스터의 수에 한계가 있었다. 또한 그래픽 가속기가 점점 더 복잡해지는 작업을 처리하기 위해 필수적으로 써야 하는 반도체 메모리 칩의 가격도 매우 높아 1메가바이트당 50달러에 육박했는데, 이는 PC의 폭발적인 수요 증가 때문이기도 했다.

프리엠과 그의 팀은 640×480 픽셀 해상도 그래픽을 고품질 텍스처와 고속 렌더링으로 표현할 수 있는 칩을 제작하려고 했다. 그러나 PC 환경에서의 제약을 극복하기 위한 혁신적인 방법을 찾아야 했다. 가장 큰 장애물은 메모리 비용이었다. 만약 NV1에 표준 칩 설계 방식을 사용했다면 보드 내부 메모리가 4메가씩 필요하고 그 비용은 200달러에 달했을 것이다. 이 이유 하나만으로도 이 칩을 사용하는 그래픽카드는 훨씬 싼 그래픽카드에 길들여진 게이머들이 손대기 어려울 정도로 비싸질 터였다. 고성능 3D PC 칩의 시대가 오기 전에는 대부분의 2D 중심 그래픽 칩이 10달러 미만의 가격대를 형성했고 메모리도 매우 제한적으로 사용했다.

프리엠은 텍스처를 처리하는 새로운 소프트웨어 프로세스로 이 문제를 해결하려 했는데, '정방향 텍스처 매핑forward texture mapping' 이라는 기법이었다. NV1은 기존의 삼각형 기반 역방향 텍스처링 방식 대신 사각형을 사용해 3D 폴리곤을 렌더링하게 설계되었다. 이렇게 기본 요소를 사각형으로 바꾸면 더 적은 연산능력이 필요하기 때문에 메모리 요구량을 줄일 수 있었다. 하지만 유일한 단점이 있었고, 이 단점이 꽤 컸다. 프리엠이 생각한 정방향 텍스처 매핑을 제대로 활용하려면 소프트웨어 개발자들이 게임을 처음부터 다시 만들어야 했다. NV1에서 이전의 역방향 텍스처링 방식으로 만들어진 게임을 실행하면 렌더링도 느려지고 그래픽 품질도 떨어지는 결과가 나올 수밖에 없었다. 그러나 프리엠은 당시까지 중구난방이었던 PC 비디오 게임 그래픽 시장에는 지배적인 표준이 없었기 때문에 엔비디아의 이 효율적인 처리 표준이 결국 살아남을 것이라고 확신했다.

프리엠은 완전히 새로운 텍스처 렌더링 프로세스를 발명하는 것만으로는 부족하다고 느꼈는지, NV1에 게임의 오디오 성능을 개선하는 기능까지 넣기로 했다. 당시 PC 오디오 업계의 선두주자는 사운드블래스터 사운드카드였는데, 프리엠의 귀에는 이 카드가 실제 음악과는 거리가 있는 금속성의 거슬리는 소리를 내는 것처럼 들렸다. 그는 고품질의 웨이브테이블 합성* 기능을 NV1에 추가하여 실제 악기를 녹음한 소리로 디지털 사운드를 재현했다. 반면, 사운드블래스터의 오디오 샘플 재생 방식은 완전 합성음이었다.

이 대안적 오디오 표준 채택은 또 다른 위험한 결정 중 하나였다. 당시 그래픽과 오디오를 하나의 카드에 넣는 것은 일반적이지 않은 시도였고, 대부분의 컴퓨터에서는 기능별로 별도의 카드를 사용했다. 그러나 프리엠은 이런 방식 자체가 시장에 비효율이 있음을 나타내는 것이며 기술적으로 우수한 다중 기능 카드로 이런 비효율을 개선할 수 있다고 믿었다.

하지만 이런 전에 없던 방식이 시장에서 받아들여질지 여부는 알 수 없었다. 사운드블래스터가 이미 왕좌에 군림하는 상황에서 프리엠은 소프트웨어 개발자들이 기능적으로 열등하지만 널리 쓰이는 표준적 방식에서 더 나은 오디오 품질을 구현하기 위해 더 많은 작업을 해야 하는 민간 독점 방식으로 전환하기를 기대한 것이다.

프리엠이 칩 설계 작업을 진행하는 동안, 젠슨은 인텔을 설득해 새로운 그래픽카드를 지원하도록 하는 데 집중했다. 인텔에서 그

---

* wavetable synthesis. 음원 데이터를 디지털 테이블 형태로 저장하고 다양한 속도로 이 테이블을 읽으면서 합성하여 소리를 만드는 방식이다.

와 논의하는 일을 담당한 사람은 패트 겔싱어라는 젊은 임원이었는데, 그는 이후 나올 모든 그래픽카드에 적용될 예정이었던 메인보드와의 통신 방식인 PCI 확장슬롯 표준의 개선을 관리하는 책임자였다. 젠슨은 NV1이 활용할 수 있는 여러 데이터 처리량^{throughput} 모드를 PCI 표준에 추가해달라고 요청했으나, 겔싱어는 반대했다. "젠슨과 내가 서로 다른 아키텍처 쟁점들에 대해 격렬하게 논쟁했던 게 기억나네요." 겔싱어는 회상했다.[2]

마지막에는 젠슨이 승리했다. 인텔은 더 뛰어난 기능을 갖추고 혁신을 장려하는 좀 더 개방형에 가까운 표준을 채택했다. 이는 넓게 보면 엔비디아만이 아니라 그래픽 산업 전체의 성과였다. 개방형 표준 덕분에 외부 카드 제조사들은 인텔이 따라오길 기다릴 필요 없이 기술 개선을 주도할 수 있게 된 것이다. 겔싱어에 따르면, 엔비디아가 나중에 성공한 이유 중 하나가 '경쟁에서 엔비디아의 그래픽 장치가 다른 회사보다 훨씬 먼저 앞서 나갈 수 있게 한 개방형 PCI 플랫폼' 덕분이었다고 한다.

NV1 설계가 구체화되면서 젠슨과 말라초프스키는 엔비디아의 칩을 전담 제조할 제조회사^{foundry}(파운드리)로 유럽 회사인 SGS-톰슨과의 파트너십을 최종 확정했다. 비록 돈 발렌타인과 마크 스티븐스가 SGS-톰슨이 파트너로 적합한지 회의적인 심경을 나타냈지만, 엔비디아는 이 유럽 기반의 칩 제조회사의 상대적 열위를 협상의 지렛대로 활용할 수 있었다. 양사 간 계약에 따라 SGS-톰슨은 NV1 칩을 제조할 수 있는 독점 라이선스를 가지게 되었고, NV1의 기능 축소 버전을 자체 화이트라벨 브랜드˚를 붙여 중위급 칩으로 재판매할 권한을 갖게 되었다. 그 대가로 SGS-톰슨은 엔비디아에 연간 약 100만 달러를 주고 정기적으로 모든 주요 윈도우 운영체제용 소프트웨어 및 드라이버 업데이트 개발을 맡기기로 했다. 이 계약의 본질을 요약하자면, SGS-톰슨이 NV1 칩 제조 독점권한을 확보하기 위해 열 명 남짓한 규모의 엔비디아 소프트웨어 부문에 자금을 지원하기로 한 것이다.[3]

1994년 가을, SGS와 엔비디아는 세계 최대 컴퓨터 무역박람회 중 하나인 라스베이거스 컴덱스COMDEX에서 NV1을 공개하기로 했다. PC에 설치된 시제품 3개가 준비되었다. 프리엠과 다른 엔지니어 한 명은 전시회가 열리기 직전까지도 소프트웨어 드라이버 디버깅 작업을 계속하느라 시제품 한 대를 호텔방으로 가져갔고 나머지 두 대는 전시 부스에 남겨두기로 했다. 순찰하던 보안요원이 야간에 장비를 지킬 사람을 고용하라고 권유했지만, 엔비디아 팀은 이를 거절했다.

다음 날 그들이 장비들을 준비하기 위해 전시장에 돌아왔을 때, 모든 것이 사라져 있었다. 전시장으로 통하는 문이 잠겨 있지 않아서 간밤에 누군가 들어와 시제품들을 모두 훔쳐간 것이다. 천운으로 호텔방에 가져왔던 칩 하나가 남아 있던 덕분에 박

˚   white-label brand. 동일한 제품을 자사 브랜드로 재브랜딩하여 판매하는 방식을 말한다.

람회가 시작됨과 동시에 공식적인 NV1의 첫 공개가 성사되었다.[4]

무역박람회에서 정신없는 일정을 보내던 와중에도, 엔비디아 팀은 비디오게임과 콘솔을 만드는 일본 회사인 세가의 담당자들과 만날 기회를 확보했다.[5] NV1 시연에 깊은 인상을 받은 세가는 마침 차세대 콘솔을 계획하고 있었기에 엔비디아와 협력하기로 했다. 1994년 12월 11일, 젠슨과 프리엠은 세가 경영진에게 칩 개발 계약 체결을 제안하기 위해 도쿄로 향했다.[6] 이것이 이후 오래도록 상부상조하게 되리라 믿어졌던 두 회사 간 관계의 시작이었다..

1995년 5월, 세가와 엔비디아는 5년간의 파트너십 계약을 체결했으며, 엔비디아는 차세대 칩 NV2를 세가의 차세대 게임 콘솔 전용으로 제작하기로 합의했다. 그 대가로 세가는 PC용 NV1 판매를 돕기 위해 현세대 콘솔게임기인 세가 새턴^{Sega Saturn}용으로 개발된 몇몇 게임을 PC용으로 이식하고, NV1의 정방향 텍스처 매핑 방식을 지원할 수 있게 재개발하기로 했다. 나아가 세가는 500만 달러 상당의 엔비디아 우선주를 매수했다.

상업적 계약조건이 일단 합의되자, 실제로 기술 협력이 필요한 계약 성격 때문에 엔비디아에서는 프리엠이 세가에 대한 연락창구를 맡게 되었다. 그는 1995년에만 일본을 6번 방문해 이 양사 공동 프로젝트를 관리했다. 그리고 게임 카트리지를 읽는 방식, 색상 압축 방식 등을 포함한 NV2 기반 콘솔의 설계 세부

사항들을 감독했다. 세가가 새턴 기반 게임을 PC로 이식하는 과정에서 필요한 세부사항을 이해할 수 있게 돕기도 했다.

　　NV1에는 성공적인 출시에 필요한 모든 요소가 있었다. 새로운 텍스처링 및 렌더링 기능을 제공하는 단일 칩 멀티미디어 가속기라는 차별화된 마케팅 포인트가 있었다. 초기 판매량도 상당해서 엔비디아의 주요 기판 제조 협력사이자 '엣지 3D'라는 브랜드명으로 300달러짜리 그래픽카드에 칩을 조립해 판매하는 '다이아몬드 멀티미디어'라는 회사에서 칩 25만 개 주문을 받기도 했다. 게다가 세가라는 화려한 출시 파트너가 있었고, 이 파트너는 현세대의 칩만이 아니라 엔비디아의 차세대 칩에 대해서까지 이미 계약한 상태였다. NV1은 1995년 5월 공식 출시되었으며 회사 전체가 대박 성공의 꿈에 부풀어 있었다.

　　그러나 엔비디아는 시장을 잘못 읽는 중대한 실수를 했다. 일단, 당시 2년간 메모리 가격이 메가바이트당 50달러에서 5달러로 폭락한 상태여서 NV1처럼 보드 내부 메모리를 아껴 쓰는 설계는 더 이상 큰 경쟁우위가 되지 못했다. 그 결과, 엔비디아가 도입한 새 그래픽 표준에 맞춰 자신들의 소프트웨어를 재개발해야 한다고 생각하는 게임개발자가 거의 없었다. 오직 세가가 PC로 이식한 〈버추어 파이터Virtua Fighter〉와 〈데이토나 USADaytona USA〉 등을 비롯한 몇몇 타이틀만이 NV1에 맞춰 특별히 설계된 게임이 됐다. 대부분의 게임은 역방향 텍스처링을 수행하기 위해 따로 소프트웨어 래퍼*를 사용해야 하는 엔비디아의 NV1에서 제대로 돌아가지 않았고, 이로 인해 걸핏하면 렌더링이 느려졌다.

1인칭 슈팅 게임 〈둠DOOM(파멸적 운명)〉이 NV1의 운명에 종지부를 찍었다. NV1이 출시될 시점에 〈둠〉은 세계에서 제일 인기 있는 게임이었다. 역동적인 비주얼과 잔인하고 빠른 전투로 이전의 어떤 게임과도 비교가 되지 않는 경험을 선사했다. 이 게임의 퍼블리싱을 맡은 이드 소프트웨어의 공동창업자이자 게임 프로듀서였던 존 카맥의 마법과도 같은 기술력 덕분이었다. 카맥은 2D 비디오 그래픽 어레이VGA 표준을 이용해 〈둠〉을 개발했고 시각 효과 최대화를 위해 자신이 가진 하드웨어 수준의 기법들을 전부 활용했다.

그런데 프리엠은 많은 게임개발자가 VGA를 버리고 NV1이 사용한 3D 가속 그래픽으로 이동할 것이라 확신했었다. 그래서 그가 만든 NV1 칩은 VGA 그래픽 기능을 아주 일부만 지원했고 소프트웨어 에뮬레이터를 사용해 나머지를 보완했다. 그 결과 NV1으로 〈둠〉을 플레이하는 게이머들은 플레이가 느려지는 최악의 경험을 하게 되었다.

〈둠〉을 대표하는 인상적인 사운드트랙과 음향 디자인도 NV1에서는 제대로 작동하지 않았다. 프리엠이 사실 엄밀한 필요성보다는 기술력을 뽐내려는 의미로 넣은 NV1의 독자적 오디오

●   wrapper. 기존의 코드를 감싸는 계층의 코드로 호환성 유지 등을 위해 사용된다.

형식은 업계 표준이었던 사운드카드 제조사 크리에이티브 랩스의 사운드블래스터 형식과 호환되지 않았다. 하지만 당시는 대부분의 PC 제조업체가 주변기기에 사운드블래스터 호환성을 요구하는 형편이었고, 이런 전반적 분위기가 프리엠이 기대했던 것만큼 빨리 바뀌지 않았다. 프리엠이 이를 어떻게든 해결하려고 이번에는 시각효과가 아니라 음향효과에 적용되는 또 다른 에뮬레이터를 개발했지만, 크리에이티브 랩스가 자신들의 표준 형식을 업데이트할 때마다 이 에뮬레이터는 항상 문제를 일으켜 엔비디아가 나중에 패치를 배포해야 겨우 해결되곤 했다. 결국 NV1 사용자들은 게임 사운드가 제대로 작동하지 않는 상황을 오래 견뎌야 했다.

이 사건은 하위 호환성의 중요성과 혁신을 위한 혁신이 주는 위험성에 대한 뼈아픈 교훈을 줬다. 그래픽 산업의 한계를 혁신하려던 엔비디아의 새로운 그래픽카드는 세계에서 가장 인기 있는 게임을 제대로 플레이해내지 못했다. 제대로 호환되는 게임이 부족했고, 대부분의 게임개발사가 비록 기술적으로는 열위에 있지만 더 널리 보급된 기존 기술 표준을 계속 고수했기 때문에 NV1은 침몰하고 있었다.

"우리는 위대한 기술과 위대한 제품을 만들었다고 생각했어요. 알고 보니 우리가 만든 건 위대한 기술뿐이었어요. 위대한 제품은 아니었죠." 말라초프스키는 이렇게 회고했다.

매출은 처참했고, 연말 크리스마스 시즌에 판매되었던 대다

수 제품이 반품되었다. 1996년 봄까지 다이아몬드 멀티미디어 는 주문했던 칩 25만 개를 거의 전부 반품했다.

젠슨은 엔비디아가 NV1을 만들 때 포지셔닝부터 제품 전략에 이르기까지 여러 중대한 실수를 저질렀다는 사실을 깨달았다. 실제로는 아무도 신경쓰지 않는 기능들을 그래픽카드에 넣어 불필요한 설계를 적용했다. 궁극적으로 시장이 원하는 바는 그저 최고의 게임을 가장 빠른 그래픽으로 합리적인 가격에 플레이할 수 있는 것이었다. 그 외의 기능들은 중요하지 않았다. 컴퓨터 제조업체들도 비디오와 오디오 기능을 하나의 칩에 넣은 것은 엔비디아가 계약을 따내는 데 오히려 걸림돌이 된다고 지적했다.

"아이러니하게도 NV1을 망친 건 제일 중요한 요소였던 그래픽이 아니었어요." 당시 엔비디아의 마케팅 이사였던 마이클 하라는 말했다.[7] "오디오가 망쳤죠. 당시의 게임들을 위해서는 사운드블래스터 호환성이 있어야 했는데 NV1에는 그게 없었어요."

"당신들의 그래픽 기술이 정말 마음에 들어요. 그러니까 만약 오디오 기능을 뺄 생각이 있다면 다시 연락해주세요." 마이클 하라는 이런 얘기를 여러 번 들었다고 한다.

NV1은 더 좁은 목적으로 설계된 다른 그래픽카드와 경쟁할 수 없었다. 엔비디아는 고객이 추가비용을 지불하지 않을 기능들을 개발해서는 안 된다는 것을 배웠다. "너무 많은 영역에 손대다 보니 장점이 희석됐어요." 젠슨은 회상했다.[8] "파워포인트에서는 멋져 보여도 너무 많은 일을 하는 것보다 더 적은 일을 잘해내는 것이 낫다는 걸 배웠어요. 아무도 다용도 맥가이버 칼을 사러 매장까지 찾아가지는 않죠. 그런 건 크리스마스 선물로나 받는 거예요."[9]

엔비디아는 NV1 개발에 약 1,500만 달러를 투자했다. 이 자금은 초기투자자인 서터 힐과 세쿼이아에서, 그리고 SGS-톰슨과 세가에서도 나온 것이다.[10] 엔비디아는 NV1의 매출이 잘 나오면 이 개발비용 대부분을 회수해서 다음 칩을 개발하는 것으로 나아갈 수 있을 거라 생각했다. 그러나 결과가 좋지 않았기 때문에 엔비디아는 현금유동성 위기에 직면하게 되었다. 젠슨, 프리엠, 말라초프스키는 더 많은 자금을, 그것도 빨리 조달해야 했다. 그러지 못하면 그들의 꿈은 갑자기, 그것도 자업자득에 가까운 이유로 끝나버릴 판이었다.

"이 제품을 어떻게 포지셔닝할 건가요?" 엔비디아의 초창기 이사회에서 엔비디아의 이사이자 칩 설계 소프트웨어를 선도하는 기업이었던 시놉시스의 전 CEO인 하비 존스가 젠슨에게 NV1에 대해 물은 적이 있다.

당시 젠슨은 존스가 그저 NV1의 기능이나 제품사양에 대해 묻는 것이 아님을 깨닫지 못했다. 존스는 엔비디아가 경쟁이 치열한 업계에서 이 새로운 칩을 어떻게 판매할지를 생각해볼 것을 요청한 것이다. 그는 제품이 시장에서 돋보이기 위해서는 최대한 명료하고 정확한 개념으로 소개되어야 함을 잘 알고 있었다.

"그는 아주 단순한 질문을 던졌습니다. 그러나 그 질문이 얼마나 단순한지를 당시에는 전혀 몰랐어요. 이해하지 못했기 때문에 제대로 답을 하는 게 불가능했죠." 젠슨은 회상했다.[11] "그 질문의 답은 말도 안 되게 심오해요. 사람들은 평생의 경력을 바쳐 그 질문에 답하기 위해 노력해야 할 겁니다."

NV1이 실패한 후, 젠슨은 하비 존스의 질문을 좀 더 진지하게 생각해보지 않은 것을 후회했다. 자신과 엔비디아 팀이 그렇게 많은 노력을 갈아 넣었는데도 보상이 너무 적었다는 사실에 좌절감을 느꼈고, 이는 결국 자신이 리더로서 부족했기 때문이라고 생각했다.

"그저 우리가 일을 못했던 거예요. 회사를 세우고 첫 5년간, 정말 재능 넘치는 사람들이 모여서 정말로, 진짜로, 무진장 열심히 일했지만, 제대로 된 회사를 만든다는 것은 완전히 새로운 영역이죠."

젠슨은 자신과 아직 갓 태어난 병아리에 불과한 이 회사가 다시는 같은 실수를 반복하지 않도록 비즈니스에 대해 되도록 많은 것을 흡수하고 배우겠다고 다짐했다.

존스의 질문에 대한 답을 찾는 과정에서 그는 알 리스와 잭 트라우트가 쓴 《포지셔닝 – 마음을 사로잡는 전쟁Positioning: The Battle for Your Mind》이라는 책에 이끌렸다. 이 책은 포지셔닝이 제품이 아니라, 고객의 이전 지식과 경험에 의해 형성되는 고객의 마음에 관한 것이라고 주장한다. 사람들은 자신의 세계관에 들어맞지 않는 것을 거부하고 보지 않으려 하는 경향이 있다. 따라서 논리와 이성으로 그들의 마음을 바꾸기는 어렵다. 그러나 감정은 빨리 바뀔 수 있기 때문에 능숙한 마케터라면 회사 차원에서 올바른 메시지를 이용하기만 해도 사람들이 제품에 대해 특정한 방식으로 느끼게 하도록 유도할 수 있다. 저자들에 따르면, 잠재고객들은 설득당하기를 원하지 않는다. 그저 매혹되기를 원한다.

그러나 고객을 매혹하기 위해서는 단순한 메시지가 필요하다. NV1에서 엔비디아의 메시지는 너무 복잡했다. NV1은 경쟁제품에 비해 명확하게 우수하지 않았고, 어떤 상황에서는 실제로 오히려 열위에 있었다.

"고객은 항상 대안을 찾습니다." 젠슨은 말했다. 그리고 고객의 마음속에서 NV1의 대안들은 NV1이 할 수 없는 일, 다시 말해 〈둠〉 플레이를 할 수 있었다. 반대로 〈둠〉 게임이 오래된 그래픽 표준을 사용했다는 불만이나 NV1의 성능 향상 기능을 충분히 활용하지 않았다는 불만이 아무리 많다 하더라도, 이 단 하나의 이해하기 쉬운 부정적 메시지 하나를 상쇄할 수 없었을 것이다. 엔비디아가 NV1의 혁신적인 오디오와 그래픽 기능을 아무리 강조하더라도, 게이머들이 실제로 눈으로 본 것, 귀로 들은 것, 또는 들을 수 없었던 경험을 이길 수 없던 것이다.

NV1의 실패로 인해 엔비디아와 세가의 관계는 위태로워졌다. 세가는 엔비디아에 세가 새턴 이후의 차세대 콘솔, 즉 초기의 제네시스 콘솔을 위한 칩인 NV2 개발을 맡겼고 이번에는 제발 성공하라는 기대가 따라붙었다. 엔비디아 내부에서 NV2의 코드 네임은 '뮤타라Mutara'였다. 〈스타트렉2 - 칸의 분노〉에서 클라이맥스를 장식하는 우주전투가 일어나는 장소의 이름을 딴 것이다. 이 영화에서는 전투 중간에 제네시스라는 전략병기가 발사되어 뮤타라 성운을 생명을 품은 새로운 행성으로 바꿔놓았다. 엔비디아도 이와 마찬가지로 NV2를 통해 고전 중인 회사에 새 생명을 불어넣어야 했다.

그러나 프로젝트 처음부터 불안한 구석이 많았다. 프리엠이 직접 등판해 일본에도 여러 번 출장을 다녀왔지만, 세가의 프로그래머들은 엔비디아의 자체 그래픽 렌더링 기술에 점점 흥미를 잃었다. 1996년 세가는 차세대 콘솔에 NV2를 사용하지 않겠다고 엔비디아에 통보했다. 그러나 방법은 있었다. 젠슨은 영리하게도 기존 계약에 엔비디아가 구형 세가 제네시스 또는 메가 드라이브와 유사한 크기의 종합형 메인보드에 들어갈 수 있는 동작 가능한 칩 시제품을 제작할 경우 세가로부터 100만 달러를 지급받는다는 조항을 넣어두었다.

프리엠은 NV2 시제품 제작을 웨인 코가치란 엔지니어에게 맡겼다. 이는 외롭고 생색내기도 어려운 일이었다. 코가치는 그저 칩 하나와 메인보드만을 벗삼아 일해야 했으며, 프리엠은 다른 개발 인력들을 모두 NV3로 불리던 차기 칩 개발에 배정했다. 코가치가 동료들과 나눌 수 있었던 소통이라곤 밤늦은 시각의 유치한 장난들뿐이었는데, 그중 하나는 엔지니어링 부문 전체에서 유행했던 일종의 골상학骨相學 관련 장난으로 사람들의 머리둘레를 측정하고 기록하는 일이었다.

"코가치는 그때 엔비디아에서 제일 머리둘레가 큰 사람이었어요." 프리엠은 웃음을 터뜨리며 회상했다.

약 1년 여의 고생 끝에 코가치는 세가 콘솔의 사양에 맞는 NV2 시제품을 완성할 수 있었다. 이 덕분에 계약상 100만 달러 지급조건이 충족되었고, 이 돈은 엔비디아가 위기를 버틸 중요한 생명줄이 되었다. 그래도 엔비디아의 모든 문제가 해결되지는 않았다. 확보한 100만 달러 중 대부분은 즉시 NV3의 연구개발에 투입되었고, NV1과 NV2의 판매 호조를 예상해 고용했지만 (사실상 둘 다 실패했기 때문에) 더 이상 시킬 일이 없는 많은 직원을 유지할 돈이 회사에 남아 있지 않았다. 남은 현금을 지키기 위해 젠슨은 대량 해고를 결행하기로 했다. 엔비디아 직원 수는 100명 이상에서 40명으로 줄어들었다.[12]

대량 해고 사태에서 살아남은 소프트웨어 엔지니어 드와이트 디어크스는 이렇게 말했다. "우리에겐 마케팅 팀도, 영업 팀도 있었어요. 그런데 하루아침에 전부 사라지고 남은 건 이제는 쓸 수 없는 로드맵뿐이었죠."

이런 중에 강력한 경쟁자가 출현했다. 엔비디아가 NV1과 NV2에서 한 잘못된 선택으로 타격을 받고 NV3에 집중하기 위해 사업 방향을 바꾸고 있을 때, PC 그래픽 시장에 등장한 새로운 회사가 등장했다. 3dfx였다.

엔비디아 창립 후 불과 1년 후인 1994년 실리콘 그래픽스 출신인 스콧 셀러스, 로스 스미스, 게리 타롤리가 3dfx라는 회사를 설립했다. 1990년대 실리콘 그래픽스는 스티븐 스필버그의 〈쥬라기 공원〉에 나오는 공룡들처럼 영화에 컴퓨터 그래픽 효과를 넣는 데 쓰이는 전문가급 그래픽 워크스테이션 제조사로 잘 알려져 있었다. 3dfx 창업자들은 이런 수준의 성능을 PC 시장에서 게이머들이 감당할 수 있는 가격으로 제공하고자 했다. 1996년 가을, 3dfx는 2년간의 개발을 거쳐 자신들의 첫 번째 그래픽 칩을 '부두 그래픽스Voodoo Graphics'라는 브랜드명으로 출시할 준비가 되었다고 발표했다.

3dfx는 기술 특화 투자은행인 함브레치 앤 퀴스트가 주최한 샌프란시스코의 컨퍼런스에서 부두 그래픽스를 공개하기로 결정했다. 이 자리에서 고든 캠벨이라는 임원이 3dfx의 칩이 어떻게 보급형 소비자 수준 기기에서도 전문가급, 기업용 수준의 그래픽을 구현할 수 있는지 시연하는 세션을 기획했다. 실리콘 그래픽스의 워크스테이션에서 만든 것처럼 보일 만큼 정밀하게 렌더링된 3D 정육면체를 이 시연의 핵심 주인공으로 보여줄 예정이었다.

"전 그때 지하에 있는 작은 시연장에서 PC, 프로젝터, 우리 회사의 첫 칩이 탑재된 그래픽카드만 들고 있었죠." 캠벨은 말했다.[13]

3dfx의 발표 세션은 실리콘 그래픽스의 CEO인 에드워드 맥크래켄이 발표하는 키노트 세션과 같은 시간대에 잡혀 있었다. 이런 내용에 관심이 있을 만한 사람은 대부분 실리콘 그래픽스의 기업 역사를 들으러 갔기 때문에 3dfx의 발표장에는 청중이 드문드문했다. 그러나 맥크래켄의 발표 중간에 SGI 워크스테이션(소매가 8만 5,000달러짜리)이 다운되면서 키노트가 완전히 중단되어버렸다. 청중의 참을성이 바닥나고 있을 때, 아래층에서 하는 세션 내용이 더 흥미롭다는 입소문이 돌기 시작했다. 그것은 소형 스타트업이 실리콘 그래픽스의 기기와 맞먹는 3D 그래픽을 구현했는데, 심지어 소비자용 PC 그래픽카드에서 그게 가능하다는 소식이었다.

캠벨이 말했다. "반응이 정말 뜨거웠어요. 사람들이 '이건 꼭 봐야 해'라며 다른 사람들을 끌고 들어오는 분위기였죠."

발표장에서 일어난 이 정면 대결은 3dfx에 역사적 사건이 됐을 뿐 아니라 1996년 10월 판매를 시작한 부두 그래픽스의 마케팅 메시지를 정하는 데 큰 영향을 줬다. 3dfx는 자신들을 실리콘 그래픽스 수준의 성능을 훨씬 저렴한 가격으로 개인용 컴퓨터에서 제공하는 유일한 스타트업으로 홍보했다. 그리고 이런 메시지는 부두 그래픽스 출시 관련 자료 전반에 걸쳐 강화되었다. 자사의 라이처스 3D 그래픽카드에 부두 그래픽스를 도입한 오키드라는 회사에 3dfx의 마케팅 책임자 로스 스미스가 제공한 다음과 같은 추천사에서도 그랬다.

> ✳ 작년 컴덱스에서 빌 게이츠는 오키드의 부스에서 25만 달러짜리 실리콘 그래픽스 리얼리티 엔진 기반의 부두 그래픽스 시뮬레이터로 〈라의 협곡The Valley of Ra〉을 플레이했습니다. 이제 PC 이용자들은 오키드를 통해 동일한 성능을 단 299달러에 이용할 수 있습니다. 이런 게 바로 올바른Righteous 일입니다![14]

의도적이든 아니든, 3dfx는 앨 리스와 잭 트라우트가 《포지셔닝Positioning》에서 제시한 원칙을 제대로 따랐다. 시장에 나온 다른 그래픽카드의 명확한 대안으로 자사의 제품을 홍보했으며, 성능 통계나 데이터로 고객을 설득하기보다는 고객의 감정에 호소했다. 파격가에 고급 성능을 누림으로써 '짜인 기존의 시스템을 이긴다'는 느낌을 준 것이다.

3dfx가 과장된 마케팅만 한 것도 아니다. 1996년 6월, 이드 소프트웨어의 1인칭 슈팅 게임 시리즈 중 첫 번째 작품인 〈퀘이크Quake〉가 출시됐다. 3년 전 〈둠〉이 2D 그래픽카드에서 해냈듯이, 〈퀘이크〉의 초기 버전은 3D 그래픽카드의 성능을 극한까지 끌어내 모든 것을 실시간 3D로 렌더링했다. 이후 1997년 1월, 이드 소프트웨어는 퀘이크의 업데이트 버전인 〈GL 퀘이크〉를 출시했고, 3D 그래픽 하드웨어 가속을 지원하도록 설계했다. 이건 바로

부두 그래픽스 칩이 뛰어난 성능을 자랑하는 부분이었다.

"판매량이 갑자기 엄청나게 늘었어요." 3dfx의 최고 엔지니어인 스콧 셀러스는 당시를 회상하며 말했다.[15] 3dfx의 매출은 폭발적으로 증가했다. 1996 회계연도에 400만 달러였던 매출은 1997년 4,400만 달러, 그리고 업그레이드된 부두2 그래픽카드 출시 후인 1998년 2억 300만 달러로 치솟았다. 수요 대부분은 〈퀘이크〉 게이머들에서 나왔다. 〈퀘이크〉는 구매자들이 더 나은 그래픽 성능과 품질을 추구하면서 게임 플레이 경험에 좀 더 몰입하기 위해 하드웨어를 업그레이드하게 자극하던 킬러 앱이었다.

3dfx의 경영진은 엔비디아가 심한 재정적 위기를 겪는다는 사실을 알고, 비틀거리는 이 경쟁사의 인수에 나설지를 검토했다. 비록 처음 출시한 칩 두 종류가 시장에서 인기를 얻지는 못했지만 엔비디아에는 여전히 실리콘밸리에서 최고 연봉을 받는 그래픽 엔지니어들이 있었다. 하지만 3dfx 경영진은 움직이지 않기로 결정했다. 엔비디아가 파산할 것이라 믿었기 때문이다. 완전히 무너진 후에 남은 인재와 자산을 헐값에 주워 담는 게 더 낫다고 판단한 것이다.

로스 스미스는 말했다. "3dfx가 저지른 실수는, 상대가 쓰러졌을 때 결정타를 먹이지 않았다는 거예요. 엔비디아를 인수하지 않은 것은 아주 큰 실수였어요. 그때 그들은 벼랑 끝에 매달려 있었거든요."

스콧 셸러스는 "RIVA 128 칩(NV3란 이름으로 시작해 나중에 RIVA 시리즈로 판매된 칩)이 나오고 나서 만약 거기에 버그가 하나라도 있다면 엔비디아는 끝장날 게 뻔했죠. 그들에겐 시간이 없었어요. 그냥 조금만 더 기다리면 스스로 붕괴할 거라고 생각했어요."라고 밝혔다.

3dfx는 실제로 엔비디아를 벼랑에서 떨어뜨리기 위한 시도를 하기도 했다. 셸러스는 전에 다른 소규모 스타트업에서 엔비디아의 엔지니어인 드와이트 디어크스와 함께 일한 적이 있었고, 그의 그래픽 칩 소프트웨어 드라이버 프로그래밍 실력이 탁월하다는 사실을 알고 있었다. 이 드라이버는 그래픽카드의 성공에 매우 중요했다. 셸러스는 디어크스를 적극적으로 회유하며 침몰하는 엔비디아를 떠나 부상하고 있는 3dfx에 합류하라고 설득했다. "그를 거의 데려올 수 있을 뻔했죠." 셸러스는 나중에 아쉬움이 묻어나는 톤으로 말했다.[16]

디어크스는 이 기회를 진지하게 고려했다.[17] 하지만 두 가지 이유 때문에 엔비디아에 남았다. 첫 번째 이유는 호기심 때문이었다. 회사를 떠나는 선택지를 생각하기 전에 RIVA 128이 실제 생산까지 가는 과정을 꼭 지켜보고 싶었다. 두 번째 이유는 젠슨이었다. 젠슨은 디어크스가 회사에 남도록 설득했다. 오늘날까지도 젠슨은 자신이 디어크스를 '살렸다'고 농담을 던지고, 그러면 디어크스는 만약 자신이 엔비디아를 떠났다면 3dfx가 엔비디아를 바로 사들였을 거라 맞받아치곤 한다. 디어크스는 30년이 지난 지금도 엔비디아에 남아 회사의 소프트웨어 개발 부문을 총괄하고 있다.

<퀘이크>가 3dfx를 새로운 수준으로 끌어올리고 있을 때 젠슨 황과 엔비디아는 말라붙는 자금을 셈하며 다음 칩을 생산 단계까지 끌고 갈 정도가 될지 고민하고 있었다. 은행 계좌에 남은 자금은 300만 달러였고 이는 앞으로 9개월 남짓 회사를 운영할 수 있을 정도였다.[18] 살아남기 위해서는 평균 이상의 칩이나 그럭저럭 괜찮은 칩을 만드는 데에 그쳐서는 안 됐다. 제조 기술과 메모리 기술이 허락하는 한 최고로 빠른 그래픽 칩이자 3dfx의 부두 그래픽스 라인을 이길 수 있는 그래픽 칩을 만들어야 했다. 이 강력한 경쟁자를 이기기 위해서는 칩 개발에 대한 접근 방식을 철저하게 뜯어고쳐야 했다.

NV1은 시장이 원하는 것보다는 엔비디아 엔지니어들이 원하는 것을 넣어 설계되었다. 커티스 프리엠이 이 칩에 넣은 독자적인 표준은 그의 기술적 탁월함을 보여주었지만, 제조업체들의 공감대를 잃는 결과를 초래했다. 1996년 6월, 마이크로소프트가 전통적인 역방향 삼각형 방식을 사용하는 그래픽 텍스처링을 위한 애플리케이션 프로그래밍 인터페이스[API]인 Direct3D를 출시하면서 엔비디아의 새로운 그래픽 표준이 자리 잡기가 더욱 어려워졌다. 몇 달 만에 게임개발자들은 거의 예외 없이 엔비디아와 같은 독자적인 그래픽 표준을 포기하고, 대형 표준이자

　　　　　　　　2부 원(One): 개념에서 현실로

개발에 대한 지원이 잘 갖춰진 마이크로소프트의 Direct3D나 OpenGL 중 하나를 선호하게 되었다.

젠슨은 이런 그래픽 산업의 흐름을 파악하고 엔비디아의 엔지니어들에게 시장과 맞서 싸우지 말고 시장에 따르라고 지시했다. "여러분, 이제 안 될 일에 시간을 낭비하지 맙시다." 그는 잔류한 직원들에게 말했다.[19] "지금 우리가 잘못된 방향으로 가고 있다는 것이 확실하고, 아무도 우리 아키텍처를 지원하지 않을 겁니다."[20]

말라초프스키도 이 생각에 동의했다. 그는 "NV1처럼 완전히 다른 기술을 도입해 경쟁사보다 더 똑똑해지려 하지 말았어야 했어요. 다른 모든 경쟁사와 동일한 기초 전략을 사용하면서도 그저 더 뛰어난 엔지니어링을 했어야 했던 거죠."라고 말했다.

프리엠은 젠슨의 말에서 영감을 받아 NV3에서 말 그대로 더 '크게' 생각하게 되었다. 훨씬 더 빠른 칩을 만들기 위해서는 광대역 128비트 메모리 버스를 사용하고, 역대 기록을 경신하는 속도로 픽셀을 생성할 수 있는 그래픽 파이프라인을 설계할 필요가 있었다. 엔비디아는 그동안 아무도 제조에 성공한 바 없는 물리적으로 가장 큰 칩을 만들어야 했다.

프리엠은 기술적인 어려움이 있었음에도 엔비디아 사무실 복도에서 젠슨을 붙잡고 승인을 요청했다. "좀 더 검토해볼게요." 젠슨은 답했다. 그리고 이틀 동안 변경된 NV3의 개발일정, 가격, 제조계획, 비즈니스 모델을 세심하게 살펴봤다. 마침내 젠슨은 더 커진 칩을 승인하고, 나아가 프리엠과 엔지니어들에게 10만 개의 게이트, 즉 약 40만 개의 트랜지스터를 추가해서 칩에 총 350만 개의 트랜지스터가 들어가도록 하라고 요청했다.[21]

"젠슨은 그 칩에 더 많은 기능을 추가하라고 허락했어요." 프리엠이 말했다.

"비용에 대해서는 걱정하지 않았어요." 젠슨은 몇 년 뒤 자신의 의사 결정 프로세스에 대한 질문에 이렇게 답했다. "당시 만들 수 있는 물리적으로 최대 크기의 칩을 만들었죠. 세상에서 한 번도 보지 못한 가장 강력한 성능의 칩이 되기를 원했을 뿐이에요."

엔비디아는 회사의 포부를 반영하고, 이전의 설계 철학과 깔끔하게 결별한 사실을 나타내기 위해 NV3에 내부 코드명과 다른 브랜드명을 부여하기로 했다. 그런 후 이 칩을 'RIVA 128'이라 명명했다. 칩의 궁극적인 목적을 함축한 이름이었다. 'RIVA'는 '실시간 인터랙티브 비디오 및 애니메이션 가속기Real-time Interactive Video and Animation Accelerator'의 약자였다. '128'은 128비트 버스를 나타내는 숫자로 이는 하나의 칩에 들어간 버스로는 역대 가장 큰 규모이자 소비자 PC 산업에서 최초의 시도였다.

엔비디아의 재정 상태를 고려하면, RIVA 128은 기록적으로 짧은 기간 안에 품질 보증용 샘플 테스트도 충분히 진행할 여유 없이 제작되었다. 일반적인 칩 개발 과정은 약 2년에 걸쳐 진행되며, 칩 설계 내용을 최종 확정하고 시제품 제조를 위해 공장에 보내는 '테이프아웃tape-out' 이후에 버그를 확인하고 수정하는 여러 번의 수정 단계를 거친다. NV1의 경우 세 번 또는 네 번의 물리적 테이프아웃을 거쳤다. 그러나 이제 엔비디아는 NV3에서 단 한 번의 물리적 테이프아웃만 감당할 수 있었고 이후 바로 판매용 제품 양산에 들어가야 했다.

개발 일정을 단축하기 위해서는 테스트 주기를 줄여야 했다. 젠슨은 냉장고 크기의 칩 에뮬레이션 기계를 만드는 아이코스Ikos라는 작은 회사에 대해 들은 적이 있었다. 이 거대한 기계는 엔지니어들이 실제로 칩을 제작해서 버그를 테스트하고 수정할 필요 없이 디지털 형태의 칩 시제품에서 게임이나 테스트를 실행해서, 테스트 시간과 자원을 절약할 수 있게 해줬다. 하지만 아이코스 기계는 저렴하지 않았다. 한 대 가격이 100만 달러에 달했기 때문에 엔비디아의 인건비가 바닥나기까지의 기간을 9개월에서 6개월로 줄이는 결과를 가져올 터였다.

하지만 젠슨은 이 기계를 써야 테스트 과정에 걸리는 시간을 확실히 '더' 줄일 수 있음을 깨달았다. 그는 회사의 다른 임원들과 이 결정에 대해 논의했다. 임원들은 더 많은 자금을 조달하여 시간을 최대한 확보하길 원했지만 CEO인 젠슨의 생각은 확고했다. "돈이 더 나올 구석은 없어요. (벤처캐피털은) 우리 말고도 믿을 만한 회사가 아흔 개는 더 있을 텐데 왜 우리를 믿겠어요? 이렇게 가야 합니다."

젠슨은 논쟁에서 승리하고 아이코스에서 에뮬레이터를 구매했다. 기기가 도착하자마자 디어크스와 소프트웨어 팀은 RIVA 128의 이슈를 찾고 수정하려고 이 칩의 디지털 버전을 테스트하기 시작했다. 디어크스가 기억하기에 소프트웨어 팀과 하드웨어 팀 간의 첫 대화는 혼돈 그 자체였다.

"여러분, 우리 칩을 이제 디지털로 에뮬레이션할 수 있게 됐어요." 디어크스는 말했다. "칩에서 DOS를 방금 부팅했는데 엄청 느리네요."[22]

하드웨어 팀의 엔지니어 중 한 명이 말했다. "잠깐, 저기 봐요. 벌써 에러가 났어요. 'C:' 표시가 두 픽셀 정도 벗어나 있잖아요."

보통의 경우 칩은 부팅 직후나 그렇게 기초적인 부분에서 에러가 생기지 않는다. 그래서 하드웨어 팀은 이 에뮬레이터가 제대로 작동하지 않는다고 생각했고, 젠슨과 디어크스가 허무하게 3개월치 인건비 여유분을 낭비했다고 생각했다. "그런데 그건 정말 하드웨어에서 발견된 첫 번째 버그가 맞았어요." 디어크스는 말했다.

아이코스 기기로 작업하는 일은 쉽지 않았다. 이 기기는 두 개의 큰 박스가 곁에 오픈된 상태로 드러난 메인보드에 연결되는 형태로 구성되어 있었다. 물리적인 칩 대신 박스에 연결된 선이 실제 물리적 칩에서 CPU로 전달될 데이터를 전송했다. 소프트웨어로 에뮬레이션된 이 칩은 진짜 하드웨어 칩보다 훨씬 느렸다.

테스터 헨리 레빈은 말했다. "윈도우를 구동하는 데 15분이나 걸렸어요. 마우스를 아주 약간만 움직여도 화면이 프레임 단위로 새로 고쳐질 때까지 기다려야 했고요. 버튼 클릭도 끔찍했어요. 마우스를 조금만 움직이면 클릭할 지점을 지나쳐버렸거든요."[23]

레빈은 책상 위에 그림을 그려서 에뮬레이터가 화면 프레임을 새로 고치기를 기다리지 않더라도 화면의 특정 부분에 접근하려면 마우스를 어디로 움직여야 할지 알 수 있게 표시했다. 테스터들은 삼각형이나 원 그리기와 같은 기초 유틸리티를 실행하곤 했다. 벤치마크 테스트를 실행하려면 기기를 밤새 돌려두고 다음 날 아침에 와서 작업이 끝났는지 확인해야 하는 경우도 많았다.

이 에뮬레이터는 자동으로 버그 보고서를 생성하지 못했다. 프로그램이 멈추면, 레빈이 할 수 있는 일은 스크린샷을 찍고 하드웨어 엔지니어를 불러서 무슨 일이 발생했는지, 또는 어디에서 문제가 생겼는지를 확인하는 것뿐이었다. 만약 심각한 문제였다면, 엔지니어들은 칩의 일부를 다시 설계해야 했다.

어떤 엔지니어는 주말에 걸쳐 더 긴 벤치마크 테스트를 실행하려 했던 일을 기억하고 있었다. 밤에 청소부가 테스트실에 들어와 진공청소기 전원을 꽂기 위해 에뮬레이터의 플러그를 뽑아버렸다. 엔지니어들이 돌아와 보니 벤치마크 테스트는 완전히 망쳐져서 처음부터 다시 실행해야 했고 많은 시간을 낭비했다. 알고 보니 그 테스트실은 카펫이 없었기 때문에 청소부가 청소

할 필요도 없었던 곳이었다.

이런 불필요했던 건물관리 서비스 외에도 장애물이 많았다. 엔비디아가 백지에서부터 시작하기엔 시간이 너무 부족했다. 그래서 커티스 프리엠, 크리스 말라초프스키, 칩 아키텍트 데이비드 로젠탈은 NV1의 일부를 재사용하면서 역방향 텍스처링, 더나은 수학 연산 기능, 초광대역 메모리 버스 등의 새로운 기능을 추가할 방법을 고안했다. 비록 엔비디아가 초기 칩들과의 완전한 결별을 원했더라도, 결국 초기 칩 설계의 DNA는 RIVA 128에 계속해서 남게 되었다. "어떻게든 해냈죠." 말라초프스키는 말했다.[24]

그리고 엔비디아는 이제 경험을 통해 자신들의 칩이 오래된 VGA 표준에 대해서도 100퍼센트 하드웨어 지원을 해야 한다는 사실을 알게 되었다. NV1에서는 절반은 하드웨어, 절반은 소프트웨어 에뮬레이터로 해결하려 했으나, 이런 접근 방식은 〈둠〉과 같은 많은 DOS 기반 게임에서 심각한 문제를 일으켰다. 두 번 다시는 VGA 지원이 부족한 칩을 내놓을 수 없었다.

그러나 엔비디아에는 자체적으로 VGA 코어를 설계할 전문성을 가진 직원이 없었다. 놀랍게도 젠슨은 엔비디아의 경쟁사 중 하나인 웨이텍에서 VGA 코어 설계의 라이선스를 받아 확보하는 데 성공했다.

프리엠은 말했다. "젠슨은 세계 최고의 협상가예요. 단연코 그렇습니다. 젠슨은 어떻게든 엔비디아를 구해내는 엄청난 비즈니스 거래를 성사시켜요. 한두 번이 아니에요."

젠슨은 웨이텍과의 라이선스 계약을 체결했을 뿐만 아니라, 웨이텍에서 VGA 칩 설계자인 고팔 솔란키의 스카우트까지 성공했다. 솔란키는 프로젝트 매니저로 합류해 젠슨의 최측근 중 한 명이 된 사람이다. 한 전직 엔비디아 직원은 그들이 '비즈니스 소울메이트'처럼 일했다고 했다. 솔란키는 매우 성격이 드세고 까다로운 것으로 유명했지만, 동시에 결과를 내는 사람이었다. 젠슨은 솔란키에게 회사를 구해낸 공로를 돌렸다.

"고팔은 정말 중요한 사람이에요. 고팔이 없었다면 엔비디아는 이미 망했을 겁니다."[25] 그로부터 거의 30년이 지나 젠슨은 이렇게 말했다.

"고팔이 차세대 NV 칩의 개발 담당자로 배정되면 항상 좋은 느낌이 들었어요. 결국 다 잘될 게 분명했죠." 프리엠도 동의했다.

결전의 날이 왔다. 엔비디아는 1997년 컴퓨터 게임개발자 컨퍼런스에서 RIVA 128을 공개했다. 이 컨퍼런스는 하드웨어 회사들이 최신 제품을 선보이며 PC 제조업체와 소매업체로부터 주문을 확보하려는 자리였다. 엔비디아의 일정은 워낙 빡빡했기에 칩이 컨퍼런스 일정에 맞춰 도착할지, 컨퍼런스에서 시연할 수 있을지조차 확신할 수 없었다. 컨퍼런스를 겨우 며칠 남겨두고 공장에서 칩 샘플이 도착했고 엔비디아의 엔지니어들은 남아 있는 소프트웨어 버그들을 잡으려 전력을 기울였다. 목표는 하드웨어 제조업체들이 품질 평가에 사용하는 Direct3D 그래픽 벤치마크를 실행할 정도의 상태로 만드는 것이었다. 행사가 시작되기 불과 몇 시간 전에서야 엔지니어들은 멈추지 않고 작동할 정도까지 칩을 안정화하는 데 성공했다.

"그때 우리가 숨겨야 했던 작은 비밀은 RIVA 128이 그 특정 테스트 한 번만, 그것도 간신히 통과할 수 있었다는 거였죠." 1997년 컨퍼런스에 참석했던 엔비디아의 지역 영업 매니저 에릭 크리스텐슨은 말했다.[26] "이 칩은 엄청나게 신중하고 조심스럽게 다뤄야 했어요. 잘못 건드리면 테스트 중간에 시스템이 멈춰버릴 위험이 있었거든요."

경쟁 그래픽카드 제조사 담당자들이 엔비디아의 부스를 찾아왔다. 대부분 주된 목적은 NV1에서의 실패를 비웃을 찬스를 놓치기 싫어서였던 것 같다. "아, 다들 아직 살아 있었네요?" 3dfx 직원 한 명은 이렇게 말했다.

하지만 다른 많은 사람들이 엔비디아의 벤치마크 테스트를 보고 결과에 깊은 인상을 받았고, RIVA 128에 대한 입소문이 퍼지기 시작했다. 업계에서는 이 제품이 특별한 그 무엇일 수 있다는 가능성을 인지했다.

그날 일정이 거의 끝날 무렵, 3dfx의 공동창업자이자 엔지니어링 부문 책임자였던 스콧 셀러스가 엔비디아 부스에 찾아와 시연을 요청했다. "최상의 경험을 제공하기 위해 시스템을 일단 종료하고 처음부터 실행하는 모습을 보여드리겠습니다." 크리스텐슨이 말했다. "시스템을 재부팅하고, 애플리케이션을 열어, 시연을 시작하겠습니다."

최대한 아무것도 아닌 것처럼 평범하게 들리도록 말하려 했지만, 그의 행동은 경쟁자에게 깊은 인상을 주기 위한 일종의 도박이었다. RIVA 128은 재부팅 후 특히 잘 멈춰버리는 특징이 있었기 때문에 여기에서 시스템이 제대로 작동할지 확신할 수 없었다. 그러나 시스템을 재부팅하지 않고 테스트를 할 순 없었다. 셀러스가 나중에 재부팅한 경우에 비해서 정확하지 않은 벤치마크 결과였다고 주장할 가능성이 있기 때문이었다.

크리스텐슨은 시스템이 다시 시작되는 동안 숨을 죽였다. 기기는 멈추지 않고 온라인 상태로 돌아왔다. 그는 벤치마크 테스트를 실행했고, 결과가 PC 화면에 나타났다. 셀러스는 믿을 수 없다는 듯 그 결과를 바라보았다. 3dfx의 벤치마크 결과를 능가했을 뿐만 아니라, 셀러스가 소비자용 그래픽카드에서 본 그 어떤 벤치마크 결과값보다도 높았다. 크리스텐슨은 이 테스트 결과에 어떤 문제도 없음을 보여주었다. 셀러스는 이 테스트의 의미를 깨달았다. 첫째, RIVA 128은 3dfx가 보유한 현재 최고의 그래픽카드보다 우수하다는 사실과 둘째, 3dfx가 이미 끝났다고 여겼던 엔비디아가 3D 그래픽 시장에 화려하게 복귀하려 하고 있다는 사실이었다.

3D 그래픽 스타트업인 렌디션의 최고 아키텍트인 월트 도노반도 엔비디아 부스에 들러 RIVA 128의 테스트 결과를 봤다.

그는 엔비디아에서 비교적 최근에 수석 과학자가 된 데이비드 커크에게 이 칩과 칩의 성능에 대해 몇 가지 질문을 했다. 커크의 답변을 들은 도노반은 "정말 대단하군요."라는 말밖에 할 수 없었다. 도노반이 하고 있던 프로젝트 중에는 RIVA 128의 성능에 접근할 가능성이 있는 것도 없었다. 단 한 번의 벤치마킹 테스트로 자신의 회사는 경쟁력 있는 회사에서 기술력이 뒤떨어지는 회사로 전락하고 말았다.

이 상황을 이해하자마자 도노반은 질문 하나를 더 했다. "제가 엔비디아에서 일할 수 있을까요?" 그는 바로 엔비디아에 채용되었다.

젠슨은 이제 추가 자금을 조달할 수 있는 위치에 섰다. 강력한 성능 수치를 내는 작동 가능한 시제품 칩을 시장에 보여주었기 때문이다.

프리엠은 말했다. "서터 힐이나 세쿼이아의 투자금을 너무 일찍 받고 싶지는 않았어요." 만약 젠슨이 NV1이나 NV2의 실패 직후, 그러니까 엔비디아에 명확한 자구계획이 없던 시점에 그들에게 다시 찾아가 추가 자금을 요청했다면, 아주 불리한 투자 조건을 요구하는 불신 가득한 투자자들을 마주했어야 했을 것이다. 또는 추가 자금 투자가 거절됐을 수도 있었다.

그러나 이제 상황은 달라졌다. 엔비디아가 성공 문턱에 서 있는 지금은 벤처캐피털 회사들도 엔비디아가 살아남도록 계속 지원해야 할 강력한 이유가 생긴 것이다.

젠슨은 반도체 파운드리 공장에 칩 제조를 맡길 목적으로 다음 투자 라운드 참여를 요청했다. 두 회사 모두 추가 투자에 동의했고, 서터 힐은 1997년 8월 8일에 180만 달러를 투자하기로 약속했다.[27] (이 라운드에서 세쿼이아가 얼마를 투자했는지에 대한 정보를 확인할 수는 없었으나 투자를 한 것은 확인했다. 세쿼이아 측은 정보 요청에 응하지 않았다).

늦은 여름날, 젠슨은 회사의 직원들을 모두 사원 휴게실에 모았다. 그리고 주머니에서 종이 한 장을 꺼내 몇 자리의 달러와 센트 단위까지 구체적인 금액을 읽고 나서 종이를 접어 다시 주머니에 넣으며 말했다.

"이것이 지금 우리 계좌에 남아 있는 돈 전부입니다."

방 안은 순식간에 침묵에 휩싸였다. 그 숫자는 농담으로도 많다고 할 수 없었다. 직원들의 급여를 그저 몇 주 지급할 정도에 불과했다. 당시 입사한 지 얼마 안 된 한 직원은 그때 거의 공황에 빠질 뻔했다. '맙소사, 이 회사엔 현금이 거의 다 떨어졌잖아.'

젠슨은 그때 주머니에서 또 다른 종이를 꺼냈다. 그리고 종이를 펼쳐 읽었다.

"STB 시스템즈에서 RIVA 128을 3만 개 주문했습니다."

이 칩의 첫 번째 대량 주문이었다. 휴게실은 환호성으로 끓어올랐다. 젠슨이 극적인 효과를 내기 위해 약간의 쇼맨십을 즐긴 것이었다.

RIVA 128은 엔비디아의 첫 번째 대성공작이었다. 출시하자마자 받은 반짝거리는 평가들은 NV1 출시 때의 나쁜 기억을 완전히 지워버렸다. 업계를 주도하는 기술 애호가 웹사이트인 '톰스 하드웨어'는 "하드코어 게이머라면 이 그래픽카드를 반드시 사야 한다.", "현재 PC에서 쓸 수 있는 가장 빠른 3D 칩이다."라고 평가했다.

RIVA 128 출시 후 4개월 만에 엔비디아는 100만 개 이상의 칩을 출하하며 PC 그래픽 시장의 5분의 1을 점유하게 되었다. 〈PC 매거진〉은 RIVA 128을 '에디터스 초이스' 제품으로 선정했고, 〈PC 컴퓨팅〉은 1997년도의 '올해의 제품'으로 꼽았다.[28] 델 컴퓨터, 게이트웨이 2000, 마이크론 일렉트로닉스, NEC 등의 대형 PC 제조업체들은 모두 연말 크리스마스 시즌 판매를 위해 이 칩을 자신들의 PC에 장착했다. 판매량이 폭발적으로 증가한 덕분에 엔비디아는 1997년 4분기에 140만 달러의 이익을 기록하며 창립 4년 만에 처음으로 분기 흑자를 달성했다.

젠슨 황의 극적 연출 솜씨는 연말을 앞두고 열린 내부 행사에서도 다시 한번 드러났다. 현재 그를 상징하는 검은 가죽 재킷 대신, 당시의 그는 캐주얼한 재킷과 청바지를 즐겨 입었다. 젠슨은 재킷 주머니에서 두툼한 봉투를 꺼냈는데, 그 안에는 빳빳한 새 1달러 지폐가 가득 들어 있었다. 그는 봉투를 들고 행사장을 돌아다니며 직원들에게 1달러 지폐를 건넸다. RIVA 128 덕분에 회사가 재정적 구멍줄을 잡게 되었지만, 지금의 회사 상황이

섣불리 샴페인을 터뜨리기엔 아직 불안하다는 점을 상기시키기 위한 것이었다.

이어서 젠슨은 운영 부서에서 일하며 그래픽 칩 포장과 고객 발송 업무를 책임졌던 캐슬린 버핑턴이라는 여성의 앞으로 다시 돌아갔다. 이미 그녀에게 1달러를 건넨 후였지만, 젠슨은 1달러를 한 번 더 건넸다. 모든 직원 앞에서 그녀가 칩을 전부 출하하기 위해 정말 열심히 일했기 때문에 두 배의 보너스를 받을 자격이 있다고 말했다. 젠슨의 1달러 지폐 수여식은 수년간 실패를 목전에 둔 상황에서 운영되어 온 이 회사에 꼭 필요한 유머와 축하의 순간이었다.

젠슨은 말했다. "RIVA 128은 기적과도 같았습니다. 회사가 벼랑 끝에 몰려 있을 때 커티스, 크리스, 고팔, 데이비드 커크가 그 칩을 만들었지요. 그들은 정말 훌륭한 결정을 내렸어요."[29]

5

우리는 초적극적인 기업입니다

> "
>
> 빛의 속도로, 주 80시간을, 엄청난 압박감 속에서
>
> "

RIVA 128은 엔비디아를 생존하게 함과 동시에 비교적 인재 풀이 좁은 컴퓨터 그래픽 분야에서 뛰어난 재능들을 서니베일의 작은 오피스 단지로 끌어들이는 자석과 같은 역할을 했다. 사람들은 이곳에서 뭔가 대단한 일을 해낼 수 있을 거라 믿었다.

캐롤라인 랜드리는 캐나다 회사 '매트록스 그래픽스'에서 칩 설계자로 일하고 있을 때 엔비디아에서 내놓은 새로운 칩 얘기를 들었다. "저는 당시 20대 후반이었어요. 업계 정보에 정통하지는 못해도, 엔비디아가 첫 번째 RIVA 시리즈 칩을 출시했고, 그게 업계를 통째로 뒤흔들어 놓았다는 얘기는 들었어요. 제가

매트록스에서 다루던 제품은 테이프아웃 단계에도 가지 못한 상태였는데, RIVA 칩은 훨씬 앞서 있더라고요."[1]

랜드리의 남자친구가 이미 샌프란시스코 주 베이 에어리어에 직장을 구한 상태였지만, 그녀는 자신이 그를 따라가고 싶은 마음인지 확신이 없었다. 그러다 어떤 헤드헌터가 엔비디아와 다리를 놓아 줘서, 비행기를 타고 날아가 하루 종일 면접을 봤다. 즉시 채용 제안을 받았고, 제안만큼 빠르게 그저 엔비디아의 명성만 믿고 그 제안을 수락했다. 랜드리는 엔비디아 최초의 여성 엔지니어였다.

그녀는 엔비디아에 합류한 후 강도 높은 근무에 적응하는 데 어려움을 겪었다. 평일에 밤 11시까지 일하고도 주말에도 거의 하루 종일 일하는 날이 많았다. 랜드리의 기억에 한 임원은 어느 금요일 늦은 오후에 그녀에게 인사를 던지며 주말에 무슨 업무를 할 거냐고 물어봤다고 한다. "캐나다는 미국보다 엔지니어 급여가 훨씬 낮아서 미국 기업 관점에서 사람을 뽑기에 좋은 시장이었어요." 그녀는 말했다. "하지만 일반적으로 캐나다인에게는 삶의 질이 좀 더 중요해요."

랜드리는 젠슨에게 일부 직원들이 장시간 근로에 대해 불평하고 있다고 운을 뗐다. 젠슨의 대답은 그답게 직설적이었다. "올림픽에 나가려고 준비하는 사람들도 아침 훈련에 대해 불평합니다."

젠슨은 탁월함을 달성하기 위한 필수조건이 장시간 근로라는 메시지를 보낸 것이다. 지금까지도 그는 이 생각을 버리지 않았고 여전히 엔비디아 직원들이 엄청나게 많이 일하는 습관을 받아들이기를 기대한다.

랜드리는 엔비디아의 관리자들이 특출난 재능을 빨리 알아본다는 사실도 알게 되었다. 그녀는 학교를 갓 졸업한 젊은 엔지니어 조나 알벤과 비슷한 시기에 엔비디아에 합류했다. 알벤은 그녀의 표현을 빌리자면, 확실하게 '똑똑'했다. 젠슨은 알벤의 잠재력을 일찍 간파했고 내부 회의에서 이렇게 말했다. "앞으로 20년 내에 제가 조나를 위해 일하게 될 것 같네요." 랜드리는 동료가 주목받자 약간 질투를 느꼈지만 결국 극복했다. "엔비디아에서는 똑똑한 동료들을 받아들여요. 위협을 느끼는 일은 없습니다. 개인의 자존심이 중요한 게 아니에요. 우리가 함께 해낼지 아닐지가 중요한 거죠. 그런 사람들과 함께 일할 수 있음에 감사해야 해요." 알벤은 승승장구했고, 이후 GPU 개발 부문의 책임자가 됐다.

젠슨은 새로 들어온 직원들이 회사에 출근한 그 순간부터 자신이 무엇을 하게 될지를 정확히 알기를 원했다.[2] 당시 엔비디아의 마케팅 이사인 마이클 하라는 모든 신규입사자 오리엔테이션에서 숨김없이 불편한 이야기를 하라는 지시를 받았다. 하라의 기억에 따르면, 오리엔테이션 연설은 신규 입사자들이 언제나 주저 없이 의견을 말하고, 새로운 관점과 아이디어를 제시할 수 있게 하고자 하는 의도로 기획한 것이었다.

"우리는 초적극적인^{ultra-aggressive} 기업입니다. 안 되는 핑계를 찾는 데 시간을 낭비하지 않습니다. 그저 앞으로 나아갑니다. 만약 남들 뒤에 숨어 월급만 챙기고 오후 5시에 퇴근하면 된다고 생각하고 여기에 왔다면 실수하신 겁니다. 그런 생각을 갖고 있다면, 오늘 바로 사직서를 제출하세요."

하라는 신규입사자 교육을 담당하는 인사팀 직원의 얼굴이 경악으로 굳는 모습을 보았다. 그래도 개의치 않고 그는 연설을 이어갔다.

"우리는 다른 사람들이 하는 대로 일하지 않습니다. '이전 직장에서는 이렇게 했는데요?'라고 여기에 와서 말해봤자 소용없어요. 우리는 남들과 다르게, 더 나은 방식으로 일합니다. 회사에 직원이 25명밖에 안 되던 시절에도 젠슨은 사람들에게 이 회사에 와서 첫째, 위험을 감수하고 둘째, 틀을 벗어나는 일을 하고 셋째, 실수를 하라고 했습니다. 저는 여러분에게도 이 세 가지를 하라고 권합니다. 하지만 같은 실수를 두 번 반복하지는 마세요. 그러면 우리는 고민 없이 바로 당신을 해고할 겁니다."

하라의 말은 진심이었다. 엔비디아의 전 인사 책임자 존 맥솔리는 엔비디아가 채용을 신속하게 하기도 했지만, 채용한 직원이 제대로 역할을 하지 못하면 해고하는 것도 신속했다고 말했다.

젠슨이 모든 채용 담당자에게 내린 기본 지침은 간단했다. '자신보다 더 똑똑한 사람을 채용한다.' 그러나 엔비디아가 성장하며 매달 100명 이상을 채용하기 시작하자, 경영진은 때로 그들이 사람을 잘못 볼 수도 있음을 깨닫게 되었다. 잘못 뽑은 사람을 방치해 엔비디아의 문화를 해치게 놔두기보다는 가능한 한 빨리 문제를 바로잡는 편이 나았다.

엔비디아 초창기에는 장기근속한 직원들조차도 마음을 놓을 수 없었다. '승진 아니면 퇴출' 정책이 있었기 때문이다. 직원들은 일정 주기로 승진하거나, 그러지 못하면 더 잠재력이 높은 인재에게 자리를 내어주고 밀려나야 했다. 엔비디아는 인사관리도 칩 설계처럼 타협 없는 방식으로 처리했다.

젠슨은 '빛의 속도'를 원했다. 엔비디아를 세운 이후 젠슨은 모든 엔비디아 직원이 빛의 속도로 일해야 한다고 주장했다.[3] 그는 업무를 제한하는 요소는 내부 정치나 재정적 제약이 아니라, 오직 물리법칙의 한계뿐이어야 한다고 믿었다. 모든 프로젝트는 세부 작업으로 나눠야 하고 그 세부 작업에는 지연, 대기, 또는 장애가 없다고 가정했을 때 완료될 수 있는 목표 시간이 있어야 한다. 물리적으로 그 이상의 속도가 될 수 없는 이론적 최대치인 빛의 속도를 설정하는 것이다.

"빛의 속도를 목표로 하면 시장에 더 빨리 진입할 수 있습니다. 경쟁자들이 그보다 더 잘 해내기란 정말로 어렵거나 진짜로 불가능해요." 한 전직 엔비디아 임원은 말했다. "얼마나 빨리 그 일을 할 수 있는지, 그리고 그만큼 빨리 못하는 이유가 무엇인지를 묻는 원칙입니다."

이것은 단순한 비유적 목표가 아니었다. 젠슨은 실제로 직원들의 성과를 평가할 때 이 기준을 사용했다. 그는 목표를 설정할 때 엔비디아의 이전 선례나 현재 경쟁자들의 수준을 기준으로 목표를 설정하는 부하직원들을 질책하곤 했다. 젠슨은 그가 다른 회사에서 볼 수 있었던 안주하는 분위기를 방지해야 한다고 생각했다. 썩어가는 회사들에서는 직원들이 개인의 성공을 우선하면서 안정적이고 지속 가능한 성장을 하는 것처럼 보이도록 프로젝트를 조작하고, 실제로는 장기적인 관점에서 회사에 해가 되는 미세 개선만 하고 있었다. '빛의 속도'라는 목표는 엔비디아가 이런 샌드배깅Sandbagging(의도적으로 목표를 낮게 설정하는 행위)을 결코 용납하지 않도록 했다.

"이론적인 최대치, 그것이 바로 빛의 속도입니다. 우리가 기준으로 삼을 수 있던 것은 그것뿐이었어요." 전 엔비디아 임원 로버트 송고르는 기억을 되짚으며 말했다.

RIVA 128은 빛의 속도 프로젝트 방식의 대표적인 사례였다. 젠슨은 두 가지의 바꿀 수 없는 사실에 맞서야 했다. 대부분의 그래픽 칩이 얼개를 잡고 시장에 출시할 때까지 걸리는 시간이 2년이다. 그리고 엔비디아에게는 오직 9개월만 주어졌다. 칩 개발 주기 중 계획 단계에서 젠슨은 소프트웨어 엔지니어 드와이트 디어크스에게 물었다. "그래픽카드를 시장에 출시하려 할 때 가장 중요한 제한요소가 뭐가 있을까요?"

디어크스는 소프트웨어 드라이버(운영체제와 PC 애플리케이션이 그래픽 하드웨어와 통신하고 이를 이용할 수 있게 해주는 특수한 프로그램)가 가장 큰 장애물이라고 답했다. 이런 드라이버는 칩이 대량 생산되기 전까지 완벽히 준비되어 있어야 했기 때문이다. 전통적인 칩 제조 과정에서는 시제품이 되는 물리적 칩을 먼저 만들어야 했다. 이 시제품이 먼저 완성되어야 소프트웨어 엔지니어들이 드라이버를 개발하고 발생하는 버그들을 잡는 과정을 진행할 수 있었고, 그다음 이렇게 만든 새로운 드라이버에 맞게 칩 설계를 최소한 한 번 이상 더 최적화해야 했다.

젠슨은 시간을 절약하기 위해 관례적인 절차를 뒤집어서 RIVA 128의 드라이버 소프트웨어를 칩 시제품이 완성되기 전에 개발해야 한다고 선언했다. 이렇게 하면 생산 일정 중 거의 1년을 단축할 수 있지만, 물리적 칩으로 드라이버 소프트웨어를 테스트해야 하는 단계를 해결할 방법을 찾아야 했다. 바로 이것이 엔비디아가 잔돈 하나하나까지 귀했던 상황임에도 100만 달러를 투자해 아이코스 에뮬레이터를 도입한 이유다. 이는 빛의 속도에 접근할 수 있게 해주는 투자였다.

이후 2018년 젠슨은 '빛의 속도'라는 표현을 빛보다 더 빠른 것, 즉 물리적으로 불가능한 수준을 나타내는 은유로 대체할지 검토했다. 엔비디아의 조직이 점점 커짐에 따라 계속 느려지는 속도에 불만을 느끼고 있었기 때문이었다. 그는 임원진에게 빛보다 빠르게 움직여야 한다고 고함을 지른 다음 로버트 송고르를 돌아보며 물었다.

"롭(로버트의 애칭), 〈스타트렉 디스커버리〉에서 어딘가로 순간 이동할 수 있게 해주는 추진 시스템 이름이 뭐였죠?"

"음, '워프 드라이브'가 빛의 속도보다 빠르긴 하지만, 당신이 말하는 건 아마도 '균사체 포자 드라이브' 같네요."[4]

젠슨과 송고르는 둘 다 〈스타트렉〉 마니아였다. 젠슨이 외쳤다. "포자 드라이브! 우리도 포자 드라이브처럼 되어야 해요!" 모두가 웃음을 터뜨렸다. 결국에는 '빛의 속도'란 용어를 계속 쓰기로 했는데, '균사체 포자 드라이브'보다는 그게 더 설명하기 쉬웠기 때문이다.

엔비디아는 RIVA 128 개발 과정에서 원래 가능했던 일들도 한계까지 더 밀어붙였다. 직원들은 역대 어떤 칩보다 더 칩을 크게 만들고, 성능을 향상시키기 위해 원래 생각했던 것보다도 더 많은 트랜지스터를 꽉꽉 채워 넣었다. 그리고 경쟁사로부터 VGA 기술을 라이선스 받아오는 기발한 방식으로 우선순위가 낮은 구성요소를 처음부터 개발해야 한다는 부담을 덜었다. 젠슨은 불도저처럼 웨이텍과 같은 경쟁사나 엔비디아의 파트너 회사를 가리지 않고 곳곳에서 최고의 엔지니어들을 영입했다. 이는 모두 엔비디아의 직원들이 그저 평범한 수준이나 합리적으로 달성할 수 있는 수준에 얽매이지 않았기 때문에 가능했다. 그들은 최대의 노력과 최소의 시간낭비를 통해 달성할 수 있는 수준에만 집중했다.

엔비디아는 RIVA 128 개발 과정에서 많은 것을 배웠다. 여기에서 배운 것은 이후 엔비디아의 칩 개발 과정에서 새 표준이 되었다. 그때부터 엔비디아는 칩을 생산할 때, 모든 주요 애플리 케이션과 게임에서 기존 엔비디아 칩과의 호환성을 검증한 소 프트웨어 드라이버를 미리 준비하는 것을 원칙으로 삼았다. 이 런 접근 방식 덕분에 각 세대의 칩 아키텍처마다 별도의 드라이 버를 개발해야 했던 경쟁사들과 달리, 엔비디아는 중요한 경쟁 우위를 확보할 수 있었다.[5]

　나아가 엔비디아는 그래픽 드라이버의 유지관리를 PC 제조업 체와 보드 협력업체에게 맡기지 않기로 했다. 그들이 자신들의 일정에 맞춰 업데이트를 배포하게 놔두지 않고 엔비디아가 직접 유지관리하면서 매달 새로운 드라이버를 배포했다. 엔비디아의 전 영업 책임자이자 현재 PC 그래픽 사업부를 이끄는 제프 피셔 는, 업데이트를 중앙에서 통합 관리하면서 자주 제공하는 것이 일관되게 뛰어난 사용자 경험을 보장하는 최선의 방법이라고 설 명했다. 이렇게 해야 게이머들이 다른 회사나 관련 개발자들이 출시하는 최신 PC용 소프트웨어에서도 항상 최적의 그래픽 성 능을 경험할 수 있었다.

　피셔는 말했다. "그래픽 드라이버는 아마 PC 소프트웨어 중에 서 운영체제 다음으로 가장 까다로운 녀석일 겁니다. 모든 애플 리케이션이 다 쓰는 소프트웨어이기 때문에 모든 애플리케이션 의 출시나 업데이트가 전부 항상 이 소프트웨어를 망가뜨릴 가 능성을 내포하고 있지요."

"**나보다 똑똑한 사람은 있을 거예요**. 하지만 나보다 더 열심히 일하는 사람은 절대 없을 겁니다."[6] 언젠가 젠슨은 임원진에게 이렇게 말했다.

1997년 12월, 지오프 리바는 AMD에서 엔비디아의 CFO로 스카우트되었다. 그는 자신의 새로운 상사에게 두 가지 인상적인 특징이 있음을 알게 됐다. 젠슨은 극도로 설득력이 뛰어나고, 극도로 열심히 일하는 사람이었다.[7] 그는 종종 오전 9시부터 자정 가까이 사무실에 있었기 때문에 아무래도 엔지니어들은 그와 비슷한 시간 동안 일해야 한다는 압박감을 느꼈다.

"AMD, 인텔, 다른 회사에 다니는 사람들에게 만약 엔비디아가 어떻게 지내는지 보고 싶다면 주말에 엔비디아 사무실 주차장에 와보라고 얘기하곤 했어요. 출근한 사람들의 차로 항상 꽉 차 있었거든요." 리바는 말했다.

심지어 마케팅 부서조차 매주 토요일에 출근을 했고 주 60시간에서 80시간 일하는 것이 보통이었다. 엔비디아의 기업 마케팅 이사인 앤드류 로건은 아내와 함께 밤 9시 30분에 〈타이타닉〉 영화를 보러 가기 위해 사무실을 나가던 순간을 기억한다. 문을 나서는 길에 한 동료가 소리쳤다. "어이, 앤디, 오늘 반차 쓰는 거야?"[8]

테스터인 헨리 레빈은 늦게까지 일하는 날 혼자였던 적이 없었다고 기억한다. 밤 10시나 그 이후까지 남아서 일하는 날에도 언제나 엔비디아의 그래픽 아키텍트들은 화이트보드 앞에서 칩 최적화와 렌더링 기법에 대해 열정적으로 논의하고 있었다. 레빈과 비슷한 시기를 경험한 자재 관리 이사인 이안 시우는 동료들이 심지어 주말에도 침낭까지 가져와서 사무실에서 밤을 새며 일하던 모습을 생생하게 기억한다. 직원들이 사무실을 떠나지 않고 가족과 함께할 시간을 확보하기 위해 자녀들을 사무실로 데려오는 경우도 있었다.

"우리는 매일 죽어라 일했어요." 이안 시우는 말했다. 그는 이 사무실에서 얻은 동료애나 동료들과의 돈독한 관계를 소중하게 기억하고 있었다.

CFO 지오프 리바는 자정까지 일하는 경우는 드물었지만, 대신 아침 일찍 출근하곤 했다. 그런데 그의 자리는 CEO인 젠슨과 가까웠다. 그는 그 자리의 아주 큰 단점 중 하나가 바로 젠슨이 아침에 제일 먼저 만나는 사람이 자신이 된다는 사실임을 빠르게 깨달았다. 그리고 젠슨은 처음으로 마주치는 사람이 누구든지 그에게 자신의 생각을 쏟아내는 것으로 유명했다.

"젠슨은 밤사이에 제품이나 마케팅에 대한 생각을 깊이 숙성시키곤 했어요." 리바는 말했다. "거의 대부분 제가 담당하는 재무적 문제는 아니었지만 그건 중요하지 않았죠. 그가 그날 처음 만나는 사람이 되면, 그가 쏟아내는 따발총 같은 얘기를 제일 처음으로 들어야 해요."

아침이 지나면, 엔비디아 본사 내에서 젠슨의 깜짝 대화 폭탄에서 안전한 곳은 없었다. 기술 마케팅 엔지니어인 케네스 헐리는 화장실 소변기 앞에 볼일을 보려고 서 있었는데, 그때 젠슨이 옆의 소변기를 쓰러 들어왔다.

"전 화장실에서 이야기하는 걸 좋아하는 사람이 아니에요." 헐리는 말했다.[9] 하지만 젠슨은 달랐다. "별일 없나?" 인사가 날아왔다.

헐리는 애매하게 "특별한 건 없어요."라고 대답했고, 그 결과는 옆에서 그를 힐끗 째려보는 CEO의 차가운 눈빛이었다. 등줄기에 소름이 쫙 돋는 것을 느끼며 헐리는 생각했다. '어떡하지. 내가 아무 일도 안 하는 줄 아나봐. 나는 이제 해고될 거야. 젠슨이 지금 내가 엔비디아에서 도대체 무슨 일을 하는 건지 의아한 게 틀림없어.'

헐리는 자신을 변호하기 위해, 개발자들에게 엔비디아의 최신 그래픽카드를 구매하라고 설득하는 일부터 그 개발자들에게 그래픽카드를 이용해 새로운 기능을 프로그래밍하는 방법을 알려주는 일까지 자신이 하는 스무 가지 일들을 다 설명하기 시작했다.

"그렇군." 젠슨은 대답했다. 분명히 이 불쌍한 엔지니어의 대답에 만족한 표정이었다.

"우리가 망하기까지 앞으로 30일 남았습니다." 공포와 불안은 젠슨이 가장 좋아하는 동기부여 장치였다. 매달 열리는 내부 회의에서 그는 이렇게 말하곤 했다.

물론 어떤 면에선 과장된 얘기긴 했다. 많은 것이 걸려 있었던 압박감 넘치는 RIVA 128 개발 과정은 (이 책에서 앞으로 더 소개하듯이) 아주 드물거나 극단적인 사례는 아니었지만 그렇다고 일반적인 경우도 아니었다. 그래도 젠슨은 모든 일이 잘되는 중이라 해도 안일한 생각이 회사에 스며들길 원하지 않았다. 그는 새로 합류한 직원들에게 앞으로 나아갈 때 맞닥뜨려야 할 압박감을 들이밀고 싶어 했다. 그리고 만약 그 압박을 이겨낼 자질이 없는 사람이라면 스스로 하루빨리 회사를 떠나야 했다.

하지만 다른 한편으로, "우리가 망하기까지 앞으로 30일 남았습니다."라는 말은 사실이기도 했다. 테크 업계에서는 단 한 번의 잘못된 결정이나 제품 출시가 치명적인 타격이 될 수 있다. 엔비디아는 NV1과 NV2의 재난에서 살아남는 행운을 두 번이나 누렸고, 겨우 몇 달의 수명만을 남겨둔 상태에서 RIVA 128로 성공했다. 하지만 이런 행운이 영원히 이어질 리는 없었다. 좋은 기업문화가 있으면 대부분의 실수가 빚어내는 심각한 결과에서 회사를 지킬 수 있다. 그러나 실수나 시장 침체기와 같은 리스크는 피할 수 없는 일이기도 했다.

그럼에도 드와이트 디어크스의 말대로 엔비디아에는 불안이 있었다. "항상 잔고 0원 상태에 있는 느낌이었어요. 지금 은행에 아무리 많은 돈이 있어도, 젠슨은 앞으로 단 세 가지 일만 일어나면 잔고가 0원이 될 이유를 항상 설명할 수 있었기 때문이죠. 그는 이렇게 말하곤 했어요. '자 보세요. 이런 일이 일어날 수 있고, 이런 일이 일어날 수 있고, 이런 일이 일어날 수 있어요. 그러면 이 돈은 전부 없어진다고요.'"

제프 피셔는 두려움이 명확함을 만들 수 있다고 설명했다. 심지어 지금도, 엔비디아가 당장 30일 내에 망할 위기에 처해 있지는 않는다 하더라도 파멸로 이어질 내리막길에 발을 내딛는 건 30일 내에 일어날 수도 있다.

"항상 어떤 위험이 있는지 살펴보고 무엇을 놓치고 있는지 알아보려는 노력을 해야 합니다."

이런 편집증적 불안은 1997년 말 절정에 달했다. 인텔은 항상 엔비디아의 중요한 파트너이자 동시에 잠재적 위협이 되는 경쟁자였다. 인텔이 PC 시장에서 주요 CPU 제조업체였기 때문에 엔비디아의 그래픽 칩은 모두 인텔의 프로세서와 호환되게 제작되어야 했다. 그런데 그해 가을, 인텔은 그래픽 협력업체들에게 자신들이 만든 자체 그래픽 칩이 곧 출시된다고 전했고, 이는 엔비디아와 같은 기존 그래픽 칩 회사들에게는 사업이 공중분해될 수도 있는 위협적인 소식이었다.

RIVA 128이 엄청난 반응을 받으며 출시된 지 불과 몇 달 만에 인텔이 자체 칩인 i740을 공개했다. 엔비디아의 새로운 칩은 물론이고 엔비디아 자체의 존립을 직접적으로 위협했다. RIVA 128은 프레임 버퍼로 4메가바이트를 썼지만 인텔의 i740은 프레임 버퍼가 그 두 배인 8메가바이트였고 인텔은 이를 새로운 표준으로 자리 잡게 하려 했다. 인텔은 세계 모든 PC 제조업체에 대부분의 CPU를 공급하는 회사였기 때문에 이 PC 제조업체들에 대해 큰 영향력을 갖고 있었다.

한 엔비디아 임원은 인텔의 i740 공개 이후 "엔비디아의 판매망이 고사하기 시작했습니다."라고 말했다. 만약 인텔이 8메가바이트 프레임 버퍼를 표준으로 밀어붙인다면 RIVA 128은 순식간에 시대의 뒤안길로 사라질 판이었다.

"오해하지 말고 들으세요. 인텔은 우리를 타깃으로 삼았으며, 우리를 밀어내려 하고 있습니다." 젠슨은 모든 직원이 참석하는 내부 미팅에서 선언했다. "인텔은 직원들에게 이 사실을 알렸고, 그 목표를 진지하게 받아들였습니다. 그들은 우리를 밀어낼 겁니다. 우리가 해야 할 일은 그들이 우리를 밀어내기 전에 먼저 그들을 밟는 것입니다. 인텔을 밟아버려야 합니다."[10]

캐롤라인 랜드리와 엔비디아 직원들은 이 새로운 경쟁자와 싸우기 위해 지금까지보다 더 열심히 일해야 했다. 인텔은 당시 매출 규모로 따지면 엔비디아의 약 860배에 달하는 공룡이었다. 랜드리는 종종 자정이 넘도록 일한 후 비틀거리며 집에 돌아가 겨우 몇 시간 눈을 붙인 후 다시 사무실에 출근하곤 했다.

"너무 피곤해. 그래도 일어나야 해. 어휴, 너무 힘들어." 그녀는 자기 자신에게 이렇게 말했다. "하지만 인텔을 반드시 밟아놓아야 해. 인텔을 이겨야 해."

크리스 말라초프스키가 인텔의 위협에 대응하는 작업을 지휘했다. 그는 그동안 엔비디아에서 전설급 만능 내야수같은 역할을 했다. 젠슨은 운영, 제조, 엔지니어링 등 잘 풀리지 않는 일이 있으면 그에게 맡기곤 했고, 그럴 때마다 말라초프스키는 필요한 모든 일을 해냈다. 이제 엔비디아의 CEO는 말라초프스키에게 칩 아키텍트라는 자신의 뿌리로 돌아가 인텔 i740을 이길 제품을 만들어내는 임무를 맡겼다. 말라초프스키는 엄청난 집중력을 필요로 하는, 시간이 생명인 프로젝트에 몰두할 때조차 직원들에 대한 멘토 역할까지 함께하게 되는 일이 많았지만 이를 기꺼이 받아들였다.

실리콘 그래픽스에서 막 엔비디아로 이직한 신규입사자였던 샌포드 러셀은 기술과 문화 양쪽 면에서 엔비디아의 속도에 적응하는 데 어려움을 겪고 있었다. 하라의 직설적인 격려 연설 외에 공식적 오리엔테이션은 거의 없다시피 했고, 회사 내부 절차도 문서화된 것이 거의 없었다.

어느 날, 러셀은 말라초프스키가 가족과 저녁식사를 하러 집에 갔다가 밤늦게 다시 연구실로 돌아와 인텔과 경쟁할 수 있는 칩을 만들기 위해 기존 칩을 8메가바이트 버전으로 바꾼 RIVA 128ZX 설계 작업을 하는 모습을 봤다. 그 순간, 그는 매일 밤 10시 정각에 연구실에 와서 말라초프스키 자리의 맞은편 의자를 끌어와 앉기만 하면, 이 엔비디아 공동창업자에게 무엇이든 물어볼 수 있다는 사실을 깨달았다.[11]

러셀은 어려운 기술적 문제를 말라초프스키에게 물었고, 말라초프스키는 몇 분 정도 그 내용을 설명한 뒤 조용히 자신의 일로 돌아가곤 했다. 그리고 러셀은 말라초프스키가 대략 15분 간격을 두고 다시 "다음 질문은 뭔가?"라고 물어올 때까지 그 자리에 앉아 있었다.

"그를 참을성 있게 지켜봤습니다. 크리스가 칩을 작동시키려 애쓰며 '왜 이게 안 되지?'라고 중얼거리는 걸 들으며 궁금한 것들을 계속 물었죠. 이런 날이 몇 주 동안 반복됐어요. 회사 전체가 그 칩을 살리려고 노력하고 있었습니다." 러셀은 덧붙였다. "그런 상황에서도 크리스는 저에게 손을 내밀어 모든 칩에 대한 지식을 쌓게 도와줬어요. 이유는 그가 직접 그것들을 설계했기 때문이었죠. 그는 그 기술들을 손수 만든 사람이었어요. 크리스는 회사를 살리려고 절박하게 노력하던 와중에도 저를 가르쳤습니다." 러셀은 칩 전체를 머릿속에 넣고 문제를 해결할 때까지 그것을 분석할 수 있는 말라초프스키의 능력에 감탄했다.

그러던 어느 날 새벽 2시에 모든 퍼즐이 맞아떨어지는 순간이 찾아왔다. 말라초프스키는 외쳤다. "됐어! 됐어! 이제 엔비디아는 살아남을 수 있어!"

말라초프스키는 젠슨의 편집증적 불안을 깊이 내면화했다. 덕분에 RIVA 128을 개발하는, 단거리 경주와도 같은 그 긴박한 상황에서조차도 아주 중요한 방식으로 미래를 대비했었다. 과거의 그가 RIVA 128의 실리콘에 여유 용량을 남겨뒀던 것이다. 이제 현재의 그는 이 공간을 활용해 8메가바이트 프레임 버퍼를 탑재할 수 있게 이 칩을 재설계할 수 있었다.

"아주 섬세한 변경 작업이 필요했죠. 칩에 들어가는 게이트들을 다시 배선하는 거요. 그래도 제조단계에서 바로 기능을 수정할 수 있었어요." 그는 회상했다.

말라초프스키가 해결책을 찾아내자 회사는 곧바로 마이크로미터(100만 분의 1미터) 수준에서 칩을 변경할 수 있는 초점 이온 빔FIB, Focused Ion Beam 기술을 적용했다. FIB 장치는 전자현미경처럼 생겼지만 전자가 아니라 이온을 이용해 칩을 수정한다. 이렇게 변경한 칩은 제대로 작동했고, 엔비디아의 RIVA 시리즈는 즉각적인 시장 퇴출 위기를 면할 수 있었다.

말라초프스키는 이런 일을 해내면서도 휘하에 있던 신규 직원에게 영감까지 주었다. 2024년 러셀은 한 컨퍼런스에서 말라초프스키를 만나 함께 연구실에서 보낸 긴 밤들에 대해 말을 꺼냈다. "당신이 나를 살렸어요." 러셀은 엔비디아에서 초기에 잘 적응할 수 있게 말라초프스키가 도와준 일에 감사를 표하며 말했다. 말라초프스키는 겸손하게 말했다. "그렇게 말할 필요 없네. 자네는 나 없이도 잘하고 있었어." 러셀은 살짝 웃으며 대답했다. "아니에요. 그렇지 않았어요." 러셀은 25년 동안 엔비디아에서 일하다가 떠났다.

그런데 엔비디아의 속도 중시 문화가 품질 저하로 이어지기도 했다. 적어도 젠슨이 세웠던 높은 기준에 비해서는 상대적으로 그랬다는 말이다.

엔비디아의 기업 마케팅 이사인 앤드류 로건은 엔비디아의 칩 중 하나가 어떤 컴퓨터 잡지에서 2위를 차지했던 일을 떠올렸다. 그의 이전 직장이었던 S3에서는 제품이 3위 안에 들면 임원들이 만족했지만, 엔비디아에서는 달랐다.

"처음 2위를 했을 때, 젠슨은 저를 불러 엄중하게 말했어요. '2등은 첫 번째 패배자'라고요." 로건은 말했다.[12] "이후에도 그 말을 잊을 수가 없었어요. 그때 모든 것에서 승리해야 한다고 믿는 상사를 제가 모시고 있다는 걸 깨달았습니다. 엄청난 압박감이었죠."

어떤 기준에서 봐도 RIVA 128은 뛰어난 칩이었다. 경쟁 제품보다 훨씬 빠른 프레임 레이트로 고해상도 그래픽을 렌더링할 수 있었고, 〈퀘이크〉처럼 그래픽 자원을 많이 써야 하는 게임도 최고 품질 수준에서 느려짐 없이 실행할 수 있었다. 역대 가장 사이즈가 큰 칩이었음에도 초기 수요를 맞출 수 있을 정도로 빠르게 생산도 가능했다. 그래도 엔비디아는 이 칩을 제때 출시하기 위해 몇 가지를 타협해야 했다. 특정 유형의 이미지에서는 연기나 구름 등의 렌더링에 디더링(명백한 시각적 불규칙성을 분산하거나 감추기 위해 의도적인 노이즈를 넣는 방식)을 적용했다.

상당수의 게이머가 이 문제를 알아차리자, 영향력 있는 PC 잡지 한 곳에서 엔비디아가 주력 상품으로 내세운 이 그래픽 칩에 관한 폭로 기사를 내기로 결정했다. 이 잡지는 엔비디아의 RIVA

시리즈와 3dfx 및 또 다른 경쟁사인 렌디션의 동세대 동급 그래픽카드에서 렌더링한 크고 복잡한 구성의 이미지들을 나란히 놓아 비교한 기사를 실었다. 엔비디아의 이미지는 흐릿하고 뭉개져 있었다. 이 잡지는 비교 대상 셋 중 엔비디아가 최악이라고 평가하며 "엉망으로 보인다."라고 덧붙였다.

젠슨은 이 기사를 보자마자 여러 임원을 자신의 사무실로 불러 문제의 기사를 테이블 위에 펼쳐 놓았다. 그는 RIVA 128에서 결과가 왜 그렇게 안 좋게 보이는지 캐물었다. 회사의 최고 과학자였던 데이비드 커크는 이 칩을 제때 완성하기 위해 (회사를 살리기 위해) 이미지 품질 중 일부를 포기해야 했다고 답했다. 하지만 이 답변은 젠슨을 더 화나게 만들었을 뿐이다. 그는 엔비디아의 칩이 숫자로 나오는 지표만이 아니라 모든 측면에서 경쟁 제품을 이길 것을 요구했다.

고성이 오간 이 회의는 월트 도노반이 알게 될 정도로 격렬해졌다. 컴퓨터 게임개발자 컨퍼런스에서 RIVA 128의 시연을 보고 그 자리에서 바로 엔비디아에 취직할 수 있을지 질문했던 바로 그 칩 아키텍트다. 엔비디아 본사에서 도노반의 연구실은 젠슨의 사무실과 정반대 쪽에 있었기 때문에 그는 CEO의 습격에서 비교적 안전한 편이었다. 게다가 그에게는 심각한 청각 장애가 있어 양쪽 귀에 보청기를 착용하고 있었다. 그래도 이 소란은 무시할 수 없을 정도였기에 그는 제 발로 젠슨의 사무실에 들어가 이 논쟁에 참전했다.

도노반은 엔비디아의 차세대 칩 시리즈인 내부 코드명 'RIVA TNT' 시리즈가 이 디더링 문제를 해결할 뿐만 아니라 그래픽 품질을 평가하는 모든 요소에서 업계 수준을 앞지르게 될 것이라고 젠슨을 설득했다. 그는 이 잡지가 셋 중 최고라고 평가한 렌디션의 이미지를 손으로 가리키며 말했다.

"저게 RIVA TNT가 보여줄 이미지가 될 겁니다."

사실 이 말은 이미 이 시점에 아무것도 귀에 들어오지 않는 상태였던 젠슨을 달래는 데 별로 도움이 되지 않았다.

"다 나가!" 젠슨은 고함을 쳤다.

젠슨의 경쟁심은 종종 그의 휘하 직원들에게 비범한 일을 해낼 수 있는 동기를 부여했다. 하지만 동시에 이 CEO의 다소 속좁은 면을 드러내기도 했다.

칩 테스터로서 늦은 밤까지 RIVA 128 테스트에 매달리곤 했던 해리 레빈은 어느 날 젠슨에게 엔비디아 본사 내에 설치된 공용 탁구대에서 함께 탁구를 하자고 요청했다. 그는 젠슨이 청소년 때 전국 랭킹에 오른 탁구 선수였다는 사실을 알고 있었다. 또한, 젠슨이 사업에서 승리에 집착한다는 사실도 잘 알고 있었다. 레빈이 몰랐던 사실은 젠슨이 직업적인 일인지 취미 활동인지를 구분하지 않고 어떤 종류의 경쟁이든 똑같이 몰입한다는 것이었다. 레빈은 자신을 꽤 괜찮은 실력의 탁구 플레이어라고 생각했지만, 상사로부터 그렇게까지 인정사정없이 두들겨 맞을 줄은 상상하지 못했다.

레빈은 말했다. "그냥 저를 박살냈어요. 그 게임은 21점 세트였는데, 전 겨우 1점인가 2점인가만 냈죠. 정말 순식간에 끝났어요."

젠슨은 자신이 불리한 게임에서도 다른 직원들에게 도전할 만큼 지기를 싫어했다. CFO 제프 리바르는 고등학교 때 전국 50위안에 든 적이 있는 체스 선수였다. 하지만 젠슨은 다른 사람이 자신보다 더 잘한다는 사실을 그대로 받아들일 수 없었다. 리바르는 말했다. "젠슨은 제 체스 실력을 알고 있었어요. 그래도 경쟁심 때문에 자신이 저보다 더 똑똑하니 절 이길 수 있다고 믿었죠. 절 이길 가능성은 사실 전혀 없었지만, 그래도 그는 시도했어요."

젠슨은 자신과 리바르의 체스 실력의 차이를 메우기 위해 무차별 대입 학습법을 시도했다. 그는 체스 오프닝(체스 초반부에 말을 놓는 정석적인 수)과 그 이후의 수들을 외워서 게임을 지배하려 했다. 하지만 리바르는 그가 예측 가능한 플레이를 한다는 사실을 깨달았다. 젠슨이 외운 정석적 오프닝이 나올 때마다 리바르는 항상 변칙적인 수로 대응해 상사의 전략을 무너뜨렸다. 젠슨은 체스에서 패배할 때마다 화가 머리끝까지 나서 체스판 위의 말을 팔로 쳐서 쓸어버리고 자리를 떠났다. 그리고 가끔은 그 후에 탁구대에서 재승부하자고 제안했다. 리바르는 젠슨이 의도적으로 자신에게 유리한 게임판으로 무대를 옮기려 하는 것을 알면서도 흔쾌히 제안을 받아들였다.

리바르는 말했다. "젠슨은 탁구를 잘했어요. 저는 그냥저냥 평범한 실력이었는데 그는 탁구에서 저를 무자비하게 밟아버려서 복수하곤 했죠. 체스에서의 패배로 인한 좌절감을 탁구에서 이겨서 해소한 것 같아요."

젠슨의 이런 끝없는 향상심에 연료가 되어준 것이 체스에서의 패배만은 아니었다. 엔비디아는 다른 그래픽 칩 회사들과 마찬가지로 제품을 설계하고 시제품을 제작했지만 실제로 대량생산까지 맡아서 하지는 않았다. 칩 생산은 전 세계에 소수 존재하는 칩 제조 전문회사(파운드리)에 아웃소싱했다. 이 칩 제조회사들은 아주 작은 실리콘 웨이퍼를 첨단 컴퓨터 부품으로 바꾸는 데 필요한 클린룸, 특수장비, 숙련된 제조인력에 이미 수억 달러씩 투자를 감행한 회사였다.

엔비디아는 설립 후부터 유럽의 반도체 대기업이었던 SGS-톰슨과 계속 협력관계를 맺고 칩을 제조해왔다. 젠슨과 공동창업자들이 초기에 세쿼이아와의 미팅에서 알게 된 것처럼 SGS-톰슨은 평판이 그다지 좋지 못했고, 상대적으로 저렴한 동아시아의 노동력과 경쟁하는 데에 어려움을 겪고 있었다. 이제는 엔비디아가 좋은 칩들을 대량생산하고 판매하게 되면서 SGS-톰슨의 이런 약점들이 예전보다 훨씬 더 큰 영향을 주게 되었다.

1997년 말, 영업 책임자인 제프 피셔는 엔비디아의 고객인 게이트웨이 2000 PC 제조업체 직원들에게 프랑스 그르노블에 있는 SGS-톰슨의 제조공장을 보여주는 프로그램을 주선했다. 당시는 RIVA 128이 출시되고 몇 달이 지난 후로 게이머들 사이에서 수요가 엄청나던 시기였다. 때문에 이 출장은 피셔와 엔비디아에게 승리를 알리는 기념식이 될 예정이었다.

그런데 피셔는 프랑스로 향하는 비행기 안에서 SGS-톰슨이 엔비디아의 간판제품에서 수율 문제가 있음을 듣게 되었다. SGS-톰슨 측에서는 게이트웨이 2000의 PC용으로 할당된 칩 생산량 중 절반가량만 생산할 수 있을 거라 추정했다. 피셔의 표현에 따르면, 엔비디아는 "SGS 측 사람들과 긴급하게 머리를 모아 게이트웨이 2000쪽에 이 사실을 어떻게 부드럽게 전달할지 논의해야" 했다.[13]

공장 견학 프로그램이 엉망이 된 이 사건은 전면적인 생산 위기가 닥쳐오기 전의 첫 경고 신호에 불과했다. 결국 추수감사절 기간에 문제는 폭발했다. 제프 피셔는 인디애나 주 북부의 장모님 댁에서 마땅히 그가 얻어낸 휴식을 취할 계획이었다. 그러나 정작 휴일 내내 거의 전화기를 붙잡고 있어야 했다. 델을 비롯한 컴퓨터 제조업체들에게 그 겨울에 가장 잘 팔리던 엔비디아의 그래픽카드를 사전 주문량에 맞춰 공급할 수 없게 되었다는 비극적 소식을 전해야 했기 때문이다. 분노한 PC 제조업체들과의 통화 사이 사이에 그는 SGS-톰슨으로부터 최신 상황을 전달받아 젠슨에게 보고했다.

"우리가 항상 꿈꿔왔던 고객들이 이제야 전부 우리와 거래하고 있는데, 이제는 그들에게 일종의 전시 배급 모드로 납품할 수밖에 없는 끔찍한 상황이었어요." 피셔는 말했다.

항상 직원들에게 같은 실수를 두 번 반복하지 말라고 말해온 젠슨은, 이번에는 엔비디아에서 필요한 생산량을 감당하지 못하는 반도체 제조 협력사를 더 이상 봐줄 수 없다고 결심했다. 다행히도 그는 이미 다른 제조회사를 생각해두고 있었다.

1993년 엔비디아 설립 후, 젠슨은 칩 제조물량을 맡아줄 제조 협력사를 확보하는 데 어려움을 겪었다. 그는 세계에서 가장 높은 평가를 받는 반도체 제조회사이자, 세쿼이아의 돈 발렌타인이 처음부터 추천했던 대만 반도체 제조회사 TSMC에 여러 번 직접 접촉을 시도했지만 성과를 얻지 못했다. 1996년 젠슨은 좀 더 직접적인 접근을 시도했다. TSMC의 CEO인 모리스 창에게 편지를 보내어 CEO 대 CEO로 직접 엔비디아의 칩 수요에 대해 논의할 수 있을지 물었다. 이번에는 창이 전화를 걸어왔고 두 사람은 서니베일에서 만나기로 했다.[14]

이 미팅에서 젠슨은 엔비디아 계획의 개요를 보여주었다. 현세대 칩에 더 큰 칩 다이^{die}(제조 과정에서 반도체 웨이퍼 위에 사각형 형태로 올라가는 개별 최소 칩 단위)가 필요하며 차세대 칩에서는

그것보다도 더 큰 다이가 필요하다는 사실을 모리스에게 대략적으로 설명했다. 그렇게 TSMC로부터 SGS-톰슨의 생산능력을 보완할 수 있는 일

2부 원(One): 개념에서 현실로

■ 엔비디아와 TSMC의 협력관계에 대한 만화　　　　　　　(엔비디아 제공)
　(확대 보기: 162쪽 큐알코드 참조)

부 생산량 공급을 확보하는 데 성공했으며, 이후 양측의 관계는 순풍에 돛을 단 듯했다. 모리스는 주기적으로 서니베일에 와서 검은색 작은 수첩에 계속 메모를 갈겨쓰며 엔비디아에 필요한 생산량이 충족되었는지 확인하곤 했다. 그는 심지어 1998년 신혼여행 중일 때도 엔비디아에 방문했다.

"이 일을 하면서 얻는 가장 큰 기쁨은 저희 고객들이 성장하고, 돈을 벌고, 성공하는 모습을 보는 것입니다." 모리스 창은 이렇게 말했다. 엔비디아처럼 고속 성장하는 고객의 경우 특히 맞는 말이었다. 두 CEO와 그들의 회사는 짧은 시간 안에 매우 가까워졌다.

이와 동시에 엔비디아와 SGS-톰슨의 관계는 빠르게 악화되었다. 결국 1998년 2월, 엔비디아는 주력 공급업체를 TSMC로 교체했으며, 이는 엔비디아의 최신 칩인 RIVA 128ZX 공개와 동시에 이루어졌다. 이 칩은 강력한 경쟁 제품인 인텔 i740이 출시된 지 불과 11일 만에 등장했다. 엔비디아는 이를 경쟁 칩보다 확실히 우수한 제품으로 자리매김했다. i740과 동일한 프레임 버퍼 8메가바이트를 갖추면서도 i740보다 뛰어난 성능을 구현했는데 칩 하나당 비용은 32달러로 인텔의 28달러 정가보다 아주 약간만 높았다. 인텔이 저가 전략으로 엔비디아를 몰아내려는 상황에서 엔비디아가 PC 시장에서의 우위를 지키고자 전략적으로 만든 칩이었다.

1998년 여름, 또다시 생산문제가 발생했다. TSMC의 RIVA

128ZX 생산 과정에서 제조상의 결함이 발생한 것이다. 티타늄 스트링거*라는 잔여물로 인해 발생한 이 결함은 칩의 여러 다른 부분에서 무작위로 발생했다. 그래서 어떤 칩이 불량이고 어떤 칩이 양품인지 판별할 수가 없었다. 확실한 것이 있다면 제조된 RIVA 128ZX 칩의 상당수가 이 결함의 영향을 받았다는 사실 뿐이었다.

크리스 말라초프스키가 또다시 불을 끄러 나섰다. 어느 날 그가 제안했다. "칩을 전수 테스트해서 소프트웨어를 전부 돌려보는 게 어때요?"

"아, 그건 불가능해요." 다른 엔비디아 임원이 대답했다.

"왜죠?" 말라초프스키는 반문했다.[15]

언뜻 보기엔 말도 안 되는 제안이었다. 이를 위해서는 수십만 개의 칩을 엔비디아 본사로 옮겨 수작업으로 테스트해야 했다. 이 말은 너저분한 사무실과 작업실 일부를 대규모 칩 테스트용 실험실로 전환해야 한다는 뜻이었다. 이 사건은 젠슨이 항상 강조하던 '빛의 속도'라는 목표에 대한 큰 도전이었다.

엔비디아는 건물 하나를 개조해 개방형 컴퓨터 랙, 메인보드, CPU를 갖춘 대규모 테스트용 장비들을 설치했다. "엄청난 일이었어요." 커티스 프리엠은 말했다. "밤 11시에 퇴근하다 그 실험실을 지나치면 수십 명의 직원들이 수많은 칩을 계속 기기에 넣

---

* stringer. 스트링거는 반도체 식각 공정에서 막의 측벽에 식각이 되지 않고 남아 있는 잔여물을 말한다.

는 모습을 볼 수 있었죠."[16]

테스트 과정도 말도 안 되게 까다로웠다. 프리엠의 기억에 의하면, 결함이 있는 칩이 칩 자체와는 아무 상관 없는 이유로 예를 들면 다음 테스트를 시작하기 전에 테스트 장비의 전원을 완전히 차단하지 않았다는 등의 이유 때문에 가짜로 테스트를 통과하는 일이 종종 있었기 때문에 같은 테스트를 하고 또 해야 했다.

처음에는 엔비디아 직원들과 경영진까지 모두가 팔 걷고 나섰다. 하지만 얼마 지나지 않아 이런 대량의 반복 테스트 작업에 엔지니어링 팀이 지치기 시작했다. 젠슨은 엔비디아 직원들의 부담을 줄이기 위해 수백 명의 저숙련 계약직 노동자들을 고용했으며, 이들은 그들이 입은 작업복 색 때문에 내부에서 '블루코트bluecoats'라는 별명으로 불렸다. 곧 그 건물에서 블루코트의 수가 엔비디아의 엔지니어 수를 넘어섰다. 이 인력들이 충원된 덕분에 엔비디아는 모든 칩을 다시 테스트해서 고객에게 보내거나 폐기하는 일을 해낼 수 있었다.

하지만 엔비디아 정직원들과 블루코트 테스터들 사이에는 상당한 문화적, 계급적 격차가 있었다. 캐롤라인 랜드리의 관찰에 따르면 상대적으로 교육수준이 낮고 이민자 출신인 블루코트 노동자들과 고학력 엔지니어들 사이의 계층화가 점점 심해지고 있었다. 랜드리가 처음 알아챈 것은 아무도 블루코트들과 점심을 함께 먹으려 하지 않는다는 사실이었다.

"저는 캐나다 출신이라 조금은 더 평등주의에 기운 쪽이었어요." 그녀는 말했다. 랜드리는 구내식당에서 자신을 보는 못마땅한 시선들을 모조리 무시하고 "블루코트들과 함께 앉아 점심을 먹으며 대화를 나눴어요. 그러고 나면 다른 엔지니어들로부터 '블루코트들과 점심을 먹었다고? 왜 그랬어?' 같은 말이 쏟아지곤 했죠. 아주 이상했어요. 전 그런 사고방식을 도저히 이해할 수 없었다니까요."

주된 갈등은 음식에서 비롯되었다. 엔비디아는 아침, 점심, 저녁뿐만 아니라 초콜릿바, 과자, 라면류 등의 간식까지 음식 복지를 넉넉하게 제공했다. 대부분 이전 직장에서 이런 복지를 누려본 적이 없던 블루코트들은 음식을 한가득 싸가거나, 금요일마다 음료와 간식 칸이 보충되면 전부 쓸어가버렸다.

한 엔비디아 직원은 말했다. "주말에 사무실에 갔다가 상당수 사람들이 회사 식료품 바구니의 간식을 자신의 차로 옮기는 걸 목격했어요." 랜드리는 덧붙였다. "그 사람들 생각에는 무료라고 쓰여 있으니 훔치는 게 아닌 거죠. 가져가라고 비치되어 있는 거니까, 다 가져가는 거예요."

엔비디아 정직원들의 불평이 잦아지자 젠슨은 전사 이메일을 보냈다. '블루코트에게 당신의 등심 스테이크를 내어주세요'라는 제목이었다. 테스터들이 내 점심 접시에 올라온 메인 고기요리를 원하면, 기꺼이 내어주라는 뜻이었다. 젠슨은 엔비디아가 심각한 위기를 벗어나는 데에 블루코트들이 중요한 역할을 했기 때문에 엔비디아 정직원들이 이들에게 감사를 표해야 한다고 생각했다. 그들의 도움은 무료 간식이 동나서 겪는 사소한 불편함보다 훨씬 더 큰 가치가 있었다.

블루코트들의 지원에도 불구하고 엔비디아는 생산속도 둔화라는 문제를 극복하지 못했다. 제프 리바르는 모건스탠리 투자은행이 주관하고 있던 엔비디아 상장(IPO) 프로젝트를 준비하기 위해 엔비디아의 CFO로 채용되었다. 하지만 판매할 수 있는 칩 생산량이 부족해지자, 잠재적인 투자자들에게 엔비디아의 매력도가 하락했다. 엔비디아의 1998년 4월 말 분기 매출은 2,830만 달러였는데, 7월 말 분기 매출은 1,210만 달러로 절반 이상 급감했다. 반면, 비용은 계속 증가해 순손실이 인접분기 기준 100만 달러에서 970만 달러로 불어났다. 불과 6개월 전만 해도 분기 흑자를 달성했던 회사가 이제는 걱정스러운 속도로 손실을 보고 있었다.

경제가 호황이었다면, 악화된 재무제표에도 불구하고 엔비디아는 일부 투자자들에게 여전히 매력적으로 보였을 것이다. 그러나 1년 가까이 동아시아와 동남아시아를 휩쓴 금융위기*는 위험 요소가 있는 상장에 대한 열기를 식혔다. 모건스탠리는 상장 절차를 중단하기로 결정했다. 만약 이 상장이 성사됐다면 엔

＊   우리나라에서 'IMF 사태'로 알려진 아시아의 외환 금융위기를 말한다.

비디아가 절실히 필요로 했던 대규모 자금이 조달되었을 것이다. 그러나 현실적으로 볼 때, CFO 리바르는 자금 소진 속도를 고려한 계산 결과, 회사가 '몇 주 내'에 지급 불능 상태에 이를 것이라고 결론 내렸다.[17] 마치 RIVA 128 때의 상황이 반복되는 것 같았다.

젠슨은 자신의 설득력과 재능에 기대어 엔비디아를 이 새로운 위기에서 구해내야 했다. 그래서 엔비디아의 가장 큰 고객사 세 곳인 다이아몬드 멀티미디어, STB 시스템즈, 크리에이티브 랩스에 브리지 파이낸싱(단기 자금 지원)을 요청했다. 이 고객사들은 엔비디아의 기술력을 신뢰했으며, 각각 수백만 달러 규모의 RIVA 칩을 구매해 자사의 고급형 그래픽카드에 사용하고 있었다. 젠슨은 그들이 브리지 파이낸싱을 해준다면 엔비디아는 이 일시적인 어려움에서 회복할 수 있는 시간과 운영자금을 충분히 확보할 수 있다고 설득했다. 그리고 이 제안을 더 매력적으로 만들고자, 파이낸싱 대출의 구조를 엔비디아가 상장할 때 최종 상장가의 90퍼센트에 주식으로 전환할 수 있는 전환사채를 주는 것으로 구성했다. 채권자들에게 일반적인 대출 이자보다 훨씬 높은 기대 수익을 주는 조건이었다.

1998년 8월, 2주간 이어진 협상 끝에 세 회사는 엔비디아에 총 1,100만 달러를 빌려주기로 합의했다. 젠슨은 이들이 엔비디아를 얼마나 신뢰하는지를 정확히 평가했다. 그리고 그 신뢰를 긴밀한 협력 관계로 이어가는 데 성공했다.

재정적 구명보트가 생겼음에도 제프 리바르는 회사를 떠날 생각이었다. 그는 나중에 이때의 압박감에 대해 "머리가 하얗게 세어버렸다."라고 표현했다. 1998년 10월, 그는 AMD에서 함께 일할 때 자신의 멘토였던 마빈 버켓의 스카우트에 응해 일본 전자회사 NEC에 합류하여 모니터 부서의 실적 개선을 돕게 되었다. 제프 리바르는 엔비디아에서 1년을 채우지 못했다. 엔비디아의 첫 번째 주식보상에 필요한 근속기간을 달성하지 못했다.

생산 적체로 인해 회사가 거의 파산 위기까지 갔던 이 사건에 대한 젠슨의 대응은 뜻밖이었다. 역설적이게도 새 칩 설계를 오히려 '더 빨리' 출시할 수 있도록 회사를 구조조정하는 것이었다. 그는 마케팅 책임자 마이클 하라를 사무실로 자주 불러 전략에 대한 브레인스토밍을 하기 시작했다. 젠슨은 전부터 이 업계에서는 어떤 회사도 영구적인 우위를 점한 적이 없다는 사실에 주목했다. 어떤 해에 업계를 주도하던 회사들, 예컨대 S3, 쳉랩스, 매트록스 등의 기업들은 보통 칩 기준으로 1세대 또는 2세대 사이에 대체되곤 했다.

그는 말했다. "마이크, 나는 도저히 모르겠네. PC 그래픽 산업을 보게. 왜 2년 이상 리드를 유지하는 회사가 존재하지 않는 걸까?"[18]

엔비디아가 더 이상 후발주자가 아닌 시장 리더 중 하나로 자리 잡자, 젠슨은 이 문제에 집착하게 되었다. 그는 농담 삼아 직원들에게 종종 이렇게 말했다. "우리 제품보다 오래 가는 건 초밥뿐이야." 젠슨은 이 문제를 해결하는 회사가 있다면 아주 강력한 진입장벽을 구축하리라 예상했다.

마이클 하라는 엔비디아의 몇몇 경쟁사에서 일한 경험을 바탕으로 이 시장의 역학관계를 젠슨에게 설명했다. PC 그래픽 산업 전체가 컴퓨터 제조업체에 맞춰 움직였고, 이들은 매년 봄과 가을에 제품을 업데이트했다. 이 중에서도 가을이 더 중요했는데, 8월의 새학기 시즌의 힘을 받아 연말 쇼핑 시즌까지 이어지기 때문이었다. 컴퓨터 제조업체들은 고성능 최신 칩을 탑재한 새로운 PC를 6개월마다 내놓아야 한다는 압박을 느꼈다. 그래서 자사의 PC에 탑재할 더 나은 칩을 계속 물색하며 기존 공급업체를 고품질의 더 빠른 부품을 제공하는 신규 공급업체로 아주 쉽게 대체하곤 했다.

엔비디아를 비롯한 칩 제조업체들은 새 칩을 설계하고 출시하는 데 보통 18개월 정도가 걸렸으며, 보통 한 번에 하나의 프로젝트에만 집중했다. 하지만 그래픽 기술의 발전 속도가 너무 빠른 바람에 이 정도 속도로는 칩 제조업체들이 자사의 신제품을 내놓기도 전에 기존 주력 칩들이 시장에서 밀려나곤 했다.

"이대로는 안 되겠어. 설계주기의 문제를 해결할 방법이 분명 있을 거야." 젠슨은 말했다. RIVA 128 개발 과정에서 엔비디아는 1년도 되지 않는 기간 내에 칩 신제품을 설계하고 출시할 수 있음을 증명했지만, 그 정도까지 속도가 날 수 있었던 이유는 회사가 파산 위기에 몰렸다는 위기의식이 직원들을 자극했기 때문이다. 어떻게 하면 엔비디아가 RIVA 128을 만들 때 해냈던 일을 반복 가능하고 지속 가능한 방식으로 다시 해낼 수 있을까?

몇 주 후, 젠슨은 엔비디아의 경쟁우위를 영원히 유지할 방법을 찾았다고 임원들에게 공표했다. "엔지니어링 부서 조직을 완전히 재구축해서 신제품 업데이트 주기에 맞출 겁니다."

엔비디아는 설계 팀을 세 개의 그룹으로 나누려 했다. 첫 번째 그룹이 새로운 칩 아키텍처를 설계하는 동안, 나머지 두 그룹은 이와 병행하여 이 칩을 기반으로 하되 더 빠른 후속 제품들을 개발하는 일을 하게 된다. 이를 통해 엔비디아는 PC 제조업체의 구매주기에 맞춰 6개월마다 새 칩을 출시할 수 있게 되는 것이다.

"이렇게 하면 특정 칩 출시 이후에도 연결성을 잃지 않게 됩니다. OEM(주문자 상표 부착 방식에서의 주문자, 여기에서는 PC 제조사)에게 다시 가서 이렇게 말할 수 있거든요. '이건 동일한 소프트웨어를 사용하는 차세대 칩입니다. 새로운 기능이 추가되었고, 더 빠릅니다.'" 젠슨은 설명했다. 물론 이 아이디어를 실제로 구현하려면 단순히 엔비디아의 설계 팀 조직을 전부 재구성하는 일 외에도 필요한 것들이 많았다. 회사에서 이전에 내렸던 여러 기술적 결정이 의미 있는 역할을 하게 되는 순간이었다.

이전에 커티스 프리엠은 엔비디아의 모든 칩에 들어갈 '가상화 객체virtualized objects' 아키텍처를 만들었다. 이 아키텍처는 지금까지보다 칩 출시 주기를 더 단축시켰고, 이는 중요한 엔비디아의 경쟁력이 되었다. 프리엠의 설계에는 소프트웨어 기반 '자원관리자resource manager'가 포함되어 있었는데, 기본적으로 하드웨어 위에 올라간 작은 운영체제 역할을 했다. 엔비디아의 엔지니어들은 이 자원관리자 덕분에 보통은 칩 회로에 물리적으로 구현해야 하는 특정한 하드웨어 기능들을 소프트웨어로 에뮬레이션할 수 있었다. 성능에서 약간의 대가를 치러야 하긴 했지만, 엔지니어들이 좀 더 위험을 감수한 시도를 할 수 있었기 때문에 혁신 속도가 더 빨라졌다. 새로운 기능을 돌려볼 수 있는 하드웨어가 아직 없어도, 엔비디아는 소프트웨어로 에뮬레이션해서 기능을 미리 테스트할 수 있었다. 게다가 연산자원이 이미 충분하다고 판명되면 하드웨어 기능 일부를 제외함으로써 칩 다이 면적도 아낄 수 있었다.

대부분의 엔비디아 경쟁사들에게 있어 칩에 하드웨어 기능이 준비되지 않은 상태는 곧 일정 지연을 뜻했다. 하지만 프리엠의 혁신 덕분에 엔비디아는 그러지 않아도 되었다. 마이클 하라는 이에 대해 이렇게 말했다. "정말 지구상에서 가장 기발한 아이디어였어요. 우리만의 비밀 소스 같은 거였죠. 만약 어떤 기능을 빠뜨렸거나 어떤 기능이 망가졌더라도 자원관리자에 넣으면 작동했어요."[19] 엔비디아의 영업 책임자인 제프 피셔도 동의했다. "프리엠이 만든 아키텍처는 엔비디아에서 더 빠르게 새 제품을 설계하고 제작할 수 있도록 하는 데 아주 중요한 역할을 했습니다."[20]

그리고 엔비디아는 RIVA 128부터 적용해온 소프트웨어 드라이버 하위 호환성 전략을 더욱 강조하기 시작했다. 사실 이는 엔비디아의 역사가 시작되기 전 프리엠이 썬 마이크로시스템즈에서 배운 교훈이었다.

당시 그는, GX 그래픽 칩 신버전에 대해 영업사원들에게 설명했을 때 그들이 보인 반응을 전해 들었다. 그 발표에서 청중이었던 영업사원들은 이 새로운 칩이 이전 소프트웨어 드라이버와 호환된다는 설명을 들었다. 고객이 기존 썬 워크스테이션에 이 새로운 GX 칩을 설치하면 곧바로 작동한다는 내용이었다. 즉, 고객은 새로운 소프트웨어 설치를 기다릴 필요 없이 그 자리에서 바로 구매한 그래픽 하드웨어를 사용할 수 있었다. 이 발표를 들은 영업사원들은 자리에서 일어나 박수를 쳤다.

프리엠은 뜨거운 반응을 경험한 후 통합 드라이버가 영업사원들, 나아가 고객들의 골칫거리를 덜어주는 아주 중요한 포인트임을 기억했다. "말하자면 '오케이, 이건 확실히 중요해'라고 생각했죠. 알고 보니 엔비디아에서도 아주 중요했고요."[21]

젠슨은 에뮬레이션과 하위 호환 드라이버를 단순한 기술적 원칙을 넘어 경쟁우위를 가져올 수 있는 요소로 보았다. 그는 이 두 가지를 채택하면 엔비디아가 자신이 주창한 새로운 가속화 생산일정, 즉 '3팀 2시즌' 계획을 구현할 수 있으며, 엔비디아에는 이를 통해 업계의 선두에 계속 설 수 있는 기회가 있다고 믿었다. 젠슨은 오랫동안 엔비디아 칩은 시장에서 언제나 최고여야 한다고 주장해왔고, 실제로도 거의 항상 최고의 자리에 있었다. 이는 앞으로도 변하지 않아야 했다. 이제 엔비디아는 시장에 출시된 칩의 수를 세 배로 늘리고, 그중 어떤 칩도 6개월 이상 뒤처지지 않은 최신 제품으로 유지할 계획이었다. 이렇게 되면 만약 경쟁사가 약간 더 나은 제품을 내놓더라도, PC 제조업체들은 굳이 엔비디아를 떠날 이유가 없을 것이다. 그들은 엔비디아에서 6개월 내에 더 빠른 제품이, 드라이버를 변경해야 하는 번거로움도 없는 상태로 나온다는 사실을 알고 있기 때문이다.

엔비디아의 빠른 생산 주기는 젠슨이 표현한 대로 "이 경쟁은 앞으로 항상 닭 쫓던 개와 같은 상황이 될 것이다."라는 결과를 낳았다. 움직이는 표적의 머리를 노리지 못하고 뒤에서 쫓아야 하는 추격자처럼 다른 그래픽 칩 제조사들은 뒤처질 수밖에 없었다. 엔비디아에서는 너무 많은 칩들이 너무 빨리 출시되었다. 엔비디아의 경쟁사들은 정말 단순하게 압도당했다.

"어떤 제품이든 가장 중요한 기능은 '일정'입니다." 젠슨은 이에 대해 나중에 이렇게 말했다.[22]

1999년 말까지 엔비디아는 3팀 2시즌 전략에 맞춰 설계 모델과 생산 모델을 재구성했다. 엔비디아에는 다른 회사들이 무엇을 하고 있는지나 엔비디아가 과거에 성취했거나 실패했던 사례를 기준으로 삼지 않고, 물리적으로 가능한 한계를 기준으로 성과를 측정하여 직원들을 빛의 속도로 일하게 하는 철학이 있었다.

그리고 엔비디아에는 "망하기까지 30일 남았다."라는 경구가 있었다. 이 말은 안주에 대한 경고이자, CEO에서 일반 직원에 이르기까지 모두가 최선을 다해 일해야 한다는 기대를 담은 말이다. 엔비디아 밖에서의 개인의 삶에 희생이 따르더라도 말이다.

6

무조건 승리하라

"

그건 누가 더 빨리 뛰어
땅을 전부 따먹느냐의 게임이었습니다.

"

엔비디아가 그래픽 칩 시장을 지배하기 위해 생산 일정과 방식에 속
도를 붙이자, 경쟁사들도 반격에 나섰다. 1998년 9월, 3dfx는 엔
비디아를 상대로 특허 침해 소송을 제기하며, 엔비디아가 3dfx의
렌더링 방식 중 하나를 무단 도용했다고 주장했다. 3dfx가 소송
제기에 대해 언론에 알리면서 뿌린 보도자료에는 문제의 기술
에 대한 엔비디아 웹사이트 페이지 링크도 포함되어 있었다. 엔비
디아 마케팅 팀은 이에 대한 대응으로 링크된 페이지 내용을 고
쳐서 보도자료에 나온 링크를 클릭한 사람들에게 "최고의 3D 그
래픽 회사 엔비디아에 오신 것을 환영합니다."라는 배너를 보여

줬다.

불과 1년 전만 해도 3dfx의 경영진은 엔비디아가 곧 파산할 것이라 믿었기 때문에 어려운 시기를 겪고 있던 이 경쟁사에 대해 특별히 어떤 적극적인 조치를 취할 생각조차 하지 않았다. 그러나 이제 상황은 완전히 뒤집혔다. 3dfx가 칩 1개를 출시할 동안 엔비디아는 3팀 2시즌 전략에 따라 칩 3개를 출시할 준비가 되어 있었다. 한편, 3dfx의 최신 칩인 부두2는 1998년 2월에 출시되었지만 차세대 칩 2종은 여전히 개발 주기 단계에 있었다. 3dfx가 개발 중이었던 차세대 칩에는 3dfx의 과장된 스타일이 반영된 코드명이 붙어 있었는데, 하나는 1999년 말 출시 예정인 '네이팜Napalm(폭탄)'●, 다른 하나는 2001년 출시 예정인 '램페이지 Rampage(난동)'였다. 3dfx의 당시 속도로는 엔비디아보다 프리미엄급 칩 출시 일정이 1년 이상 뒤처질 것이 분명했다.

게다가 3dfx의 경영진은 이렇게 느린 출시 일정조차 지킬 수 있을지 자신이 없었다. "우리 엔지니어들은 모든 제품에서 완벽을 추구했어요." 마케팅 임원인 로스 스미스는 말했다.[1] "그래서 모든 칩에서 기능이 점점 늘어나는 현상이 벌어졌죠. 반면, 엔비디아의 사고방식은 마감 일정에 맞춰 그때 가능한 기능만 넣어 일단 칩을 출시하고, 나머지 기능은 다음 칩으로 넘기는 식이었어요."

● 강력한 소이탄으로 가솔린이나 나프타와 같은 원료로 만든 혼합물 폭탄이다. 연소 시 초고온을 발생시키며 쉽게 소화되지 않는 특징이 있다. 비인도적 특성으로 인해 많은 국가에서 사용이 금지되고 있다.

3dfx도 스스로의 성공에 발목이 잡힌 희생자였다. 공동창업자이자 엔지니어링 책임자였던 스콧 셀러스는 부두2의 너무 빠른 성공 때문에 유통채널 및 그래픽카드 협력사들과의 관계를 관리하는 게 어려웠다고 고백했다. "일부 보드 제조업체들이 우리의 설계 지침을 따르지 않아 품질에 문제가 발생하기도 했습니다.[2] 그래서 저품질 이슈가 고객 만족에 부정적인 영향을 미치기 시작했죠."

이제 업계 전체가 위기를 기회로 바꾸는 엔비디아의 능력을 알게 되었다. 3dfx는 엔비디아와 동일한 일을 해내고자 했다. 그러나 접근 방식은 엔비디아와 완전히 달랐다.

먼저 3dfx는 더 많은 칩을 시장에 출시한다는 엔비디아의 전략을 모방하고자, 제품군에 여러 신제품을 추가한다고 발표했다. 이 신제품 목록에는 그때까지 3dfx가 제조해온 순수 3D 칩 대신 2D와 3D를 결합한 가속기로 설계된 부두3가 포함되었다. 그동안 3dfx가 제작해온 순수 3D 칩과는 다른 개념의 제품이었다. 엔비디아의 제품 로드맵은 특정 시장영역을 위한 칩의 여러 파생 버전을 만드는 방식이었기 때문에 효율이 높았다. 반면, 3dfx는 제품군을 지나치게 복잡하게 확장하며 너무 많은 고객 세그먼트를 겨냥했다. 또한, 공통된 칩 설계를 재사용할 계획도 없었다.

나아가 3dfx는 그래픽 산업 구조도 내에서 자신들에게 전혀 새로운 영역까지 확장하기로 결정했다. 1998년 12월, 그래픽카드의 보드 제조업체인 STB 시스템즈를 1억 4,100만 달러에 인수한 것이다. 이 결정은 이론적으로는 타당해 보였다. STB는 주요 보드 제조업체였으므로 이를 3dfx의 계열사로 편입하면 보드 공급망에 대한 통제력을 강화할 수 있었다. 게다가 칩과 보드를 모두 3dfx 브랜드로 판매할 수 있어서 소비자들에 대한 브랜드 인지도를 직접적으로 구축할 수 있었다.

게다가 3dfx에게 전략적 관점에서 이 인수가 더 중요했던 이유는, 이를 통해 엔비디아에 타격을 줄 수 있다고 믿었기 때문이었다. STB는 엔비디아와 긴밀한 관계를 유지해온 협력업체였으며, RIVA 128을 처음 주문한 회사 중 하나였다. 젠슨이 엔비디아 전 직원이 참석한 내부 미팅에서 숨겨뒀다가 극적인 방식으로 공개했던 바로 그 첫 주문을 말한다. RIVA 128 출시 이후 STB는 엔비디아의 주요 보드 협력업체가 되었고, 3개월 전 엔비디아가 제안한 브리지 파이낸싱에 참여해서 자금을 대출해주기도 했다. 이 인수로 3dfx는 STB와 엔비디아와의 관계를 강제로 끊었다. STB는 앞으로 자사의 보드에 3dfx 칩만 탑재하겠다고 발표했다.

스콧 셀러스는 말했다. "이것이 회사의 명운을 건 전략임을 알았습니다. 해낼 수 있다고 생각했어요."

그러나 3dfx의 전략적 행보와 제품 도전은 모두 실패로 끝났다. 3dfx는 중간등급 칩의 2D 기능을 구현하는 데 어려움을 겪었는데, 그 이유는 3D 칩에 비해 2D 칩 전문가가 내부에 부족했기 때문이다. STB가 3dfx 칩만 사용하는 정책을 실행하자, 다른 보드 제조업체들이 오히려 엔비디아 칩으로 바꾸는 방식으로 반발했기 때문에 3dfx가 기대했던 인수의 이점도 사라졌다.

그리고 3dfx가 인수한 사업을 잘 관리할 수 있을 거라 가정한 것 자체가 셀러스의 백 퍼센트 잘못된 판단이었다. 3dfx의 경영진은 물리적 상품의 소매 유통채널이나 복잡한 보드 제조 공급망을 관리한 경험이 전혀 없었다. STB는 3dfx 산하에 들어간 뒤 새로운 모회사가 핵심사업인 칩 설계 비즈니스에 집중하지 못하게 되는 장애물이 되고 말았다.

무엇보다도, 3dfx의 어떤 시도도 이 회사의 핵심 문제인 고성능 칩을 제때 생산하지 못하는 문제를 해결하지 못했다. 완벽주의, 관리 실패, 집중력을 잃은 리더십이 동시에 문제가 되었고, 생산속도는 심각하게 느려졌다. 3D 칩 출시 사이의 공백을 메우기 위해 기획한 중간등급 칩인 부두3는 1999년 4월까지 출시가 밀렸다. 심지어 네이팜과 램페이지의 개발 일정은 훨씬 더 뒤처졌다.

로스 스미스는 말했다. "우리가 잘하는 일에만 집중했어야 했어요. 만약 3dfx가 네이팜과 램페이지를 제때 출시하는 데 성공했다면, 엔비디아는 절대 기회를 잡지 못했을 겁니다."

3dfx는 무너질 위기에 처했다. STB의 재고를 관리하는 데 실패했고, 출시한 중간등급 그래픽카드의 판매도 실패했다. 그

냥 단순하게 말해 현금이 바닥났다. 2000년 말에 이르자 회사의 채권자들이 파산 절차 개시를 신청했다. 그해 12월 15일, 엔비디아는 3dfx의 특허와 기타 자산을 인수하고 기존 직원 약 100명의 고용을 승계했다. 2002년 10월, 3dfx는 공식적으로 파산했다.

3dfx에서 엔비디아로 온 엔지니어들은 생존경쟁에서 승리자가 된 이 경쟁사가 6개월마다 새로운 칩을 만들어내는 특별한 방식이나 기술에 대한 비밀을 알게 되리라 기대했다. 드와이트 디어크스는 기대보다 훨씬 단순한 진실에 이 엔지니어들이 충격을 받던 모습을 기억하고 있다.

"맙소사, 뭔가 정말 특별한 비밀무기 같은 게 있을 줄 알았어요." 3dfx 출신의 한 엔지니어가 말했다.[3] "알고 보니 비밀은 정말 열심히 일하고, 일정에 철저히 맞춰 실행하는 것뿐이었어요." 즉, 차이를 만들어낸 것은 엔비디아의 기업문화였다.

회사 운영을 완벽히 하는 일은 조직적 실패가 일어나지 않도록 체계를 만들어가는 여러 과정 중 하나에 불과하다. 젠슨의 또 하나의 중요한 계획은 최고의 인재들을 엔비디아로 데려오는 것이었다. 엔비디아의 뛰어난 제품은 우수한 구직자들을 끌어모았다. 하지만 종종 엔비디아가 경쟁사에서 인재를 데려와야 할 때도 있었다. 3dfx의 몰락 때처럼 경쟁사에서 수십 명의 엔지니어들을 한꺼번에 데려올 기회는 거의 없었다. 그 대신, 젠슨과 엔비디아의 인사팀은 스카우팅 기술을 배워갔다.

1997년 젠슨은 마이클 하라에게 엔비디아에 합류하고 싶어 할 만한 유능한 인재를 아는지 물었다. 하라는 실리콘 그래픽스의 최고 엔지니어인 존 먼트림의 이름을 언급했다. 먼트림은 리얼리티 엔진$^{Reality Engine}$*과 인피니트 리얼리티$^{Infinite Reality}$**와 같은 그래픽 관련 하드웨어 시스템을 개발한 업적으로 이미 업계에서 전설적인 인물이었다. 그는 엔비디아 공동창업자 커티스 프리엠과 버몬트 마이크로시스템즈에서 함께 일한 인연이 있었다.

젠슨은 먼트림을 엔비디아 사무실로 초대해 점심을 함께하며 정중앙 직구를 던지는 방식을 택했다. "존, 엔비디아로 올 생각을 해봐야 해요. 왜냐하면 결국 제가 실리콘 그래픽스를 시장에서 밀어낼 거니까요." 그는 실리콘 그래픽스가 매년 수천 대의 워크스테이션을 판매하는 방식으로는 경쟁할 수 없으며, 반면 엔비디아는 수백만 대의 PC 시장에 접근할 수 있어 훨씬 유리한 규모의 경제를 갖추고 있다고 설명했다.[4] 먼트림은 정중히 제안을 거절했다.

크리스 말라초프스키와 엔비디아의 최고 과학자인 데이비드 커크가 다음 계투로 나섰다. 다른 날 점심을 먹으면서 그들은

---

* 1990년대 초반 실리콘 그래픽스가 개발한 고성능 3D 하드웨어 아키텍처의 이름
** 1990년대 중순에서 2000년대 초까지 실리콘 그래픽스가 개발하고 제조한 3D 그래픽 하드웨어 아키텍처이자 이를 구현한 그래픽 시스템 제품군

먼트림에게 말했다. "당신이 실리콘 그래픽스에서 리얼리티 엔진과 인피니트 리얼리티로 해온 모든 일을 엔비디아는 PC용 칩 하나에 넣을 거예요. 그럼 실리콘 그래픽스는 끝날 거라고요. 그때 어디에서 일하고 싶을지 생각해보세요."[5]

프리엠도 먼트림 영입에 뛰어들었다. 두 사람은 캘리포니아 주 마운틴뷰의 '세인트 제임스 인퍼머리 바 앤 그릴'이라는 식당에서 만났다. 프리엠은 실리콘 그래픽스의 미래는 '막다른 길'이 될 것이라며, 자신의 옛 동료에게 엔비디아에 합류해야 한다고 설득했다.[6] 하지만 먼트림은 여전히 확신을 갖지 못했다.

그러자 젠슨은 다른 전략을 시도하기로 했다. 말이 아니라 기술로 먼트림을 설득하기로 한 것이다. 그래서 개발팀에 엔비디아의 최신 칩 시제품을 위한 군사 테마의 몰입형 시뮬레이션 시연 프로그램을 만들 것을 지시했다. 실리콘 그래픽스가 신기술을 홍보할 때 쓰던 기법을 모방한 것이었다. 그 후, 젠슨은 하라에게 지시해 먼트림을 엔비디아의 연구실로 초대해 이 시연을 실시간으로 보여주라고 했다.

"이번에는 더 볼 만할 거야." 젠슨은 하라에게 자신있게 말했다.

먼트림이 도착하자 하라는 시제품을 선보이며 먼트림에게 물었다. "이거, 인피니트 리얼리티가 할 수 있는 일과 똑같지 않나요?"

이 전략은 효과가 있었다. 당연히 먼트림도 실리콘 그래픽스의 상대적 약점에 대한 젠슨의 평가가 정확하다는 사실을 알고 있었다. 그가 다니는 회사는 작은 시장 규모 때문에 겨우 몇 년에 한 번 칩 신제품을 개발할 자금을 감당할 수 있었다. 반면, 엔비디아는 6개월마다 새로운 칩 설계를 출시하고 있었다. 엔비디아의 혁신 속도는 실리콘 그래픽스가 결코 달성할 수 없는 수준이었다. 얼마 지나지 않아, 엔비디아는 실리콘 그래픽스가 도저히 따라잡을 수 없을 정도까지 앞서가버릴 것이다.

이 시연은 먼트림에게 중요한 영향을 주었다. 먼트림이 훨씬 오래 걸려 개발한 그래픽 엔진을 엔비디아는 겨우 몇 주 만에 그저 사람 하나를 영입하기 위한 목적으로 뚝딱 만들어낼 정도로 많은 자원과 인재를 보유하고 있음을 보여주었기 때문이다. 먼트림은 일주일 후 실리콘 그래픽스에 사직서를 제출했다.

드와이트 디어크스는 먼트림이 실리콘 그래픽스를 떠나 엔비디아에 합류한 일에 대해, "그야말로 시대의 전환점이 되는 순간이었어요. 많은 엔지니어가 존을 존경했기 때문에 모두가 그와 함께 일하고 싶어 했거든요."라고 표현했다. 먼트림이 엔비디아에 합류하자, 엔비디아가 소프트웨어 개발자나 칩 엔지니어 직책을 뽑기 위해 구인공고를 낼 때마다 실리콘 그래픽스 직원들로부터 이력서와 면접 신청이 쏟아졌다.[7]

실리콘 그래픽스는 당연히, 먼트림의 이직을 좋아하지 않았고 엔비디아로 더 많은 인재가 유출될 것을 우려했다. 1998년 4월, 실리콘 그래픽스는 RIVA 제품군이 실리콘 그래픽스의 고속 텍스처 매핑 기술을 침해했다고 주장하며, 특허 침해를 근거로 엔비디아를 상대로 소송을 제기했다.

처음에 일부 엔비디아 직원들은 이 소송에 대해 걱정했지만, 엔비디아의 기업 마케팅 이사였던 앤드류 로건은 오히려 잔뜩 들떴다.

"방금 〈월스트리트 저널〉에서 제 음성사서함으로 연락이 왔어요." 그는 실리콘 그래픽스의 소송 발표 직후 동료들에게 말했다. "완벽하네요. 이제 우리도 유명해졌어요!"

젠슨도 동의했다. 그는 모든 사무실을 돌아다니며 직원들과 일대일로 악수를 나누며 말했다. "축하합니다! 방금 우리는 세계에서 가장 중요한 그래픽 기업으로부터 소송을 당했어요. 이제 우리도 중요한 회사예요."

소송은 표류했다. 실리콘 그래픽스가 소송에서 이기려면 재정적 손해를 입증해야 했지만, 제시된 유일한 증거는 엔비디아의 내부 판매 예측과 전망치뿐이었다. 엔비디아의 변호사들은 이러한 예측은 시장에 대한 광범위한 가정을 바탕으로 한 것이므로 본질적으로 변동성이 크며 신뢰할 만한 실제 지표로 활용할 수 없다고 주장했다.

1999년 7월, 두 회사는 합의 하에 소송을 마무리했는데, 합의 조건은 대부분 엔비디아에게 유리한 내용이었다.

"엔비디아가 실리콘 그래픽스 직원 50명을 고용하고, 그들의 하위 등급 그래픽 제품군의 공급업체가 되었습니다. 결국 우리로선 파트너 업체를 얻게 된 셈이죠." 엔비디아의 드와이트 디어크스는 말했다.[8] 이번에도 엔비디아는 실리콘밸리에서 최고의 엔지니어링 인재들을 확보할 수 있었다.

엔비디아는 성장하면서 공급망 협력업체들에 대해 잠재적 우위를 가지게 되었고, 이를 통해 수익이 더 나오도록 협력업체들을 압박할 수도 있었다. 하지만 젠슨의 비즈니스 관계에 대한 철학은 가장 중요한 공급업체들과 좋은 관계를 유지하는 방식이었다.

엔비디아가 처음 칩 제조업체인 TSMC와 협력하기 시작했을 때, 릭 차이는 TSMC의 운영 부문 부사장이었다. 나중에 TSMC의 CEO가 된 차이는 당시 모든 제조를 담당했고, 엔비디아에 대해 주요 연락창구 역할을 했다. 그는 이렇게 회상했다. "나는 젠슨을 위해 웨이퍼를 만들었습니다. 그의 명민함과 카리스마는 처음부터 아주 분명했어요."[9]

TSMC가 엔비디아와 일하기 시작했을 당시에는 아직 시장이 소규모로 돌아가고 있었다. 차이는 TSMC가 처음으로 8인치 웨이퍼 제조공장에 3억 9,500만 달러를 투자했던 일을 기억하는데, 이는 오늘날 단 한 대의 칩 제조기기를 구매하기에도 부족한 금액이다.

불과 몇 년 만에 엔비디아는 그래픽 업계에서 성공하여 TSMC의 상위 두세 번째 주요 고객이 되었다. 릭 차이는 젠슨이 가격협상에서 강경한 태도를 보였으며, 엔비디아의 총이익률이 겨우

■ 1999년 자신의 사무실에 있는 젠슨 황   (엔비디아 제공)

38퍼센트에 불과하다는 점을 반복적으로 강조했던 것을 기억하고 있었다.

한 번은 어떤 논쟁 때문에 결국 차이가 캘리포니아로 직접 가서 별로 고급스럽지 않은 데니스 정도의 식당에서 젠슨을 만나야 했다.

"우리는 그저 갈등을 해결하려고 했어요. 세부사항은 잊어버렸습니다. 하지만 저는 그때 정말 큰 깨달음을 얻었죠. 젠슨은 저에게 '대략적인 정의rough justice'라는 비즈니스 철학을 알려줬어요."

젠슨은 '대략적인'은 아주 평탄하지는 않고 굴곡이 있다는 것을 의미한다고 설명했다. '정의'가 제일 중요한 부분이었다. '일정한 시간이 지난 후에는—그게 몇 년 정도일 수도 있는데—마침내 거칠지만 대략적으로 대충 균형이 맞게 된다'라는 뜻이었다.

차이에게 있어 이것은 '모두가 이기는 원원win-win' 파트너십에 대한 이야기였다. 하지만 모든 순간에 다 원원 관계가 있을 수는 없음을 인정한 방식이기도 했다. 어떨 때는 한쪽이 특정 거래나 사건에서 더 이익을 얻을 수 있고, 다음에는 다른 쪽이 그럴 수도 있다는 것이다. 하지만 몇 년 후에 대략적으로 (60:40이나 40:60이 아닌) 50:50에 도달한다면 상호 이익이 되는 관계라 정의할 수 있다. 차이는 젠슨의 이런 접근법에 설득력이 있다고 느꼈다고 했다.

"이런 점들을 보고 젠슨이라는 사람이자 사업가에게 매우 깊은 인상을 받았어요." 차이는 말했다. "물론, 웨이퍼가 제때 나오지 않으면 젠슨은 눈도 깜빡하지 않고 저에게 전화했죠. 하지만 저는 그와 함께 많은 역경을 겪었고 또 해결했습니다. 우리 두 회사의 관계를 본다면, 지난 30년 동안 이보다 더 나은 파트너십이 있었다고 하기는 어려울 겁니다."

1999년 1월 22일 금요일, 엔비디아는 마침내 상장했다. 아시아 금융 위기가 끝나고 회사의 재정상황이 안정되면서 엔비디아 주식은 투자자들에게 매력적으로 다가왔다. 엔비디아는 주식 매각으로

4,200만 달러를 조달했고, 첫 거래일 주가는 64퍼센트 상승하며 주당 19.69달러로 마감했다. 종가 기준으로 엔비디아의 기업가치는 6억 2,600만 달러였다.[10]

엔비디아 본사의 분위기는 조용했다. 흥분보다는 안도감이 깔려 있었다. 현금이 거의 바닥날 뻔한 몇 분기의 위기를 겪은 후, 상장에 의해 들어온 자금은 적어도 앞으로 어느 정도는 안정감을 가져다줄 터였다. 이는 엔비디아가 얻은 자금 중 가장 큰 규모였으며, 이전의 브리지 파이낸싱이나 벤처 투자 라운드에 의한 자금보다 훨씬 더 큰 금액이었다.

"조금 숨 돌릴 여유가 생겼다고 생각했지요." 당시 엔지니어였던 케네스 헐리는 상장 당일의 심정을 돌이켜보며 말했다. "자금을 확보했다, 이제 파산할 걱정은 없다는 생각이 들었어요."[11]

젠슨도 들떠있기보다는 도전적인 태도를 보였다. 〈월스트리트저널〉 기자가 상장에 대한 소감을 묻자 그는 이렇게 말했다. "우리가 몇 번 좌절을 겪긴 했지만요. 사람들이 그러더군요. 내가 가장 죽이기 힘든 CEO라고요."[12]

그래도 엔비디아의 경영진은 이례적으로 잠시 긴장을 내려놓고 성과를 축하하며 앞으로 어떤 일이 일어날지 몽상을 해보는 시간을 가졌다. 사무실 밖에서 진행된 임원 워크숍에서, 이들은 주가가 만약 100달러(당시 주가는 25달러였다)에 도달한다면 각자 무엇을 할지에 대해 이야기했다.

마케팅 책임자 댄 비볼리는 자신의 다리에 엔비디아 로고 문

■ 머리에 엔비디아 로고 문신을 하고 있는 커티스 프리엠

(엔비디아 제공)

신을 하겠다고 선언했다. 영업 책임자 제프 피셔는 엉덩이에 문신을 하겠다고 했다. 최고 과학자 데이비드 커크는 손톱을 녹색으로 칠하겠다고 했고, 인사 책임자 존 맥솔리는 젖꼭지에 피어싱을 하겠다고 맹세했다. 세 공동창업자 중 두 명은 더 판을 키웠다. 크리스 말라초프스키는 모히칸 스타일로 머리를 깎겠다고 했고, 커티스 프리엠은 머리를 완전히 밀고 두피에 엔비디아 로고 문신을 새기겠다고 했다. 젠슨은 왼쪽 귀를 뚫겠다고 마지못해 동의했다.[13] 비볼리는 이 맹세들을 종이로 된 테이블매트

에 적어서 액자로 만들어 걸어두었다. 이때는 아무도 이런 맹세를 이행해야 할 상황이 올 것이라 생각하지 않았다. 회사의 주가가 근시일 내에 4배가 되는 일은 거의 불가능해 보였기 때문이다.

엔비디아는 상장을 통해 조달한 자금을 바탕으로, 이전보다 더 큰 규모의 전략적 파트너십을 확보하고자 했다. 기술 산업계의 베테랑으로서 마이크로소프트, 인텔, AMD 등 대기업들과의 중요한 관계를 관리하는 역할을 맡을 올리버 발투치를 영입했다. 발투치는 비용을 자유롭게 사용할 수 있는 권한을 받았다. 엄격한 예산 내에서 활동해야 했던 그의 이전 직장들과는 크게 차이가 나는 부분이었다.

발투치의 젊은 동료 중 한 명인 케이타 키타하마는 대학을 갓 졸업한 후, 엔비디아에 입사해 주요 모니터 제조업체들의 제품과 엔비디아 그래픽카드가 원활하게 호환되도록 관리하는 역할을 맡았다. 키타하마는 천성적으로 수줍음이 많았고, 이 사업의 개발절차에 대해 잘 알지 못했다.

어느 날, 발투치가 늘 마시는 차 한 잔을 즐기고 있을 때 키타하마가 다가와 말을 걸었다. "이 일을 잘할 수 있는 방법이 있을까요?"

발투치는 이렇게 답했다. "당신은 지금 이 업계에서 가장 핫한 제품을 가지고 있어요. 그걸 활용하세요." 엔비디아의 최신 그래픽카드인 '지포스GeForce'를 말한 것이었다. 발투치는 키타하마에게 다른 제품 매니저인 제프 발루에게 부탁해서 엔비디아 본사에 남아 있는 여분의 지포스 그래픽카드를 있는 대로 찾아오게 했다. 그리고 그는 "모든 모니터 제조업체 하나하나에 다 전화를 거세요. 그리고 그들을 방문해 무료로 지포스 그래픽카드를 제공하고 싶다고 말하세요."라고 덧붙였다.

키타하마는 이 전략이 기대 이상으로 효과를 발휘한 데 놀랐다. 모니터 제조업체들은 그의 전화를 단순히 받아주는 것을 넘어, 그의 제안에도 적극적으로 반응했다. 그들은 어떻게든 엔비디아의 최신 제품을 먼저 접하고 싶어 했다.

발투치는 인텔에도 비슷한 전략을 사용했다. 인텔의 연례 개발자 포럼에서 엔비디아 그래픽카드 50개가 담긴 상자를 들고 모든 부스를 돌며 그들의 기기에 장착된 기존 그래픽카드를 엔비디아의 그래픽카드로 교체해주겠다고 제안했다. 그는 엔비디아 그래픽카드가 하위 호환성을 갖춘 소프트웨어 드라이버 덕분에 교체가 훨씬 쉽다는 점을 잘 알고 있었다. 이는 개발자들이 가장 최신의 엔비디아 그래픽카드를 설치해서 개발이나 게임 플레이를 할 때 번거로운 설치 과정을 겪어야 하거나, 충돌이 잦거나, 성능이 저하될 걱정을 거의 하지 않아도 된다는 뜻이었다.

심지어 가장 큰 테크 대기업들도 엔비디아의 무료 그래픽카드의 유혹에 저항할 수 없었다. 당시 인텔은 매년 수천 대의 개발용 워크스테이션을 제작해 전 세계 소프트웨어 개발자들에게 보내고 있었다. 그리고 10여 곳의 그래픽카드 제조사들이 이 인텔 기기에 자사 제품을 탑재하려 경쟁 중이었다. 엔비디아는 이 계약을 따냈다. 더 나은 제품을 보유하고 있었을 뿐만 아니라, 무료 그래픽카드를 제공하는 전략 덕분에 인텔 직원들이 이미 엔비디아 칩을 직접 경험해봤기 때문이었다.

엔비디아는 마이크로소프트에도 같은 전략을 사용했다. 마이크로소프트는 개발자들이 윈도우에서 미디어를 표시하거나 게임을 실행할 때 쓰는 DirectX API를 개발했다. 마이크로소프트가 API를 업데이트할 때마다, 엔비디아 그래픽카드는 마이크로소프트 본사에 절대 틀리지 않는 시계처럼 아주 정확하게 도착했다. "DirectX의 주요 버전이 출시될 때마다 마이크로소프트 본사에 제품을 깔았어요. 그들이 요청할 필요조차 없었죠."[14] 발루치는 말했다.

젠슨의 지침은 간단하고 명확했다. "무조건 승리하라. 이건 누가 더 빨리 뛰어 땅을 전부 따먹느냐의 게임이다."

엔비디아는 직원 수가 약 250명에 불과해 여전히 대기업이 아니었다. 매출도 대단하지 않았다. 1999년 회계연도에 엔비디아는 1억 5,800만 달러의 매출을 기록했는데, 마이크로소프트(198억 달러), 애플(61억 달러), 아마존(16억 달러) 등의 다른 빅테크기업의 실적과는 비교도 할 수 없는 수준이었다. 하지만 엔비디아는 수년 동안 기술적 우수성과 제품 구현 역량을 높이는 데 집중했다. 이제 그 성과는 업계에서의 영향력이라는, 눈에 보이지 않지만 매우 중요한 자산으로 결실을 맺고 있었다.

엔비디아는 세가가 NV2 칩 계약을 취소한 이후 콘솔 게임기 시장에서 멀어져 있었다. 하지만 그로부터 몇 년이 지난 1999년 마이크로소프트는 첫 콘솔 게임기를 개발 중이며 이 게임기가 DirectX API를 기반으로 할 것이란 사실을 엔비디아에 넌지시 알려주었다. 엔비디아와 마이크로소프트 간에 좋은 관계가 유지됐던 덕분에 엔비디아 칩이 이 새로운 콘솔에 탑재될 가능성이 열린 것이다. 몇 달에 걸쳐 두 회사는 적절한 조건에 계약하기 위해 협상했다.

그런데 마이크로소프트가 갑자기 입장을 바꿨다. 2000년 1월, 마이크로소프트는 그래픽 스타트업인 기가픽셀Gigapixel과 개발 계약을 체결했다. 기가픽셀은 창립자이자 CEO인 조지 하버George Haber가 이끌고 있었으며, 마이크로소프트의 Xbox 콘솔에 들어갈 그래픽 기술을 공급하는 역할을 맡았다. 마이크로소프트는 기가픽셀에 1,000만 달러를 투자하고, 또 Xbox 칩 개발을 위해 1,500만 달러를 별도로 투자했다. 하버는 휘하 33명의 직원을 캘리포니아 주 팔로 알토에 있는 마이크로소프트 건물로 데려와서 일을 했다.[15]

Xbox가 공식적으로 공개되고 두 달 후인 3월 10일, 빌 게이츠는 게임개발자 컨퍼런스GDC, Game Developers Conference의 연사로서 Xbox의 사양과 그래픽 공급업체인 기가픽셀에 대해 소개할 예정이었다. 그는 자신의 발표 자리에 하버를 초대했고, 연설문의 사본도 미리 하버에게 보여주었다. 그 연설에서 빌 게이츠는 기가픽셀과 마이크로소프트의 관계를, 과거 IBM이 초기 IBM PC 운영체제 공급사로 당시 잘 알려지지 않았던 마이크로소프트를 선택한 사례에 빗대며, 이 파트너십이 산업을 변화시킬 충분한 잠재력을 갖고 있다고 말할 예정이었다. 그리고 마이크로소프트가 기가픽셀을 선택한 이유는 단 하나이며, 그것은 기가픽셀이 세계 최고의 그래픽 기술을 개발했기 때문이라고 설명할 계획이었다.[16] 이는 모든 스타트업이 꿈꾸는 홍보문이자 테크 업계 전설의 추천사였다.

그러나 기가픽셀의 꿈은 오래가지 못했다. 마이크로소프트가 기가픽셀과의 파트너십을 공개한 후에도 엔비디아는 포기하지 않기 때문이다. 엔비디아는 Xbox에 딱 맞는 파트너가 엔비디아임을 계속 설득했다. 마이크로소프트와의 관계를 담당하던 영업 및 마케팅 수석 이사 크리스 디스킨과 젠슨은 마이크로소프트와 매주 미팅을 하며 협상을 이어나갔다.

젠슨과 디스킨은 발표자료를 준비하기 위해 많은 시간을 투자했다. 때로는 자정까지 일하고도 다음날 아침 8시에 다시 일을 시작했다. 두 사람은 엔비디아가 가장 심각한 위기를 헤쳐 나가던 시기와, 첫 RIVA 128 칩을 개발할 때와, 인텔의 i740 칩과 경쟁할 수 있는 후속 칩인 RIVA 128ZX를 출시하기 위해 레이스를 벌이던 시기와 같은 수준으로 강도 높은 업무량을 유지했다. 이번에는 파산이라는 칼이 목에 들어온 상황은 아니었다. 그래도 그들은 똑같은 수준으로 자신을 한계까지 몰아붙여 젖과 꿀이 넘치는 새 시장에 진입할 기회를 잡고자 했다.

엔비디아의 명성이 역사상 최고 수준이었다는 사실은 마이크로소프트를 설득하는 데 도움이 되었다. "마이크로소프트 내부에도 우호적인 의견이 많았어요." 디스킨은 당시 Xbox 협상에 대해 이렇게 설명했다. "게임개발자들이 나서서 이렇게 말해줬습니다. '엔비디아가 나아요. 개발하기도 쉽고 리스크도 작거든요.'"[17]

3월 3일 금요일, 빌 게이츠의 GDC 연설을 불과 일주일 앞두고, 마이크로소프트 임원인 릭 톰슨과 밥 맥브런은 엔비디아의 크리스 디스킨에게 전화를 걸어 Xbox 계약 협상을 다시 시작하고 싶다고 말했다. 이틀 후, 그들은 시애틀에서 캘리포니아 주 산호세로 비행기를 타고 와서 일요일 그날 하루를 엔비디아 본사 회의실에서 보냈다. 젠슨, 디스킨, 톰슨, 맥브런은 엔비디아가 기가픽셀을 대체해 마이크로소프트의 그래픽 칩 파트너가 되는 데 합의했다. 마이크로소프트의 새 콘솔 게임기에 엔비디아가 맞춤 설계한 칩을 사용하는 조건에 덧붙여 젠슨과 디스킨은 마이크로소프트가 이 새로운 칩의 연구개발 비용으로 2억 달러를 선지급할 것을 강력히 요구했는데, 이 정도의 금액은 빌 게이츠의 직접 승인이 필요했다. 엔비디아는 상당한 선지급금을 확보하고 마이크로소프트 CEO 빌 게이츠의 승인까지 받아냈다. 그제야 그들은 Xbox 프로젝트를 확정적으로 따냈음을 실감했다. 기가픽셀과 같은 운명을 맞이할 위험에서 벗어난 것이다.

다음날인 월요일, 마이크로소프트의 경영진은 기가픽셀의 조지 하버에게 엔비디아를 택하기로 결정했다고 통보했다. 하버는 충격으로 굳어버렸다. 바로 그 전 주만 해도 그는 Xbox 계약을 근거로 10억 달러 규모의 상장을 준비하며 월스트리트의 투자 은행가들과 얘기를 나누고 있었다. 심지어 3dfx나 다른 그래픽 칩 회사들을 인수하는 안까지 논의 중이었다. 엔비디아 경영진 만 시장을 지배하는 몽상을 했던 것은 아니었던 셈이다. 이제 하버에게는 계약이 취소되었음에도 마이크로소프트가 그대로 지급하기로 동의한 1,500만 달러의 개발비 외에는 아무것도 남지 않았다.

오늘날까지도 하버는 마이크로소프트와 Xbox 계약에서 벌어진 일에 대해 쓰라린 감정을 숨기지 않고 이렇게 말했다. "지금 저는 1조 달러 가치의 회사를 경영하고 있었을 수도 있었습니다. 젠슨이 아니라요."[18]

GDC에서 빌 게이츠는 Xbox의 그래픽 칩 공급업체로 엔비디아를 소개했다. 그리고 그 주에 엔비디아의 주가는 고공으로 치솟아 주당 100달러를 넘겼다. 이제 엔비디아의 경영진은 1년 전쯤에는 말도 안 되는 농담처럼 보였던 맹세들을 정말로 지켜야 한다는 걸 깨달았다. 그들은 실제로 맹세를 이행했다. 말라초프스키는 모히칸 스타일로 머리를 깎았고 피셔, 프리엠, 비볼리는 약속한 부위에 문신을 새겼다. 커크의 손톱은 녹색이 됐고, 맥 솔리와 젠슨은 피어싱을 했다.

커티스 프리엠에게는 이때가 엔비디아에서의 마지막 행복한 순간이었을 것이다. 1990년대 후반에 들어, 엔비디아의 공동창업자인 그는 회사의 엔지니어링 인력들과 점점 더 자주 충돌하기 시작했다. 어떤 칩 개발 과정에서 프리엠은 칩 아키텍처의 결함을 발견했다. 그리고 이를 수정한 다음, 아무에게도 알리지 않고 공통 파일 서버에서 칩 문서 몇 개를 내려받아 수정된 버전으로 교체했다. 엔비디아 초기 시절 그가 주로 쓰던 방식이었고, 그때의 동료들은 이를 받아들였다. 하지만 이제 그는 훨씬 더 큰 조직의 일원이 된 상태였고, 곧 '소프트웨어 팀에서 원래 버전의 문서를 특정 코드에 쓰고 있었기 때문에 그들 사이에 대소동이 벌어졌다'는 사실을 알게 되었다. 그 소프트웨어 팀은 프리엠이 이 문서를 완전히 삭제했음을 알게 되자 '분노를 주체하지 못했다.'[19]

프리엠은 당당하게 그 아키텍처는 반드시 수정해야 했다고 말했다. 그러자 엔지니어들은 젠슨에게 직접 나서줄 것을 요청했다. 격렬한 논쟁 중에 프리엠은 자신이 엔비디아 칩의 아키텍처를 직접 다 설계했기 때문에 뭐든 원하는 대로 할 수 있다고 주장했다.

"그건 내 아키텍처였어." 그는 반복해서 말했다. 그러나 이 말은 젠슨에게 할 말이 아니었다. 젠슨은 엔비디아에 더 공동체적인 문화를 만들고 싶어 했기 때문이다. 그가 생각하기에 엔비디아는 개인이 아니라 엔비디아 조직 전체로서 성과를 따져야 했다. 프리엠은 젠슨이 중요한 출장에서 복귀한 뒤 항상 자신의 행동을 단수형 '나' 대신 복수형 '우리^{We}'로 표현한다는 사실을 깨달았다. 프리엠은 처음에는 의문을 가졌다. '아니, '우리'라니? 나는 파운드리와의 계약 협상에 대해 아는 게 전혀 없는데?' 그의 생각은 바뀌었다. '하지만 젠슨이 옳았어. 우리 모두가 함께 해낸 거야. 우리 모두가 성과를 공유하는 거야.'

그러나 프리엠은 칩 설계에 있어서만큼은 지나친 소유욕을 보였다. 그는 '내' 작업이나 '내' 아키텍처라고 표현하는 경향이 있었다. 젠슨은 프리엠에게 그렇게 행동하지 말 것을 요구했다. 칩 아키텍처를 회사 전체의 공동자산으로 생각해야 한다고 했으며 실제로도 그랬다. 젠슨은 프리엠에게 말했다. "프리엠, 그건 '우리'의 아키텍처입니다. 당신 혼자 한 일이 아니라고요. 우리가 함께 한 일이죠. 그 파일들의 소유자는 당신이 아닙니다."

그렇게 프리엠이 일방적으로 칩 아키텍처의 결함을 수정한 사실을 알게 된 젠슨은 CEO로서의 권한을 행사해 그의 결정을 번복했다. 그는 프리엠에게 수정 내용을 원상복구하고, 원래 버전의 문서 파일을 서버에 복구하고, 앞으로는 칩 문서를 변경할 때 그 변경에 의해 영향받을 수 있는 모든 사람에게 먼저 알린 다음에 작업을 해야 한다고 지시했다. 소프트웨어 팀은 복구된 기존 문서를 활용해 자신들의 코드를 완성할 수 있었고, 다음 해에 그 칩 아키텍처의 결함을 해결할 방법을 찾아냈다.

그 후, 엔비디아가 존 먼트림과 신세대의 3D 그래픽 엔지니어들을 고용하자 프리엠은 전보다 더 조직에 융화되지 못했고 제품 개발에 방해가 되기 시작했다. 프리엠은 회상했다. "제가 제품 출시 과정에 끼어들곤 했어요." 그는 항상 엔비디아의 칩이 완벽하길 원했고 자신이 창조했다고 생각하는 아키텍처가 바뀌는 것을 막으려고 했다.

프리엠 스스로도 자신의 한계를 깨닫기 시작했다. 그는 안티앨리어싱anti-aliasing(물체의 윤곽선과 배경 사이의 거친 경계를 부드럽게 만들고 자연스럽게 어울리도록 하는 기술) 전문가가 참석한 임원회의에 참석했는데, 그 전문가의 발표에 깊이 감명받아 이렇게 생각했다고 한다. "세상에 내가 썬에서 안티앨리어싱을 따라해보려고 읽었던 논문의 저자잖아. 난 더 이상 안 되겠어. 커티스 프리엠 주제에 이런 전문가들 사이에서 어떻게 버티겠어?"

프리엠은 이제 젠슨과 너무 자주, 너무 강하게 충돌했다. 회사에서 두 사람의 갈등을 중재하기 위해 특별 컨설턴트를 초빙할 정도였다. 수많은 논쟁 끝에 젠슨은 프리엠에게 엔지니어링 부문을 떠나 엔비디아의 지식재산과 특허를 지키는 역할로 옮길 것을 제안했다. 프리엠은 받아들였다.

"아키텍처에선 말이죠. 사실 제 역할은 첫 2년 내에 다 끝났었어요. 5년 동안은 제품에 집중했죠. 이후 제품 작업에서 밀려나

지식재산 쪽에 배정됐어요. 덕분에 실리콘 그래픽스에서 영입한 다른 3D 전문가들이 들어와 제가 할 수 있던 것을 넘어 더 나은 제품을 만들어낼 수 있었죠."

2003년 업무를 재배치받은 후 몇 년이 지나, 프리엠은 아내와의 문제를 해결하기 위해 장기 휴가를 신청했다. 젠슨은 자신의 인맥을 동원해 프리엠이 최고의 결혼 상담사를 찾을 수 있게 도왔다. 그러나 3개월이 지나자, 젠슨은 공동창업자이자 최고기술책임자인 프리엠의 거취를 묻는 직원들의 질문을 더 이상 피할 수 없었다. 젠슨은 프리엠에게 최후통첩으로 몇 가지 선택지를 주었다. 정규직으로 복귀하는 안, 시간제 고문역으로 옮기는 안, 사임하는 안이 그것이었다. 젠슨은 프리엠을 배려해 은퇴 전에 유종의 미를 장식할 수 있는 새로운 모바일 아키텍처 프로젝트의 책임자 자리도 제안했다. 그러나 프리엠은 엔비디아를 떠나기로 결정했다.

"저는 피곤했고, 만신창이였으며, 의기소침한 상태였어요. 사임할 수밖에 없었습니다. 지금도 언제나 제가 그때 계속 남아 있을 수 있었다면 좋았겠다고 생각해요."

그로부터 20년이 지났지만, 젠슨은 여전히 프리엠을 떠나보낸 일을 생각하면 마음이 아픈 듯했다. 나는 젠슨에게 당시의 프리엠은 다른 훌륭한 그래픽 엔지니어들을 따라갈 자신감이 없었던 상태였다고 설명했다.

그러자 젠슨은 단호하게 대답했다. "커티스는 똑똑했어요. 그

2부 원(One): 개념에서 현실로

는 다 배울 수 있었을 거예요."

2000년 초, 젠슨과 마이클 하라는 여러 도시를 돌며 은행가, 투자자, 펀드매니저들을 만나는 일종의 영업 투어를 시작했다. 하라는 당시 마케팅 업무를 떠나 IR팀을 이끌고 있었다.

하라는 회상했다. "우리는 은행가들과 비행기를 타고 도시에서 도시로 날아다녔어요. 그들은 계속 젠슨에게 물었죠. '요즘 뭘 보세요? 뭐가 제일 재미있었나요?'"[20]

젠슨은 잠시 생각하더니 답했다. "〈몬티 파이썬과 성배Monty Python and the Holy Grail〉요."

1975년에 개봉한 이 코미디 영화는 영국의 코미디언 그룹 몬티 파이썬의 첫 번째 장편영화였다. 많은 장면이 인상적이지만 그중에서도 인상적인 한 장면은 흑사병이 창궐하던 시기에 두 농노가 시체를 실은 수레를 끌고 누추한 중세 마을을 지나가는 장면이다.

"시체를 실으시오!" 이 중 한 명이 쇠스랑을 나무 숟가락으로 두들기며 자신들이 왔음을 알린다. 한 마을주민이 수레를 멈추게 하고 어떤 노인의 시체를 수레에 내려놓으려 하지만, 그 노인은 죽은 상태가 아니었다.

"난 아직 죽지 않았소!" 노인이 항변한다.

"이봐요. 이 자가 아직 죽지 않았다고 하네요."라고 수레꾼이 말한다.

"뭐… 곧 죽겠죠. 상태가 많이 나쁘니까." 마을주민이 대답한다.

"난 나아지고 있단 말이오." 노인이 말한다.

셋은 몇 분간 더 농담을 주고받는다. 노인은 계속해서 자신이 죽지 않았다며 버티지만, 마을주민과 수레꾼은 계속 노인을 설득하며 노인이 있을 곳은 수레 위라고 한다. 결국 수레꾼이 노인의 머리를 내려치고, 마을주민은 노인의 몸을 수레에 싣는다.

"아, 정말 고맙습니다!" 그는 진심으로 감사하는 듯한 말투로 말한다.

젠슨은 잠재적 투자자들이 하는 많은 질문들이 이와 비슷한 절망적 논리를 따르고 있다고 느꼈다. 즉, 그들은 엔비디아가 곧 망할 거라고 생각했다.

"그래픽 회사에 투자해야 하는 이유가 뭐죠?" 투자자들은 물었다. "만약 투자한다면 당신들은 우리가 투자한 40번째 투자처가 될 텐데요. 나머지 회사들은 이미 전부 망했어요. 그런데 우리가 왜 이 투자를 해야 합니까?"

투자자들의 비관주의는 이 영업 투어에서 항상 핵심적인 대화 주제였다. 투자자들은 엔비디아에 더 많은 수익성을 요구했다. 그들은 결국 인텔이 새로운 칩을 출시해 그래픽 산업 전체를 무너뜨릴 것이라 생각했다. 그들은 엔비디아도 이전의 수많은 렌디션, 쳉랩스, S3, 3D랩스, 매트록스 등의 경쟁사와 같은 전철을 밟을 것으로 예상했다.

젠슨은 이런 투자자들의 태도가 마음에 들지 않았다. 그는 엔비디아가 지금까지 존재했던 그 어떤 그래픽 회사와도 다르다고 믿었다. 엔비디아가 투자자들에게 내건 홍보문구는 이랬다. "엔비디아의 칩은 타사의 어떤 칩보다도 뛰어나고 강력하며, 철저하게 보호받는 포지션에 있습니다. 또한 엔비디아의 비즈니스 전략은 다른 칩 제조사보다 더 빠르게 대응하고 혁신할 수 있도록 구성되어 있습니다."

그러나 무엇보다도, 엔비디아에는 젠슨이 있었다. 그는 회사를 자신의 수족처럼 관리하는 방법에 통달했다. 엔비디아의 모든 임직원이 그의 뚜렷한 소명의식을 공유했다. 모든 임직원은 회사가 경쟁에서 한발 앞서 나가기 위해 인간의 한계를 넘나들 정도로 빠르게 일했다. 만약 누군가 흔들리거나 의심을 품으면, 젠슨의 날카로운 한마디가 금세 그 구성원을 제자리에 돌려놓았다.

일부 투자자들은 결국, 젠슨이 그리는 엔비디아의 미래 비전과 이를 실현하는 그의 경영 능력을 신뢰하게 되었다. 2000년 10월, 모건스탠리는 주식과 전환사채를 추가 발행하여 엔비디아에 3억 8,700만 달러를 투자했다.

이 투자 라운드가 종결된 후 모건스탠리의 담당 팀은 마이클 하라에게 엔비디아 영업투어 팀을 그린 컬러 일러스트를 선물했다. 영화 〈몬티 파이썬과 성배〉의 한 장면을 패러디한 그림이었다. 이 그림에서 엔비디아의 사라진 경쟁사들은 흑사병 수레에

■ 엔비디아와 성배 (확대 보기: 아래 큐알코드 참조)　　　　　　　　(마이클 하라 제공)

실린 시체들로 그려졌다. 부적절한 질문을 한 투자자들은 '니[Ni]!'
를 외치는 기사로 등장한다. 젠슨은 용감한 아서 왕으로 등장
해 일대일 결투에서 흑기사를 물리치고 있다.

"나는 더 강하다. 나는 더 빠르다. 넌 나를 이길 수 없다!"

●　　이 영화에 나오는 숲의 기사들은 아서 왕과 원탁의 기사들 앞을 가로막는다. '니!'라고
　　외치며 이상한 요구를 하거나 상대를 괴롭힌다.

7

지포스와 혁신기업의 딜레마

"

1999년 8월.
여러분, 세계 최초의 GPU를 소개합니다.

"

기업의 성공은 종종 그 자체로 실패의 요인을 포함하고 있다. 하버드 비즈니스 스쿨 교수였던 고故 클레이튼 크리스텐슨은 유명한 저서 《혁신기업의 딜레마The Innovator's Dilemma》에서 이렇게 주장했다. 특히 테크 분야에서 이런 현상이 두드러진다고 했다.

　그는 모든 산업은 무작위적 우연에 의해 형성되는 것이 아니라 규칙적이고 예측 가능한 주기에 의해 형성된다고 상정했다. 처음에 스타트업은 기존 시장을 장악한 주요 기업 제품보다 기능이 뛰어나지는 않지만 하위 시장을 겨냥한 파괴적 혁신 제품을 출시한다. 이미 성공한 기존 기업은 수익성이 더 낮은 이 틈새시장을 무시하고, 현재의 견고한 이익 흐름을 유지하고 확장하는 제품 출시에 집중한다.

그러나 결국 이 파괴적 혁신 제품을 위한 새로운 수요들이 등장하게 되고, 이를 활용하는 스타트업들은 기성 기업들보다 더 빠르게 시도를 반복하고 더 빨리 혁신할 수 있게 된다. 마침내 스타트업들은 훨씬 더 강력한 제품을 보유하게 되고, 기존의 주요 기업들이 자신들이 위기에 처했다는 것을 깨달았을 때는 이미 늦은 때다.

크리스텐슨은 14인치 메인프레임 디스크 드라이브의 시장 주도 기업이었던 컨트롤데이터$^{Control\ Data}$가 이후 등장한 8인치 미니 컴퓨터 디스크 드라이브 시장에서 단 1퍼센트의 점유율조차 가져오지 못한 일을 사례로 들었다. 5.25인치와 3.5인치 드라이브가 등장하면서, 기존 8인치 드라이브 제조업체들도 비슷한 시장 변화에 직면했다. 매번 이런 주기가 다시 시작되었고 스타트업들은 기존 기업들을 몰락시켰다.[1]

《혁신기업의 딜레마》는 젠슨이 가장 좋아하는 책 중 하나였다. 그는 이런 운명이 엔비디아를 덮치지 않도록 하겠다고 굳게 다짐했다. 이 시장의 최상위 경쟁에서는 막대한 자본과 뛰어난 엔지니어링 인재에 대한 투자가 필수였다. 따라서 경쟁사가 엔비디아의 고품질 칩을 능가하기는 어렵다는 사실을 알고 있었다. 하지만 젠슨은 크리스텐슨의 영향을 받아 더 큰 위협은 저비용 경쟁자로부터 올 거라 판단했다.

2부 원(One): 개념에서 현실로

"전에도 그런 일이 일어나는 걸 본 적이 있어요. 우리가 만드는 건 고급 스포츠카인 페라리에 가깝죠. 우리의 모든 칩은 고급 시장에 맞춰 설계되었어요. 최고의 성능, 최고의 삼각형 처리율˙, 최고의 폴리곤 처리능력을 발휘합니다. 나는 누군가 등장해 가격경쟁력을 확보해서 바닥권에서 우리를 몰아낸 다음, 위로 기어 올라오게 놔두지 않을 거예요."[2]

젠슨은 시장 하단에서 시작되는 공격을 방어할 방법을 찾기 위해 다른 선도 기업들의 비즈니스 전략을 연구했다. 그는 인텔의 펜티엄 CPU 시리즈가 프로세서 성능의 주요 지표인 클럭 속도$^{clock\ speed}$를 기준으로 꽤 넓은 범위의 제품군을 운영하고 있지만 모든 펜티엄 CPU의 코어는 동일한 칩 설계를 공유하여 이론적으로는 동일한 기능과 성능을 가진다는 사실을 알아차렸다.

"인텔은 그냥 똑같은 부품을 만들어요. 속도 테스트 분류^{speed} ^{binning}를 해서 고객들에게 다른 제품으로 판매하고 있는 것뿐이죠." 그는 높은 속도에서 품질 테스트를 통과하지 못한 부품을, 그 부품이 제대로 작동하는 낮은 속도의 제품군으로 분류해서 판매 대상으로 삼는 방식에 대해 이렇게 언급했다.

젠슨은 엔비디아에서 품질 테스트를 통과하지 못한 부품을 무조건 폐기하던 방식을 개선할 수 있는 방법을 찾았다. 물론 이런 부품은 엔비디아의 페라리급 고성능 칩에는 적합하지 않았

●   triangle rate. GPU의 성능을 나타내는 지표 중 하나로, 초당 처리할 수 있는 삼각형의 수를 의미한다.

다. 하지만 낮은 속도에서 잘 작동하는 부품이라면, 이를 회사의 주력제품군보다는 성능이 떨어지는, 따라서 더 저렴한 버전으로 리패키징해서 판매할 수 있다. 이렇게 한다면 웨이퍼 하나에서 제조 가능한 부품 수를 늘리고, 이 업계에서 생산효율성의 지표인 수율도 개선할 수 있을 거라는 생각이 들었다.

젠슨은 임원회의에서 운영 관리자에게 물었다. "우리 회사가 부품 하나를 패키징하고 테스트하고 조립하는 데 드는 비용이 얼마나 되죠?" 답변은 1.32달러였다. 칩 제조업이라는 고비용 업계 기준으로 이는 매우 작은 숫자였다. "그게 다라고요?" 젠슨은 놀라워하며 되물었다.

이 상황은 쓰레기에서 뭔가를 만들어낼 확실한 기회로 보였다. 지금까지 테스트를 통과하지 못한 부품들은 엔비디아에 아무런 수익도 발생시키지 못하고 그저 폐기될 뿐이었다. 하지만 아주 약간의 비용만 더 추가하여 이 부품들을 요구사항이 낮은 칩 제품군에 맞게 조정하면, 엔비디아는 수익을 창출할 새로운 파생 제품군을 만들어낼 수 있었다. 막대한 연구개발 비용과 시간을 들이지 않고도 가능한 일이었다.

이 제품군은 저비용 칩을 주력 제품으로 삼는 경쟁사들에 대한 방어벽 역할도 해낼 터였다. 엔비디아는 아주 쉽게 이런 칩 가격을 경쟁사들이 적자를 보며 판매해야 하는 수준까지 내릴 수 있었다. 물론 엔비디아도 상대적 저가 제품군에서 손해를 볼 수는 있겠지만, 페라리급 고급 칩의 판매로 충분히 그 손실을 상쇄하고도 남을 것이다. 더 중요한 것은, 엔비디아가 한때 경쟁사였던 3dfx가 결국 빠져나오지 못했던 그 함정을 피할 수 있다는 장점이었다. 3dfx는 칩 신제품 개발에 너무 많은 시간과 돈을 쏟아부은 나머지 지속적인 혁신 경쟁에서 뒤처지고 말았다.

이 전략은 '소 한 마리 다 팔기^{ship the whole cow}'라는 이름으로 불리게 되었다. 정육점이 소 한 마리에서 안심이나 갈비와 같은 고급 부위만이 아니라 소의 코에서 꼬리까지 거의 모든 부위를 다 활용하는 방식을 나타내는 표현에서 따온 말이다.

"이 전략은 매우 강력한 도구가 되어 우리의 제품군을 더 세밀하게 다듬을 수 있게 해줬죠. 고급 제품 제조 과정에서 수율이 낮은 부품을 만들어내면서 동시에 4개에서 5개의 서로 다른 제품 재고를 쌓을 수 있었어요. 덕분에 평균판매가^{ASP, Average Selling Price}도 올릴 수 있었죠." 제프 피셔는 말했다.[3] 게다가, 고성능을 위해 추가 비용을 지불할 의향이 있는 열성 게이머들을 대상으로, 더 비싼 최상위 제품에 대한 수요를 테스트할 기회도 얻을 수 있었다.

그래픽 업계의 다른 회사들도 곧 엔비디아를 따라야 했다. 특히 엔비디아의 '소 한 마리 다 팔기' 전략은 경쟁사 중 하나인 S3그래픽스를 파산 직전까지 몰고 갔다.

"'소 한 마리 다 팔기'는 이제 그래픽 업계에서 아주 당연하게 여겨지지만 당시에는 큰 격차를 만들어낸 중요한 전략이었어요." 엔비디아 이사회 멤버였던 텐치 콕스는 말했다.[4] 이는 젠슨의 선견지명과 미래의 위협에 끊임없이 대비하려는 그의 강한 의지를 분명하게 보여주는 사례였다. 이제는 엔비디아가 여러 스타트업 중 하나가 아니라 시장의 리더로 자리매김한 만큼 젠슨은 자신의 등 뒤에 영구적인 표적이 새겨졌음을 알고 있었다.

"사람들이 나를 몰아내려 한다고 생각하지는 않아요. 생각이 아니라 확실히 그들은 나를 몰아내려 하죠."[5]

젠슨은 기술 사양만으로는 칩이 팔리지 않는다는 사실을 알고 있었다. 마케팅과 브랜딩도 그만큼 중요했다. 경쟁사들은 제품을 시장에 포지셔닝할 때 각기 다양한 접근 방식을 취했다. 몇몇 회사는 게이머들의 자기 인식을 겨냥해 과장되고 남성성이 가득한 브랜딩을 선택했다. 3dfx의 '부두 밴시Voodoo Banshee(울음을 통해 가족의 죽음을 예고하는 켈트신화의 유령)', ATI '레이지 프로Rage Pro(분노)', S3 '새비지Savage(야만)', '라이처스그래픽스Righteous Graphics(정당한)' 등이 그랬다. 또 다른 회사들은 더 기술적이거나 산업적인 어감의 이름을 사용했다. '매트록스 G200'이나 '베리티 2200' 같은 예가 그렇다.

엔비디아는 두 노선을 적절히 섞는 방식을 택하여, 기술적 우수성을 담으면서도 감정적인 울림을 줄 수 있는 브랜드를 사용했다. 예를 들면 RIVA TNT는 'RIVARealtime Interactive Video and Animation Accelerator(실시간 상호작용 비디오 및 애니메이션 가속기)'와 'TNTTwiN Texels(두 개의 텍스처 요소, 텍셀을 동시에 처리할 수 있는 능력)'로 구성하는 식이었다. 당연히 일반 소비자들에게 TNT는 어떤 엔지니어의 표현처럼 '뭔지는 모르지만 폭발과 관련 있는 이름'일 뿐이다.[6]

그러나 너무 경쟁자가 많은 시장이라 엔비디아는 더 눈에 띄기 위해 브랜드 원칙을 약간 바꾸기로 했다. 1999년 엔비디아는 RIVA TNT2 시리즈의 후속 제품군을 출시하며 '지포스^{GeForce} 256'이란 이름을 붙였다. 지포스 256이 기존 그래픽 성능을 크게 개선한 제품이라는 점은 분명했다. 이 시점에서는 엔비디아가 새롭게 출시하는 모든 칩 세대에서 기대되는 당연한 발전이었다. 이 칩은 4개의 그래픽 파이프라인을 탑재해서 동시에 4픽셀씩 처리할 수 있었다. 그리고 하드웨어적인 변환 및 조명$^{T\&L,}$ $^{Transform\ and\ Lighting}$ 엔진을 통합해서 3D 객체의 이동, 회전, 크기 조절에 필수적인 연산 작업을 처리할 수 있었다. 기존에는 CPU가 이런 작업을 했는데 지포스 256이 CPU의 연산 부담을 덜어주자 컴퓨터 전체 속도를 향상시킬 수 있었다.

"전용 하드웨어로 이런 작업을 처리하면 순식간에 더 많은 기하학 데이터를 처리할 수 있었고, 훨씬 더 흥미로운 이미지를 만들 수도 있었습니다." 엔비디아의 최고 과학자였던 데이비드 커크는 말했다.

엔비디아의 영업 팀은 이런 장점이 너무 기술적인 내용이라

● TNT는 트라이나이트로톨루엔의 약자로, 강한 폭발력을 가졌지만 다루기가 쉬워 군용으로 오래 사용된 폭약이며 폭발력의 단위로도 쓰인다.

고객에게 전달하기 어렵다고 생각했다. 내부에서 편하게 사용하던 전형적인 방식인 알파벳 앞글자와 숫자를 조합하는 공식으로는 의미를 전달하기가 어려웠다. 엔비디아에는 이 신제품을 마케팅하기 위한 더 큰 무언가가 필요했다.

마케팅 임원인 댄 비볼리는 말했다. "이 제품을 기존의 어떤 제품보다도 훨씬 더 뛰어난 3D 그래픽용 그래픽 프로세서로 포지셔닝할 방법을 찾아야 했어요. 이 칩은 커요. 텍스처와 조명 lighting(광원과 물체의 상호작용 처리) 기능도 있어요. 자, 이걸 높은 가격에 팔 수 있어야 해요. 이 제품이 얼마나 대단한지 확실히 보여줄 방법을 찾아야 합니다."

그는 자신이 이끄는 제품 마케팅 팀에게 뭔가 혁신적인 아이디어를 가져오라고 지시했다. 제품 매니저인 샌포드 러셀은 아이디어를 짜내기 시작했다. 러셀은 브랜딩, 이름짓기, 포지셔닝 전략에 대한 아이디어를 동료들과 주고받기를 즐겼다. 그 동료들에는 젠슨과 커크도 포함되어 있었다.

"그냥 파워포인트 파일 하나를 들고 회의실에 들어가 '자, 여기 이름이 나왔어요' 하고 끝내는 일이 절대 아니었어요. 끊임없는 토론이 이어졌죠." 러셀은 말했다. "사람들에게 이 칩에 들어간 기술에 대해 계속 물었어요. 무엇이 되고, 무엇이 안 되는지 말이죠."[7]

러셀은 마이클 하라를 붙잡고 30분간 브레인스토밍 회의를 하며 지포스 256을 좀 더 효과적으로 마케팅할 방법을 논의했다. 두 임원은 지포스 256을 완전히 새로운 제품 카테고리의 첫 번째 모델로 정의하기로 정한 후 회의실을 나선 순간을 뚜렷이 기억하고 있다. 그렇게 정해진 이 새로운 제품의 이름은 그래픽 처리장치Graphics Processing Unit, 즉 GPU였다. 이 이름은 그래픽 렌더링에서 GPU가 맡은 역할을, 일반적인 컴퓨팅 작업에서 CPU가 수행하는 역할에 빗대어 붙여졌다.

엔비디아의 기술 전문가들은 자신들의 칩이 특별하다는 사실을 알고 있었다. 하지만 일반적인 컴퓨터 사용자들은 그래픽 칩의 복잡성이나 가치를 제대로 이해하지 못했다. CPU는 어떤 컴퓨터에서나 필수적인 핵심 부품처럼 들리는 반면, 그래픽카드는 그저 여러 주변 장치 중 하나라는 느낌을 주었다. 그래서 CPU와 직접 비교할 수 있는 특별한 명칭을 그래픽 칩에 부여하면, 그래픽 칩이 특별한 가치를 지녔음을 확실하게 강조할 수 있었다.

"제 기억으로는 마이클 하라와 저는 회의실에 함께 있다가 그 자리에서 'GPU'라는 이름을 떠올렸어요. 그때는 그게 그렇게 중요한 일로 여겨지지 않았어요. 매일 14시간씩 일하던 때라서요." 러셀은 말했다.

그는 곧 GPU에 대한 아이디어를 비볼리에게 보고했고, 비볼리도 이 아이디어를 좋아했다. "댄 비볼리는 때로 아이디어를 매우 신중하게 오래 검토하는 사람인데, GPU는 꽤 빠르게 오케이를 받았어요."

며칠 지나지 않아 마케팅 팀은 GPU라는 용어에 집중하기로 했다. 이 용어는 엔비디아의 칩을 다른 그래픽 칩 사이에서 돋보이게 하는 데 그치지 않고, 더 높은 가격을 정당화하는 데도 도움이 될 것이라 보았다. 세상은 CPU의 가격이 수백 달러라는 사실을 당연하게 받아들였다. 당시 엔비디아 칩은 도매 가격으로 개당 100달러 미만에 판매되고 있었는데, CPU만큼이나 복잡하고 사실 CPU보다도 더 많은 트랜지스터를 탑재하고 있는데도 그랬던 것이다. 엔비디아가 모든 칩을 GPU란 용어로 마케팅하기 시작하자, 이런 가격 격차는 상당히 좁혀졌다.

그럼에도 불구하고 지포스 256에 처음으로 적용된 GPU라는 별칭은 엔비디아 엔지니어들 사이에서 논란이 되었다. 그들은 그래픽 칩을 진정 GPU라고 하려면 현재의 지포스 256에는 없는 몇몇 기능이 필요하다고 지적했다. 이 칩에는 '상태 기계$^{\text{state machine}}$'라고 하는, CPU가 프로그래밍 명령을 처리하는 것처럼 여러 상태 사이를 전환하며 명령을 실행하고 가져오는 전용 프로세서를 의미하는 기술적 개념이 없었다. 그리고 '프로그래머블^{programmable}'하지도 않았다. 즉, 서드파티 개발자가 그래픽 스타일이나 기능을 자유롭게 커스터마이징할 수 없었고, 오직 엔비디아가 정한 고정된 하드웨어 기능만 사용할 수 있었다. 게다가, 지포스 256은 자체 프로그래밍 언어조차 갖추지 않았다.

그러나 마케팅 팀은 이런 기능들도 이미 차세대 그래픽 칩 계획에 반영되어 있다고 주장했다. 그리고 이런 기능이 없어도 지포스 256은 전 세계 게이머와 컴퓨터 마니아들이 체감할 만큼 그 성능이 크게 향상되었음을 강조했다. 양보해서 지포스 256이 문자 그대로의 GPU는 아닐지라도, 그래도 여전히 이 카테고리를 정의하는 제품이 될 수 있다는 것이었다. 게다가 곧 출시될 후속 칩들은 외부 개발자들이 전체를 프로그래밍할 수 있는 '진정한' 프로그래머블 GPU가 될 예정이었다.

그래서 엔비디아의 마케팅 팀은 엔지니어들의 반대에도 불구하고 GPU라는 이름을 밀고 나갔다.

"누가 인정해주지 않더라도 상관없어요." 비볼리는 직원들에게 이렇게 말했다. 그는 외부 업계에서는 이런 기술적 정의에 대해 전혀 신경쓰지 않을 거라 생각했다. "우리는 차세대 제품이 프로그래머블하게 될 거라는 사실을 알고 있었어요. 그래서 좀 무리해서라도 과감하게 이번 제품을 GPU라고 부르기로 했습니다."[8]

1999년 8월, 젠슨은 지포스 256을 공개하면서 과장된 수사법을 조금도 망설이지 않았다. "세계 최초의 GPU를 소개합니다." 그는 보도자료에서 선언했다. "GPU는 그래픽 업계의 중대한 혁신이며 3D 매체를 근본적으로 바꿔놓을 것입니다. GPU를 통해 생생하고, 상상력이 넘치며, 매혹적인 새로운 세대의 인터랙티브 콘텐츠를 만들 수 있습니다."

이것은 아마도 엔비디아가 주요 신제품에 과장된 마케팅을 시도한 첫 사례였을 것이다. 그리고 이 마케팅은 먹혔다. 댄 비볼리는 'GPU'라는 용어를 상표로 등록하지 않기로 결정했다. 다른 회사들도 이 용어를 사용하도록 해서 엔비디아가 완전히 새로운 카테고리를 개척했다는 인상을 확실히 심으려는 의도였다. 과장은 현실이 되었다. GPU라는 별칭은 곧 업계 표준이 되었으며 엔비디아가 그 후 수십 년 동안 수억 개의 그래픽카드를 판매하는 데 큰 도움이 되었다.

비볼리는 GPU 마케팅을 위해 또 다른 아이디어를 떠올렸다. 바로 경쟁사를 적극적으로 위협하자는 생각이었다. 엔비디아의 마케터 한 명이 3dfx 본사로 이어지는(당시 3dfx는 파산 전이었다) 고가도로에 지포스 256을 광고하는 현수막을 걸었다. 현수막에는 새로운 엔비디아 GPU가 세상을 바꾸고 경쟁에서 이길 거라는 메시지가 적혀 있었다. 주 경찰이 불법 광고물 설치라는 이유로 곧 현수막을 제거했고, 엔비디아는 공식적인 경고 조치를 받았다. 그러나 그 현수막은 이미 제 역할을 다했다. 《손자병법》에 나온 전략이었어요. 그들의 사기를 꺾고 싶었죠." 비볼리는 말했다. 엔비디아는 세상을 자신들의 뜻대로 움직이는 법을 배우고 있었다.

현대의 그래픽 칩은 '그래픽 파이프라인graphics pipeline**'이라는** 방식을 통해 조직화된 컴퓨터 연산을 해서 객체 좌표로 이루어진 기하학 데이터를 이미지로 변환한다. 첫 번째 단계는 '기하학geometry' 단계라고 하며, 객체의 버텍스vertex(두 개 이상의 모서리가 만나는 점) 또는 꼭짓점을 가상 3D 공간에서 스케일링과 회전 연산을

통해 변환하는 작업을 한다. 두 번째 단계는 '래스터화^{rasterization}'
로 각 객체의 화면에서의 위치를 결정한다. 세 번째 단계는 '프래
그먼트^{fragment}' 단계로 색상과 텍스처를 연산한다. 마지막 단계에
서 이미지를 하나로 조립한다.

초기 그래픽 파이프라인은 고정된 기능만을 수행하는 단계들
로 구성되어 있었으며, 각 단계는 미리 정의된 작업을 몇 개씩
수행했다. 엔비디아나 유사한 그래픽카드를 만드는 경쟁사들이
그래픽 칩에서 이 파이프라인의 4단계를 처리하는 방식을 미리
정의했으며, 서드파티 개발자는 이 칩의 렌더링 방식을 변경할
수 없었다. 즉, 칩 설계자가 제공한 메뉴에 존재하는 시각적 효
과나 디자인 스타일만 선택하여 이용할 수 있었다.[9] 모든 프로그
래머가 똑같이 이런 소수의 고정적 기능만 사용해야 했기 때문
에 시장에 나온 모든 게임은 다 비슷하게 보여서 시각적 요소만
으로는 차별화하기가 어려웠다.

엔비디아의 최고 과학자 데이비드 커크는 진정한 GPU를 발
명하여 이 상황을 바꾸고 싶었다. 그는 '프로그래머블 셰이더
^{programmable shader}'라는 신기술을 도입할 생각이었다. 이를 통해 그래
픽 파이프라인을 외부의 서드파티 개발자들에게 개방해 그들이
직접 렌더링 함수를 작성하고 자신들이 개발하는 게임의 시각
적 표현 방식을 더 자세히 제어할 수 있게 하려는 것이었다. 이
기술로 개발자들은 영화에서나 볼 수 있었던 고품질 컴퓨터 생
성 그래픽에 필적하는 시각적 효과를 실시간으로 구현할 수 있

게 될 터였다. 커크는 게임개발자들이 가장 뛰어난 시각 효과를 창조하는 방법을 칩 설계자들보다 훨씬 더 잘 알기 때문에 프로그래머블 셰이더를 자신들이 개발하는 게임에 곧 도입할 것이라고 주장했다. 그러면 당연히 게이머들은 이 차세대 그래픽을 지원하는 유일한 그래픽카드인 엔비디아 그래픽카드를 선택하게 된다. 한 가지 단점은 프로그래머블 셰이딩, 즉 진정한 GPU를 구현하려면 엔비디아 칩 설계 방식을 완전히 바꿔야 한다는 사실이었다. 이는 이미 시장에서 자리를 잡은 기성 회사라 해도 부담스러운 비용과 시간을 들여야 하는 결정이었다.

커크는 최종 결정권자인 젠슨이 기술적인 면에서의 장점을 분명히 이해하리라 생각했다. 하지만 젠슨이 비용 문제를 파고들 것도 알고 있었다. 엔비디아가 이 기술을 개발하기 위해 얼마나 투자해야 할지, 시장이 이 기술을 받아들일 준비가 되었는지, 이를 통해 얼마나 더 많은 수익을 올릴 수 있을지를 계산해야 했다. 그래서 젠슨이 처음에 이 아이디어를 좋아하는 것처럼 보였음에도 커크는 그게 좋은 신호인지 확신하지 못했다.

"젠슨과 함께 일하다 보면 일어나는 일이 있죠. 그는 당신의 프로젝트를 중단시키기 직전까지도 그 프로젝트에 대해 긍정적인 느낌으로 얘기하기도 해요." 커크는 말했다.[10]

커크는 자신의 프로젝트를 살리기 위해 언젠가 경쟁사에게 허를 찔릴지 모른다는 젠슨의 두려움을 자극했다. 그는 고정된 기능만 제공하는 그래픽 가속기로는, 엔비디아가 하위 경쟁사들과

2부 원(One): 개념에서 현실로

벌려놓은 격차가 결국 좁혀질 수밖에 없다고 지적했다. 기존의 그래픽 칩에서 제공하던 고정적 기능은 언젠가 소형화되어 인텔의 CPU나 메인보드 칩에 들어갈 수 있고, 그렇게 되면 별도의 그래픽카드 수요가 사라질 수 있다는 얘기였다. 그리고 프로그래머블 셰이더는 언젠가 게임 외부의 다른 시장으로 확장될 가능성도 있었다. 젠슨은 커크의 생각을 들은 뒤 이렇게 말했다. "오케이, 일리가 있네."

2001년 2월, 엔비디아는 '지포스 3'를 출시했다. 프로그래머블 셰이더 기술을 탑재하여 외부 서드파티에서도 핵심 그래픽 기능을 개발할 수 있게 한 진정한 첫 GPU였다. 커크의 분석은 정확했음이 드러났다. 지포스 3는 엄청난 성공을 거두었다. 회계연도 기준 2001년 3분기에 엔비디아의 분기 매출은 3억 7,000만 달러에 도달했으며, 전년 대비 87퍼센트 증가했다. 회사는 이제 연간 실행률ARR, Annualized Run Rate* 기준으로 연 10억 달러의 매출을 내고 있었으며, 이는 미국 반도체 기업 역사상 가장 빠른 기록이었다. 이전 기록 보유자인 브로드컴은 36분기 만에 이 수준을 달성했지만, 엔비디아는 9개월이나 더 빨리 달성하며 새로운 기록을 세웠다. 그해 말까지 엔비디아의 주가는 직전 3분기에 걸쳐 3배 상승했다. 회사의 가치는 상장했을 때보다 20배 치솟았다. 이는 전략적 비전, 끈질긴 실행, 언제 어디서 위협요소가 나타날지 모

---

* 월 또는 분기 실적을 기준으로 연간 실적을 추정하는 지표

른다는 생각으로 항상 주변을 경계한 젠슨과 경영진의 위기의식이 낳은 성과였다.

엔비디아는 사업을 다각화하기 위해 지속적으로 노력했고, 그 결과 애플과 협업하게 되었다. 이전까지 엔비디아는 애플에 많은 제품을 판매하지 않았는데, 그 이유 중 하나는 엔비디아가 애플에서 사용하지 않는 인텔 기반 CPU에 최적화된 제품을 다뤘기 때문이었다. 하지만 2000년대 초, 엔비디아는 소비자용 아이맥 G4에 그래픽 칩을 공급하는 작은 계약을 따냈다. 이 모델은 1998년 스티브 잡스의 화려한 애플 복귀를 장식했고 다양한 컬러 모델로 출시된 올인원 컴퓨터인 아이맥 G3의 후속 모델이었다.

마이크로소프트의 Xbox 사업을 성공적으로 따냈던 크리스 디스킨이 애플과의 전반적인 거래 관계를 책임지게 되었다. 그는 댄 비볼리와 협력해 엔비디아의 지포스 칩을 더 많은 애플 컴퓨터 제품에 탑재하기 위한 전략을 구상했다. 이때 개봉한 지 오래된 픽사의 상징적인 단편 영화 한 편이 중요한 돌파구를 열어주었다.

이 시기에 엔비디아의 PC 제조사 대상 판매 전략의 핵심에는 엔비디아 칩의 고급 기능과 기초 연산 성능을 보여주는 그래픽 데모 영상이 있었다. 이전에는 고객들이 경탄할 만한 수단으로 외부 게임을 활용했다. 그러나 엔비디아의 그래픽카드 성능이 더 강력해지면서, 이제 오래된 게임으로는 새로 출시하는 칩의 다양하고 심층적인 성능을 온전히 보여줄 수 없었다. 댄 비볼리는 영업팀이 활용할 수 있는 더 뛰어난 그래픽 데모를 제작하기 위해 시간과 자원을 투자하기로 결정했다. 그는 특별한 그래픽 데모를 만들기 위해 전에 실리콘 그래픽스에서 함께 일했던 동료인 마크 데일리를 영입했다.

비볼리는 먼저 상대를 철저히 이해해야 그래픽 데모가 가장 큰 효과를 발휘한다는 사실을 알고 있었다. 초기의 데모는 주로 엔지니어를 대상으로 했기 때문에 새 칩의 구체적인 기능과 성능을 보여주는 데 주력했다. 1996년 함브레치 앤 퀴스트 컨퍼런스에서 3dfx가 부두 그래픽스를 공개할 때 사용한 3D 정육면체와 같은 데모도 그런 것이었는데, '안 보이는 데서' 어떤 연산이 이루어지고 있는지 아는 사람들에게는 인상적인 데모였다. 그러나 엔지니어가 아닌 사람들은 자신이 무엇을 보고 있는 것인지 정확히 알지 못했을 것이다. 그래서 비볼리는 그래픽 성능을 기계적으로 시연하는 일 즉, 비유하자면 벤치마크 지표 목록을 읽는 것과 똑같은 수준의 영상에서 벗어나 감성적인 측면을 더하기로 했다.

마크 데일리는 지포스 3 개발 과정 중 한 브레인스토밍 회의에서 엔비디아의 새로운 칩을 소개할 완벽한 방법을 떠올리고 흥분을 감추지 못했다. 픽사의 2분짜리 애니메이션 단편 영화 〈룩소 주니어Luxo Jr.〉는 컴퓨터 애니메이션의 역사에서 분수령 같은 역할을 한 작품이었다. 1986년 처음 공개된 이 영화에는 통통 점

프하는 탁상 램프가 등장하는데, 당시 초기 단계였던 컴퓨터 생성 이미지^{CGI} 기술의 가능성을 보여주었다. 그러나 당시 이 영상을 제작하는 데 엄청난 컴퓨팅 성능이 필요했다. 영상 프레임 하나씩을 크레이 슈퍼컴퓨터에서 렌더링하는 데 3시간이 걸렸다. 초당 24프레임으로 계산하면, 단 1초의 영화 영상을 렌더링하는 데 약 75시간이 소요된 것이다. 데일리는 엔비디아가 이 〈룩소 주니어〉 영화를 활용한 데모를 만들어야 한다고 생각했다. 비볼리는 그의 제안을 승인했다. "멋진 아이디어네요. 잘 만들어 보세요."

몇 달 후, 마크 데일리는 프로젝트가 잘되고 있다고 비볼리에게 보고했다. 그러나 문제는 〈룩소 주니어〉가 픽사의 자산이라는 데 있었다. 엔비디아가 이를 공개 시연에 사용하면 픽사의 저작권을 침해할 위험이 있었던 것이다.

비볼리는 중요한 지포스 출시 행사를 위해 특별하고 멋지게 완성되고 있었던 쇼케이스에 방해가 될 어떤 것도 용납할 수 없었다. 그는 데일리의 우려를 일축했다.

"괜찮습니다. 걱정하지 말고 진행해요. 내가 해결할게요." 비볼리는 말했다. 비볼리와 커크는 픽사에 인맥이 있었고, 이를 활용해 이 데모에 대한 승인을 얻으려 노력했다. 이 승인 요청은 결국 픽사의 최고 크리에이티브 책임자인 존 래세터에게 전달되었다. 래세터는 〈토이 스토리〉, 〈벅스 라이프〉의 제작을 감독했고 그 후 〈카〉도 감독하게 될 인물이었다. 그는 엔비디아의 요청을 거절했다. 래세터는 당시 픽사의 로고 일부로 사용되고 있었으며 픽사 영화가 시작할 때 항상 등장하는 캐릭터인 '룩소 주니어'가 그래픽 칩을 판매하는 데에 이용되는 것을 내켜 하지 않았다.

그 사이에 데일리의 팀은 데모를 완성했고, 그 데모는 상상했던 그대로 아주 인상적이었다. 비볼리는 생각했다. "이 데모를 스티브 잡스에게 보여주면 어떨까?" 그는 〈룩소 주니어〉를 실시간으로 렌더링한 버전을 보여준다면 효과가 있을 거라 믿었다. 잡스 자신의 경력에서 중요했던 순간을 떠올리게 하면서 동시에 컴퓨터의 발전을 보여줄 수 있었다. 게다가 엔비디아의 새로운 칩의 성능이 슈퍼컴퓨터의 그래픽 처리성능에 필적할 정도로 강력하면서, 또 의미있는 예술작품을 충실히 재현할 정도로 정교함을 확인시켜줄 수 있었다.

비볼리와 디스킨은 애플 본사에서 스티브 잡스를 만났다. 데모 과정 중 첫 번째 파트는 원작 영화와 유사한 장면과 구도를 사용한 〈룩소 주니어〉를 보여주는 것이었다. 충분히 인상적인 결과였다. 잡스는 "꽤 괜찮네요."라고 말했다.

그런 다음, 그들은 이 데모를 다시 실행해서 이번에는 비볼리가 데모 화면 이곳저곳을 클릭해 카메라의 위치와 각도를 변경하며 잡스에게 보여주었다. 이런 카메라의 움직임은 엔비디아 칩이 모든 장면을 실시간으로 렌더링할 수 있음을 보여주는 것이었다. 사용자는 현실적인 조명과 그림자 효과까지 반영된 장면들을 어느 각도로든 시점을 변경하여 실시간으로 볼 수 있었다. 잡스는 여기에서 크게 감명을 받았다. 엔비디아 GPU가 실시간으로 렌더링한 애니메이션이, 픽사의 슈퍼컴퓨터가 수주 동안 만든 것과 견줄 만큼 뛰어난 시각적 충실도를 갖췄다는 사실만으로도 충분히 인상적이었다. 그런데 이 GPU는 이에 더해 실시간 인터랙티브 기능까지 지원했다. 잡스는 파워맥 G4에 지포스3를 프리미엄 옵션으로 제공하기로 결정했다.

잡스는 나아가 2001년 도쿄에서 열릴 맥월드 행사에서 애플이 이 데모를 사용할 수 있을지 물었다. 비볼리는 저작권 문제에 대해 설명했고, 잡스는 픽사 쪽 사람들에게 확인해보겠다고 답했다. 디스킨과 비볼리는 이후 이 순간을 떠올리며 웃었다. 잡스는 당시 애플과 픽사의 공동 CEO였으므로, 사실상 자기 자신에게 허락을 요청하는 것이었기 때문이다.

미팅을 시작한 지 20분 후, 잡스는 다른 회의에 참석하기 위해 나가야 했다. 그는 자리를 떠날 준비를 하면서 엔비디아 참석자들에게 작별의 인사 겸 이렇게 말했다. "여러분은 노트북 시장쪽에서 확실히 뭘 좀 더 해야 해요. ATI가 노트북 시장에서 엔비디아를 혼쭐내고 있잖아요."

그는 3dfx의 몰락 이후 엔비디아의 핵심 라이벌이 된 ATI를 언급했다. 크리스 디스킨은 조금의 망설임도 없이 대답했다. "스티브, 솔직히 말해 당신이 틀렸다고 생각합니다."

회의실 안은 침묵에 잠겼다. 잡스는 디스킨을 특유의 강렬한 눈빛으로 쏘아보며 말했다. "이유를 말해줄래요?"

디스킨은 그 순간 스티브 잡스에게 감히 반박한 사람이 많지 않았음을 알 수 있었다. 잡스는 분명히 설득력 있는 대답을 기대하고 있었고, 디스킨에게는 그 답이 있었다. 그는 엔비디아의 칩은 분명 대부분의 랩탑에서 쓸 수 있는 가용전력보다 더 많은 전력을 소모하지만, 이는 데스크톱 사용자들에게 더 높은 성능을 제공하기 때문이라고 설명했다. 하지만 엔비디아의 칩은 성능과 전력 소모율을 쉽게 노트북 사양에 맞춰 낮출 수 있었다. 디스킨은 만약 엔비디아가 칩 클럭 속도, 이에 따른 전력 요구 수준을 낮춰 ATI 칩의 속도에 맞춘다면, 오히려 전체 성능으로 볼 때 엔비디아 칩이 더 낫다고 주장했다. 잡스가 생각한 것처럼 ATI가 노트북 시장에서 엔비디아를 혼쭐내고 있는 게 아니다. 단지 엔비디아는 노트북 전용 저전력 모델을 따로 만들 필요가 없었을 뿐이다. 플래그십 제품군의 성능을 조정한 버전만으로도 충분히 대응할 수 있기 때문이다.

"엔비디아는 더 확장할 가능성이 있습니다."

디스킨은 자신의 핵심 주장을 요약하며 말했다.

잡스는 한 번 더 그를 응시하다가, "그래요." 단 한 마디를 했다. 회의는 끝났다.

30분 후, 디스킨은 애플 임원 필 쉴러로부터 전화를 받았다. "스티브에게 도대체 '무슨' 말을 했는지 모르겠지만, 내일 여러분의 노트북 팀을 전부 애플 사옥으로 보내주세요. 종일 일정으로 역량 검토를 했으면 합니다."

엔비디아는 애플 노트북 시장에서 점유율이 전무한 상태였지만, 단 몇 년 만에 애플 컴퓨터 전체 제품군의 85퍼센트에 가까운 점유율을 차지하게 되었다. 디스킨은 자기 자신과 엔비디아 칩을 증명할 기회를 잡았다. 이는 잘 준비된 데모 덕분이기도 했지만, 그의 빠른 두뇌회전과 테크 산업계에서 가장 두려운 인물 중 하나인 스티브 잡스에게 감히 반박한 그의 용기 덕분이기도 했다.

엔비디아는 승승장구했다. 패배한 과거의 경쟁사 3dfx로부터 100명의 직원을 충원했고, Xbox 게임 콘솔 사업에서 예상 제품주기 내에 총 18억 달러의 매출을 창출할 계약을 따냈으며, 애플의 맥 컴퓨터 제품군을 위한 칩을 공급하는 계약까지 확보했다. 이런 성과에 힘입어 매출은 폭발적으로 성장했고 주가는 급등했다.

하지만 이 새로운 사업들이 경영진과 엔지니어들의 관심을 분산시키면서 엔비디아의 핵심 제품인 GPU 제품군에 대한 집중력이 흐트러졌다. 그 결과, 엔비디아 역사상 최악의 제품이 출시된다.

2000년 ATI 테크놀로지스가 소규모 그래픽 회사 ArtX를 4억 달러에 인수했다. ArtX는 게임 콘솔용 그래픽 칩에 전문성이 있는 회사로, 창업자인 엔지니어들은 이 회사를 창업하기 전에 실리콘 그래픽스에서 닌텐도 64 콘솔을 개발한 경험이 있었다.

ArtX는 이때 닌텐도 64의 후속 모델인 닌텐도 게임큐브의 그래픽 칩을 개발하는 계약을 확보하고 있었다. ATI는 ArtX 인수를 통해 콘솔 게임 분야에서의 신뢰성을 즉시 확보했으며, R300이라는 칩 개발에 바로 착수할 수 있는 엔지니어 팀도 확보했다. ATI는 이 칩을 탑재하는 전용 그래픽카드 라데온 9700 PRO를 출시해 2002년 8월부터 판매할 예정이었다.

한편, 그동안 엔비디아는 마이크로소프트와의 법적 분쟁에 휘말려 있었다. 마이크로소프트는 공급자 계약에서 Direct3D API 관련된 정보 공유 및 지식재산권 조항 부분을 개정한 바 있었다. Direct3D의 차기 주요 업데이트인 Direct3D 9는 2002년 12월, 차세대 칩에 필수적인 중요한 개선 내용들을 포함하고 있었다. 하지만 함정이 있었다. 칩 제조사들은 개정된 공급자 계약에 먼저 서명해야만 Direct3D 9의 문서를 보고 이 새로운 기능들에 기반한 칩을 설계할 수 있었다. 엔비디아는 개정된 계약 조항들이 마이크로소프트에 과도하게 유리하다고 생각하여 더 나은 조건에 합의할 수 있을 때까지 계약서에 서명하기를 거부했다.

이런 비즈니스 문제는 엔지니어링 문제로 이어졌다. 엔비디아는 차세대 칩인 NV30을 설계하고 있었지만, 곧 나올 Direct3D의 차기 버전에 대한 기술 사양에 접근할 수 없는 상태였다. "결국 마이크로소프트로부터 별다른 지침을 받지 못하고 NV30을 개발해야 했어요." 데이비드 커크는 말했다. "말 그대로 그들이 뭘 할지 추측해야 하는 상황이었죠. 그래서 몇 가지 실수를 했습니다."

혼란이 회사를 뒤덮었다. 마이크로소프트 측의 명확한 지침이 없기 때문이기도 했지만, 엔비디아 내부에서의 협력 부족 때문이기도 했다. 엔비디아를 다녔던 한 직원은 NV30 개발 단계에서 하드웨어 엔지니어들과 소프트웨어 엔지니어들 몇 명이 작은 방 책상에 모여 다소 실망스러운 성능 데이터를 보고 있었을 때 일어난 일을 기억하고 있었다.

한 소프트웨어 엔지니어가 당황하더니 하드웨어의 포그 셰이더^fog-shader 기능이 없어진 것처럼 보인다고 말했다. 하드웨어 엔지니어가 답했다. "아, 맞아요. 그거 없었는데요? 아무도 안 쓰잖아요."

소프트웨어 엔지니어들은 충격을 받았다. 포그 셰이더는 대부분의 게임에서 여전히 폭넓게 사용되고 있었으며, 멀리 이동할수록 더 떨어진 객체를 마치 안갯속에 있는 것처럼 흐릿하게 표시해서 그래픽 연산 자원을 절약할 수 있었다. 엔비디아의 하드웨어 팀은 누구와도 상의하지 않고 이 기능을 독단적으로 제거했을 뿐 아니라, 그 중요성을 전혀 이해하지 못한 것처럼 보였다. 각 팀들이 자기만의 동굴에 들어간 것처럼 보였다. 엔비디아가 설립 초기부터 막으려고 했던 조직구조였다.

또 다른 엔비디아 직원도 비슷한 회의를 기억하고 있었다. 그 회의에서는 어떤 하드웨어 엔지니어가 NV30의 여러 기능 목록을 발표했는데, 개발자 관계관리팀의 한 직원이 그 목록에서 '멀티샘플 안티앨리어싱$^{MSAA, Multi-Sample Anti-Aliasing}$'이라는 중요한 기능이 빠진 것을 발견했다. MSAA는 객체의 모서리와 배경 간의 경계에서 발생하는 계단 현상을 부드럽게 바꾸고 전환을 매끄럽게 만드는 기술이다. 그는 물었다. "왜 4X MSAA가 없죠? 무슨 일인가요?" 하드웨어 엔지니어가 답했다. "별로 중요한 기능은 아니라고 생각해요. 검증되지 않은 기술이고요." 개발자 관계관리팀 직원의 얼굴은 하얗게 질렸다. "도대체 무슨 말을 하는 거예요? ATI는 이미 이 기능을 넣어 출시했어요. 게이머들이 정말 좋아한다고요." 이번에도 엔비디아의 엔지니어들은 시장이 원하는 바를 제대로 인식하지 못했다.

젠슨은 이후 이때를 회고하며 이렇게 말했다.[11] "NV30은 구조적 관점에서 재앙이자 비극이었죠. 소프트웨어 팀, 아키텍처 팀, 칩 설계 팀 간의 소통이 거의 이루어지지 않았어요."

NV30은 그 시즌의 대작 게임들의 벤치마크 테스트 요구사항 기준을 충족하지 못했다. 새로운 그래픽 칩이 출시되면, 언론 리뷰에서는 보통 벤치마크 테스트를 수행해서 기사에 실었으며, 독립적인 테스터가 특정한 그래픽 중심 게임에서 해상도를 다양하게 바꿔가며 초당 프레임속도 등의 정해진 지표를 테스트한다. 게이머들은 표준 벤치마크 테스트를 통해 그래픽카드의 품질에 대한 정량적 기준 정보를 얻을 수 있으며 주관적인 평가(또는 제조사의 마케팅)에 휘둘리지 않아도 된다. NV30 개발 과정에서 이미 미래가 보였다. 이 칩이 당시 소비자들이 가장 주목하는 게임의 벤치마크 테스트에서 상당수를 통과하지 못할 것이 분명했다. 엔비디아는 NV1 이후 처음으로 성능 면에서 시장 최고 수준이 아닌 그래픽카드를 출시하려 하고 있었다.

ATI는 엔비디아와 대조적으로 마이크로소프트와의 계약에 일찍 서명하고 R300 칩을 처음부터 Direct3D 9에 최적화할 수 있었다. R300을 탑재한 ATI의 그래픽카드 라데온 9700 PRO는 마이크로소프트의 최신 API와 완전히 호환되어 완벽하게 동작했다. 〈퀘이크 3〉와 〈언리얼 토너먼트〉를 비롯한 최신 3D 게임을 고해상도로 문제없이 실행할 수 있었다. 특히 좀 더 생생한 24비트 부동소수점 색상으로 픽셀을 렌더링하여 이전 세대 칩에서 쓰던 16비트 색상보다 개선된 화면을 보여줬다. 경쟁사들보다 훨씬 뛰어난 안티앨리어싱 기능을 통해 폴리곤을 더 선명하게, 선을 더 깔끔하게 표현했다. 그리고 2002년 8월, 가을학기가 시작되는 성수기에 맞춰 출시됐다.

엔비디아의 NV30은 이 중 어느 하나도 따라가지 못했다. Direct3D 9와 제대로 호환되지 않았기 때문에 최신 게임들을 실행하면 최고 그래픽 설정에서 성능이 떨어지는 원인이 되었다. 기술적으로 라데온 9700 PRO의 24비트 색상 시스템을 뛰어넘는 32비트 색상에 최적화했지만, Direct3D 9는 32비트를 지원하지 않았다. 그래서 엔비디아는 그래픽카드 파트너들에게 NV30을 탑재한 신제품 출시를 5개월 정도 연기하라고 요청할 수밖에 없었다. 이 결정으로 엔비디아는 라데온 9700 PRO와 경쟁할 정도로 NV30을 개선할 시간을 벌었지만 중요한 가을 시즌을 놓치는 타격을 감수해야 했다.

엔비디아의 엔지니어들은 NV30 기반의 지포스 FX 카드와 라데온 9700 PRO를 비교해본 후, NV30의 경쟁력을 개선하기 위해 칩 설계를 뒤집어엎기로 결정했다. NV30이 DirectX의 새 기능을 사용할 수 있도록 마치 '통역하듯이' 소프트웨어적인 우회방식으로 해결해야만 했다.

댄 비볼리는 말했다. "DirectX 9 호출을 처리하기 위해 곡예와도 같은 작업을 해야 했어요. Direct X 호출이 발생하면 그것을 우리 칩이 처리할 수 있는 무언가로 바꿔야 했죠."

이런 '호출call', 즉 DirectX API로 전달되는 그래픽 명령을 처리하기 위해서는 더 많은 처리능력이 필요했기 때문에 엔비디아는 어쩔 수 없이 NV30의 클럭 속도를 높여야 했다. 그래서 생긴 발열 문제로 인해 칩 위에 커다란 듀얼 팬을 장착해야 했고, 결과적으로 칩이 작동할 때마다 시끄러운 고주파 소음이 발생했다.

"팬 소리가 너무 커서 이 칩을 사용하는 게이머들을 괴롭혔지요." 비볼리는 말했다. 이 팬 소음은 고객들 사이에서 끊임없는 이슈가 되었다. 엔비디아가 내놓을 수 있는 엔지니어링 측면에서의 유일한 해결책은 팬 회전의 타이밍을 조정하는 알고리즘을 짜는 것이었다. 하지만 적용하기까지 시간도 오래 걸렸고, 결국 큰 효과도 보지 못했다.

추락한 회사의 명성을 조금이라도 회복하기 위해, 마케팅 팀의 한 직원이 팬 소음을 의도된 기능이라고 주장하는 유머 코드가 들어간 패러디 영상을 제작하자고 제안했다.

"그야말로 자해에 가까운 내용이었죠. 낙엽을 날리는 송풍기 앞단에 지포스 FX를 달아놓은 영상을 만들었어요. 그래픽카드가 너무 뜨거워서 그걸로 음식을 요리하는 것까지 보여줬지요." 비볼리가 말했다.

이 시도가 약간은 게임 커뮤니티를 달랬다. 게이머들은 스스로를 조롱하고 실수를 인정하는 엔비디아의 능력을 높이 평가했다. 그리고 이 그래픽카드에 대한 부정적인 얘기들을 미리 차단하는 효과도 있었다. 경쟁사가 소비자들에게 지포스 FX의 소음 문제를 지적하려고 할 때마다, 소비자들은 더 과장되게 그려진 엔비디아의 자기비판적 영상을 보곤 했다.

그러나 이 영상이 기업 홍보 면에선 어느 정도 성공했지만, 시장에서 NV30의 운명을 구원하지는 못했다. NV30 기반의 그래픽카드는 R300과 비교해 더 비쌌고, 더 발열이 심했으며, 게임 실행속도는 더 느렸고, 팬 소음은 엄청나게 컸다. 아주 중요한 연말 시즌 분기에 판매는 전년 대비 30퍼센트 하락했고, 회사의 주가는 불과 10개월 전 정점에서 80퍼센트 추락했다. NV1의 악몽이 다시 살아나는 듯했다. 각 팀들은 서로 소통하지 않았고, 회사 전체로 봐도 핵심 소비자층과 공감대를 잃은 상태였다.

젠슨은 NV30의 부실한 기획과 구현에 분노했다. 그는 전 직원이 참석하는 내부 미팅에서 담당 엔지니어들을 대놓고 꾸짖었다.

"NV30에 대해 말해보죠. 이 쓰레기가 여러분이 만들고자 한 결과물입니까?" 그는 소리쳤다.[12] "아키텍터들이 제대로 하지 못해서 제품을 엉망으로 만들었어요. 어떻게 '낙엽 송풍기' 문제를 미리 예측하지 못할 수가 있습니까? 누군가는 손을 들고 '설계 문제가 있다'고 말해야 했습니다."

젠슨의 질책은 회의 한 번으로 끝나지 않았다. 그는 이후에 당시 미국 최대 전자제품 소매업체였던 베스트바이의 한 임원을 초청해[13] 엔비디아 직원들에게 강연을 부탁했다. 이 임원은 강연 시간 동안 NV30의 참담한 성능과 시끄러운 팬 소음에 대한 소비자들의 불만을 이야기했다. 젠슨은 동의하며 말했다. "맞는 말이에요. 이 제품은 엉망이죠."

엔비디아를 살린 유일한 행운은 경쟁사가 그들의 우위를 강하게 밀어붙이지 않았다는 것이었다. ATI는 R300 기반 그래픽카드의 가격을 NV30 기반 카드와 동일한 399달러로 책정했다. 만약 이때 ATI가 R300의 가격을 공격적으로 인하했다면, 더 부족한 제품인 NV30 기반 그래픽카드의 수요를 박살내고, 아마도 엔비디아를 파산시킬 수도 있었을 것이다. 드와이트 디어크스는 당시 ATI가 설계 문제가 있던 NV30과 비교해 압도적인 비용 경쟁력을 가진 칩을 보유하고 있었기 때문에, 그런 전략을 사용할 만큼 충분한 이익률을 확보했다고 설명했다. "만약 젠슨이 ATI를 경영했다면 말입니다. 그는 엔비디아를 망하게 했을 거예요."

젠슨은 NV30이 실패한 원인에 대해 깊이 검토했다. 회사가 아무리 커진다고 하더라도 내부 팀들이 효과적으로 협력하게 만들 방법을 찾는 건 결국 그의 책임이었다. 그는 3dfx 엔지니어들을 데려와 너무 갑자기 엔비디아 문화에 통합하려 한 일이 과도한 요구였을 수 있겠다는 사실을 깨달았다. "NV30은 3dfx 직원들을 영입한 뒤, 하나의 회사로서 처음 개발한 칩이었습니다." 오랜 시간이 지난 후 그는 이런 결론을 내렸다.[14] "조직적으로 보면 시너지가 별로 나지 않았어요."

크리스텐슨의 《혁신기업의 딜레마》는 수많은 비즈니스 리더에게 그랬듯이 젠슨에게도 경쟁에서 회사를 지켜내는 법을 알려줬다. 이 책의 가르침을 활용해 젠슨은 저비용 경쟁사의 위협을 이해하고, 이를 바탕으로 최상급 칩 수준에 미치지 못한 부품을 활용해 저가 및 중간 가격대의 칩 제품군을 출시할 수 있었다. 그리고 소비자용 데스크톱 PC를 넘어 게임 콘솔, 맥, 노트북 등 파트너 구성을 다양화해야 한다고 생각하게 되었다. 나아가 엔비디아 칩을 프로그래머블한 진정한 GPU로 만드는 일과 같은, 전략적 투자도 아낌없이 할 수 있었다.

그러나 엔비디아를 설립한 첫 10년간 젠슨은 크리스텐슨의 가르침 중 본질적인 메시지 하나를 제대로 이해하지 못하고 있었

다. 성공의 외부적 지표인 매출, 수익성, 주가, 제품 출시 속도 등
만 바라봐서는 안 된다. 진정으로 지속 가능한 비즈니스를 구축
하려면 외부뿐 아니라 회사 조직문화가 통일되게끔 내부를 관
리하는 데도 같은 수준의 노력을 기울였어야 했다. 그러나 엔비
디아가 그래픽 업계의 시장지배적인 플레이어로 자리 잡자, 회사
의 경영진은 파트너, 투자자, 재무적 숫자에 정신이 팔려 있었다.
그 사이에 회사 내부에서 서서히 커져가던 안일함의 문제를 알
아차리지 못했다. 그리고 그로 인해 엔비디아는 파멸할 뻔했다.

  하지만 젠슨은 같은 실수를 두 번 하지 않는다는 자신의 원
칙을 지키기로 유명하다. 그는 그동안 외부 위협에 대해 키워왔
던 경계의식을 내부로도 돌렸다. 마이크로소프트와의 계약 분
쟁을 해결해서 Direct3D와 관련해 엔비디아의 아키텍터들이 불
확실한 상황에서 일하지 않도록 했다. 휘하 임원진이 게임개발
자들과 계속 소통하도록 하여 개발자들에게, 그리고 게이머들에
게 가장 중요한 기능이 항상 엔비디아의 칩에 반영될 수 있도록
했다. 관련 팀에게 앞으로 출시될 GPU들은 언론 리뷰의 벤치마
크 테스트에서 우위를 점할 수 있는 수준을 목표로 가장 인기
있는 게임들에 확실히 최적화하라고 지시했다. 무엇보다도, 젠슨
은 직원들에게 '지적인 정직함intellectual honesty'을 갖고 일하기를 요구
했다. 자신이 가정한 바를 항상 의심하고, 스스로의 실수를 받
아들이는 태도로 일해서, 작은 문제가 NV30과 같은 재앙으로
걷잡을 수 없이 커지기 전에 회사에서 그 문제를 해결할 수 있

게 해야 한다는 것이었다.

엔비디아는 첫 10년 동안 간신히 살아남았다. 그리고 많은 것을 이루었다. 경이로운 기술, 성공적 상장, 대부분의 경쟁자가 몇 년 만에 사라지는 업계에서 상대적 장수를 누렸다. 또 수많은 실패로 겸손함도 배웠다. NV1과 NV2로 인한 파산 위기, 성공적이던 RIVA 128의 진격이 멈출 뻔했던 생산 문제가 있었다. 그리고 가장 최근의 NV30이 불러온 대참사는 회사에 해결해야 할 심각한 조직적 문제가 있음을 보여주는 사건이었다.

엔비디아는 이제 대형 상장기업이 되었으며, 다른 대기업들과 같이 문제의 불확실성이나 복잡도가 높아지는 경향이나 도전과 제들을 극복해야 했다. 엔비디아가 그 후 10년을 성공하기 위해서는 젠슨이 스스로 새로운 유형의 리더로 진화해야 했다.

2002
~ 2013 ——

익스포넨셜 Exponential

: 폭발적 성장

8

GPU의 시대, CUDA의 제국

우리는 GPU 컴퓨팅이라는 종교를 전파했죠.
그리고 그게 정말 크게 성공했습니다.

엔비디아를 지금의 1조 달러 기업으로 성장시킨 기술의 초기 아이디어는 구름에 관한 어떤 박사학위 논문에서 시작되었다.

노스캐롤라이나 대학교 채플힐 캠퍼스의 컴퓨터공학과 연구원이었던 마크 해리스는 컴퓨터를 이용해 유체의 움직임이나 대기 구름의 열역학과 같은 복잡한 자연현상을 더 잘 시뮬레이션할 방법을 연구하고 있었다. 2002년 해리스는 점점 더 많은 컴퓨터공학자가 엔비디아의 지포스 3와 같은 GPU를 비非 그래픽 애플리케이션에 사용하고 있음을 알아차렸다. GPU가 탑재된 컴퓨터에서 시뮬레이션을 돌린 연구원들은 CPU만 활용하는 컴퓨터를 쓴 경우에 비해 속도가 상당히 빨라졌음을 학계에 공유했다. 그러나 이런 시뮬레이션을 실행하려면, 컴퓨터가 비그래픽 연산을 GPU가 처리할 수 있는 그래픽 함수로 재구성하는 법을 학습해야만 했다. 다시 말해, 연구원들은 GPU를 속여야 했다.

그들은 이를 위해 원래는 픽셀에 색을 칠하기 위한 용도로 설계된 지포스 3의 프로그래머블 셰이더 기술을 활용해 행렬 곱셈을 했다. 행렬 곱셈은 일련의 수학적 계산을 통해 두 개의 행렬(열과 행으로 된 숫자 표)을 결합해서 새로운 행렬을 생성한다. 행렬의 크기가 작을 때는 일반적인 컴퓨터 계산방법으로 곱셈을 수행해도 충분하다. 하지만 행렬이 커질수록, 행렬 곱셈에 필요한 컴퓨터 계산 복잡도는 세제곱으로 증가하는데, 이와 동시에 물리학, 화학, 공학 등의 다양한 분야에서 실제 현실의 문제를 설명하는 힘도 커진다.

"현대적인 GPU가 이런 목적에 딱 맞아떨어진 건 사실 어떻게 보면 우연히 얻어걸린 거죠." 엔비디아의 과학자 데이비드 커크는 말했다.[1] "그래픽 연산이 원래 어려운 일이기 때문에 우리는 그래픽 연산을 처리하기 위해서 엄청나게 강력하고 동시에 엄청나게 유연한 거대 연산 엔진을 만들었습니다. 연구원들은 이 모든 부동소수점 연산 성능과 그래픽 알고리즘 일부에 연산을 숨겨서 어느 정도 프로그래밍이 가능하다는 가능성을 본 거예요."

그러나 GPU를 비그래픽 목적에 사용하려면 매우 특수한 기술이 필요했다. 연구원들은 OpenGL이나 2002년 지포스 3에 도입된 엔비디아가 만든 Cg^C for Graphics와 같이 그래픽 셰이딩 전용으로 만들어진 프로그래밍 언어를 써야 했다. 마크 해리스처럼 능력 있는 프로그래머들은 실제 현실 문제를 이런 언어가 실행할 수 있는 함수로 '번역'하는 방법을 배웠고, 곧 GPU를 활용해 단백질 접힘* 분석, 스톡옵션 가격결정, MRI 촬영 진단영상 결합 등에서 성과를 내는 방법을 알아냈다.

초기에는 학계에서 이런 과학적 목적으로 GPU를 사용하는 것을 길고 복잡하게 표현했다. 예를 들면, '비그래픽 애플리케이션에 대한 그래픽 하드웨어의 적용'이라거나, '특수 목적 하드웨어를 다른 목적으로 활용하기' 등으로 썼다. 해리스는 더 간단한 명칭으로 'GPU를 이용한 범용 컴퓨팅^General-Purpose computing on GPUs'을 줄인 'GPGPU'라는 용어를 생각해냈다. 그는 이 용어를 알리기 위해 웹사이트를 개설했다. 그리고 1년 후 'GPGPU.org'라는 웹사이트 주소 도메인을 등록하고 이 새로운 기법에 대한 글을 쓰면서 GPU 프로그래밍 언어를 잘 활용하는 방법을 다른 사람들과 교환했다. 얼마 지나지 않아 GPGPU.org는 엔비디아의 칩을 제대로 활용하고 싶어하는 연구원들에게 인기 있는 커뮤니티 사이트가 되었다.

---

 * protein folding. 단백질이 기능적인 3차원 구조를 형성하는 과정으로 단백질의 기능을 결정하며 여기에서의 문제가 알츠하이머병, 파킨슨병 등의 원인이 될 수 있다는 연구가 있다.

GPU에 대한 관심은 결국 해리스에게 엔비디아에서 일할 기회를 열어주었다. 그는 노스캐롤라이나 대학교에서 박사학위를 받은 후, 자신이 속이는 법을 익힌 GPU를 만든 바로 그 회사에 합류하기 위해 미국 대륙을 횡단해 실리콘밸리로 이사했다. 엔비디아 직원들 사이에 자신이 만든 용어 'GPGPU'가 퍼져 있음을 알게 된 해리스는 깜짝 놀랐다. "엔비디아 사람들이 제가 만들어낸 이 우스꽝스러운 약어의 가능성을 보고 쓰고 있더라고요."

그는 몰랐지만, 엔비디아는 GPGPU 작업을 좀 더 편하게 만드는 프로젝트를 위해 그를 영입한 것이었다. 젠슨은 GPGPU에 컴퓨터 그래픽 외부로 GPU 시장을 확장할 가능성이 있음을 재빨리 간파했다. "이 프로젝트를 계속해야 하는 초기 근거와 가장 큰 영향은 의료 영상 분야에서 나온 듯합니다."[2]

하지만 모든 GPGPU 작업이 Cg 언어로만 실행된다는 점이 시장 확산의 걸림돌이 되고 있었다. Cg는 엔비디아가 자체 개발한 언어로, 그래픽 기능 구현에만 최적화되어 있었다. 엔비디아가 더 많은 수요를 창출하려면 프로그래밍이 더 쉬운 그래픽카드를 만들어야 했다.

해리스는 엔비디아 내부에 'NV50'이라는 비밀 칩 프로젝트를 진행 중인 팀이 있다는 것을 알게 되었다. 대부분의 칩 설계는 현세대 아키텍처에서 한두 세대 정도 앞서가는 수준을 목표로 개발하지만, NV50은 엔비디아가 개발 중인 칩 중에 가장 미래지향적인 칩이었고, 수년 후에 출시될 예정이었다. NV50은 GPU에서 비그래픽 애플리케이션을 더 쉽게 활용할 수 있도록 전용 연산 모드를 제공했다. 그리고 Cg 대신 널리 쓰이는 범용 프로그래밍 언어인 C 언어 확장을 지원했다. 주소를 가진 메모리˚를 활용한 병렬 연산 스레드도 쓸 수 있었다. 이 얘기는 곧 과학계, 기술계, 산업계 컴퓨터 작업에서 필요한 보조 CPU의 기능을 GPU가 전부 수행할 수 있게 된다는 뜻이었다.

엔비디아는 이런 칩 프로그래밍 모델을 'Compute Unified Device Architecture', 줄여서 'CUDA(쿠다)'라고 불렀다. CUDA를 이용하면 그래픽 프로그래밍 전문가들만이 아니라 과학자와 엔지니어들도 GPU의 연산 능력을 활용할 수 있었다. 그들은 CUDA의 도움을 받아 GPU의 수백 개(나중에는 수천 개가 된다)나 되는 연산 코어에서 병렬 연산을 실행하기 위한 복잡한 기술 명령 조합을 관리할 수 있게 되었다. 젠슨은 엔비디아가 CUDA를 통해 테크 산업 구석구석까지 시장을 확장할 수 있을 거라 믿었다. 새로운 하드웨어가 아닌, 새로운 소프트웨어가 엔비디아를 변화시키려 하고 있었다.

CUDA의 태동기에 가장 중요했던 두 인물은 이안 벅과 존 니콜스였다. 니콜스는 하드웨어 전문가로, 2003년 엔비디아에 합류해

˚ addressable memory. CPU가 직접 접근하고 조작할 수 있는 메모리

GPU 컴퓨팅[GPGPU] 관련 프로젝트 초기에 하드웨어 아키텍트 역할을 맡았다. 그는 칩 개발 팀과 긴밀히 협력하여 더 큰 메모리 캐시와 부동소수점 연산을 처리하는 차별화된 방식 등의 핵심 기능을 GPU에 추가했다. 니콜스는 엔비디아가 GPU 컴퓨팅을 확산하려면 성능 개선이 필수적이라고 보았다.

니콜스는 안타깝게도 그가 키워낸 CUDA의 성공을 전부 보지 못했다. 그는 많은 엔비디아 임직원에게 숨은 공신으로 여겨진다. 2011년 8월, 니콜스는 암 투병 끝에 세상을 떠났다. 젠슨은 니콜스에 대해 이렇게 말했다. "존 니콜스가 없었다면 CUDA도 없었을 것입니다. 그는 우리 회사에서 가장 영향력 있는 기술자였고 강한 의지로 CUDA를 현실에 탄생시켰습니다. 그는 세상을 떠나기 직전까지도 CUDA 개발에 매진했어요. CUDA에 대해 제게 설명해준 사람도 니콜스였지요."[3]

소프트웨어를 담당한 벅은 예전에 엔비디아에서 인턴으로 일하다가 회사를 떠나 스탠퍼드 대학에서 박사학위 과정을 밟았다. 그는 연구 중에 GPU 기반 컴퓨팅을 위한 언어와 컴파일러를 지원하는 BrookGPU 프로그래밍 환경을 개발했고, 그의 연구는 미국 국방부 산하에 있는 기관인 방위고등연구계획국[DARPA]의 관심을 끌었다. 그리고 당연히 그의 이전 직장인 엔비디아도 관심을 보이며 벅이 개발한 기술을 일부 라이선스했다. 2004년 엔비디아는 그를 다시 채용했다.[4]

초기 CUDA 팀은 손발이 잘 맞는 작은 팀이었다. 벅이 담당하던 소프트웨어 그룹에는 세 명의 엔지니어가 있었다. 니콜라스 윌트와 놀란 굿나잇이 CUDA 드라이버의 API 및 구현 작업을 맡았고, 노버트 주파가 CUDA 표준 수학 라이브러리를 작성했다. 그 외의 팀원들은 사람이 읽을 수 있는 코드를 컴퓨터 프로세서가 실행할 수 있는 기계적 코드로 변환하는 역할을 하는 하드웨어 컴파일러 개발 작업에 집중했다. 여기에서 리처드 존슨은 CUDA에서 가상 하드웨어 컴파일러의 목적 언어 역할을 하는 병렬스레드 실행언어PTX, Parallel Thread Execution Language 사양을 설계했다. 마이크 머피는 CUDA를 PTX로 변환하기 위한 Open64(x86-64 아키텍처) 컴파일러를 구축했다. 2007년 말에 합류한 비노드 그로버는 컴파일러 드라이버 작업을 담당했다.

두 그룹은 유기적으로 협업해야 했다. 엔비디아의 데이터센터 사업부 총괄 매니저였던 앤디 킨은 말했다. "어떤 컴퓨터 아키텍처든 소프트웨어와 하드웨어의 두 요소가 모두 있습니다. CUDA는 그냥 소프트웨어가 아닙니다. CUDA는 기계를 표현하는 방식이자 기계에 사람이 접근하는 방법이기 때문에 두 요소를 함께 고려하여 설계해야 합니다."[5]

처음에 엔비디아는 CUDA를 과학 및 기술 목적 고급 워크스테이션용으로 기획된 엔비디아의 쿼드로Quadro GPU에서만 출시하려고 했다. 그러나 이 아이디어에는 위험요소가 있었다. 모든 신기술에는 '닭이 먼저냐, 달걀이 먼저냐'의 문제가 있다. 새로운 칩의 장점을 활용하는 애플리케이션을 만드는 개발자가 없다면 사용자가 이를 쓸 이유가 없다. 반대로, 새로운 플랫폼에 충분한 사용자 기반이 없다면 개발자들이 이 플랫폼용 소프트웨어를 개발하려 하지 않는다. 역사적으로 볼 때, ARM 홀딩스가 휴대폰용 ARM 칩 아키텍처로 해냈고, 인텔이 개인 컴퓨터용 x86 프로세서로 해냈듯이, 기업이 양쪽을 동시에 공략할 수만 있다면 시장을 수십 년간 지배할 수 있었다. 하지만 파워PC의 RISC 프로세서나 디지털 이큅먼트의 알파 아키텍처처럼, 이 도전에 실패한 회사는 몇 년 안에 컴퓨터 역사의 뒤안길로 사라졌다.

첫인상은 중요하다. 만약 엔비디아가 처음에 CUDA를 고급 워크스테이션 전용으로만 출시해서 소프트웨어 지원을 충분히 제공하지 않았더라면, 개발자들은 CUDA를 아주 좁은 범위의 특수한 기술 전문가들만을 위한 툴로 인식하고 관심 저편으로 밀어두었을 가능성이 높다. "기술을 그냥 던져주고 사람들이 알아서 쓰기를 기대하면 안 되죠." 마케팅 임원 리 허쉬는 말했다. "그냥 '이게 우리의 새로운 GPU입니다. 자, 열광하세요'라고 해봤자 소용없어요."

엔비디아는 두 가지를 해내야 했다. 모두가 CUDA를 쓸 수 있게 하는 일과 모든 것에 CUDA를 쓸 수 있게 하는 일이었다. 젠슨은 게임용 GPU인 지포스 제품을 포함한 엔비디아의 전체 제품군에 CUDA를 넣어 출시하라고 지시했다. 그래야 상대적으로 저렴한 가격대에서도 널리 사용층을 확보할 수 있다고 생각한 것이다. 이렇게 하면 CUDA는 GPU, 그게 아니더라도 최소한 엔비디아 GPU와는 거의 동의어처럼 자리잡게 될 것이다. 젠슨은 단순히 신기술을 출시하는 것 이상으로 시장을 그 신기술로 채우는 것이 중요하다고 보았다. 더 많은 사람이 CUDA를 써볼수록 이 기술이 표준으로 자리잡는 속도도 빨라질 것이다.

"CUDA를 모든 곳에 넣어서 기본이 되는 기술로 만들어야 해요." 젠슨은 CUDA 팀에 지시했다.

이런 일은 엄청난 비용을 수반했다. 2006년 11월, 엔비디아는 지포스 그래픽카드 제품군에 넣기 위해 공식적으로 G80으로 리브랜딩한 NV50을 CUDA와 함께 도입했다. 엔비디아 GPU 칩 중에서 최초로 컴퓨팅 기능을 갖춘 G80은 CUDA 기능을 지원하기 위해 들어간 별도의 하드웨어 회로인 CUDA 코어 128개를 탑재했다. 그리고 하드웨어 멀티스레딩 기능을 활용해 수천 개의 컴퓨팅 스레드를 동시에 실행할 수 있었다. 비교 대상인 당시 인텔의 주력 CPU인 코어 2는 최대 컴퓨팅 코어를 4개까지 지원했다.

엔비디아는 G80 개발에 막대한 시간과 자금을 투자했다. 지포스 칩은 다음 세대를 1년 정도 들여 개발하는 데 비해 G80은 4년이나 걸렸다. 개발비용은 4억 7,500만 달러에 달하는 천문학적인 금액이었다.[6] 엔비디아가 4년 동안 써야 할 연구개발 예산의 3분의 1을 차지하는 금액이었다. CUDA를 지원하는 GPU 버전을 하나 만드는 데 이만큼이 든 것이다.

엔비디아가 CUDA 호환성을 충족하도록 GPU를 바꾸는 데 막대한 투자를 했기 때문에 그 결과 엔비디아의 수익성을 측정하는 지표인 매출총이익률gross margin은 회계연도 기준 2008년 (2007년 1월~2008년 1월)에 45.6퍼센트에서 2010년 35.4퍼센트로 추락했다. 엔비디아가 CUDA에 대한 투자를 늘린 시기에 발생한 글로벌 금융위기는 고급 전자제품에 대한 소비자 수요와 GPU 기반 워크스테이션에 대한 기업 수요를 모두 꺾어놓았다. 이런 악재의 압력으로 엔비디아의 주가는 2007년 10월에서 2008년 11월 사이에 80퍼센트 이상 폭락했다. "CUDA로 인해 칩 생산 비용이 엄청나게 증가했었죠." 젠슨은 인정했다.[7] "당시 CUDA의 고객은 거의 없었음에도 우리는 모든 칩을 CUDA 호환으로 만들었습니다. 당시 엔비디아의 매출총이익률을 살펴보시죠. 출발이 좋지 않았고 이후에 더 악화됐습니다."[8]

그럼에도 젠슨은 CUDA가 가진 시장에서의 잠재력을 굳게 믿었기 때문에 투자자들이 전략적 노선 변경을 요구하는 상황에서도 선택한 길을 가기로 했다. "저는 CUDA를 믿었습니다. 우리는 가속화 컴퓨팅이 일반 컴퓨터가 해결할 수 없는 문제를 해결할 것이라 믿었어요. 희생을 감수할 수밖에 없었습니다. 저는 그 잠재력에 대한 확신이 있었어요."

그렇지만 G80은 〈와이어드WIRED〉나 〈아르스 테크니카Ars Technica〉[9] 등의 테크 전문매체에서 극찬을 받았음에도 불구하고 출시 후에 큰 반응을 일으키지 못했다.

G80 출시 1년 후, 약 50명의 금융 애널리스트가 산타클라라에 있는 엔비디아의 본사에 왔다. 젠슨과 엔비디아 IR팀은 이들에게 당시 모든 지표가 엔비디아가 잘못된 방향으로 가고 있음을 가리킴에도 왜 월스트리트가 여전히 엔비디아를 계속 믿어야 하는지를 설득했다.

그날 아침 내내 엔비디아 경영진은 고성능 GPU 컴퓨팅을 산업 또는 의료 연구 애플리케이션 등의 새로운 시장으로 확장하기 위한 계획을 상세히 설명했다. 당시 GPU 컴퓨팅 시장의 규모는 거의 없다시피 했지만, 엔비디아는 이 시장이 몇 년 안에 60억 달러 이상으로 성장할 수 있다고 예상했다. 특히, GPU 중심의 기업 데이터센터 수요가 증가할 것이라 예측하고, 이를 위해 여러 스타트업에서 하드웨어 비즈니스 개발과 제품 마케팅 경력을 쌓은 앤디 킨을 영입해 해당 수요에 집중하는 새로운 부서를 맡겼다.

오전 발표 일정이 끝났을 때 금융 애널리스트들은 CUDA에 대해 회의적인 반응을 보였다. CUDA를 엔비디아의 순이익률에 부정적인 영향을 미치는 요소로 보고 있음이 분명했다. 참석자들은 주차장에 설치된 텐트에서 점심을 먹었다. 메뉴가 샌드위치, 생수, 탄산음료로 구성된 뷔페였다. 허드슨 스퀘어 리서치의 금융 애널리스트인 다니엘 에른스트는 음식을 들고 와 빈 테이블에 앉았다. 곧 다른 애널리스트들이 합류했고, 마지막으로 젠슨도 그 테이블에 앉았다.

다른 참석자들은 젠슨에게 단기적 관점의 재무 관련 질문을 퍼부었고, 현재 엔비디아가 차세대 칩 제조 기술로의 전환을 앞둔 이 시점에 CUDA가 엔비디아의 순이익률에 정확히 어떤 영향을 미칠지 확인하려 했다. 사실 젠슨이 이미 그날 오전에 모두 다룬 항목들이었지만, 그는 성실하게 회사의 공식 가이던스 내용을 반복해 설명했다. 연구개발 비용에 단기적인 영향을 끼친 다음 장기적으로는 이익률 상승을 가져온다는 내용이었다. 몇 년 후가 아닌 몇 달 후를 보고 있던 분석가들은 이 대답에 만족하지 못했다.

에른스트가 보기에 젠슨은 점점 지쳐가서 곧 자리를 뜰 것 같았다. 그래서 그는 다른 질문을 하기로 했다.

"젠슨, 전 두 살짜리 딸이 있어요. 그래서 소니 A100 DSLR 카메라를 새로 샀는데, 주기적으로 제 맥 컴퓨터에 사진을 다운로드해 포토샵으로 살짝 편집합니다. 그런데 고해상도 이미지를 열 때마다 제 맥 컴퓨터가 바로 느려지더군요. 제 씽크패드 노트북에서는 더 심합니다. GPU가 이 문제를 해결할 수 있을까요?"

그러자 젠슨의 눈이 반짝였다. "아직 공개되지 않았으니 이 이야기는 쓰지 마세요. 어도비도 우리의 파트너거든요. CUDA를 지원하는 어도비 포토샵은 CPU에 지시해서 작업을 GPU에 넘길 수 있는데 이렇게 하면 속도가 훨씬 빨라져요. 바로 이것이 제가 말하는 'GPU의 시대'입니다."

적어도 에른스트는 이 말에 좋은 인상을 받았다. 그는 CUDA

가 그냥 스쳐가는 유행이 아니라, 엔비디아의 미래에 중요한 존재가 될 수 있음을 깨달았다. 그는 엔비디아의 재무적 지표에 대해 다른 분석가들이 던진 질문들이 거슬렸다. 오히려 엔비디아가 단기 이익률을 희생하면서까지 CUDA가 가져다줄 거대한 이익을 놓치지 않으려 한다는 사실이 마음에 들었다.

젠슨은 GPU의 시대가 엄청난 기회를 창출할 것이라 믿었고, 엔비디아가 이 기회를 잡도록 준비하는 일을 자신의 사명으로 여겼다. 아무도 그 기회가 무엇이 될지 정확히 알지 못했지만 말이다. 재무적 우려를 비롯한 다른 이슈는 사실상 중요하지 않았다.

젠슨의 비전을 시장의 현실에 맞추는 일은 쉽지 않았다. 엔비디아는 과거에 제품과 생산 문제를 해결했지만, 이제 젠슨은 임직원들에게, 그의 표현에 따르면 '모든 문제를 해결하는' CUDA를 위한 시장을 만들 방법을 찾으라고 주문했다. 다시 말해, 이 요구에 따르기 위해서는 엔터테인먼트, 헬스케어, 에너지에 이르기까지 모든 산업 분야의 수요를 체계적으로 분석해야 했다. 그리고 잠재적 수요 분석에 그치지 않고 각 분야에서 GPU 중심의 특수한 애플리케이션을 통해 그 수요들을 어떻게 활성화할지도 알아내야 했다. 만약 개발자들이 아직 CUDA를 어디에 써야 할지 모르는 게 문제라면 엔비디아가 그들에게 가르쳐야만 했다.

엔비디아의 최고 과학자 데이비드 커크는 수년간 미국 전역의 명문대학들로부터 엔비디아의 후원을 요청하는 연락을 받아왔다. 엔비디아는 여기에서 대학들을 도우면서 동시에 GPU 확산을 도모할 기회를 봤다. 커크는 회사를 통해 일회성 기부를 몇 번 한 뒤에 캘리포니아 공과대학, 유타 대학교, 스탠퍼드 대학교, 노스캐롤라이나 대학교 채플힐 캠퍼스, 브라운 대학교, 코넬 대학교에 정기 후원 프로그램을 정식 운영하기로 했다. 엔비디아가 학교에 그래픽카드와 재정적 후원을 제공하는 대가로 학교는 그래픽 프로그래밍 수업에서 엔비디아의 하드웨어를 사용하기로 하는 내용이었다.

커크는 말했다. "이타적인 동기만은 아니었죠. 그 대학들이 AMD의 하드웨어가 아니라 우리 하드웨어로 학생들을 가르치게 하고 싶었습니다."[10]

후원 방식을 바꾼 덕에 엔비디아는 대학 기부 프로그램에서 발생했던 기존 문제도 함께 해결할 수 있었다. 전에 엔비디아가 현금을 기부할 때는 대학 측이 행정 비용 명목으로 수수료를 부과해 실제 연구에 사용되는 기부금이 줄어들었다. 엔비디아는 현금 대신 하드웨어 지원을 강화하는 방식으로 전환하여 후원 혜택이 대학 행정이 아닌 학생들에게 직접 돌아가게끔 만들었다.

이전에 엔비디아는 인턴십 프로그램을 운영하며 협력 학교나 기관에서 선발된 우수 학생들에게 엔비디아에서 일할 기회를 제공했다. 이를 통해 학생들은 실무 경험을 쌓고, 향후 채용 가능성까지 평가받을 수 있었다. CUDA 엔지니어인 이안 벅도 이런 인턴십을 통해 처음으로 엔비디아와 인연을 맺었다.

커크는 이런 관계를 활용해 CUDA 출시 후 홍보에 더 박차를 가했다. 그는 동료 데이비드 뤼브케와 함께 대학이 특정 주제의 강의를 개설하겠다고 약속하면 CUDA를 지원하는 컴퓨터를 제공하는 'CUDA, 센터 오브 엑셀런스(탁월함의 중심)' 프로그램을 시작했다. 커크는 대학들을 방문해서 학생들, 교수들, 학과장들에게 앞으로 병렬처리가 훨씬 더 중요해질 것이기 때문에 컴퓨터공학 전공을 가르치는 방식을 바꿔야 한다고 얘기했다. 그는 전 세계를 다녔다. 1년에 100번 넘게 강연을 했고, 때로는 하루에도 수차례 강연을 했다. 하지만 아무 반응이 없었다.

커크는 당시의 상황을 이렇게 표현했다. "아무도 CUDA로 프로그래밍하는 방법을 몰랐어요. 아무도 노력하지도 않았죠. 아무도 제 말을 들으려 하지 않았습니다. 말 그대로 벽에 부딪힌 느낌이었죠."

결국 그는 일리노이 대학교 어바나 샴페인 캠퍼스^{UIUC}의 전기 및 컴퓨터공학부 학과장이었던 리처드 블라헛을 설득하기 위해 나섰다. 블라헛은 커크에게 좋은 얘기이긴 한데 만약 그가 정말로 진지하다면 직접 수업할 것을 제안했다.

커크는 처음에는 거절했다. 당시 그는 콜로라도 주의 산악지대 근처에 살고 있었고, 교육에는 전혀 관심이 없었다. 일리노이 주는 더 생각해볼 것도 없었다. 하지만 블라힛은 그를 계속 설득했다. 학교에서 가장 뛰어난 교수 중 하나이며 교육상을 여러 번 수상한 웬메이 후를 커크에게 붙여주겠다고 제안했다.

"두 분이 함께 수업을 진행하셔도 돼요. 그리고 후 교수가 어떻게 학생들을 가르쳐야 할지 모범을 보여주실 테니 분명 잘될 겁니다." 블라힛이 말했고 결국 커크는 이를 받아들였다.

2007년 커크는 2주마다 콜로라도에서 일리노이로 날아가 강의를 진행했다. 그 학기가 끝날 무렵, 학생들은 CUDA 연구 프로그래밍 프로젝트를 수행하고 그 결과를 논문으로 발표했다. 미국 내 다른 연구원들이 커크와 후 교수의 강의와 교육자료를 요청하기 시작하자, 두 사람은 강의를 녹화해서 영상과 강의자료를 온라인에 무료로 공개했다.

이듬해, 엔비디아는 일리노이 대학교 어바나 샴페인 캠퍼스를 최초의 'CUDA, 센터 오브 엑셀런스' 기관으로 지정하고 100만 달러 이상의 기부금과 엔비디아 역사상 가장 발전된 기기이자 기기마다 64개의 GPU를 장착한 '쿼드로 플렉스 모델 IV' 시스템 32기를 후원했다.

"데이비드 커크와 웬메이 후는 GPU 컴퓨팅의 복음을 전하는 자였어요." 나중에 커크의 뒤를 이어 엔비디아의 최고 과학자가 된 빌 달리는 말했다. "그들은 전 미국의 교육자들에게 강의하며

미국 콜로라도 주는 자연경관과 관광업으로 유명하고, 일리노이 주는 미국에서 6번째로 인구가 많은 주로 대도시의 성격이 더 강하다.

GPU 컴퓨팅이라는 종교를 전파했죠. 그리고 그게 정말 크게 성공했습니다."

다른 학교들도 커크의 수업에 대해 듣고 병렬 컴퓨팅을 학생들에게 가르칠 방법을 찾기 시작했다. 그러나 커크의 수업이 이 분야에서는 최초였기 때문에 일반적으로 쓸 만한 강의계획서, 기준, 교재가 없었다. 그래서 커크와 후 교수는 직접 교재를 집필했다. 그렇게 나온《대규모 병렬 프로세서 프로그래밍Programming Massively Parallel Processors》 초판은 2010년에 출간되어 수만 부가 판매되었고 여러 언어로 번역되었으며*, 수백 곳의 학교에서 교재로 사용되었다. 이는 CUDA에 관심과 인재를 끌어들인 중요한 변곡점이 되었다.

CUDA를 위한 학술적 교육 인프라를 구축한 엔비디아는 이제 학계 밖의 연구원들을 목표로 삼았다. 2010년에는 학계의 컴퓨터공학이나 전기공학 쪽 학과를 벗어나면 GPU를 과학적 목적의 연구에 사용하는 사람이 거의 없었다. 하지만 게임이 가능성을 열었다. PC 게임, 특히 1인칭 슈팅게임의 현실적인 물리 시뮬레이션은 점점 더 좋아지고 있었다. 이런 게임에서 GPU를 전통적인 그래픽 가속 용도 사용하면 총알이 총에서 발사되는 순간부터 바람에 의한 영향으로 탄도가 바뀌는 정도, 콘크리트 벽에 총알

◈　　한국에도 동명의 번역서가 출간되어 있다.

이 박힐 때 생기는 파편까지 함께 처리하여 총알의 궤적을 연산할 수 있었다. 이 모든 일은 행렬 곱셈의 다양한 조합 즉, 복잡한 과학적 문제를 해결하는 데 사용되는 것과 같은 수학적 원리를 통해 이루어졌다.

엔비디아 생명과학 분야의 사업개발 이사인 마크 버거는 화학, 생물학, 재료공학 분야에서 GPU 용도를 확장하는 역할을 맡았다. 그는 올리버 발투치가 테크 산업에 속한 잠재적 파트너들에게 엔비디아의 인지도를 높이려고 사용한 전략을 거의 그대로 따랐다.

첫 번째로 GPU를 연구원들에게 무료로 제공하고, CUDA를 위한 기초 소프트웨어 라이브러리와 도구 개발에 엔비디아가 대규모 투자를 했음을 알렸다. 비록 엔비디아에서 이런 과학자들이 다루고자 하는 심오한 컴퓨팅 문제 자체를 전부 이해하기는 어려웠겠지만, 과학자들은 모든 사람이 원하는 기초 수학 라이브러리를 개발하는 일보다는 오히려 실험을 설계하는 일에 시간을 쓰고 싶어 했다. 그래서 버거는 연구원들에게 그래픽카드와 함께 개발자 도구까지 제공했다. 이를 통해 CUDA의 확산이 훨씬 빨라졌고 과학자들과의 강력한 관계도 구축할 수 있었다.

버거는 말했다. "마치 산타클로스처럼 산처럼 쌓인 GPU 그래픽카드를 개발자들에게 선물로 보내는 일을 했죠. 산타클로스를 싫어하는 사람은 없잖아요."[11]

두 번째로, 매년 이틀 일정의 기술 컨퍼런스를 개최해 엔비디아 직원들이 과학자들과 직접 교류하면서 배울 기회를 만들었다. 화학 엔지니어, 생물학자, 약리학자, 이들의 작업을 지원하는 소프트웨어 개발자들까지 생명과학 산업에서 일하는 수십 명의 연구자들이 미국 전역에서, 유럽, 일본, 멕시코에서 산타클라라로 모여들었다. 컨퍼런스 첫날에는 엔비디아 엔지니어들이 소프트웨어 및 하드웨어를 포괄한 CUDA의 업데이트 계획을 발표했다. 그러면 과학자들과 개발자들이 엔비디아 엔지니어들에게 의견을 얘기해주곤 했다.

버거는 컨퍼런스가 얼마나 유용했는지를 말했다. "우리 엔지니어들은 예언자가 아니에요. 공이 어디로 굴러갈지 알 수 없죠. 어떨 때는 제가 담당한 학계의 개발자들이 준 의견 중 CUDA나 하드웨어에 반영된 기능이 10개가 넘은 적도 있어요."

과학자들과 연구원들도 엔비디아의 투명성과 경청 의지를 높이 평가했다. 샌디에이고의 캘리포니아 대학교에서 생화학 교수로 재직 중이던 로스 워커는 말했다. "엔비디아는 우리를 중요한 파트너로 대했어요. 우리는 그들에게 가서 이런 기능이 필요하다고 얘기할 수 있었고, 그러면 그들은 칩 설계를 변경하거나 CUDA에 반영해줬습니다. 인텔이 그런 일을 할 거라고는 상상할 수 없군요."

젠슨도 컨퍼런스에 참석해 CUDA의 실제 사용자들과 함께 대화하며 그들의 생각을 듣는 것을 무척 좋아했다. 처음 개최된 컨퍼런스에서 그는 키노트 연설을 맡아 창업 초기 어려웠던 시절을 회상했다. 칩 설계 사업을 시작했을 때 실리콘에 회로를 설계하고, 공장에서 만들어진 칩을 받아와서, 현미경으로 칩을 보며 결함이 어디 있는지 찾아야 했던 시절 말이다.

"젠슨은 제가 담당하는 연구원들과 진실한 공감대가 있었어요. 이 사람들도 분자 수준에서 어떤 일이 일어날지 시뮬레이션하는 게 일이었거든요." 버거는 말했다.

젠슨은 곧 이어 화제를 전환해 시뮬레이션이 칩 산업을 어떻게 변화시켰는지 설명했다. 그는 칩을 실제로 공장에서 제조하기 전에 미리 상당한 수준의 가상 디버깅을 할 수 있었던 첫 세대의 엔지니어였다. 그리고 젠슨은 이와 동일한 혁명이 CUDA가 과학계에 가져올 변화라고 주장했다. 신약을 연구실에서 직접 일일이 조합하고 테스트해야 하는 수작업에 의존하는 고비용 방식이 아니라, 소프트웨어를 통해 가상화된 방식으로 수행할 수 있게 된다. CUDA를 지원하는 GPU를 다른 분야에 활용하는 연구는 기존의 방식보다 더 저렴하고, 더 빠르고, 더 실수할 가능성이 낮아질 수 있었다.

이는 엔비디아에게도 완전히 새로운 영역이었다. 이스트 산호세의 데니스 레스토랑에서 커티스 프리엠과 크리스 말라초프스키를 처음 만났을 때부터 지금까지, 젠슨은 시장기회를 명확히 정의하는 것과 새로운 비즈니스 전략을 개발하는 일에 집중해왔다. 1993년에도 젠슨은 안정적인 고용상태에서 벗어나 엔비디아를 공동창업한다는 결정을 하기 전에 PC 그래픽 시장에 연간

5,000만 달러 규모의 수익 기회가 존재한다는 확신을 가져야 했다. NV1과 NV2의 실패 후에는 살아남기 위해 엔비디아의 시장 목표를 상위 시장으로 조정하는 결정을 해야 했다. 이때도 기회는 분명했다. PC 그래픽 업계의 경쟁자들은 많았지만, 진정으로 탁월한 칩을 만드는 기업은 거의 없었고 엔비디아는 틈새를 노릴 수 있었다.

기업의 주기적 도태 현상, 즉 어떤 해에 가장 잘 팔리는 제품을 만든 회사가 다음 해에 바로 추월당하는 현상을 피하기 위해 설계주기 한 번에 하나의 칩이 아니라 세 개의 칩을 출시할 수 있게끔 박차를 가해야 했다.

엔비디아는 특정 영역의 수요가 약해져도 전체 사업이 흔들리는 일이 없도록 매출원을 다각화하기 위해 공격적으로 새로운 시장 영역에 진출했다. 그중 하나는 콘솔 게임기의 그래픽이었는데, 심지어 마이크로소프트가 자사의 게임기 Xbox에 들어갈 그래픽 칩을 이미 다른 회사에 맡기기로 계약했음에도 엔비디아는 밀어붙여 이 계약을 다시 가져왔다. 그리고 엔비디아가 애플 매킨토시 아키텍처에 대한 경험이 없다시피 했음에도 맥 제품군에도 진출에 성공했다. 또한, 엔비디아는 원래 의도적으로 피했던 CAD 시장을 겨냥한 쿼드로 제품군을 출시하며 전문가용 워크스테이션 시장까지 진출할 수 있었다.

이제 젠슨은 GPU를 기반으로 전혀 새로운 컴퓨팅 기술을 탄생시켰다. 그는 이 기술이 게임뿐만 아니라 비즈니스, 과학, 의학 등 다양한 분야에서 엄청난 잠재력을 갖고 있다고 믿었고, 무의 상태에서 새로운 시장을 개척해 나갔다. 이를 실현하기 위해 젠슨 또한 전에 없던 역량을 길러야 했다. 또한 빠른 성과를 기대하는 업계 분위기 속에서도 회사, 투자자, 그리고 자기 자신에게 인내와 끈기의 가치를 끊임없이 상기시켜야 했다.

로스 워커 교수는 GPU를 활용한 새로운 응용사례 중 하나로 생명공학 프로그램인 AMBER^{Assisted Model Building with Energy Refinement}(에너지 개선 보조 모델링)를 개발했다. AMBER는 생물 시스템 내 단백질을 시뮬레이션하는 프로그램인데, 학계와 제약회사에서 신약연구에 널리 사용하고 있다. 원래 이 프로그램은 고성능 컴퓨터용으로 설계되었기 때문에 세계적 수준에서 자금이 가장 넉넉한 연구기관에서나 사용할 수 있었다. 하지만 워커는 소비자용 GPU 몇 대 정도를 연결한 수준에서도 AMBER를 실행할 수 있음을 발견했다. 이로 인해 AMBER는 생명과학 분야에서 가장 널리 사용되는 도구 중 하나로 자리 잡았다. 이 소프트웨어는 전 세계 대학 및 상업기관 1,000곳 이상에 라이선싱되고 있으며, 매년 1,500편 이상의 학술논문에서 인용된다. 그리고 이 모든 성공은 엔비디아의 CUDA 아키텍처와의 호환성 덕분에 가능했다.

워커는 런던 임페리얼 칼리지에서 화학과 학사학위와 계산화학과 박사학위를 취득했다. 이후 그는 샌디에이고의 스크립스 연구소에서 박사후^{postdoctoral} 연구원이자 연구 과학자로 일하며 효소 반응을 중심으로 한 계산 시뮬레이션 소프트웨어를 연구했다. 어느 날 저녁, 한 술집에서 그는 샌디에이고 슈퍼컴퓨터 센터 직원 몇 명을 만나 자신을 소개했다. "당신을 알아요. 당신 이름이 우리 센터 화이트보드에 적혀 있거든요. 우리 센터 연산자원을 전부 써버리는 요주의 인물로요."

워커는 샌디에이고 캘리포니아 대학교에 있는 슈퍼컴퓨터 센터의 생명과학 책임자 자리를 제안받아 수락했다. 그는 AMBER 관련 작업을 계속할 수 있었고 교수에도 임명되었지만, 점점 학계의 방식에 회의를 느끼기 시작했다. 특히 귀한 연산자원을 배분하는 문제에서 심한 회의감이 들었다.

그는 연구팀들의 제안서를 검토하고 선정된 대상에게 슈퍼컴퓨터 사용시간을 배정하는 위원회의 구성위원이었다. 위원회는 한 회의에서 보통 50개의 제안서를 검토해야 했으며, 위원 대부분은 제안서 하나당 겨우 몇 분 정도만 논의에 참여할 수 있었다. 기운이 빠지는 상황이었다.

"전 다른 학자들이 이 제안서를 작성하기 위해 석 달 동안 자신의 인생, 피, 땀, 눈물을 쏟아부은 것을 아는데, 여기에서는 그들의 운명을 몇 분 만에 결정하고 있어요."

대부분의 제안서는 거절당하고 선정 비율은 한 자릿수에서도 작은 수 근처를 맴돌았다. 더 심각한 문제는, 슈퍼컴퓨터의 자원이 이미 성공한 연구팀에게 가는 경향이 있다는 점이었다. 단백질과 바이러스 구조를 원자 수준까지 시뮬레이션하는 컴퓨터 모델을 개발한 클라우스 슐텐이나, 복잡한 생체분자 시스템의 행동을 시뮬레이션할 수 있는 다중 스케일 이론$^{\text{multiscale theory}}$ 알고리즘을 개발한 그렉 보스와 같은 유명한 과학자들이 우선권을 얻었다. 적어도 워커는 그렇게 생각했다.

"그들이 유명한 논문을 쓸 수 있었던 이유는 슈퍼컴퓨터 사용시간을 확보할 수 있었기 때문이에요. 훌륭한 아이디어를 가진 다른 사람들은 슈퍼컴퓨터 사용시간을 얻지 못했기 때문에 의미 있는 영향력을 발휘하지 못했어요. 그건 연구의 질이 아니라, 컴퓨터 사용시간을 확보할 수 있는지 없는지에 관한 문제였죠."

모순적인 상황이었다. 슈퍼컴퓨터 자원을 얻기 위해서는 그전에 슈퍼컴퓨터 자원을 얻은 경험이 있어야 했던 것이다.

워커는 2009년 H1N1 바이러스(일명 '돼지 독감') 유행 당시, 클라우스 슐텐이 이 바이러스에 대한 분자 동역학 시뮬레이션 작업을 위해 슈퍼컴퓨터 우선순위 시간을 긴급신청했을 때 이를 거절했던 기억이 있다. 초기 임상 연구가 약품 개발로 현실화되는 데 수년이 걸리기 때문에 당장 H1N1 바이러스 유행을 막을 수는 없다고 판단했기 때문이다. 그러나 워커의 결정은 누군가에 의해 번복되었으며, 그는 그 이유가 슐텐이 정치적 영향력을 행사했기 때문이라고 믿는다.

워커가 보기에 이는 제한된 자원에 학계의 정치적, 관료적 구조가 얽혀 전체 과학계의 진보를 막는 흔한 사례 중 하나였다.

그는 낙담했다. 연산자원이 공정하게 제공되길 원했지만 현실은 그렇지 않았다. 강력하지만 너무나 비싸고 희귀한 슈퍼컴퓨터를 중심으로 모든 것이 돌아가는 현재의 지배역학을 바꿀 방법이 없었다. 그는 컴퓨터의 연산자원의 접근 가능성을 높일 수 있는 새로운 종류의 기술이 필요하다고 생각했다. "그게 바로 저를 움직인 원동력이었습니다." 워커는 말했다.

처음에는 AMBER에 최적화된 ASIC을 제작하는 방안을 검토했다. 하지만 ASIC은 슈퍼컴퓨터보다 덜 비싸긴 해도, 그래도 한 개당 수만 달러가 들었으며, 연구원들이 이를 기반으로 특수 컴퓨터를 만들려면 더 많은 비용을 지출해야 했다. 설령 설계자와 제조업체를 찾을 수 있다고 해도 연구자 대부분은 이런 칩을 구매할 여력이 없었고, 그럴 여력이 있는 연구자들은 이미 슈퍼컴퓨터에 쉽게 접근할 수 있었다.

워커는 다음으로 콘솔 게임기를 살펴보다가 소니 플레이스테이션을 가장 유력한 후보로 올렸다. 그러나 또 큰 벽에 부딪혔다. 플레이스테이션은 충분히 저렴한 가격에 살 수 있었지만, 소니는 이 게임기의 펌웨어와 소프트웨어를 수정하기 어렵게 만들어놨다. 워커가 게임 외의 목적으로 활용할 방법이 없던 것이다.

그래도 워커는 플레이스테이션을 놓고 고민하던 중 한 가지 깨달음을 얻었다. 비록 이 게임기의 내용을 직접 고쳐서 쓸 방법은 없었겠지만 게임기 그래픽 성능을 조사하는 과정에서 소비자용 그래픽 칩도 AMBER를 실행할 만큼 충분히 강력하다는 확신을 얻은 것이다. 이제 필요한 것은 실제로 프로그래밍이 가능한 개방형 플랫폼뿐이었다. 이때 그는 자신의 연구실에서 사용하던 워크스테이션을 떠올렸다. 동료들이 3D 시각화를 생성하기 위해 쓰던 워크스테이션에는 플레이스테이션에 들어간 것과 비슷한 고성능 GPU가 장착되어 있었다. 워크스테이션 한 대의 가격이 수만 달러에 달한다는 문제가 있긴 했지만, 그래도 소비자용 하드웨어에서 AMBER를 실행한다는 아이디어에 한 걸음 더 가까이 간 것이다. 실증 테스트 정도는 해볼 만하다고 생각했다.

워커는 일단 이안 벅이 개발한 Brook 프로그래밍 언어를 활용해 실험을 시작했다. 그는 엔비디아의 주요 경쟁사인 AMD의 라데온 시리즈 그래픽카드에서 첫 테스트를 진행했지만 뜻대로 되지 않았다. 그 그래픽카드들은 소프트웨어가 어설프고 쉽게 프로그래밍하기가 어려웠다. 워커는 그제야 엔비디아와 CUDA 아키텍처를 사용해 자신의 분자역학 모델을 실행하기 시작했다.

완벽한 조합이었다. 워커는 CUDA가 훨씬 더 사용하기 쉬운 프로그래밍 환경을 제공한다는 사실을 알게 되었고, 엔비디아는 이 프로젝트를 통해 과학 컴퓨팅 분야로 진출할 기회를 보았다. 엔비디아는 워커에게 기술적 자원을 제공하여 AMBER가 CUDA에서 단순히 실행되는 수준을 넘어 CUDA의 연산능력을 최대한 활용할 수 있는 수준이 되게 재설계하는 일을 도왔다. 워커는 말했다. "첫날부터 모든 작업을 GPU로 옮기기로 결정했어요. CPU는 더 이상 중요하지 않게 되었죠."

2009년 워커는 최초의 GPU 지원 버전 AMBER를 공개했다. 이 버전은 이전 버전보다 최대 50배 빠른 실행속도를 보여줬다.

워커는 학문적 관료주의의 지배를 무너뜨리고, 컴퓨팅 능력의 민주화를 이룬다는 자신의 꿈을 실현했다. CUDA는 과학자들이 몇몇 엘리트 대학의 희귀하고 값비싼 고성능 슈퍼컴퓨터 자원에 의존하지 않고도 저렴한 하드웨어에서 중요한 실험을 수행할 수 있게 해주었다. 사상 처음으로 AMBER를 사용하는 수만 명의 박사 후 연구원들이 이제 자신만의 하드웨어에서, 자신만의 속도로, 그들이 속한 분야의 거장들과 경쟁(다시 말해 질 것이 뻔한 경쟁)을 할 필요 없이, 컴퓨팅과 과학이 결합된 분야의 실험을 의미 있는 수준에서 진행할 수 있었다.

학생들은 그저 자신의 PC에 엔비디아 게임용 지포스 그래픽 카드를 몇 개 장착하기만 하면 합리적인 가격에 엄청나게 강력한 기기를 구축할 수 있었다. "100달러짜리 CPU와 500달러짜리 지포스 그래픽카드 네 개를 조합하면, 서버 랙을 채운 고급 서버들에 필적하는 성능을 가진 워크스테이션을 가질 수 있었죠. 게임의 판도를 온전히 바꿔놓는 기술이었어요."

2010년 연례 보고서에서 엔비디아는 '고성능 컴퓨팅' 제품에 대한 설명 부분의 맨 위에 AMBER의 성공을 언급했다. 그 밑에는 휴렛팩커드와의 파트너십, 석유 탐사 분야를 위한 GPU 기반

의 새로운 '지진 소프트웨어' 출시, '주요 유럽 투자기관의 투자
은행 부문'이 GPU를 활용한 사례 등을 언급했다.

워커와의 관계를 더욱 강화하기 위해, 엔비디아는 2010년 11월
워커를 CUDA 펠로우 프로그램 대상자로 지정했다. CUDA를
각 학문 분야에서 '남다르게 활용'하고 이 플랫폼에 대한 인식
을 높이는 데 기여한 연구계 및 학계 리더들의 공로를 치하하는
프로그램이었다. 젠슨의 예측대로 GPU는 고수준의 컴퓨팅을
훨씬 더 저렴하고 접근 가능하게 만들었으며 이로 인해 AMBER
와 같은 프로그램의 접근성도 대폭 향상되었다. AMBER의 이
용자층이 넓어지자 분자 동역학 분야 전체의 연구 방식도 혁신
적으로 변화했다.

하지만 워커와 엔비디아의 의견이 갈렸던 한 가지 문제가 있었다.
워커는 과학지식을 발전시키는 일에 우선순위를 두는 학문적
기관과 주로 교류해왔다. 하지만 엔비디아는 달성해야 하는 매
출 목표가 있고 투자자들을 만족시켜야 하는 영리 기업이었다.
게다가 엔비디아의 경영진은 워커가 AMBER를 그렇게까지 저
렴한 비용으로 작동하게 바꿀지는 예상하지 못했다. 엔비디아의
고성능 컴퓨팅 부문은 과학자들에게 엔비디아에서 출시한 고급
형 범용 그래픽카드인 테슬라^{Tesla} 모델을 사용하기를 권했다. 테
슬라 그래픽카드의 가격은 약 2,000달러로 워커가 사용할 생각
이었던 지포스 그래픽카드보다 네 배나 더 비쌌다. 엔비디아는

이 업세일링의 근거로 지포스 제품군에는 오류 수정 기능이 없어서 이로 인해 AMBER 계산 결과에 작지만 치명적인 수학적 오류가 축적될 위험이 있음을 주장했다. 테슬라 시리즈에 들어간 자체 점검 및 자체 수정 기능은 테슬라 모델보다 저렴한 지포스에서는 사용할 수 없었다.

워커는 엔비디아의 주장에 동의하지 않았다. 그는 일련의 테스트를 통해 지포스 제품군에 오류 수정 기능이 없어도 AMBER의 결과에 아무 문제가 없음을 증명했다. 이어서 그는 오히려 반대 가설을 증명하기 위해 나섰다. 즉, 테슬라 제품군의 오류 수정 기능이 적어도 AMBER에는 필요하지 않다는 가설이었다. 이를 위해 워커는 미국 에너지부 산하의 가장 중요한 연구시설 중 하나이며 원자폭탄 개발이 이루어졌던 로스앨러모스 국립연구소에서 일하는 지인들에게 부탁하여 동일한 테스트를 테슬라 그래픽카드에서 수행하도록 했다. 실제로 수정할 필요가 있는 오류가 얼마나 나오는지 보기 위해서였다.

결과는 더 저렴한 지포스 그래픽카드와 더 비싼 테슬라 그래픽카드 사이에 차이가 없었다. 워커가 보기에 엔비디아는 AMBER를 분자 시뮬레이션 기술 발전을 위한 기회로 보는 것만큼이나 그들의 상위 등급 제품을 업세일링할 수 있는 기회로도 보고 있음이 분명했다.

워커는 말했다. "엔비디아의 주장은 '결과를 신뢰할 수 없다'는 거였습니다. 하지만 저는 신뢰할 수 있다는 데이터를 가지고 있습니다. 이 시뮬레이션을 2주 동안 돌렸지만, 단 하나의 ECC 오류[*]도 없었어요. 이 테스트는 최악의 환경으로 볼 수 있는 산 정상, 핵 연구소 옆에서 수행했습니다. 미국 내에서 최고의 방사선 수준에 노출한 환경인데도 오류는 없었습니다."

워커와 엔비디아 간의 갈등은 점점 심화되었다. 일단, 엔비디아는 게임용 그래픽카드에서 수학 정밀도 수준을 조정했다. 이는 PC 게임에서는 거의 영향을 느낄 수 없는 수준이었지만, 정밀한 계산을 해야 하는 연구용 도구로서는 치명적일 수 있었다. 워커와 AMBER 개발자들은 이에 대응하여 대응할 방법을 찾아냈고, 지포스 그래픽카드를 계속 사용하면서도 정확도 문제없이 시뮬레이션을 계속할 수 있었다.

그러자 엔비디아는 공급업체들에게 압력을 넣어 지포스 그래픽카드 구매를 통제하여 워커와 같은 사용자들이 한 번에 많은 수량의 그래픽카드를 구매하기 힘들게 했다. 워커는 AMBER 사용자들을 위한 글로벌 메일링 리스트에서 이런 엔비디아의 조치에 대해 비판하며, 이를 가리켜 "우리 모두에게 피해를 주고 우리의 과학적 생산성과 학문 분야 전체에 심각한 파문을 불러일으킬 수 있는 매우 우려스러운 흐름이다."라고 주장했다.

워커는 CUDA가 자원이 풍족한 소수의 개발자와 학자들의 전유물이 되지 않도록 하기 위해 많은 노력을 기울였다. 그런데 엔

---

[*] Error Correction Code. 주로 네트워크 환경에서 전송데이터에 오류가 있는지 검증하고 수정하는 코드를 말한다.

272　　　3부 익스포넨셜(Exponential): 폭발적 성장

비디아가 그런 자신을 이용해 돈을 더 벌어들이려 하자 좌절감이 느껴졌다. 만약 엔비디아가 수천 달러짜리 비디오카드로만 이 아키텍처를 사용할 수 있게 했다면 이만큼 성공할 수 없었을 것이다. 그랬다면 CUDA를 쓰는 비용이 맞춤형 ASIC을 만들어 쓰는 만큼이나 비싸졌을 것이기 때문이다.

그는 몇 년 후 이렇게 말했다. "엔비디아가 성공한 원인은 지포스 그래픽카드에서도 CUDA를 실행할 수 있게 한 데 있죠. 그래서 가난한 과학자들도 수백만 달러짜리 컴퓨터를 가진 사람들과 동등하게 연구할 수 있게 됐으니까요. 그러나 어느 정도 확산되고 나자 그들은 서서히 지포스에 대한 제한을 강화해서 이를 더 어렵게 만들었어요."

워커는 이후 제약회사이자 생명공학회사인 글락소스미스클라인GSK에 과학용 컴퓨팅 부분의 책임자로 합류했다. 그가 거기에서 가장 먼저 한 일은 대당 약 800달러짜리 지포스 게임용 그래픽카드 수천 개로 데이터센터 클러스터를 구축한 일이었다.

이 소식은 엔비디아의 헬스케어 부문 부사장인 킴벌리 파월의 관심을 끌었다. 그녀는 워커에게 전화를 걸어 말했다. "이제 GSK에 가셨으니 우리 엔터프라이즈용 제품을 사실 때가 되었네요."

"아니요." 워커는 단호히 거절했다. "전 제 고용주에게 가장 이익이 되는 일을 합니다. 그게 제 일이잖아요."

젠슨은 엔비디아의 공격적인 칩 영업 방식에 대해 어떤 사과도 하지 않았다. 오히려 그는 고객의 규모에 상관없이 모든 고객에게 같은 방식을 유지하라고 영업사원들에게 지시했다.

데릭 무어는 엔비디아가 그를 ATI에서 스카우트할 때 업계 최고의 영업사원 중 한 명으로 알려져 있었다. 그는 엔비디아의 한 임원으로부터 전화를 받은 순간을 기억하고 있다. "당신은 1년 넘게 저를 계속 이겨먹었어요. 그래서 혹시 엔비디아에서 일하실 생각이 있는지 궁금해서 연락드렸습니다."[12]

무어는 휴렛팩커드와 같은 대형 컴퓨터 기업을 상대로 엔터프라이즈 영업을 관리하는 일을 했으며, 이런 기업은 PC와 노트북 제품군에 들어갈 GPU를 대량 구매하는 고객이었다. 엔비디아는 그와 그의 고객들을 함께 원했고, 상당히 높은 대가를 제시했다. 그는 ATI에서 연봉으로 약 12만 5,000달러를 받고 있었는데, 2004년 당시 영업직원의 평균 연봉을 훨씬 웃도는 금액이었다. 엔비디아는 거기서 거의 두 배의 연봉을 제시했다.

그는 곧 이유를 알게 되었다. ATI에서 일하던 시절, 한 번은 저녁 7시쯤 차를 타고 엔비디아 본사 근처를 지나가다 거의 모든 사무실에 불이 켜져 있는 것을 보고 놀란 적이 있다. 함께 차를 타고 가던 상사는 이렇게 말했다. "흠, 아마도 저녁 회의를 하고 있겠지."

무어가 엔비디아에 들어와 보니, 소위 그 '저녁 회의'는 예외적인 게 아니라 그냥 일상이었다. 그는 ATI에 있을 때는 단 한 번도 한 적이 없었던 주말 근무를 계속했다. 크리스마스 이브에는 매출 감소 문제와 이를 복구할 방법을 논의하기 위해 컨퍼런스 콜에 끌려 들어가야 했다. 진정한 의미에서 개인 시간이나 휴일 은 존재하지 않았다. 그럼에도 불구하고 자신에게 요구되는 헌 신이 다른 사람들에게도, 심지어 최고경영자인 젠슨에게도 동일 하게 요구된다는 사실 덕분에 그 희생을 비교적 견디기 쉬웠다. "조직 전반에 걸쳐 약동하는 헌신과 근면의 분위기가 있었어요. 그런 직업의식에는 일종의 전염성이 있었지요."

그러나 열심히 일한다 해서 젠슨의 비판에서 벗어날 수는 없 었다. 무어는 엔비디아에 합류한 지 몇 년 만에 HP 서버 부문 과의 거래로 HP에서 나오는 연간 매출을 1,600만 달러에서 2억 5,000만 달러로 끌어올렸다.

어느 날, HP 서버 부문의 고위 임원 두 명이 엔비디아 본사를 방문했다. 그들은 고위급 인사였기에 젠슨의 미팅 참석을 요청 했다. 무어는 젠슨이 참석할 수 있게 되자 기뻐했다.

서버 사업에는 일반 기업용 제품 판매에 비해 더 큰 이해관계 가 걸려 있었다. 엔비디아가 서버용으로 판매하는 그래픽카드는 종종 기업의 업무 수행에 필수적인 기업용 애플리케이션에 사 용되었고, 그래서 더 신뢰성이 필요했다. 고객들도 소송에 더 적 극적이었다. HP 임원들은 서버에 문제가 발생하여 HP가 소송 을 당할 경우 엔비디아가 무제한으로 배상 책임을 질 수 있는지 를 물었다. GPU의 결함으로 HP의 서버에 장애가 생길 경우 모든 법적 위험을 엔비디아가 부담하라는 뜻의 요청이었다. 이 질문은 무어에게도 예상 밖이었다. 그는 이 자리에서 HP 임원들이 갑자기 법적 조건에 대한 협상을 시작할 것이라고는 생각하지 못했었다. 다행히 젠슨이 이 미팅에 참석해 있었기 때문에 이런 예상하지 못한 질문에도 답변할 수 있었다.

젠슨은 무제한 책임의 문제를 지적했다. 그래픽 칩은 서버에서 작은 부품에 불과하기 때문에 엔비디아가 서버 가치 전부에 대해 면책 부담을 질 수는 없다고 답했다. 그렇게 한다면 엔비디아에는 불합리하고 과도한 재정적 위험이 따를 것이다. 그 대신 젠슨은 엔비디아의 책임을 좀 더 구체적인 대상과 연결하자고 제안했다. HP의 서버 부문이 엔비디아와 거래하는 연간 금액을 기준으로 삼자는 것이다. 예를 들어, HP가 엔비디아 그래픽카드에 연간 1,000만 달러의 지출을 한다면, 엔비디아는 부품 결함에 의한 손실을 최대 1,000만 달러까지 면책해야 할 책임을 부담하는 식의 제안이었다. 따라서 이 책임 부담 규모는 거래 규모가 커질수록 증가한다. HP 임원들은 이 제안을 즉석에서 수락했고, 무어는 미팅 결과에 만족하며 자리를 떠났다.

그 후 무어는 젠슨에게 찾아가 말했다. "미팅에 참석해주셔서 감사합니다. 정말 고맙습니다."

하지만 젠슨의 평가는 달랐다. "잘 끝나긴 했지만 데릭, 낭신이 이번에 잘못한 부분을 얘기해주겠네."

무어는 깜짝 놀라 온몸이 덜덜 떨렸다. "전 완전히 겁에 질려 있었어요."

젠슨은 말했다. "당신의 실수는 사전에 저 회사가 어떤 요구를 할지 미리 알려주지 않은 거야. 깜짝 질문을 좋아하는 사람은 없어. 다시는 이런 일이 일어나지 않도록 하게."

젠슨은 영업직원들을 '엔비디아의 그린베레'라 불렀다. 그리고 그들이 자율적이고 적극적으로 일하기를 기대했다. 무어는 젠슨이 영업직에게 기대하던 바를 채우지 못했다. 즉, 모든 영업직원이 '자신이 담당하는 고객 계정의 CEO'가 되어야 한다는 수준을 달성하지 못한 것이다. 영업직원이 고객과 만날 때는 고객보다 고객 사업에 대해 더 잘 알고 있어야 했다. 그리고 고객이 엔비디아의 탁월한 제품에 얼마나 지불할 용의가 있는지를 예상할 수 있어야 했다. 젠슨은 여기에서 자신의 역할은 그들에게 필요한 모든 자원을 제공하는 사람으로 정의했다. 즉, 정예 선봉부대의 뒤를 든든히 받치는 '지원군'이라는 뜻이다.

이런 지원군 중 하나가 바로 엔비디아의 개발자 대상 기술 지원 엔지니어들이었다. 이들은 엔비디아 제품의 컨설턴트이자 구현 전문가 역할을 했다. 때로는 고객사를 방문해 발생한 문제를 해결하거나 엔비디아 GPU에서 특정 프로그램이 더 잘 작동할 수 있게 하는 방법을 찾아주기도 했다. 가능한 한 많은 파트너가 엔비디아의 그래픽카드 성능을 최대한 활용하는 방법을 알 수 있도록 지원하는 역할이었다.

이런 서비스는 고객의 추가 부담으로 제공되었다. 엔비디아는 칩을 절대 할인 판매하지 않았다. 경쟁사의 가격에 맞추기 위해 할인하는 일도 없었다. 다만, 파트너사의 컴퓨터에 엔비디아 스티커를 부착하거나 부팅 화면에 엔비디아 로고를 표시하는 등 할인에 의한 대가로 얻는 것이 있을 때는 예외였다.

무어의 영업 부문 상사는 그에게 말했다. "우리는 가격으로 승부하지 않네. 우리의 제품이 그저 상품이라고 생각하지 않아. 우리는 고객에게 남다른 가치를 제공하며 우리 브랜드에 걸맞은 가치를 받는다고 믿는다네."

젠슨은 CUDA 관련 전략을 '해자'로 묘사하는 것을 좋아하지 않는다. 그보다는 엔비디아의 고객들에 초점을 맞추는 방식을 선호한다. 그는 엔비디아가 CUDA 사용자들을 돕는 아주 강력한 자기 강화적 '네트워크'를 만들어온 방식을 이야기한다.

실제로 CUDA는 정말 놀라운 성공신화를 만들었다. 오늘날 500만 명 이상의 CUDA 개발자, 600개의 AI 모델, 300개의 소프트웨어 라이브러리, 3,700개 이상의 CUDA GPU 가속 애플리케이션이 존재한다. 시장에서는 CUDA를 지원하는 엔비디아 GPU가 약 5억 개나 사용되고 있다. 이 플랫폼은 하위 호환성을 지원하므로, 개발자들은 자신들이 공들여 작성한 소프트웨어가 나중에 나올 칩에서도 쓰일 수 있음을 신뢰할 수 있다.

젠슨은 말했다. "엔비디아 제품에서 개발한 기술적 발명은 계속 축적됩니다. 이 생태계에 일찍 들어와 자신과 이 생태계가 함께 성공하게 돕는다면, 결국 당신을 중심으로 구축된 이 모든 네트워크의 네트워크, 이 모든 개발자와 고객을 얻게 될 것입니다." [13]

엔비디아는 초기부터 딥러닝에 막대한 투자를 감행하며 CUDA 지원 프레임워크와 도구 개발에 상당한 자원을 배정했다. 이런 선제적인 접근 덕분에 2020년대 초의 인공지능 호황기에 그 효과를 톡톡히 누릴 수 있었다. 당시 엔비디아가 이미 모든 AI 개발자들이 선호하는 선택지로 자리 잡고 있었기 때문이다. 개발자들은 가능한 한 빠르게, 기술적 위험을 최소화하며 AI 애플리케이션을 구축하고 싶어 하는데 엔비디아 플랫폼에서는 기술적 문제가 훨씬 더 적게 발생하는 경향이 있었다. 이미 10년 이상 사용자 커뮤니티가 활성화되어 버그를 해결하거나 최적화 방법을 찾아내고 있었기 때문이다. 다른 AI 칩 공급자들은 사실상 경쟁할 기회조차 갖지 못했다.

"CUDA와 엔비디아 GPU 위에서 AI 애플리케이션을 구축했다면, 이를 세레브라스^Cerebras, AMD, 그 외 다른 플랫폼으로 옮기는 건 엄청나게 큰일이에요." Amicus.ai의 엔지니어링 책임자이자 전前 엔비디아 연구 과학자인 레오 탬은 말했다. "그냥 프로그램을 다른 칩 위로 옮기면 되는 문제가 아닙니다. 간단하지 않아요. 사용자 입장에서는 그렇게 해서 완벽하게 작동할 리 없어요. 그럴 가치도 없죠. 이미 스타트업에서 해결해야 할 문제가 99개나 되는데 거기에 또 다른 문제를 추가하고 싶지 않아요."

엔비디아는 기회를 일찍 포착하고 이를 잘 활용했다. 엔비디아의 하드웨어 엔지니어링 이사였던 아미르 살렉은 엔비디아가 중요한 AI 소프트웨어 라이브러리들을 CUDA에 빠르게 통합해서 개발자들이 직접 소프트웨어 도구를 만들거나 플랫폼에 통합시키는 데 시간을 낭비하지 않고도, 해당 분야의 최신의 혁신 기술을 쉽게 활용할 수 있게 해주었다고 말했다.

"만약 사용자가 새로운 AI 모델이나 알고리즘을 작성하려고 한다면, CUDA에서는 고도로 최적화되어 바로 사용하면 되는 라이브러리 컴포넌트를 제공합니다. 반대로 비트를 여기에서 저기로 옮기는 등의 번거롭고 귀찮은 세부요소들을 직접 하나하나 짜야 하는 고통과 비교해보시죠." 살렉은 말했다.[14]

이런 이유들, 그리고 다른 요소를 보아도, 엔비디아의 전략을 설명할 때 경쟁에서의 '해자'를 구축했다는 설명을 빼놓을 수는 없다. 엔비디아는 CPU 발명 이후에 최초로 컴퓨팅 가속 분야에서 일어난 혁신을 상징하는 범용 GPU를 만들었다. 범용 GPU의 프로그래머블 계층인 CUDA는 사용하기 쉬웠고 과학, 기술, 산업 분야 전반에 걸쳐 광범위하게 활용할 수 있었다. 더 많은 사람이 CUDA를 익히면서 GPU에 대한 수요도 증가했다. 2010년대 초반, 한때 죽어가는 것처럼 보였던 범용 GPU 시장은 다시 상승세를 타기 시작했다.

젠슨의 탁월한 전략 덕분에 경쟁자들은 엔비디아가 사실상 독점 하드웨어와 소프트웨어를 기반으로 창출한 이 시장에 진입하기 어렵게 되었다. 현재 엔비디아의 위치는 칩 설계 경쟁자들 사이에서, 그리고 미국 내에서도 세계적으로도 난공불락으로 보인다. 아미르 살렉의 표현대로 "CUDA가 곧 '해자'다."

탑5 이메일과 화이트보드

> "
>
> 스카치를 마시면서
> 이메일 업무를 처리하는 사람이야, 내가.
>
> "

CUDA를 개발하고 GPU를 활용한 범용 컴퓨팅 시대를 연 엔비디아는 1993년 데니스 식당 한편에서 시작된 초기의 많은 공통점을 유지하고 있었다. 여전히 기술적 역량과 최대의 노력을 가장 중요하게 여겼다. 단기적인 주가 부양을 위해서보다는 장기적인 비전을 위해서 결정을 내렸다. 변동성이 높은 산업에서 선두를 지키는 기업에게 반드시 필요한 상시적 불안감과 함께 운영되고 있었으며 중요성을 잃거나 도태로 향하는 내리막길로 접어들기 전에 방향을 수정하려고 항상 노력했다. CEO 젠슨 황이 여전히 제품 관련 결정, 영업 협상, 투자자 관계 등 회사 운영 전반에 깊

3부 익스포넨셜(Exponential): 폭발적 성장

이 관여하며 직접 회사를 경영했다.

바뀐 점도 있었다. 2010년의 엔비디아는 이제 몇십 명 수준의 스타트업이 아니었다. 예전처럼 젠슨이 직급이나 직무와 무관하게 모든 직원 하나하나와 자유롭게 대면하며 얘기를 나눌 수 있던 때와는 달라진 것이다. 이제 엔비디아는 5,700명의 직원이 일하는 대기업으로 성장했고, 다수가 산타클라라의 본사에서 일했지만 그 외에도 북미, 유럽, 아시아 전역에 현지 사무실을 두고 있었다.[1]

젠슨은 이전의 경험을 통해 새로운 지역에서 더 많은 사람이 회사에 합류할수록 기업문화가 퇴화하는 경향이 있다는 사실과 이렇게 변질된 문화로 인해 제품 품질도 악화될 수 있음을 배웠다. NV30 기반 지포스 FX 5800 Ultra에서 '낙엽 송풍기' 수준의 팬 문제를 겪었을 때처럼 말이다. 회사가 작을 때는 젠슨이 직원들에게 최대한 직접 피드백을 전달해 경영자로서의 원칙을 강화하고 모든 임직원이 자신에게 요구되는 역할을 명확하게 인식할 수 있도록 도울 수 있었다. 하지만 더 커진 엔비디아에서는 지속 가능한 방식으로 전 직원에게 다가가기가 어려웠다.

젠슨은 하나의 실수에서도 더 많은 직원이 배울 수 있길 바랐다. 그래서 더 큰 미팅에서 더 직접적인 비판을 하기로 결정했다. "전 그 자리에서 바로 얘기합니다. 다른 사람들 앞에서 당신에게 피드백을 줄 거라고요. 피드백은 배우는 과정입니다. 왜 당신만 배워야 하죠? 당신은 본인 스스로 실수하거나 경솔한 행동을 해서 이런 상황을 만들었어요. 우리 모두가 이 기회를 통해 배워야 합니다."

젠슨은 모든 장소에서 특유의 직설적이고 불같은 성격을 드러냈다. 그는 자리와 상관없이 종종 15분 넘게 계속 사람들을 꾸짖곤 했다. 한 전직 엔비디아 임원은 말했다. "그는 항상 그래요. 전사 미팅에서만 그러는 게 아니에요. 더 작은 회의나 사소한 회의에서도 똑같습니다. 그는 그냥 내버려두질 못해요. 약간은 징벌적인 성격으로 그럴 수밖에 없는 것 같아요."

잘 알려진 사례 중 하나는 엔비디아가 테그라 3 칩으로 휴대폰과 태블릿 시장에 진출을 시작하던 시기에 있었다. 2011년 임직원 전원이 참석하는 전사 미팅에서 젠슨은 테그라 3의 프로젝트 매니저였던 마이크 레이필드에게 피드백을 주는 동안 카메라맨에게 말해 그를 화면에 반복적으로 클로즈업하도록 요청했다. 참석한 직원들은 모두 레이필드의 얼굴을 자세히 들여다볼 수 있었다. 젠슨은 그에게 포문을 열었다. "마이크, 테그라 프로젝트를 완수해야죠. 테그라를 테이프아웃해야 한다고요. 여러분, 이건 이렇게 비즈니스를 운영하면 안 된다는 사례입니다."

"제가 지금까지 본 것 중에 가장 당황스럽고 굴욕적인 장면이었어요." 다른 선직 엔비디아 직원은 말했다. 레이필드는 이 사건에 대한 질문을 받고 나중에 이메일로 이렇게 답했다. "제가 [젠슨에게] 호되게 혼난 일이 그것만 있는 건 아니었어요." 이메일의 끝에는 웃는 이모티콘 :)이 붙어 있었다. 테그라 칩이 예정보다 거의 8개월 늦게 출시된 후 1년이 지나지 않아 그는 엔비디아를 떠났다. 강제로 밀려나지는 않았고 자발적으로 퇴사한 것이다.

젠슨의 때로 지나치게 가혹해 보이는 방식은 그의 의도적인 선택이었다. 그는 특히 압박감이 심한 업계에서 사람들이 필연적으로 실수할 수밖에 없다는 사실을 잘 알고 있었다. 그는 직원들에게 스스로 자신을 증명할 기회를 주고자 했다. 그들이, 언제나, 아주 약간의 깨달음만 더 있다면 스스로 문제를 해결할 수 있음을 믿었기 때문이다. "나는 사람을 쉽게 포기하지 않아요. 오히려 그들을 위대함으로 이끌며 고난을 겪게 하는 쪽이죠."

자신이 직원들보다 얼마나 더 똑똑한지를 과시하려고 택한 방식이 아니었다. 오히려 안이함을 막아주는 보호장치에 더 가까웠다. 젠슨의 시간과 직원들의 시간은 그다음 문제를 해결하기 위해 사용되어야 가장 가치 있다. 칭찬은 집중을 방해한다. 모든 죄 중에 가장 치명적인 죄는 과거의 성취에 안주하며 그것이 미래의 위협으로부터 자신을 보호해줄 것이라고 착각하는 죄다.

전직 영업 및 마케팅 임원인 댄 비볼리는 지포스 256의 마케팅 행사를 치른 다음날, 사무실로 차를 몰고 가는 길에 젠슨의 전화를 받은 일을 기억하고 있었다. 비볼리는 자신의 팀이 해낸 일이 자랑스러웠다.

젠슨이 물었다. "행사는 어땠나?" 비볼리는 행사에서 성공적이었다고 생각한 모든 부분을 5분 동안 줄줄 읊었다. 젠슨은 "응, 응, 응." 하며 듣다가 비볼리가 말을 멈추자 이렇게 물었다.

"어떤 부분을 더 잘할 수 있었겠나?"

"그게 다였어요. '잘했어!' 같은 말은 없었죠. '훌륭했어!' 같은 말도 없었어요. 그런 말은 전혀 없었어요. 스스로 얼마나 잘했다고 생각하든 그런 건 중요하지 않아요." 비볼리는 말했다. "자랑스러워하는 건 괜찮아요. 하지만 가장 중요한 건 더 나아지려고 하는 거예요."[2]

젠슨은 자기 자신에게도 관대하지 않았다. 영업 임원인 앤서니 메데이로스는 젠슨의 자기비판 성향에 대한 습관, 또는 능동적 자기관리가 드러났던 어떤 회의에 대해 기억한다.

"이 일은 절대 잊지 못할 거예요. 우리는 그때 환상적인 결과를 냈죠. 그 분기 성과가 정말 대단했거든요. 그런데 그 분기 실적 회의에서 젠슨이 모두의 앞에 섰습니다.[3]

젠슨의 입에서 나온 첫 마디는 이랬다. "전 매일 아침 거울을 보며 이렇게 말합니다. '너 정말 형편없구나.'"

메데이로스는 이렇게 큰 성공을 거둔 사람이 여전히 자신을 그런 식으로 생각한다는 사실에 놀랐다. 하지만 어쨌든 그것이 바로 젠슨이 스스로를 포함해 엔비디아의 모든 직원이 자신의 일에 적용하길 원하는 방식이었다.

자신의 일을 하라.

과거의 영광에 너무 빠지지 말라.

미래에 집중하라.

젠슨이 선호하는 직설적인 접근 방식은 조직구조에도 영향을 미쳤다. 엔비디아는 초기에 내부 직원 간의 협력이 제대로 이뤄지지 않아 파산 직전까지 갔었다. NV1의 경우처럼 칩 전략이 시장 요구와 맞지 않거나, RIVA 128처럼 훌륭한 칩이 제조 관련한 업무를 제대로 실행하지 못해 발목을 잡혔다. NV30에서 있었던 일처럼 중요한 파트너와의 갈등이 기술적 문제로 연쇄 반응을 일으켜 전체 칩 제품군을 망가뜨리기도 했다.

이 세 가지 사례에서 젠슨은 실패의 책임을 외부 요인에 돌리지 않았다. 엔비디아 스스로가 기존 방식에서 벗어날 능력이 없었기 때문이라고 정면으로 인정했다. 젠슨은 "엔비디아가 작은 회사였을 때도 사실 꽤 관료적이고 정치적인 부분들이 있었다."라고 말했다.[4]

오랜 시간 동안 젠슨은 원점에서부터 이상적인 조직을 만든다면 어떻게 만들까를 고민했다. 젠슨은 훨씬 더 수평적인 구조를 택해 직원들이 더 독립성을 갖고 행동하게 만들겠다는 결론에 도달했다. 게다가 수평적 구조에서는 스스로 생각하는 일에 익숙하지 못하고 지시 없이는 움직이지 못하는 저성과자들을 자연스럽게 솎아낼 수 있었다.

젠슨의 뜻은 명확했다. "훌륭한 사람들을 자연스럽게 끌어당기는 회사를 만들고 싶었어요."[5]

젠슨은 전통적인 피라미드형 기업 조직이 마땅치 않았다. 경영진이 꼭대기에 있고, 여러 계층의 중간관리자들이 중간에 있으며, 일반 직원들이 가장 밑바닥에서 이를 떠받치는 조직구조는 탁월함을 양성하겠다는 목적과 대치된다고 생각했다. 젠슨은 엔비디아를 피라미드 구조 대신 컴퓨터 스택[*], 또는 짧은 원기둥 형태로 재구성하고자 했다.

젠슨은 말했다. "첫 번째 계층은 고위 직원들입니다. 가장 관리가 덜 필요한 계층이라고 생각할 수 있죠. 그들은 자신이 뭘 하는지 알아요. 자기 분야에서 전문가들이거든요."

그는 이들에게 경력 코칭을 하기 위해 시간을 쓰고 싶지 않았다. 대부분이 이미 경력의 정점에 도달한 상태였기 때문이다. 그래서 이런 직원들과는 열린 주제를 가지고 직접 피드백을 주기 위해 일대일로 만나는 경우가 드물었다. 대신 그는 그들에게 조직 전반에서 모인 정보를 자신의 가이드와 함께 제공하는 일에 더 집중했다. 이를 통해 회사의 모든 조직이 일치된 방향으로 조화롭게 동작하게 하고, 젠슨 스스로도 실제로 가치를 창출하는 방식으로 더 많은 임원을 관리할 수 있었다.

엔비디아의 현재 조직구조는 대부분의 미국 기업과 뚜렷한 대조를 보인다. 많은 기업의 CEO가 소수의 직속 보고자를 둔다. 2010년대에 젠슨은 'e-스태프'라 불리는 리더십 조직에 40명의 임원을 두고 모두 직접 자신에게 보고하게 했다. 오늘날 이 숫자는 60명 이상으로 늘어났다.[6] 젠슨은 새로운 이사회 멤버들이

---

* computer stack. 스택은 데이터구조 중 하나로 후입선출 방식으로 동작한다. 따라서 개념도로는 주로 끝이 막힌 원기둥으로 표현한다.

엔비디아에 합류해 그의 행정적 부담을 줄이기 위해 최고운영책임자^{COO}를 채용하라고 권고했을 때조차도, 자신의 관리 철학을 바꾸기를 거부했다.

젠슨은 항상 이렇게 대답했다. "아니요, 괜찮습니다. 지금 방식대로 해야 지금 무슨 일이 일어나는지 모두가 알 수 있어요." 그는 다른 직원들과 자신이 직접 커뮤니케이션하는 방식을 가리키며 덧붙였다.[7]

e-스태프 회의에 많은 임원이 참여하는 구조는 투명성이 높은 문화와 지식 공유 문화를 조성했다. e-스태프와 가장 하위 직급 사이에 계층이 많지 않기 때문에 조직 내에서 누구든 회사의 문제를 해결할 때 도움을 주거나 잠재적인 이슈에 미리 대비할 수 있었다.

전 마케팅 임원인 올리버 발투치는 엔비디아 동료들이 이전 직장에서 본 사람들과 비교해 얼마나 대응속도가 빨랐는지에 대해 깊은 인상을 받았다. "가장 큰 차이점은, 누군가에게 어떤 일을 요청했을 때 단 한 번만 말해도 된다는 것이었습니다. 그냥 바로 처리됐거든요. 두 번 요청할 필요가 없었어요."[8]

엔비디아 데이터센터 사업부 총괄 매니저였던 앤디 킨은 젠슨이 주요 경쟁사들의 전통적인 조직구조를 화이트보드에 그려 설명했던 일을 기억한다. 젠슨은 이를 '거꾸로 된 V 구조'라고 불렀다. 거의 모든 회사가 이런 구조였다. 젠슨은 설명했다. "관리자가 되면 자신의 거꾸로 된 V를 구축하고 이를 방어하게 되죠. 그리고 부사장이 되면 더 많은 거꾸로 된 V들을 거느리게 됩니다."

킨은 다른 회사에서는 대개 자신의 직속상사보다 한두 단계 높은 임원과 이야기하는 것을 꺼린다고 말했다. "아무도 좋아하지 않아요. 그냥 말도 안 되는 거죠, 그렇지 않나요? 엔비디아에서는 절대 그렇지 않았어요." 킨 자신은 직속상사와 한 달에 한두 번 대화했지만, 젠슨과는 한 주에 두세 번씩 대화했다고 한다. "젠슨은 자신이 직접 관리할 수 있는 회사를 만들었습니다. 엔비디아와 다른 회사 간에는 엄청난 문화적 차이가 있습니다."[9]

킨은 엔비디아에서 보게 된 개방성에도 크게 놀랐다. 그는 엔비디아에 총괄 매니저 직급으로 합류했는데 모든 이사회 회의와 외부 행사에 참석할 수 있는 권한이 있었다. 일반적인 CEO는 주요 임원 회의를 할 때 회의실에서 8명에서 9명 정도의 인원과 함께하는데, 젠슨의 회의는 많은 인원이 넓은 공간을 꽉 채웠다. "젠슨이 임원진에게 무엇을 이야기하는지 모두가 들을 수 있었습니다. 모든 임직원이 동기화될 수 있었죠."

중요한 정보를 공유해야 하거나 사업 방향에 변화가 있을 예정일 때, 젠슨은 엔비디아의 모든 직원에게 동시에 알리고 피드백을 요청한다고 한다. 젠슨은 말했다. "일대일이 아니라 다수의 직접 보고를 늘렸더니 조직은 수평적으로 만들어졌고, 정보는 빠르게 전파되고, 직원들은 더 많은 권한을 받게 되었습니다. 이 알고리즘은 참 잘 설계됐어요."

대부분의 대기업 조직은 서로 경쟁하는 임원들이 관리하는 여러 사업 조직으로 나뉘어 있다. 이런 개별 조직들은 장기 전략 계획에 묶여 있고, 자원을 확보하기 위해 내부에서 서로 다투어야 한다. 그 결과, 조직은 느리게 움직이게 된다. 우유부단함이 생긴다. 대규모 프로젝트는 여러 이해관계자와 의사결정 계층의 승인을 기다리느라 정체된다. 어떤 의사결정자가 정치적 속내 때문에 일방적으로 진행 속도를 늦출 수도 있다. 어려운 시절이 되면 회사는 예산 목표를 맞추기 위해 최고의 성과를 내는 직원들까지 포함해 직원들을 줄여야 한다. 이 모든 요소가 회사 전체 차원에서 근시안적 사고와 정보 독점을 키운다. 보통의 기업 조직구조는 회사를 원팀으로 만들지 않고 일종의 유해한 환경을 형성해 유능한 인재들이 회사를 떠나게 만든다.

젠슨이 표현한 대로 "회사의 크기는 일을 잘 수행하는 데 필요한 만큼 커야 하지만, 동시에 가능한 한 작아야 한다." 그리고 과도한 행정요소나 절차 때문에 발목이 잡혀서는 안 된다.

젠슨은 이렇게 하기 위해 관리와 감독만 하는 영구적인 전문 관리자 계층에 의존하지 않고, 엔비디아가 비즈니스 목표에 집중하도록 만드는 훨씬 더 유동적인 조직 체계를 만들기로 했다. 그리고 젠슨 스스로가 장기적 관점을 가진 사람이었음에도 회사에서 장기 전략을 세우는 관행을 없애기로 했다. 때로는 가던 길에서 벗어나 우회로를 찾아야 하는데, 이미 계획이 있으면 그럴 때도 정해진 길을 따르게 되는 문제가 있기 때문이다.

"전략은 미사여구가 아닙니다. 전략은 행동입니다. 우리는 주기적인 계획 체계로 움직이지 않습니다. 그 이유는 세상 자체가 살아 움직이기 때문입니다. 우리는 그저 계속 계획을 세우면서 일하는 겁니다. 5년 주기 계획 같은 건 존재하지 않습니다." 젠슨의 말이다.

또한 젠슨은 직원들에게 그들의 '궁극적인 상사는 임무 그 자체'라고 말한다. 무언가를 결정할 때는 상사가 출세하는 길을 닦기 위해서가 아니라 고객의 이익을 위해서 결정해야 한다는 뜻이다. "임무가 곧 상사라는 개념은 참 합리적이에요. 우리는 특정 임무를 수행해 목표를 실현하기 위해 여기 있는 것이지, 어떤 특정 조직을 위해 존재하는 게 아니거든요. 사람들로 하여금 조직이 아닌 일에 대해, 위계가 아닌 일 자체에 대해 생각하게 만들었어요."[10]

'임무가 곧 상사다'라는 철학 아래, 젠슨은 새로운 프로젝트를 시작할 때마다 '파일럿 인 커맨드$^{PIC, Pilot in Command}$(지휘권이 있는 조종사)'라는 이름의 리더를 지정해서 젠슨에게 직접 보고하도록 했다. 그는 이 방식이 기존의 개별 부서 형식의 구조보다 훨씬 더 큰 책임감과 동기를 만들어냄을 깨달았다.

재무 임원이었던 시모나 얀코프스키는 PIC에 대해 설명했다. "모든 프로젝트에 항상 파일럿 인 커맨드 즉, PIC가 있어요. 젠슨은 어떤 프로젝트나 목표에 대해 이야기할 때 항상 이름을 대길 원합니다. 아무도 '그 일은 이런저런 팀이 하고 있어요'라는 식으로 숨을 수 없어요. 모든 것에 반드시 이름표를 붙여야 했죠. 누가 PIC고 누가 책임을 지는지 알아야 했거든요."[11]

그 정도 수준의 책임을 요구받는 대신, PIC는 젠슨의 권위를 나눠 받아 조직 전체에서 우선적 지원을 받을 수 있었다. 젠슨이 엔비디아 직원들을 영업, 엔지니어링, 운영 등 기능을 중심으로 구성된 그룹으로 조직하자, 이들은 사업 부서나 부문으로 나뉘지 않고 인재가 한 군데 모여 있는 풀처럼 취급됐다. 이를 통해 적절한 기술을 가진 직원들을 필요에 따라 그때그때 프로젝트에 배치할 수 있었다. 이것은 미국 기업에 항상 존재하는 문제인 상시 고용 불안정성을 완화하는 데도 도움이 되었다.

"엔비디아는 사람들을 계속 해고하고 다시 채용하는 짓을 하지 않아요." 글로벌 필드 운영 책임자인 제이 푸리는 말했다.[12] "이미 있는 사람들을 활용해서 새로운 임무에 맞게 재배치하죠." 엔비디아의 관리자들은 영역싸움을 하려는 의식이나 휘하 직원을 '소유'한다는 생각을 버리고, 직원들이 다양한 업무 그룹 사이를 이동하는 일에 익숙해지도록 훈련받았다. 덕분에 대기업에서 가장 큰 마찰의 원인 중 하나를 줄일 수 있었다.

"관리자들은 더 큰 조직을 이끌어야 힘을 가진다고 생각하지 않았어요." 푸리는 이어서 말했다. "엔비디아에서는 놀라운 일을 해내야 힘을 얻습니다."

젠슨은 이런 변화가 엔비디아를 훨씬 더 빠르고 효율적으로 만들었다고 생각한다. 직원들이 직급에 관계없이 모든 결정에 기여할 권한을 부여받자 의사결정이 보다 신속하게 이루어졌다. 논쟁이 있는 경우 결론은 오직 정보, 데이터, 이익 수준을 근거로 결정되었다. 리더가 승진하거나 보너스를 얻고자 하는 속내, 그런 리더가 다른 사람들을 구워삶거나 압력을 넣는 재주에 따라 결정되는 일은 없었다.

무엇보다도 이런 수평적인 구조 덕분에 젠슨은 자신의 귀중한 시간을 영역 다툼을 중재하는 데 쓰지 않고, 회의에서 자신의 결정에 대한 근거를 설명하는 데 쓸 수 있게 되었다. 그는 조직구조의 평평함이 엔비디아의 전략적 조화를 유지하고 모두를 임무에 집중시키는 핵심 요소라고 생각했다. 그리고 저연차 직원들에게 고위 리더가 어떻게 문제를 고민하고 해결하는지 보여줄 수 있는 기회라고 생각했다.

"엔비디아에서 직원들은 이렇게 말해요. '근거를 말씀드릴게요'라든가 '왜 제가 저렇게 했는지 설명하겠습니다'라고 하죠. 또는 '이런 아이디어들을 어떻게 비교하고 대조할 수 있을까요?'라고도 해요. 이렇게 관리자 역할을 하는 자체가 정말로 직원들에게 권한을 위임하는 것입니다." 젠슨은 말했다.

물론, 직원들이 젠슨과 그의 의사결정 방식을 가까이에서 계속 접한다는 얘기는 다시 말해 임원이나 PIC에 대한 공개적인 질책까지 같이 겪어야 한다는 뜻이기도 하다. 젠슨은 이러한 고통스러운 순간들을 회사의 효율성을 높이기 위한 필연적인 조치로 받아들였다. 문 닫힌 회의실에서 일대일로 개인 피드백을 제공하는 방식은 별도의 회의 일정을 잡아야 하기 때문에 자신과 회사의 속도를 늦출 뿐만 아니라, 저연차 직원들에게 학습 기회를 빼앗는 결과를 초래하기 때문이었다.

젠슨은 이렇게 설명했다. "저는 사람들을 따로 불러내지 않아요. 우리 회사에서 최적화란 다른 사람을 민망하게 하지 않으려고 하는 게 아니죠. 회사가 사람들의 실수에서 배우게 하려고 하는 거예요. 만약 리더가 약간의 민망함을 감당하지 못하면 저에게 와서 얘기하면 돼요. 하지만 그런 일은 한 번도 일어나지 않았죠."[13]

모든 것이 회의에서 전달될 수는 없었다. 젠슨은 엔비디아처럼 크고 분산된 조직을 운영하면서, 동시에 모든 임직원이 올바른 우선순위로 일할 수 있도록 회사 내부에서 무슨 일이 일어나고 있는지 어떤 식으로든 계속 확인해야 했다. 다른 회사에서라면, 아마 임원이 부하직원에게 시켜 형식을 갖춘 현황보고서를 받아 확인할 것이다. 그러나 엔비디아의 경영진은 이런 현황보고서가 지나치게 미화된 좋은 말만 담고 있어 쓸모없는 경우가 많다고 생각했다. 끓고 있는 갈등을 암시하는 모든 내용 즉, 현재의 문제, 예상되는 장애물, 인사 관련 문제 등은 삭제하고 하하호호하는 화목하고 조화로운 모습만 의사결정권자에게 전달되곤 했던 것이다.

그래서 젠슨은 모든 직원들에게 이메일을 써서 자신이 작업

중인 '탑5(상위 5가지)' 항목과 자신이 시장에서 최근 관찰한 내용을 상세히 기술하도록 했다. 후자에는 고객의 불만 사항, 경쟁사의 움직임, 기술 개발, 프로젝트 지연 가능성 등이 포함될 수 있었다.

엔비디아 초창기 직원인 로버트 송고르는 이렇게 말했다. "이상적인 탑5 이메일 형식은 5개의 목록 기호를 넣고 첫 번째 단어에 행동을 나타내는 단어를 쓰는 겁니다. '마무리하다', '구축하다', '확보하다' 같은 단어로 시작하는 거죠."[14]

젠슨은 이메일을 더 쉽게 분류하기 위해 이메일 제목란에 주제를 태그 형식으로 기재하도록 지시했다. 예를 들면, '클라우드 서비스 제공업체', 'OEM', '헬스케어', '소매시장'과 같은 식이었다. 이렇게 함으로써 젠슨은, 예를 들어 최근에 받은 '하이퍼스케일러hyperscaler ● 고객계정'에 대한 이메일을 전부 보고 싶을 때 키워드 검색으로 쉽게 찾을 수 있게 한 것이다.

탑5 이메일은 젠슨에게 아주 요긴한 피드백 채널이 되었다. 그는 이를 통해 저연차 직원들에게는 명백히 보이지만, 자기나 e-스태프들에겐 보이지 않던 시장 변화의 신호를 미리 파악할 수 있었다.

젠슨은 직원들로부디 왜 탑5 이메일 방식을 좋아하는지 질문을 받자 이렇게 얘기했다. "전 약한 신호를 탐지하려고 합니다.

● 　대규모 컴퓨팅 및 스토리지 리소스를 제공하는 대형 클라우드 서비스 공급업체. AWS, MS Azure 등이 이에 속한다.

강한 신호를 감지하는 것은 쉬워요. 하지만 전 그 신호가 약할 때 탐지하고 싶어요."

그는 e-스태프에게는 좀 더 신랄하게 말했다. "오해하지 말고 들으세요. 여러분에겐 제가 상당히 중요하다고 생각한 신호를 감지할 만한 지적 능력이나 그 외 수단이 부족할 수 있습니다."[15]

그는 매일 100여 통의 탑5 이메일을 읽으며 회사 내부에서 무슨 일이 진행되고 있는지에 대한 그림을 머릿속에 그렸다. 그리고 일요일마다 그가 가장 좋아하는 싱글몰트 하일랜드파크 스카치위스키 한 잔을 따라 마시며, 좀 더 시간을 들여 탑5 이메일을 읽었다. 그가 재밌다고 생각한 방식이었다. "스카치를 마시면서 이메일 업무를 처리하는 사람이야, 내가."

탑5 이메일은 새로운 시장에 대한 깨달음의 원천이 되었다. 젠슨은 새로운 시장에 관심을 가지게 되면 이 이메일들을 활용해서 거의 실시간에 가깝게 자신의 전략적 사고를 다듬었다. 예를 들어, 젠슨은 직원들이 쓴 몇몇 탑5 이메일에서 머신러닝 유행에 대해 읽었고, 엔비디아가 이 시장을 활용할 정도로 빨리 움직이고 있지 않다고 판단했다.

"계속 반복되는 문제네요. 전 우리가 RAPIDS라는 기술에 충분히 투자하지 않았다고 생각합니다."

임원이었던 마이클 더글러스는 젠슨이 이렇게 말한 순간을 기억했다. 젠슨은 바로 아래 사람들을 시켜 RAPIDS CUDA 라이브러리 개발에 소프트웨어 엔지니어를 더 많이 투입하라고 지시했다. 이 라이브러리는 나중에 GPU에서 데이터 과학과 머신 러닝 작업 처리를 가속화하기 위한 중요 자원이 되었다.

젠슨이 도입한 엔비디아의 이메일 문화는 그때도 지금도 매우 철저하다.

"제가 여기에서 아주 빨리 배운 게 있는데, 젠슨에게 이메일을 받았다면 그 즉시 실행해야 한다는 거였습니다." 마이클 더글러스는 말했다.[16] "어떤 것도 놔두지 않습니다. 어떤 것도 묵히지 않습니다. 답장을 하고 바로 움직여야 합니다." 인사 책임자였던 존 맥솔리도 동의했다.[17]

젠슨은 종종 이메일을 받고 몇 분 내에 답장했고, 직원들에게서 최대 24시간 내에 회신을 받기를 원했다. 답장의 내용은 신중해야 했고, 구체적인 데이터로 뒷받침되어야 했다. 젠슨의 높은 기준에 미치지 못한 내용은 젠슨 특유의 냉소적인 반응을 받았다. "흠, 그렇습니까?"라는 식이었다.

젠슨의 번개 같은 답장 속도를 알게 된 직원들은 탑5 이메일을 보내는 시간을 전략적으로 정하기 시작했다. 엔비디아의 전 직원 중 한 명은 이렇게 말했다. "금요일 밤에 보내는 건 항상 조심해야 합니다. 젠슨이 더 늦은 금요일 밤에 답장을 보낼 테니까요. 그렇게 되면 주말은 사라지는 거예요."[18]

그래서 직원들은 일요일 밤늦게 탑5 이메일을 보냈다. 젠슨이 그의 집에 갖춰진 사무실에서 스카치를 손에 들고 자리에 앉을 즈음을 겨냥한 선택이었다. 이렇게 하면 직원들은 한 주가 시작

3부 익스포넨셜(Exponential): 폭발적 성장

하는 월요일 아침에 그의 지시에 바로 대응할 수 있었다.

생명과학 분야 제휴 매니저였던 마크 버거는 처음으로 탑5 이메일을 보내면서 자기도 모르게 젠슨의 모든 짜증 포인트를 건드리는 실수를 저질렀다. 그는 이메일에서 자신이 맡은 시장에서의 GPU 판매를 예측해보려고 했다. 젠슨은 평소 생명과학 분야에서는 충분한 진전이 없었다고 생각해왔는데, 마침 버거의 분석을 보자 빈틈이 많은 것이 보였다. 회사의 CEO는 버거에게 다시 질문을 했다. 캘리포니아 대학교 샌디에이고 캠퍼스에 있는 샌디에이고 슈퍼컴퓨터 센터에 연구실을 마련한 로스 워커 교수와 얘기할 생각을 왜 못 했는지 말이다. 버거는, 학계에서는 GPU가 연구실에서 실제로 어떻게 사용되는지 구체적으로 알지 못할 거라 생각해 워커 교수에게 자문을 구하지 않았음을 인정했다. 젠슨은 버거에게 신랄한 질책을 퍼부으며 더 많은 정보를 수집할 방법을 찾아내야 한다고 다그쳤다.

이 경험은 버거를 당황하게 했지만, 동시에 더 나은 직원으로 성장하게 했다. 그는 몇 년 후 회상했다. "젠슨에게는 절대 허튼소리를 하면 안 됩니다. 허튼소리를 하면 당신의 평가는 끝장이에요. 적절한 대답은 '젠슨, 잘 모르겠습니다. 하지만 알아보겠습니다'인 거죠."[19]

충분히 혼난 버거는 곧바로 워커에게 연락했다. 두 사람은 GPU를 사용하는 생명과학 분야 학자들을 대상으로 하는 설문조사를 설계했다. 이 설문조사는 답하는 데 30분이나 걸리는 분량이었다. 하지만 질문에 전부 답한 과학자들에게 게임용 GPU를 받을 수 있는 추첨에 응모할 기회를 제공했기에 설문조사는 순조롭게 진행됐다. 그 결과 버거와 워커는 350명의 과학자로부터 그들이 설치한 소프트웨어, 모델링 프로젝트의 규모, 엔비디아로부터 원하는 기능, 자신의 정보가 포함된 상세한 응답을 받았다. 보물창고와도 같은 데이터였다. 이후 버거가 후속 회의에서 이를 발표하자, 젠슨은 마침내 버거가 자신이 맡은 시장을 충분히 조사해야 할 기본 의무를 다했다며 만족감을 표했다.

젠슨은 회사에서 항상 〈스타트렉〉에 나오는 벌칸 종족의 정신결합에 가까운 상태를 달성하려고 노력했다. 이는 직원들의 정신을 자신의 정신과 융합하는 상태를 말한다. 앞에서 언급했듯이 젠슨이 자신의 생각을 다른 직원들에게 보여줄 때 가장 선호하는 도구는 화이트보드다.

젠슨의 화이트보드 방식은 다른 미국 기업들이 소통하는 방식과는 대조적이다. 이들은 파워포인트 프레젠테이션으로 발표자가 여러 장의 슬라이드를 보여주며 정보를 전달하고, 청중은 이를 쓰인 그대로 수용한다. 젠슨은 이런 정적인 회의 방식은 주제를 깊게 논의할 기회도, 함께 고민한 기회도 없다며 좋아하지 않았다.

젠슨은 화이트보드 앞에 서면 특정 시장을 어떻게 정리할지, 특정 제품의 성장을 어떻게 가속할지, 그리고 특정 프로젝트와 관련된 소프트웨어 또는 하드웨어 기술 스택 등을 대략적으로 쓴다. 젠슨처럼 화이트보드를 사용하면 이미 다 된 작업의 검토가 아니라 문제 해결에 집중하는 종류의 회의가 된다.

제이 푸리는 말했다. "젠슨은 회의에 들어가면 중요한 이슈가 무엇인지 우선순위를 정리하고, 가장 중요한 문제부터 시작해 문제를 해결해가기를 원합니다."[20]

탑5 이메일과 달리, 화이트보드는 엔비디아 설립 당시부터 일상적 도구로 자리 잡았다. 엔비디아는 처음부터 이 같은 협업 문화를 고려해 현재의 본사 메인 사옥인 2017년 준공 건물 '엔데버'*와 2022년 준공 건물 '보이저'**를 설계했다. 이 건물들에는 완전히 공개된 업무 공간이 있으며 수십 개의 회의실에 벽 전체를 덮는 크기의 화이트보드가 설치되어 있다. 회사는 직급과 무관하게 모든 직원이 이 화이트보드를 가능한 한 많이 사용하기를 원한다.

예를 들면, 젠슨은 분기마다 대형 회의실에서 엔비디아 리더급 직원 수백 명을 모아놓고 회의를 한다. 이 회의에서 각 부서의 총괄 관리자는 화이트보드 앞에 나와 자신이 담당하는 사업에 대해 발표해야 한다. 이들은 화이트보드를 활용해 사업 내용을 얘기하고, 자신이 하는 일을 설명하고, 자신이 이미 가정하는 내용에 대한 도전적 질문들을 받는다. 젠슨은 맨 앞줄에서 다

●　　　　Endeavor. '노력'이란 뜻이다.
●●　　　Voyager. '여행자'란 뜻이다.

른 고위 임원들과 함께 앉아 있다가, 화이트보드 앞에 서 있는 발표자에게 세부적인 질문을 던진다. 화이트보드를 좀 더 활용해서 설명해야 하는 질문들이다.

"정확히는 사업 현황을 검토한다기보다 뭔가 미래지향적인 논의를 하는 회의였어요." 앤디 킨은 당시를 떠올리며 말했다. 젠슨은 분기별 실적을 과거 몇 달 또는 몇 년 전에 내리고 실행한 의사결정들의 결과를 합한 최종 점수판으로 보았다. 그는 모든 직원이 과거 의사결정 당시에 더 나은 결정을 내릴 방법이 있었을지, 그리고 그렇게 과거에서 얻은 교훈을 이용해서 특히 자원배분과 전략 결정과 관련해 현재 및 미래에 더 나은 결정을 할 방법이 무엇일지, 끊임없이 성찰하기를 원했다. 심지어 성과가 좋더라도 적극적인 태도를 계속 유지하고자 했다.

"제일 중요한 건 더 나아질 방법이었죠. 언제나 더, 더, 더, 하라는 압박이 있었어요." 킨은 말했다.

화이트보드 설명 방식 덕분에 임원들은 본질적인 내용을 뽑아낼 수 있었다. 모든 발표자는 빈 화이트보드에서 시작했기 때문에 과거를 잊고 현재 중요한 사항에 집중해야 했다.

"모든 회의가 화이트보드 중심으로 진행되었어요." 엔비디아 임원이었던 데이비드 라고네스는 말했다.[21] "양방향 대화로 이루어졌죠. 발표자가 앞에 있는 화이트보드에 내용을 쓰는 동안 젠슨이 다른 화이트보드로 튀어 나가 자신의 생각을 적는 식이었어요. 그는 일단 발표자의 해당 문제에 대한 이해 수준과 어떤 식으로 그 문제를 생각하는지 확인한 다음, 자신의 생각을 설명하고 싶어 했어요."

회의가 끝날 때가 되면, 젠슨은 참석자들이 화이트보드에 도출한 새로운 아이디어들을 요약 정리하곤 했다. 방향성이나 책임에 대해 오해가 없도록 하기 위해서였다.

젠슨의 부하직원들은 젠슨이 언제나, 심지어 출장 중일 때도 화이트보드를 사용하고 싶어함을 알게 됐다. 마이클 더글러스는 젠슨과 함께 출장을 갈 때마다 출장지에 항상 큰 화이트보드가 준비되어 있게 신경썼다. 때로는 현지에서 화이트보드를 빌리거나 사야 하는 경우도 있었지만 어쩔 수 없었다.

더글러스는 말했다. "다섯 명이 옮겨야 할 정도의 화이트보드라면 그게 적당한 크기예요. 젠슨에게는 그 정도 화이트보드 영역이 필요해요."[22]

좋은 스카치 위스키 외에 젠슨의 몇 안 되는 사치스러운 취향 중 하나는 화이트보드 마커 브랜드였다. 그는 대만에서만 판매되는 폭 12mm의 납작하고 넓은 팁 형태로 된 마커를 고집한다. 회의실 뒷줄에 앉아 있는 직원들도 글씨와 그림을 볼 수 있어야 하기 때문이다. 엔비디아 직원들은 이 마커 재고를 넉넉히 준비해두어야 한다.

젠슨은 엔비디아에 널리 퍼진 화이트보드 문화에 대해 마치 그냥 어쩔 수 없이 쓴다는 식의 무심한 태도를 보였다. "프로젝터가 없으니 화이트보드를 쓸 수밖에 없죠. TV도 없고 제가 슬

라이드도 좋아하지 않으니, 그냥 이야기하고 그리는 거예요." 그는 어깨를 으쓱하며 말했다.[23]

하지만 화이트보드 방식에는 그 이상의 의미가 있다. 화이트보드 방식은 사람들에게 철저함과 투명성을 요구한다. 발표자는 화이트보드 앞으로 나갈 때마다 항상 아무것도 없는 깨끗한 상태에서 시작해야 하기 때문에 자신의 생각을 가능한 한 명확하고 빈틈없게 그려내야 한다. 발표자가 뭔가를 생각하지 못했거나 잘못된 가정에 기반해 논리를 쌓았다면 즉시 드러날 수밖에 없다.

반면, 슬라이드 방식의 프레젠테이션에서는 완성되지 않은 아이디어들을 화려한 서식이나 속기 쉬운 텍스트를 내세워 숨길 수 있다. 그런데 화이트보드 앞에서는 숨을 곳이 없다. 그리고 발표자의 생각이 훌륭했다 하더라도 화이트보드 발표가 끝날 때는 전부 지우고 새로 시작해야 한다.

엔비디아는 매출 규모가 커지고, 내부 조직구조가 다듬어지고, 직원들의 지적 능력의 총합이 향상되었기 때문에 그 결과로 성숙한 기업이 된 것이 아니다. 엔비디아가 성숙한 기업이 된 이유는 젠슨이 조직을 사내 정치의 역기능과 무질서로부터 지속적으로 벗어나게 하는 방법을 깨달았기 때문이다. 공개적인 직접 피드백, 탑5 이메일, 미리 작성된 파워포인트가 아니라 화이트보드로 발표하도록 요구하는 등의 여러 메커니즘을 이용했다. 이를 통해 엔비디아는 구성원들이 정확성과 철저함을 추구하고 집단 사고와 관성을 배척할 수 있도록 만들었다. 이런 운영 원칙들이 바로 엔비디아가 새로운 기회를 빠르게 포착하고 활용할 수 있었던 원동력이다.

만약 엔비디아가 일반적인 기업 형태에서 진화하지 못했다면, GPU를 발명하거나 CUDA를 개발할 수 없었을 것이다. 젠슨이 있었다 해도 결국 두 번째 10년 주기를 맞이하지 못했을 가능성이 크다. 그러나 젠슨이 마침내 구축한, 대부분의 미국 기업이 따르는 베스트 프랙티스best practice(이미 입증된 표준적 방법)와는 정반대인, 새로운 조직 역학 덕분에 엔비디아는 영원히 냉혹하고 험난할 것만 같은 시장의 압박 속에서도 위기를 견뎌내고 번영할 수 있었다.

10

엔지니어의 뇌를 가진 경영자

"

젠슨은 정말 소름 돋았어요.
모든 회의에서 그는 모르는 게 없었어요.

"

내가 일을 시작한 초기에 직업을 바꾸기로 결심하고 컨설팅 업계를 떠나 작은 기술 펀드에서 주식 애널리스트로 일하게 되었을 때, 처음으로 월스트리트의 주요 투자 컨퍼런스에 참석했던 기억이 생생하다. 나는 CEO들이 발표한 이후에 이어지는 개별 Q&A 시간을 기대하고 있었다.

AOL과 타임워너가 합병해 출범한 거대기업의 CEO였던 고故 제럴드 레빈의 Q&A 시간에 나는 이 거대기업이 AOL의 기술과 플랫폼을 어떻게 활용할 계획인지에 대해 다소 냉소적이고 기본적인 전략적 질문을 던졌다. 그의 답변은 매우 당황스러웠다. 레빈은 질문에 대해 설득력 있는 답변을 하는 대신, 갑자기 너무 이해하기 힘든 온갖 신조어와 유행어를 섞어 AOL 인스턴트 메신저의 영향력과 기능에 대한 강의를 시작했다.

당시 나는 직접 컴퓨터를 조립하고 태동기에 있던 인터넷 공부에 상당한 시간을 투자하고 있었기에 레빈이 AOL의 제품이 실제로 어떻게 작동하는지 이해하지 못하고 있다는 걸 확실하게 알 수 있었다.. 이렇게 기술적 지식이 부족한 경영전문가가 어떻게 세계 최대의 미디어 테크기업 중 하나를 이끌게 되었는지 의문이 들었다.

하지만 레빈이 그다지 특별한 케이스가 아님을 곧 깨달았다. 행동주의 투자자 칼 아이칸은 미국의 많은 기업이 다음 CEO를 결정하기 위한 수장 교체 절차를 제대로 처리하지 못한다는 이론을 주창했다. 그는 이를 '반다윈주의anti-Darwinian'라고 불렀다. 가장 적합한 종만이 살아남아 번식할 수 있는 냉혹한 자연선택 과정의 정반대를 의미한다.[1]

아이칸은 유능한 임원들이 종종 회사 내부에서의 행동 인센티브behavioral incentive 때문에 능력은 더 부족하지만 호감을 더 주는 사람들에게 밀려나는 현상을 확인했다. 회사 내에서 승진의 사다리를 오르는 인물의 성격은 미국 대학의 사교클럽 회장 같은 성격이다. 이들은 이사회와 친밀한 관계를 형성하면서 현 CEO에게 위협적인 느낌을 주지 않는다. 이들은 천재가 아니지만, 붙임성이 좋고, 기분이 안 좋을 때 함께 술 한잔하자는 제안에 항상 응하는 사람들이다. 아이칸의 표현에 따르면, 이런 인물들(대부분 남성이다)은 '가장 똑똑하지도, 가장 현명하지도, 가장 뛰어나지도 않지만, 호감을 주면서 어느 정도 믿을 만한' 사람이다.

CEO들은 자신의 자리를 지키고 싶어 한다. 따라서 자연스러운 본능으로 자신보다 더 총명하거나 잠재적으로 자신을 대체할 위험이 있는 직속 부하를 두고 싶어 하지 않는다. 그래서 자신보다 약간은 덜 영민한 사람을 선택하는 경향이 있다. 그리고 CEO가 자리에서 물러나면, 현재 이사회와 평화롭고 친근한 관계를 유지하는 평소 호들갑스러운 인사를 나누는 성격의 임원이 CEO 자리로 승진하게 되고 '비*적자생존' 현상을 이어간다. 그리고 이 새로운 CEO도 비슷한 주기를 반복한다.

지난 수십 년 동안 나는 기술과는 거리가 있는 경영이나 사업 쪽 배경을 가진 사교적 성향의 임원이 핵심 테크기업의 CEO가 된 경우를 여럿 보았다. AOL 타임워너와 제럴드 레빈의 조합처럼 그 결과는 그저 평범하거나 그 이하였다.

마이크로소프트의 스티브 발머가 전형적인 사례다. 발머는 P&G(프록터 앤 갬블)에서 마케팅 매니저로 시작해 스탠퍼드에서 MBA 과정을 밟고, 1980년 마이크로소프트에 입사했다. 그는 빌 게이츠가 고용한 최초의 비즈니스 매니저였으며 운영, 영업, 고위 경영직 직무를 거쳤지만 기술 쪽의 실질적 경험은 거의 없었다.

스티브 발머는 테크 업계에서 평판이 좋지 않았다. 〈월스트리트 저널〉 칼럼니스트였던 월트 모스버그가 스티브 잡스와의 일화를 이야기한 적이 있다.[2] 모스버그는 당시 애플 CEO였던 잡스와 인터뷰를 하고 있었는데, 잡스는 모스버그가 얼마 전 마이크로소프트를 방문했을 때 어땠는지 그에게 물었다. 잡스는 특히 발머가 여전히 그 소프트웨어 공룡을 경영하는 위치에 있는지 알고 싶은 것처럼 보였다. 모스버그가 그렇다고 말해주자 잡스는 잠시 멈칫하더니, 두 팔을 들어 환호하며 "좋아!"라고 외쳤다. 모스버그는 잡스가 빌 게이츠는 인정했지만, 발머는 거의 존중하지 않았다고 덧붙였다.

잡스는 옳았다. 발머가 이끄는 마이크로소프트는 모바일 컴퓨팅 전환을 놓쳤고, 에이퀀티브[aQuantive]와 노키아를 포함해 몇몇 끔찍한 기업인수 결정을 내렸다. 발머가 CEO로 있던 14년 동안 마이크로소프트의 주가는 30퍼센트 이상 하락했다.

애플도 한때 기술보다는 경영 쪽 배경을 가진 CEO 아래에서 비슷한 문제에 직면한 적이 있다. 1985년 애플 이사회가 잡스를 회사에서 쫓아낸 유명한 사건이 있었을 때, 그를 대체한 CEO는 펩시코*에서 마케팅 전문가로 일했던 존 스컬리였다. 애플은 점진적으로 더 개선된 컴퓨터를 조금씩 더 높은 가격으로 판매하는 전략 등이 먹히면서 초기에 어느 정도 성공을 거두었다. 그러나 이후 1990년대 초, 스컬리는 뉴턴 PDA**를 출시하거나 맥에

---

* PepsiCo, 우리가 알고 있는 펩시콜라 회사와 치토스 등을 만드는 제과회사 프리토레이가 합병한 회사이다.

** 1993년 애플에서 개발한 최초의 필기기능이 포함된 개인 태블릿으로 PDA(터치스크린을 주입력장치로 사용하는 개인용 디지털 단말기)의 표준을 확립하고 아이폰이나 아이패드의 전신이 되었으나, 판매량은 처참했다.

들어갈 프로세서로 파워PC를 선택하는 등 기술이나 제품에 대한 이해가 부족한 결정을 내렸다. 기술 혁신의 정체 때문에 애플은 10년 만에 파산 직전에까지 몰렸다.

발머와 스컬리는 윈도우의 다양한 버전이나 고가의 애플 파워북 노트북을 누구보다 잘 판매할 수 있었지만, 기술이 어디로 나아갈지 예측할 수는 없었다. 애플은 결국 Mac OS X의 기반이 된 기술을 개발한 잡스의 넥스트 컴퓨터를 인수한 뒤에야 애플 컴퓨터의 운영체제를 현대적 기준에 맞게 업그레이드할 수 있었다.

인텔에도 그런 사례가 있었다. 2016년 인텔의 최고재무책임자 CFO로 합류한 밥 스완은, 2년 후 CEO로 승진했다. 스완은 주로 재무 쪽 경력을 보유하고 있었다. 인텔에 오기 전에는 전 IBM 영업사원인 H. 로스 페로가 설립한 일렉트로닉 데이터 시스템스와 이베이에서 CFO를 역임했다. 스완의 리더십 아래 인텔은 개선된 칩 제조 기술 도입과 차세대 프로세서 전환이 여러 번 지연되었고 인텔의 핵심 CPU 경쟁사인 AMD에 뒤처졌다. 게다가, 스완의 주요 관심사는 수십억 달러 규모의 자사주 매입 프로그램과 수십억 달러의 배당금 지급으로 회사 주가를 부양하는 것처럼 보였는데 이는 연구개발 분야 예산에서 나온 돈이었다.

인텔은 너무 헛발질을 많이 한 나머지 여러 사업 분야에서 상당한 시장점유율을 잃었으며, CPU 기술에서 공고했던 선두 자리까지 AMD에 내주고 말았다. AMD는 당시 스완과 대조적으로, 확실한 엔지니어링 혈통의 리사 수가 이끌고 있었다.

　　　　　　　3부 익스포넨셜(Exponential): 폭발적 성장

스완은 인텔의 자원을 배분하고 관리하는 역량도 부족했다. 2010년대 후반 인텔도 엔비디아와 마찬가지로 인공지능에 많은 투자를 단행했다. 2016년 인텔은 딥러닝 스타트업인 너바나 시스템즈를 4억 800만 달러에 인수하여 AI 칩 개발에 나섰다. 이 듬해 AMD의 그래픽 칩 부문 책임자였던 라자 쿠드리를 영입해 인텔의 GPU 프로젝트를 맡겼다. 그 후 CEO가 된 스완은 2019년에 이스라엘 기반의 하바나 랩스를 20억 달러에 인수하며 인텔의 인공지능 포트폴리오를 더욱 확장했다. 그러나 인텔에는 응집된 전략이 없었다. 별개의 여러 AI 관련 칩 프로젝트를 독립적으로 진행하느라 자원과 관심이 분산되었다.

주된 이유는 스완이 자신이 경영하는 사업의 기술적 측면을 장악하지 못했기 때문이었다. 그는 회사가 어디에 시간을 집중해서 써야 하는지, 그런 결정을 내리는 역할을 누가 해야 하는지 결정할 지식이 없었다. 오히려 이것저것 끌어다가 보기 좋은 프레젠테이션만 만들어내는 사람의 의견에 너무 쉽게 영향을 받았다. 인텔의 전직 임원에 따르면 그 프레젠테이션에 현실적인 근거가 전혀 없는 경우에도 그랬다.

스완이 이끄는 인텔은 연이어 어설픈 결정을 내렸다. 거의 성공에 다다른 너바나 시스템즈를 포기한 사건이 대표적이다. 인텔은 그 대신 새로 인수한 하바나 랩스에서 AI 연구를 다시 시작했는데, 결과적으로 지난 수년간 개발에 투자한 시간을 날려버린 것과 다름 없었다.

엔비디아의 GPU 엔지니어링 책임자 조나 앨번은 인텔이 하바나 랩스를 인수한 후의 AI 전략계획에 대해 이렇게 평가했다. "인텔의 AI 전략은 마치 다트를 던지는 듯하다. 뭘 해야 할지 모르겠지만 뭐라도 사야 한다는 생각이 드는 것 같다. 그래서 아무거나 전부 사들인다."[3]

2021년 스완은 인텔 CEO 자리에서 물러났고, 인상적인 엔지니어링 계열 경력을 보유한 팻 겔싱어가 그의 뒤를 이어 CEO로 취임했다. 겔싱어의 첫 번째 의사결정 중 하나는 자사주 매입 프로그램을 중단하는 것이었다.

엔비디아는 젠슨 황이라는 기술 쪽 배경을 가진 CEO 덕분에 비슷한 함정을 피해갈 수 있었다. "그래픽 회사가 수십 개나 있지만, 젠슨 황을 만나보면 이 사람이야말로 비즈니스를 함께하고 싶은 사람이라는 걸 알게 됩니다." 엔비디아 초기 투자자이자 지금도 이사회 구성원인 텐치 콕스는 말했다. "그가 대단한 경영자인 이유는 그가 엔지니어이자 컴퓨터 공학자이기 때문이죠."[4]

엔비디아의 제품 매니저였던 알리 심나드는 젠슨의 엄청난 성실함 때문에 결국 시장에 출시하지 못한 와이파이 제품 프로젝트를 준비하던 때를 떠올렸다. "젠슨은 정말 소름 돋았어요. 회의에 가보면 그 제품에 대해 저보다 더 많이 알고 있었거든요."[5]

제품 회의를 진행하는 동안 젠슨은 다양한 와이파이 표준의 세부적 기술사항까지 모두 이해하고 있음을 분명히 보여줬다. 이 제품이 엔비디아의 전략에서 핵심적인 자리를 차지하지는 않았는데도, 젠슨은 여전히 시간을 들여 관련 기술과 사양을 완벽히 숙지했다. "젠슨은 모르는 게 없었어요. 그는 모든 회의에서 아마도 가장 잘 준비된 사람일 거예요."

젠슨 황은 엔비디아 내부의 다양한 주제별 이메일 토론 그룹에서 활발히 활동하며 기술 트렌드를 따라잡고 자신의 지식을 넓힌다고 알려져 있다. 젠슨은 엔지니어들이 최신 AI 기술 개발에 대해 논의하는 '딥러닝' 이메일 그룹에서 주기적으로 흥미로운 기사를 인용하여 전달한다.

"누구나 젠슨이 지금 무엇을 생각하는지 아주 잘 알 수 있었죠." 엔비디아 선임 연구과학자였던 레오 탬의 말이다.[6]

마케팅 임원이었던 케빈 크레웰은 2016년 스페인 바르셀로나에서 열린 NeurIPS 학회장 밖에서 젠슨과 마주쳤다. NeurIPS는 매년 12월 열리는 학회로, 머신러닝 및 신경과학 전문가들이 최신 연구 결과를 발표한다. 일반 대중에게도 일부 알려진 SIGGRAPH나 GDC와 달리, NeurIPS는 더 전문적인 내용을 다룬다.

크레웰은 발표자 목록에 젠슨이 없음을 확인하고는 그에게 무슨 일로 학회에 왔는지를 물었다. 젠슨은 이렇게 답했다. "배우러 왔죠."[7]

엔비디아의 CEO는 학회에 부하직원을 대신 보내어 필기하게 하지 않았다. 그는 인공지능 분야의 최신 발전 내용들을 흡수하기 위해 몸소 학회에 참석했다. 그리고 이 분야에 깊숙이 연결되고자 하는 의지로 여러 발표 세션에 들어가 발표자, 학생, 교수들과 적극적으로 대화를 나눴다. 나중에는 학회에서 만난 사람들을 채용하기 시작했다.

젠슨은 기술 자체에 대한 깊은 이해 없이는 자신의 역할을 효과적으로 수행할 수 없다고 여러 차례 말해왔다. "기술의 기반 내용을 깊이 이해해서 이 업계가 앞으로 어떻게 변할지 직관적으로 알 수 있어야 이 일을 할 수 있어요." 그는 이렇게 말한 적이 있다.[8] "앞으로 가야 할 길을 추론하고 미래를 내다보는 능력은 생존에 필수적입니다. 그 이유는 기술은 빠르게 바뀌지만, 뛰어난 솔루션을 개발하려면 몇 년씩 걸리기 때문이죠."

그 분야에 대한 전문성을 가지고 있어야만 어떤 프로젝트를 지원할지 결정하고, 그 프로젝트에 얼마나 시간이 걸릴지 추정할 수 있으며, 그래야만 적절히 자원을 분배하여 장기적인 수익을 최대화할 수 있다.[9]

세부사항에 너무 매몰되어 있으면 의사결정을 내리기가 힘들어진다. 훌륭한 리더는 모든 정보가 완벽하지 않더라도 결정을 내려야 한다. 이는 젠슨이 오리건 주립대학교에서 도널드 아모트 교수의 공학 수업을 들으며 배운 지식이기도 하다. 아모트 교수는 자신의 수업에서 항상 반올림한 숫자를 사용했다.

"전 그게 엄청 거슬렸어요." 젠슨은 말했다. "그때 지수와 소수점 셋째 자리 수준까지 나오는 현실에서 나온 수치를 다루고 있었거든요."[10] 그래도 아모트 교수는 그런 정밀도 때문에 너무 시간이 오래 걸리는 경우엔 정밀도를 포기했다. 예를 들면 0.68을 0.7로 반올림했다는 뜻이다. 그는 학생들에게 큰 그림을 보라는 교훈을 가르치고 있었던 것이다. "그때는 너무 거슬려서 견딜 수가 없었어요. 하지만 시간이 지나면서 그런 정밀도 차이는 큰 의미가 없음을 깨달았죠."

젠슨은 이 '반올림 법칙'을 엔비디아에서도 적용했다. 그의 직원들은 이를 농담 반, 애정 반으로 'CEO 계산법'이라고 부른다. 이렇게 해서 젠슨은 지나친 세부사항에 발목 잡히는 일 없이 큰 그림을 그리는 전략적 사고를 할 수 있다. 그는 새로운 시장의 규모와 그 시장이 엔비디아에 가져올 잠재적 이익을 빠르게 계산한 뒤, 경쟁환경을 분석하고 진입전략을 개발하는 더 복잡하고 직관이 필요한 작업에 더 많은 에너지를 쏟는다. 텐치 콕스의 표현대로, "물론 엑셀로 내가 보고 싶은 결과를 얼마든지 만들어낼 수도 있어요. 하지만 젠슨은 CEO 계산법을 잘 활용했기 때문에 더 성장했죠."[11]

젠슨의 계산에 대한 접근법은 직접적이고, 딱 떨어지며, 큰 그림을 지향하는데, 이는 그가 엔비디아 직원들과 소통하는 방식에도 동일하게 적용된다. 엔비디아에서는 모든 것이 그의 관할 아래 있으므로, 그는 자신의 메시지를 간결하고 효율적으로 전달해야 한다.

영업 임원이었던 제프 피셔의 표현 그대로 "젠슨의 이메일은 짧고 효과적이에요. 가끔 너무 짧긴 하죠."[12]

"거의 하이쿠 수준이죠." 브라이언 카탄자로도 이에 동의했다. [13]

이 비유는 꽤 어울린다. 하이쿠는 세 문장으로 구성된 일본의 짧은 시 형식으로 종종 그 뜻이 해석하기 어렵거나 모호하게 여겨지기도 한다. 엔비디아에 새로 합류한 직원들은 하이쿠와 같은 젠슨의 짧은 이메일에 적응하는 데 어려움을 겪곤 했다. 심지어 오래 다닌 직원들조차도 CEO가 보낸 이메일이 도대체 무슨 뜻인지 몇 시간씩 논의하기도 한다. 도저히 결론이 나지 않을 때는 젠슨에게 물어 정확한 뜻을 확인한다.

이는 어떤 면에서 젠슨이 의도한 바이기도 하다. 엔비디아에서 대부분의 고위급 리더는 젠슨이 자신의 지시를 해석하는 직원들이 스스로 판단력을 발휘하기를 기대한다는 데 동의한다. 그는 모든 결정을 통제하기를 원하지 않는다. 실제로 지나치게 구체적인 지시는 그가 회사 내에 조성하고자 하는 독립심과 행동 지향적 문화를 저해할 수 있다. 젠슨은 직원들이 스스로 결정을 내리기 전에 필요한 수준의 조사와 검토를 했는지, 그 결정이 미칠 모든 영향을 고려했는지 확인한다.

브라이언 카탄자로는 이런 젠슨의 방식이 그저 그의 개인적 선호에서 비롯된 것은 아니라고 강조했다. "우리는 다 바빠요. 전 직원은 실제로 읽을 수 있는 양보다 훨씬 더 많은 이메일을 받죠. 젠슨의 방식에서 알 수 있는 것은, 나의 일을 상대방에게

3부 익스포넨셜(Exponential): 폭발적 성장

얘기할 때는 상대방에 대한 공감능력이 있어야 한다는 거예요. 그냥 내용을 줄줄 써서 던지면 안 돼요. 상대방이 관심을 가질 만한 방식으로 전달해야 합니다. 상대방이 더 자세히 듣고 싶어지면 그가 다시 요청할 수 있도록 말입니다. 젠슨은 우리가 더 효과적으로 함께 일할 수 있도록, 다른 동료들의 관심을 신중하게 활용할 수 있도록 도우려는 거예요. 큰 조직에서 영향력 있는 사람이 되고 싶다면, 다른 사람의 시간을 낭비하지 않아야 하거든요."

젠슨이 엔지니어 출신임을 보여주는 가장 단순한 특징은 그의 업무시간이다. 그의 업무시간은 언뜻 무제한으로까지 보인다. 그가 보기에 비즈니스 세계에서는 근면함이 똑똑함보다 훨씬 더 중요하다. 젠슨은 이에 대해 이렇게 말했다. "당신이 얼마나 똑똑한지는 사실 중요하지 않습니다. 왜냐하면 당신보다 더 똑똑한 사람은 항상 있기 때문이죠. 그리고 글로벌 경쟁에서 당신의 경쟁자는 잠들지 않습니다."[14]

젠슨도 잠들지 않는다. 그는 전략적 비전, 그래픽이나 가속화 컴퓨팅에 대한 이해, 조직 운영 능력 등 여러 면에서 원숙해지며 많은 부분 변해왔다. 하지만 지난 30년간 엔비디아의 CEO로 일하는 동안 변하지 않은 것이 있다면 바로 긴 시간 동안 최대의 노력을 다하는 그의 헌신이다.

한 운영 임원은 엔비디아가 주 7일 하루 24시간 일하는 회사가 아니고, 주 8일 하루 25시간 일하는 회사라고 표현했다. "농담이 아니에요. 전 새벽 4시 30분에 일어납니다. 그리고 밤 10시까지 전화를 붙잡고 있죠. 이건 제가 선택한 삶의 방식입니다. 모두에게 맞는 방식이라고는 할 수 없어요."

다른 제품 매니저 한 명은 많은 직원들이 이처럼 사람을 갈아 넣는 혹독한 업무강도를 받아들이지 못하고 몇 년 내에 회사를 떠난다고 얘기했다. 그는 자신도 오전 9시 전에 출근해 저녁 7시 전에 퇴근하는 일이 거의 없다고 했다. 그리고 집에 돌아오면 밤 10시부터 11시 30분까지는 대만에 있는 파트너들과 연락하기 위해 업무시스템에 로그인해야 했다. "주말에도 이메일에 두 시간 내에 답장하지 못할 상황이면 그 이유를 팀에 미리 알려야 했어요." 그는 자신의 일정표를 보더니 작년 주말의 절반가량은 출장을 가거나 사무실에서 보냈음을 확인해주었다.

이런 엔비디아의 극단적인 업무 문화는 다름 아닌 회사의 최고경영자인 젠슨 황의 일하는 태도에 기원을 두고 있다. 그는 자신의 일에 몸과 마음을 온전히 쏟는 사람이며, 그만큼 일에 헌신하지 않는 사람들을 달갑게 여기지 않는다. "저는 크게 성공한 사람 중에 실제로 '이건 그냥 직업이야. 내가 8시부터 5시까지 하고 집에 가는 일이야. 그리고 5시 1분이 되면 이제 내가 신경 쓸 일이 아니야'라는 식으로 일하는 사람을 본 적이 없어요." 젠슨은 말했다.[15] "그런 식으로 해서 크게 성공한 사람은 아무도 없어요. 자신의 일에 푹 빠져 몰입해야 해요."

직원들은 젠슨이 드물게 휴가를 떠날 때마다 두려움에 빠진다. 그가 호텔에 앉아 이메일을 더 많이 쓰는 바람에 평소보다 더 많은 일을 지시하기 때문이다. 엔비디아 초창기에 젠슨과 친한 마이클 하라와 댄 비볼리는 이를 막아보려고 했다. 그들은 젠슨에게 전화를 걸어서 얘기했다.

"젠슨, 뭐 하는 겁니까? 지금 휴가 중이잖아요."

젠슨은 이렇게 답했다. "지금 발코니에 앉아 애들이 해변에서 노는 걸 보며 이메일을 쓰고 있네."

"나가서 애들과 놀라고요!" 그들은 진지하게 말했다.

하지만 젠슨은 거부했다. "아니야, 아니야. 이럴 때가 일을 많이 할 수 있는 때라니까."

영화관에 다녀온 뒤에도 젠슨은 영화 내용을 기억하지 못한다고 한다. 상영시간 내내 일에 대해 생각하기 때문이다. "저는 매일 일합니다. 하루도 빠짐없이 일합니다. 일하지 않을 때는 일에 대해 생각하고 있습니다. 저에겐 일하는 것이 곧 쉬는 거나 마찬가지예요."[16]

그는 자신보다 적게 일하는 사람들에 대해 연민을 갖지 않는다. 그리고 자신이 인생을 온전히 엔비디아에 바친 결과 삶에서 무언가를 놓쳤다고 생각하지도 않는다. 2024년 〈60분〉*에서 인터뷰를 했을 때다. 젠슨은 직원들이 그와 함께 일하는 것을 힘들어하며 그가 완벽주의자이고 상사로서 까다롭다고 했다

●   1968년에 첫 방송을 시작한 미국 CBS의 탐사보도 프로그램

는 얘기를 전해 들었다. 젠슨은 깔끔하게 긍정했다. "당연히 그럴 겁니다. 비범한 일을 하고 싶다면, 그 일이 쉬울 수는 없는 거니까요."

나는 컨설턴트, 애널리스트, 그리고 현재 비즈니스 분야 작가로 활동하면서 많은 사업을 들여다봤지만, 젠슨 같은 경영자를 본 적이 없다. 그는 그래픽 업계의 개척자다. 그는 냉혹한 테크 시장의 생존자다. 그리고 CEO로서 30년 이상 자리를 유지하고 있으며, 이는 이 글을 쓰는 시점 기준으로, S&P500 기업 CEO 중 재임기간으로 4위의 기록이다. 젠슨 앞에는 오직 버크셔 해서웨이의 워런 버핏, 블랙스톤의 스티븐 슈워츠먼, 리제네론의 레너드 슐라이퍼밖에 없다. 테크 업계 내에서만 보면, 그의 엔비디아 CEO 재임기간은 아마존의 제프 베이조스(27년), 마이크로소프트의 빌 게이츠(25년), 애플의 스티브 잡스(두 번째 재임기간 기준 14년)보다 길며, 이들 중 현재도 일선에 있는 경영자는 없다. 그는 오라클의 공동창업자인 래리 엘리슨이 2014년 CTO 자리로 한발 물러나기 전까지 37년간 CEO 자리에 있으면서 세웠던 테크 업계에서의 신기록에 가까워지고 있다.

젠슨을 다른 경쟁자들과 차별화하는 부분은 이해하기는 쉽지만 그대로 해내기는 어려운 일이다. 그는 창업경영자를 기술지향적이지만 사업에는 서툰 부류와, 사업적인 마인드를 가진 경영자지만 기술적 감각이 부족한 부류로 나누는 경영자 분류의 벽을 허문다. 그는 한 사람이 두 역할을 동시에 소화할 수 있음을 보여준다. 특히 고도의 첨단기술을 다루는 반도체 산업에서는 그의 다재다능함이야말로 성공의 핵심 요소였는지도 모른다. 이것은 그가 엔비디아와 자신을 거의 동일시하는 이유이기도 하다. 여러 가지 의미에서 젠슨은 엔비디아고, 엔비디아는 젠슨이다. 지금은 수만 명의 직원을 거느리고 수십억 달러의 매출을 올리는 다국적 기업으로 성장하며, 두 존재는 더욱 긴밀한 공생관계를 이루고 있다.

물론, 이와 같은 상황을 보면 아마 한동안은 답이 나오지 않을 가능성이 높은 질문이 떠오를 수밖에 없다. 만약 젠슨과 엔비디아가 언젠가 헤어지는 일이 일어나면 어떻게 될까? 필연적으로 일어날 수밖에 없는 일이다.

여기에 걸려 있는 게 적지 않다. 젠슨은 항상 엔비디아 직원들에게 경고한다. 회사가 단 한 번의 잘못된 결정으로도 도태의 길을 걸을 수 있다고 말이다. 때로는 엔비디아의 파트너였고, 때로는 경쟁사였던 인텔의 역사는 이런 위험을 너무나도 명확히 보여준다.

1981년 IBM은 IBM PC를 선보이며 컴퓨터 업계를 혁신했다. 컴퓨터 제조업체였던 IBM은 PC 제품에서 앞으로 이 업계의 표준을 정의할 두 가지 중요한 선택을 했다. 첫 번째는 PC 프로세서로 인텔의 8088 칩을 선택한 것이고, 두 번째는 PC 운영체제로 소규모 소프트웨어 스타트업이었던 마이크로소프트의 MS-

DOS를 채택한 것이다. 하지만 IBM은 아주 중요한 전략적 실수를 저질렀다. 당시 IBM은 규모와 유통능력에 자만한 나머지 인텔과 마이크로소프트의 제품에 대한 독점권을 확보하지 않았다.

얼마 지나지 않아 동일한 하드웨어를 사용하면서 더 저렴한 가격의 'PC 호환' 복제 제품들이 시장을 채웠다. 델이나 HP 등의 PC 제조업체들이 IBM이 만들어낸 제품 카테고리에서 가격으로 IBM을 밀어냈고, 결국 2005년 IBM은 PC 사업을 레노버에 매각해야 했다.

IBM의 실수로 인해 결과적으로 마이크로소프트와 인텔 간의 긴밀한 협력 관계가 이루어졌다. 지난 40년 동안 두 회사는 컴퓨터 산업을 지배했다. 이 파트너십은 나중에 '윈텔^{WinTel}'이란 신조어로 불렸다. 이것은 마이크로소프트가 나중에 개발한 운영체제인 윈도우와 인텔을 결합한 말이다.

윈텔은 애널리스트들이 '잠금 효과$^{lock-in*}$'라고 부르는 효과를 보여주는 사례다. 기업들은 점차 마이크로소프트 윈도우 PC와 인텔 x86 프로세서를 기반으로 한 서버에서 실행되는 맞춤형 애플리케이션을 중심으로 사업을 구축하게 되었다. 일단 한 번 이렇게 시스템을 구축하면, 애플의 맥 생태계 같은 다른 운영체제나 시스템으로 전환히는 것은 매우 어렵다. 대기업에서는 윈도우 기반 시스템에서 작성한 수백만 줄의 코드를 그냥 다른 칩

＊　기존에 사용하는 제품이나 시스템으로 인해 다른 제품이나 서비스를 선택하는 데 제한을 받는 현상

아키텍처 기반 시스템으로 옮기면 되는 게 아니었다. 특화된 윈도우 라이브러리와 유틸리티에 의존하는 소프트웨어를 다시 작성하는 것은 엄청난 작업이다. 이 작업은 보통 기업의 최고정보책임자[CIO] 입장에서는 지나치게 복잡했다. 따라서 그런 기술적 위험을 감수할 가치도 없다고 판단하기 쉬웠다.

그러나 마이크로소프트와 인텔의 운명은 혁신적인 신기술에 대한 대응에서 크게 갈리고 말았다. 2014년 사티아 나델라가 마이크로소프트의 CEO로 취임한 후, 마이크로소프트는 과감히 클라우드 구독 소프트웨어와 클라우드 컴퓨팅의 부상에 회사의 명운을 걸고 사업방향을 전환했다. 그 결과 클라우드 컴퓨팅 분야에서 아마존 웹 서비스[AWS]에 이어 강력한 2인자 자리를 확보할 수 있었다.

반면, 인텔은 중요한 기회를 두 번이나 놓쳤다. 스마트폰용 프로세서와 AI 소프트웨어에서 둘 다 기회를 잡지 못한 것이다. 2006년 스티브 잡스는 당시 인텔 CEO 폴 오텔리니에게 곧 출시할 아이폰에 필요한 프로세서를 공급할 의사가 있는지를 물었다. 오텔리니는 이 제안을 거절했다. 이는 이후 인텔이 스마트폰 칩 시장에 참여하지 못하게 된 치명적인 결정이었다. "애플이 관심을 가진 칩이 있었지만, 그들(애플)은 정해진 가격 이상으로는 단 5센트도 더 낼 생각이 없었습니다. 그런데 그 가격은 우리가 예상한 원가보다도 낮았죠. 저는 그 조건을 받아들일 수 없었습니다." 오텔리니는 2013년 〈더 아틀란틱〉과의 인터뷰에서 이렇게 말했다. "우리가 그 제안을 수락했다면 지금 세상은 많이 달라졌을 겁니다."[17]

같은 2006년, 인텔은 모바일 기기용 저전력 ARM 기반 프로세서를 개발하던 XScale 사업부를 6억 달러에 마벨 테크놀로지에 매각했다. 이 프로세서들이 스마트폰 시장을 장악하기 직전에 내려진 결정이었다. 이로 인해, 인텔은 경쟁력을 잃은 채 시장의 성장을 지켜만 봐야 하는 처지가 되었다(2023년에 다시 상장한 ARM 홀딩스는 전력효율성이 높고 모바일 기기에 최적화되어 있는 칩 아키텍처 설계를 애플과 퀄컴 등의 반도체 회사 및 하드웨어 제조사들에게 라이선싱하고 있다).

설상가상으로 인텔은 핵심 사업에서 잇따라 실수를 저질렀다. 네덜란드 기반 회사인 ASML에서 첨단 칩 제조 기술인 극자외선[EUV] 리소그래피 기술을 적용해 제공하는 새로운 칩 제조장비를 구매하고 도입하는 데 소극적이었으며, EUV 리소그래피 기술 기반 생산기법에도 충분히 투자하지 않았다.

그 결과, 인텔은 상위세대 칩의 대량 생산 면에서 TSMC보다 뒤처지게 되었다. 2020년 인텔이 7 나노미터 공정 전환이 또다시 지연된다고 발표하자 많은 고객이 인텔을 떠나 AMD 등 경쟁사로 이동했다. AMD는 반도체를 설계하고 TSMC에 제조를 위탁한다. 같은 해, 애플은 맥 프로세서 공급업체에서 인텔을 배제하고 ARM 칩에 기반한 자체 설계 칩으로 대체하기 시작했으며, 이 칩은 아이폰에도 들어가고 지금은 전체 맥 제품군에도 도입되어 있다.

GPU와 관련해 현 인텔 CEO인 팻 겔싱어는 회사가 엔비디아와 경쟁할 만한 자체 제품을 개발해서 이 제품 카테고리에 진입했어야 했다고 생각한다. "제가 전에 인텔에 있을 때 '라라비Larrabee'라는 프로젝트를 하고 있었는데, 제가 회사에서 밀려나자 곧바로 그 프로젝트가 중단됐습니다. 그런 일이 없었더라면 오늘날 상황은 많이 달라졌을 겁니다."[18]

겔싱어는 인텔에서 이 프로젝트의 담당 임원이었으며, 인텔의 엔터프라이즈 컴퓨팅 부문의 책임자로 일하다가 2009년에 인텔을 떠나 데이터 스토리지 회사인 EMC로 이직했다. 2010년 라라비 GPU 프로젝트는 취소되었고, 인텔은 2018년이 되어서야 GPU 개발을 재개했다.

인텔이 연달아 실수를 저지르는 동안, 엔비디아는 GPU 시대를 여는 데 온 힘을 다해 집중했다. 젠슨의 리더십 아래, 엔비디아는 CUDA에 막대한 투자를 해서 AI 개발자들을 위한 기초 생태계를 만들었다. 그리고 초고속 네트워킹 분야의 리더인 멜라녹스 등을 인수하여 데이터센터 컴퓨팅용 제품군을 확보했다. 엔비디아는 비용 절감과 수익 증대를 요구하는 월스트리트 자본의 압력을 이겨내며 이런 의사결정을 해 나갔다. 다시 말해 인텔이 ARM 아키텍처나 GPU를 포기하면서 이런 압력을 수용하는 전략을 채택한 것과는 정반대의 행보였다. 이는 혁신기업의 딜레마를 보여주는 사례라 할 수 있다. 기존의 선도기업 인텔은 신기술을 제대로 활용하지 못했기 때문에 더 민첩한 엔비디아에게 모든 비즈니스 모델에 대한 공격을 허용하고 말았다.

컴퓨터 역사에서 주요한 시기마다, 시장을 주도하는 대형 기업들은 당시의 핵심 기술을 유리하게 활용하며 '승자가 대부분을 차지하는' 구조를 만들어왔다. 엔비디아의 AI 하드웨어 및 소프트웨어에서의 리더십 모델은 PC 시장에서 윈텔이 구축한 지배 구조를 따랐다. 제프리스 그룹의 애널리스트인 마크 리파시스는 2023년 8월 보고서를 통해 윈텔이 PC 산업 시대에 전체 운영이익의 80퍼센트나 되는 엄청난 이익을 누렸다고 추정했다.[19] 인터넷 시대가 도래하면서 구글이 검색 시장의 90퍼센트를 차지했다.[20] 애플은 스마트폰 산업 시대 이익의 약 80퍼센트를 가져갈 수 있었다.

이런 역사에 의하면 AI 시대 성과의 대부분이 엔비디아에 몰릴 가능성이 크다. CUDA와 이 플랫폼을 실행할 수 있는 유일한 칩인 엔비디아 GPU의 조합은 PC 호황 시대에 마이크로소프트의 윈도우 운영체제와 인텔의 x86 프로세서가 만들어낸 '잠금 효과'에 비견할 만하다. 당시 기업들이 윈도우와 그 라이브러리 위에서 자신들의 사업을 구축했던 것처럼, AI 모델 제작자들과 기업들은 CUDA 소프트웨어 라이브러리를 기반으로 자신들의 시스템을 구축하고 있다.

물론 엔비디아도 IBM과 인텔이 그랬던 것처럼 새로운 시대의 변화를 놓치고 흔들릴 가능성이 있다. 엔비디아가 계속해서 주요한 위치를 유지하려면 끊임없이 경계심을 가져야 한다. 겔싱어는 젠슨이 가속화 컴퓨팅이라는 비전을 절대 포기하지 않았다는 점에 대해 찬사를 보냈다. "저는 젠슨을 매우 존경합니다. 그가 자신의 사명에 계속 충실했기 때문입니다."

이것은 단순히 전략적 비전의 문제가 아니다. 엔비디아는 단순 투자용 법인이 아니라 여전히 기술 중심의 회사로 운영되고 있다. 이윤이나 수익성에 치중하느라 혁신적 기술 개발을 소홀히 하지 않는다. 심지어 그런 혁신이 엔비디아의 재무적 수익성 면에서 발목을 잡게 되더라도 마찬가지다.

"투자를 해야 계속 중요한 위치를 유지할 수 있습니다." 젠슨은 이렇게 말한 적이 있다. "이 업계에서는 투자를 하지 않으면 순식간에 사업에서 밀려나게 됩니다." 즉, 그는 첨단기술이 필요한 칩 산업에서는 재무적 지표들보다 혁신적인 엔지니어링이 훨씬 더 중요하다고 믿는다. 이 신념이야말로 젠슨을 다른 경영자들과 차별화하는 가장 중요한 요소일 것이다.

2013
~ 현재 ——

4부

인피니트Infinite
: 무한한 확장과 지배

11

AI 쇼크

"

딥러닝이 엄청나게 커질 거예요.
우리는 여기에 모든 것을 걸어야 합니다.

"

2005년 엔비디아의 최고 과학자였던 데이비드 커크는 변화를
생각하고 있었다. 그는 1997년 초, 엔비디아를 위기에서 구한
RIVA 128 칩을 개발하던 시기에 합류했다. 이후 여러 칩 아키
텍처의 출시를 총괄하며, 엔비디아가 '파산 위기'와 '시장 지배'
사이를 오가는 격변의 시기를 직접 경험했다. 커크는 긴 근무 시
간과 직무 스트레스로 지쳤고 휴식이 절실했다. 그러려면 먼저
자신의 자리를 맡아줄 적임자를 찾아야 했다. 엔비디아에서의
최고 과학자 역할에 대한 자신과 젠슨의 높디높은 기준을 충족
시킬 만한 인물을 업계에서는 도저히 찾을 수 없었다. 그때 그의

눈길을 사로잡은 아주 인상적인 경력을 보유한 학자가 있었다. 문제는, 어떻게 해야 엔비디아라는 회사가 그를 잘 설득해 데려올 수 있느냐였다.

빌 댈리 교수는 컴퓨터공학 분야에서 확실한 업적을 세운 인물이었다. 살아있는 전설에 가까웠다. 그는 1980년 버지니아 공대에서 전기공학 학사학위를 받은 후, 벨 연구소에 입사해 최초의 마이크로프로세서의 개발에 참여했다. 1981년 벨 연구소에서 일하는 동안 스탠퍼드 대학에서 전기공학 석사학위를 취득했고, 1983년에는 캘리포니아 공과대학의 컴퓨터공학 박사학위 과정에 들어갔다.[1] 댈리는 동시성 자료구조, 즉, 컴퓨터에서 다수의 스레드가 동시에 활용할 수 있는 자료구조를 만드는 기법에 대해 박사학위 논문을 썼는데, 그의 박사학위 논문 심사위원 중에는 노벨 물리학상을 수상하고 양자역학을 개척한 유명한 이론물리학자 리처드 파인만이 포함되어 있었다. 오늘날 그의 연구는 병렬 컴퓨팅, 또는 병렬 연산으로 알려져 있으며 엔비디아도 상위 프로세서 제품군 전반에 걸쳐 이 기술을 사용하고 있다.

댈리는 박사학위를 받은 후, MIT 교수로 재직하며 첨단 슈퍼컴퓨터와 상용 기성부품을 사용하는 저가형 컴퓨터를 둘 다 연구했다. MIT 캠퍼스가 있는 케임브리지에서 11년을 일하고 스탠퍼드로 돌아와 컴퓨터공학과 학과장을 맡았고, 이후 스탠퍼드의 명예로운 윌라드 R.&아이네즈 커 벨 공학 석좌교수직*에

4부 인피니트(Infinite): 무한한 확장과 지배

임명되었다.

커크는 2000년대 초, 빌 댈리의 연구에 주목했다. 나중에 그를 지포스 8 시리즈에 들어가게 될 테슬라 칩 아키텍처 개발에 자문역으로 초청했다. 테슬라 칩은 최초의 프로그래머블 GPU였던 지포스 3 이후의 '진정한' 5세대 엔비디아 GPU로, 병렬 컴퓨팅의 이점을 본격적으로 활용한 첫 제품 중 하나였다. 향후 6년에 걸쳐 이어질 구애의 시작이었다.

커크는 그때의 일을 이렇게 말했다. "우리는 빌을 영입하기 위해 아주 오래, 천천히 움직였죠. 일단 낚싯바늘을 꿰고, 굉장히 천천히 줄을 감아올리는 거예요. 그는 엔비디아의 미래에 꼭 필요한 퍼즐 조각이었어요. 빌은 병렬 컴퓨팅의 대가거든요. 그가 평생 해온 일이 그거예요. (중략) 그에게는 병렬 컴퓨팅을 어떻게 해야 하는지에 대한 비전이 있었어요."[2]

2008년 댈리는 다음 행보를 고민하기 위해 안식년을 신청했고, 이듬해 커크는 마침내 댈리를 기업계로 들어오게 하는 데 성공했다. 댈리는 스탠퍼드 교수직을 사임하고 엔비디아에 풀타임 직무로 합류하며 자신의 이론적 연구를 상업적 응용기술에 적용하고자 했다.

커크가 댈리를 영입한 것은 엔비디아에서 많은 역할을 해야 하는 최고 과학자 타이틀을 잇게 하기 위해서만은 아니었다. 그

는 댈리가 엔비디아의 GPU 기술 개발을 앞당길 수 있다고 확신했다.

컴퓨터의 역사에서 처음 50년간 컴퓨터에서 가장 중요한 칩은 중앙처리장치[CPU]였다. CPU는 넓은 범위의 다양한 작업을 수행할 수 있는 만능 일꾼이었다. 작업 간 전환 속도가 매우 빠르고 각 연산마다 상당한 처리능력을 할당할 수 있다. 하지만 코어의 수가 적기 때문에 동시에 처리할 수 있는 연산에는 한계가 있었고, 한 번에 소수의 연산 스레드만을 처리할 수 있었다.

반면, GPU는 복잡한 작업보다는 대량 작업에 최적화되어 있다. 수백 개에서 수천 개에 달하는 작은 코어들을 탑재해서 작업들을 다수의 더 단순한 연산들로 잘게 나눠 병렬처리한다. GPU는 CPU만큼 만능이진 않지만, 많은 응용 분야에서 처리속도 면에서 CPU를 훨씬 능가하는 성능을 발휘할 수 있다.[3] GPU의 성공 비결은 병렬 컴퓨팅이었다. 빌 댈리가 개척한 바로 그 분야다.

2008년 업계 내부 사람들이 아니라 그래픽을 좋아하는 일반인을 대상으로 산호세에서 열린 '엔비전[Nvision] 08' 컨퍼런스에서 TV 프로그램 〈호기심 해결사[Mythbusters]〉 진행자인 제이미 하이네만과 애덤 새비지는 엔비디아의 요청으로 발표를 진행했다. 그들의 말에 따르면, 엔비디아가 CPU와 GPU의 차이를 실제로 보여주는 시연을 준비해달라고 요청했다고 한다. 새비지의 표현을 빌리자면, "GPU가 어떻게 동작하는지 보여주는 일종의 과학수업"

이었다.[4]

이들은 그림을 그리는 동일한 작업을 서로 다른 방식으로 수행하는 두 대의 기계를 무대에 올렸다. 첫 번째 기계인 '레오나르도'는 탱크와 비슷하게 생긴 바퀴 한 쌍으로 된 다리 구조 위에 회전할 수 있는 팔을 붙이고 페인트볼 건을 장착한 원격 조종 로봇이었다. 하이네만은 이 로봇을 조종해 무대를 가로질러 빈 캔버스 앞으로 이동시킨 뒤, 미리 프로그래밍된 알고리즘에 따라 페인트볼을 발사하게 했다. 약 30초에 걸쳐, 레오나르도는 파란색 페인트볼만으로 아주 명확한 스마일 기호 그림을 캔버스 위에 만들어냈다. 새비지는 이를 가리켜 CPU가 작업을 수행하는 방식이라 설명하며, "일련의 분리된 동작들을 순차적으로 차례차례 수행하는 것"이라고 표현했다.

두 번째 기계인 '레오나르도 2'는 GPU와 좀 더 비슷했다. 1,100개의 똑같은 튜브를 묶어 만든 거대한 구조물로, 각 튜브에 페인트볼이 하나씩 장전되어 있었다. 이 튜브들은 모든 페인트볼을 동시에 발사할 수 있는 두 개의 거대한 압축 공기 탱크와 연결되어 있었다. 레오나르도가 간단한 스마일 기호 그림을 그리는 데 거의 30초를 쓴 반면, 레오나르도 2는 0.1초도 안 되어 캔버스 전체에 모나리자를 연상케 하는 총천연색 그림을 찍어냈다. 하이네만은 특유의 무표정한 얼굴로 "이게 일종의 병렬 프로세서입니다."라고 말했다.

컴퓨터 그래픽 렌더링은 연산의 측면에서 매우 부하가 높은 작업이다. 하지만 셀 백만 개가 있는 스프레드시트에서 모든 수학공식을 다시 계산하는 일만큼 복잡하지는 않다. 따라서 컴퓨터에게 그래픽 렌더링 작업을 더 잘 시키기 위한 가장 효율적인 방법은, 컴퓨터에 그래픽 처리와 관련된 소수의 작업에 최적화된 특수 코어를 더 많이 추가하여 더 많은 소프트웨어 스레드를 병렬로 처리하게 하는 것이다. GPU가 그 설계 목적을 더 잘 수행하려면, 더 높은 유연성이나 더 강력한 수행능력이 필요한 것이 아니라 그냥 더 높은 처리율^{throughput}(단위시간 당 처리할 수 있는 업무 단위량)이 필요하다.

시간이 지나면서 CPU와 GPU의 구분은 점점 희미해졌다. 특히 GPU가 수행할 수 있는 일종의 행렬 수학$^{matrix\ math}$을 컴퓨터 비전, 물리 시뮬레이션, 인공지능 등의 다양한 분야에서 활용할 수 있다는 사실이 밝혀지면서 이런 현상은 더욱 가속화되었다. GPU는 좀 더 CPU와 비슷한 범용 칩의 성격을 갖게 되었다.

댈리는 엔비디아에 합류하자마자 회사의 연구 인력 배치를 조정해서 병렬 컴퓨팅에 힘을 실었다. 그가 관여한 첫 대형 프로젝트 중 하나는 인터넷 상의 고양이 사진과 관련한 프로젝트였다.

스탠퍼드에서 댈리의 동료 교수이기도 했던 컴퓨터공학과 교수 앤드류 응은 구글 브레인(알파벳 산하의 인공지능 연구소 중 하나로 나중에 구글 딥마인드에 합병되었다)과 협력하여 신경망을 통한 딥러닝 성과를 개선하는 방법을 연구하고 있었다. 인간이 자신이 찾는 내용을 신경망에 '가르쳐야' 했던 초기 신경망과 달리, 딥러닝 신경망은 완전히 자율적으로 작동했다.

앤드류 응의 연구팀은 딥러닝 신경망에 유튜브에서 추출한 1,000만 개의 정적 이미지를 무작위로 섞어 학습시키고 어떤 패턴이 신경망이 '기억'할 수 있을 정도로 자주 등장하는지 신경망 스스로 결정하도록 했다. 이 모델에 고양이 동영상을 끝없이 노출한 끝에 결국 모델은 인간의 개입 없이도 합성한 고양이 얼굴 이미지를 독립적으로 만들어내었다. 그러자 이후부터는 훈련 데이터집합에 없던 이미지에서도 고양이를 식별할 수 있게 됐다.[5]

댈리처럼 컴퓨터공학계에서 잔뼈가 굵은 사람들에게 이 연구는 아주 중요한 전환점이라고 말했다. "딥러닝이 제대로 작동하려면 세 가지가 필요합니다. 첫째, 핵심 알고리즘은 1980년대부터 있던 것입니다. 트랜스포머transformer 모델 같은 개선이 있기는 했지만 대부분의 알고리즘은 대체로 수십 년 전부터 존재했습니다. 둘째, 데이터집합입니다. 아주 많은 데이터가 필요하죠. 라벨링된 데이터집합이라는 아주 흥미로운 개념이 2000년대 초반에 등장하기 시작했습니다. 그리고 페이페이 리가 ImageNet 데이터집합을 만들어 공개했죠. 이건 아주 의미 있는 공익적 기여였어요. 그 정도의 큰 데이터집합을 만들고 자유롭게 공개함으로써 많은 사람들이 아주 재미있는 일들을 해볼 수 있었거든요."[6]

응 교수의 연구는 잘 알려지고 연구된 알고리즘들을 충분히 거대한 데이터집합에 적용하면 어떤 성과가 나오는지를 보여주었다. 언론기사 헤드라인은 그의 딥러닝 모델이 고양이를 인식할 수 있다는 내용으로 도배되었다. 하지만 이는 근본적으로 훨씬 더 큰 가능성을 품은 성과였다. 10억 개 이상의 파라미터가 있는 구글 브레인의 신경망은 수만 종류의 모양, 객체, 심지어 얼굴까지 식별해냈다.[7] 응 교수는 구글의 도움을 받아야 했다. 구글은 그가 딥러닝을 연구할 때 어떤 엄청난 데이터세트를 쓸 수 있게 해주었는데, 그게 바로 세계에서 가장 거대한 콘텐츠 라이브러리 중 하나인 유튜브(구글이 2006년에 인수)였다. 그의 소속 대학교인 명문 스탠퍼드조차 그렇게 풍족한 연구 예산을 보유하고도 그에게 그런 종류의 훈련용 자료를 제공할 수는 없었다. (구글이 단순한 선의에서 이 자료를 제공하지는 않았다. 구글은 응 교수에게 데이터에 대한 접근을 허용하는 대가로, 그가 이 데이터를 이용해 개발한 모든 성과를 수익화할 권리를 가져갔다.)

그러나 댈리에 따르면 '딥러닝이 제대로 작동하려면' 필요한 세 번째 요소가 있는데 그것이 하드웨어였고, 이 문제를 해결하는 것이 더 어려웠다. 응 교수는 구글 데이터센터 중 하나를 활용해 2,000개 이상의 CPU를 연결해 총 1만 6,000개의 연산 코어가 탑재된 전용 딥러닝 서버를 직접 구축했다.[8] 응 교수가 해낸 일은 분명히 인상적이었다.

하지만 그는 곧 샌디에이고 슈퍼컴퓨팅 센터의 로스 워커와 같은 문제에 직면했다. 응 교수의 개념 증명용 실증연구가 아주 멋진 결과를 만들어낼 수 있다 해도 그 딥러닝의 가능성에 접근

4부 인피니트(Infinite): 무한한 확장과 지배

하는 것은 너무 먼 얘기였다. 연구 자금이 꽤 풍족한 연구 조직도 비싼 CPU를 수천 개나 구매할 수는 없기 때문이다. 이런 거대한 컴퓨터 시스템을 적재하고, 전력을 공급하며, 냉각할 수 있는 데이터센터에 필요한 공간을 임대하는 비용은 말할 것도 없다. 딥러닝의 잠재력을 진정으로 해방시키기 위해서는 하드웨어가 훨씬 더 저렴해져야 했다.

스탠퍼드를 떠나 엔비디아에 합류한 후에도 댈리는 응 교수와 가깝게 지냈다. 어느 날 아침, 두 사람이 아침식사를 같이하고 있을 때, 응 교수는 구글 브레인과 함께 진행 중인 연구에 대해 털어놓았다. 그는 딥러닝 이론을 현실 문제에 어떻게 적용할지를 보여주는 사례를 설명했다. 인간이 태그 달기 등의 방식으로 개입하지 않아도 사진 속 객체를 자동으로 인식할 수 있는 모델에 대한 이야기였다. 응 교수는 유튜브 비디오로 구성된 방대한 데이터집합과 전통적인 프로세서 수만 개의 기본 성능을 결합한 자신의 접근 방식에 대해 상세히 설명했다.

댈리는 깊은 인상을 받았다. "그거 정말 흥미롭군요." 그리고 인공지능의 미래를 영원히 바꿔놓을 자신의 의견을 하나 덧붙였다. "제 생각엔 GPU가 그 일을 훨씬 더 잘할 것 같네요."[9]

댈리는 엔비디아 직원이자 캘리포니아 대학교 버클리(UC 버클리)에서 전기공학과 컴퓨터공학 박사학위를 받은 브라이언 카탄자로에게 지시해서 응 교수의 연구팀이 딥러닝 작업에 GPU를 쓸 수 있게 했다. 댈리와 카탄자로는 딥러닝 관련 연산작업을

GPU가 더 효율적으로 처리할 수 있는 더 작고 더 복잡도가 낮은 연산으로 나눌 수 있다고 확신했다. 그리고 몇 가지 테스트를 개발해 이 주장을 최소한 이론적으로는 확실히 증명했다.

그러나 현실적으로 제일 해결하기 어려웠던 문제는 하나의 GPU에서 처리하기에는 딥러닝 모델이 너무 크다는 것이었다. GPU 하나는 최대 2억 5,000만 개의 파라미터를 처리할 수 있었는데, 이는 응 교수의 구글 브레인 모델 크기를 기준으로 보면 지나치게 부족했다. 서버 한 대에 최대 네 개의 GPU를 장착할 수는 있었지만, 여러 GPU 서버를 '연결'하여 총 처리능력을 향상시키는 시도는 이전에 해본 적이 없었다.[10]

카탄자로의 팀은 엔비디아의 CUDA 언어를 사용하여 많은 GPU 간에 연산을 분배하고 GPU 간의 통신을 관리할 새로운 최적화 루틴을 개발했다. 이를 통해 응 교수와 카탄자로는 그전에 2,000개의 CPU로 수행하던 작업을 겨우 12개의 엔비디아 GPU로 대체할 수 있었다.[11]

댈리에 따르면 카탄자로는 몇 가지 전문적인 소프트웨어 작업을 거치기만 하면 GPU가 'AI 혁명의 횃불을 당길 수 있음'을 입증해냈다.[12] "알고리즘 구축이 연료이고 데이터집합이 산소라면, 이제 GPU만 있으면 이들을 서로 결합하여 불타오르게 할 수 있습니다. GPU가 없었다면 현실적으로 불가능했겠죠."

카탄자로는 CUDA 최적화 프로젝트를 계기로 처음으로 젠슨과 직접 연결되었다. "어느 날 갑자기, 젠슨이 제가 하는 일에 관심을 가지기 시작했어요. 그는 제가 뭘 하려고 하는지, 딥러닝이 뭔지, 어떻게 작동하는지 묻는 이메일을 저에게 보냈죠." 카탄자로는 그때를 떠올리며 말했다. "그리고 젠슨은 당연히 GPU가 그런 일을 실현하는 데 잠재적으로 어떤 역할을 할지에 대해 알고 싶어 했어요."[13]

젠슨은 당연히 GPU를 더 많이 판매하고 싶어 했다. 하지만 그러기 위해서는 GPU 침투를 촉진할 '킬러 앱'을 찾아야 했다. 딥러닝이 그 킬러 앱이 될 가능성이 있었지만, 그러려면 누군가는 반려동물을 식별하는 용도를 넘어 이 기술의 확실한 활용성을 보여줘야 했다.

카탄자로가 응 교수의 딥러닝 신경망 프로젝트를 돕던 시기에 토론토 대학교의 한 연구팀이 최고 수준의 컴퓨터 비전 과제를 해결하는 데 있어 이런 신경망이 인간이 만든 최고의 소프트웨어를 능가할 수 있음을 보여주었다.

이 위대한 업적의 시작은 2007년으로 거슬러 올라간다. 당시 프린스턴 대학교의 컴퓨터공학과 교수로 갓 임용된 페이페이 리(앞에서 댈리가 언급했던 그 인물)는 새로운 프로젝트를 시작했다. 당시 컴퓨터 비전 분야에서는 최고의 모델과 알고리즘을 개발하는 일에 초점을 맞추고 있었다. 가장 우수한 알고리즘을 설계한 사람이 필연적으로 가장 정확한 결과를 얻을 거라는 가정이 널리 퍼져 있었기 때문이다.

그러나 리 교수는 이 가정을 뒤집었다. 가장 정교한 알고리즘이 없더라도 최고의 데이터로 모델을 학습시킨 사람이 가장 나은 결과를 얻을 것이라고 주장했다.[14] 그녀는 동료 연구자들이 데이터를 수집해야 하는 방대한 작업에서 좀 더 속도를 낼 수 있도록, 이미지 내용에 기반해 수작업으로 태그를 단 이미지 카탈로그를 수집하기 시작했다. 2년간의 노력 끝에 이 데이터베이스는 300만 개 이상의 이미지와 1,000개의 서로 구분되고 겹치지 않는 카테고리로 불어났다. 이 카테고리에는 '까치', '기압계', '전동드릴'처럼 구체적인 분류부터 '벌집', '텔레비전', '교회'처럼 좀 더 넓은 분류까지 포함되어 있었다.

그녀는 이 데이터베이스에 'ImageNet'이란 이름을 붙이고 연구 논문을 통해 학계에 발표했다. 처음에는 아무도 이 논문을 읽지 않았다. 리 교수가 자신의 연구를 알리려고 여러 수단을 시도했으나 반응은 없었다. 그래서 그녀는 유사한 데이터베이스를 운영하면서 유럽에서 컴퓨터 비전 분야 연구자들을 위한 연례 경쟁대회를 주최하는 옥스퍼드 대학교에 연락했다. ImageNet을 사용해 미국에서도 유사한 대회를 공동주최할 생각이 있는지 문의했다. 옥스퍼드는 이를 수락했고, 2010년 제1회 'ImageNet 대규모 시각인식 챌린지[ILSVRC]'가 개최되었다.[15]

규칙은 단순했다. 참가 팀은 ImageNet에서 무작위로 제공된 이미지를 자신의 모델에 입력해 올바른 카테고리로 분류해야 했다. 2010년과 2011년에 열린 처음의 두 대회에서는 결과가 썩 좋지 않았다. 첫 번째 대회에서 어떤 모델은 거의 모든 이미지를 오분류했으며, 어떤 팀도 정확도 75퍼센트를 넘기지 못했다.[16] 두 번째 대회에서는 평균적으로 성적이 다소 나아졌고, 최악의 모델도 절반가량은 이미지를 바르게 분류할 수 있었다. 하지만 이번에도 이미지 분류 정확도가 75퍼센트를 넘긴 팀은 없었다.

2012년에 열린 세 번째 대회에서 토론토 대학교 교수인 제프리 힌튼과 그의 두 제자인 일리야 수츠케버와 알렉스 크리제브스키가 'AlexNet'이라는 모델을 출품했다. 알고리즘과 모델을 먼저 개발한 다음에 이를 ImageNet에 최적화한 다른 연구자들과 달리, AlexNet 팀은 정반대의 접근 방식을 사용했다.

그들은 엔비디아 GPU를 활용해 소규모의 딥러닝 신경망을 먼저 개발한 후 이 신경망에 ImageNet 데이터를 입력해 그때부터 이 신경망이 이미지 및 관련 태그 간의 관계를 구성하는 방법을 '학습'하도록 했다. 이 팀은 최고의 컴퓨터 비전 알고리즘을 작성하겠다는 목표를 세우지 않았다. 심지어 컴퓨터 비전과 관련한 코드는 한 줄도 작성하지 않았다. 대신, 그들이 개발할 수 있는 최고의 딥러닝 모델을 만들고, 이 모델이 컴퓨터 비전 쪽 문제는 스스로 해결할 것이라 믿었다.

"페르미Fermi 세대부터 나온 GPU들은 충분히 강력해서 제법 규모 있는 신경망과 데이터를 합리적인 시간 안에 처리할 수 있었어요." 댈리는 2010년에 처음 출시된 지포스 500 시리즈에 들어간 칩 아키텍처를 언급하며 이렇게 설명했다. "그래서 AlexNet을 학습시키는 데 2주밖에 걸리지 않았어요."[17]

결과는 놀라웠다. 이번에도 75퍼센트 정확도의 벽은 굳건했다. 대부분의 다른 경쟁자에게는 말이다. 하지만 AlexNet은 거의 85퍼센트에 달하는 이미지를 정확히 분류했으며, 게다가 딥러닝을 통해 모델 스스로 그 방법을 학습해서 해냈다. AlexNet의 승리는 엔비디아에게 엄청난 홍보 효과를 안겨주었다. 힌튼과 그의 제자들이 단 몇백 달러짜리 소비자등급 상용 GPU 두 대로 이 일을 해냈기 때문이다. AlexNet은 지금까지도 인공지능 역사상 가장 중요한 사건 중 하나로 여겨지는 이 사건을 통해 엔비디아와 깊이 연결되었다.

카탄자로는 말했다. "알렉스 크리제브스키와 일리야 수츠케버가 발표한 AlexNet 논문은 정말로 세계를 뒤흔들었습니다. 사람들이 종종 기억하지 못하는 사실 하나가 바로 이 논문이 기본적으로 시스템에 관한 논문이었다는 거예요. 인공지능을 어떻게 구현할지에 대한 멋지고 새로운 수학적 개념에 관한 것이 아니었거든요. 그들이 한 일은 가속화 컴퓨팅을 활용해 특정 과제에 적용할 데이터집합과 모델의 규모를 극적으로 확장한 거죠. 그리고 그 결과가 대단한 성과로 이어졌습니다."[18]

이 연구는 인공지능에 대한 젠슨의 관심에 불을 지폈다. 그는 빌 댈리와 자주 대화를 나누기 시작했고 딥러닝, 특히 GPU 기반 딥러닝이 엔비디아에 얼마나 큰 기회가 될지에 집중했다.

이 문제에 대해 경영진 내부에서는 상당한 논쟁이 있었다. 젠슨을 따르던 핵심 임원 중에서도 몇몇은 딥러닝이 단지 스쳐 지나갈 유행이라며 추가 투자를 반대했다. 하지만 CEO 젠슨은 이 의견들을 물리치고 결정했다.

"딥러닝이 엄청나게 커질 거예요." 젠슨은 2013년 경영진 회의에서 이렇게 말했다. "우리는 여기에 모든 것을 걸어야 합니다."

젠슨 스스로도 인식하지 못했을 수 있지만, 그는 엔비디아의 첫 20년을 이 순간을 준비하는 데 썼다. 라이벌과 파트너로부터의 스카우트를 포함해 가능한 한 최고의 인재들을 영입하여 회사를 꾸렸다. 기술적 탁월함, 최대한의 노력, 무엇보다도 회사에 대한 전적인 헌신을 중요하게 여기는 기업문화를 만들어냈다. 엔비디아는 젠슨의 집요하면서도 폭넓은 사고방식을 그대로 반영한 회사가 되었다. 이제 그는 자신이 가진 모든 수단을 동원해 엔비디아를 AI가 주도하는 미래를 실현할 하드웨어를 보유한 회사로 만들어 테크 업계의 왕좌로 인도하려 했다.

첫 단계는 AI에 더 많은 인력과 예산을 할당하는 일이었다. 카탄자로는 그전까지는 AI 관련 프로젝트에 투입한 인력이 몇 명 수준에 불과했다고 했다. 하지만 젠슨은 엔비디아가 직면하는 기회의 규모가 점점 더 거대해짐을 깨달았고 '원팀' 철학을 발휘해 신속하게 자원을 재배치했다.

카탄자로는 당시를 기억했다. "하루아침에 회사 전체가 뒤바뀐 건 아니었어요. 젠슨은 몇 달에 걸쳐 점점 더 관심을 보이며 점점 더 깊이 있는 질문을 하기 시작하다가, 회사 전체가 무리 지어 머신러닝으로 집결하도록 독려하기 시작했습니다."[19]

이런 '집결' 이후, 엔비디아는 AI 시장을 특별히 겨냥한 새로운 기능들을 쏟아내기 시작했다. 젠슨은 이미 엄청난 비용이 드는 큰 결정을 내려 엔비디아의 모든 하드웨어 제품군이 CUDA와 호환되도록 만들었고, 이를 통해 연구원과 엔지니어들은 자신들의 목적에 맞게 엔비디아 GPU를 프로그래밍할 수 있었다. 이제 젠슨은 댈리에게 AI 중심의 개선 요소들을 끌어내라고 요청했다.

젠슨은 전사 회의에서 이 전략적 목표 변화에 대해 공지했다. "우리는 이 일을 최우선 과제로 여겨야 합니다."[20] 그는 엔비디아가 AI 프로젝트에서 적절한 인재가 일할 수 있게 해야 한다고 설명했다. 그리고 만약 그들이 지금 다른 프로젝트에 배정되어 있다면, 우선순위를 바꿔 AI에 집중해야 한다고 했다. 이 일이 다른 어떤 일보다도 더 중요할 것이기 때문이다.[21]

카탄자로는 GPU 최적화 연구의 성과를 'cuDNN^{CUDA Deep Neural Network}'라는 이름의 엔비디아의 소프트웨어 라이브러리로 발전시켰다. 이 라이브러리는 엔비디아 최초의 AI 최적화 라이브러리가 되었으며, 나중에 AI 개발자들에게 필수 라이브러리로 자리잡았다. cuDNN은 모든 주요 AI 프레임워크와 호환되었고, 사용자들에게 필요한 GPU 작업이 무엇이든 그 작업에 맞는 가장 효율적인 알고리즘을 자동으로 사용할 수 있게 해주었다.

카탄자로는 말했다. "젠슨은 매우 기뻐했어요. 그는 그걸 신속히 제품으로 만들어 출시하고 싶어 했죠."

또 하나의 가능성이 있는 길은 엔비디아 GPU가 수행하는 수학 연산의 정밀도를 조정하는 방법이었다. 당시 엔비디아 GPU는 32비트(단정밀도, FP32) 또는 64비트(배정밀도, FP64) 수준의 수학 정밀도를 지원했는데, 과학 및 기술 분야에서는 두 정밀도가 모두 필요했다. 하지만 딥러닝 모델에서는 그 정도의 정밀도가 필요하지 않았다. 신경망을 훈련하는 동안 발생하는 오류에 대해 신경망 스스로 수정할 능력이 있었기 때문에 GPU가 16비트 부동소수점FP16 연산만 지원해도 충분했다. 이를 풀어서 설명하자면, 엔비디아 GPU는 딥러닝 모델용으로만 보면 지나치게 정밀한 연산을 수행해서 연산속도를 느리게 하고 있었다.

2016년 댈리는 GPU에서 딥러닝 모델을 더 효율적이고 더 빠르게 실행하기 위해 모든 엔비디아 GPU에 FP16 지원기능을 탑재했다. 하지만 역시 진정한 과제는 AI에 최적화된 맞춤형 하드웨어 회로를 만드는 일이었다. 엔비디아가 AI로 전략을 전환할 당시, 엔비디아의 아키텍트들은 이미 차세대 GPU 볼타의 설계에 착수한 상태였다. 이미 수년이나 개발을 진행한 단계에서 칩 설계에 아주 작은 변경이라도 가한다면 꽤 부담이 클 터였다. 그러나 댈리는 물론 젠슨의 압박도 한몫했겠지만, 만약 AI 최적화 칩 개발을 지금 시도하지 않는다면 앞으로 수년 동안 다음 기회가 오지 않을 수 있음을 깨달았다.

"칩 개발이 이미 얼마나 진행됐는지와 무관하게 GPU 부문, 젠슨, 저를 포함한 모든 팀이 AI에 대한 지원기능을 대폭 강화하기로 합의했습니다." 댈리는 말했다. 이 '지원기능'에는 '텐서 코어Tensor Core'라는 전에 없던 새로운 유형의 작은 프로세서를 개발해 볼타에 통합하는 일이 포함되었다. 딥러닝에서 '텐서'는 특히 이미지나 비디오와 같은 복잡한 콘텐츠 유형의 다차원 정보를 코드화하여 저장하는 데이터 컨테이너다. 데이터가 많고 복잡하기 때문에 텐서 기반 연산은 대규모 처리능력이 필요하다. 그리고 이미지 인식, 언어 생성, 자율주행 등의 가장 인기가 많은 형태의 딥러닝은 점점 더 크고 복잡한 텐서를 사용해야만 한다.

기존 GPU가 CPU 기반 연산을 개선할 수 있던 이유가 GPU가 더 좁은 범위의 작업을 더 효율적으로 처리할 수 있었기 때문인 것과 거의 같은 맥락이다. 텐서 코어가 기존 GPU를 개선할 수 있던 이유는 텐서 코어가 GPU보다도 더 특화된 범위의 작업을 더 높은 효율로 처리하도록 최적화되어 있었기 때문이다. 댈리의 표현을 빌리자면, 텐서 코어는 행렬 곱 엔진이며 딥러닝용으로 오직 딥러닝만을 위해 설계되었다. 텐서 코어를 지원하는 볼타 기반 GPU는 표준 CUDA 코어만 지원하는 같은 등급 GPU보다 딥러닝 모델을 3배 더 빠르게 학습시킬 수 있었다.[22]

이 모든 혁신과 변화에는 상당한 운영 비용이 들었다. 댈리와 그의 팀은 볼타 제품군의 설계를 테이프아웃 일정을 불과 몇 달 남겨둔 시점까지 세부적으로 수정하고 조정했다. 이런 조치는 칩 제조사가 마지막 순간에 심각한 결함을 발견해 대응하는 경우가 아니라면, 자발적으로 시행하는 일이 거의 없었다.

"당시 발전하고 있던 AI 시장이 큰 시장으로 성장할 거라는 판단에 따라 칩 면적에서 얼마나 많은 부분을 배정할지 결정한 거예요." 댈리는 그때를 돌이켜보며 말했다. "그리고 나중에 옳은 결정임이 드러났지요. 그런 결정을 내릴 수 있었다는 게 엔비디아의 진정한 강점이라고 생각합니다."[23]

어떤 면에서 엔비디아는 항상 해오던 일을 하고 있었다. 큰 기회를 포착하고, 다른 이들이 그 가능성 자체를 알아차리기도 전에 제품을 만들어 시장에 내놓기 위해 전력질주했다. AI 경쟁 레이스가 시작되던 초기에 젠슨은 이 경쟁이 그저 누가 딥러닝을 위한 가장 빠른 칩을 만드느냐의 문제가 아님을 이해했다. 중요한 것은 어떻게 모든 것을 즉, 하드웨어와 소프트웨어 인프라를 조화롭게 작동하게 할지의 문제였다.

"이런 모델들의 확장에 쓸 수 있는 아키텍처와 어텐션 메커니즘을 보유하고 있다는 얘기는 이 업계에서 아주 크게 차별화된 출발을 할 수 있다는 뜻이었죠." 2023년 젠슨의 말이다.[24]

댈리도 젠슨의 평가에 동의했다. "더 중요한 것은 초기부터 전체 소프트웨어 생태계를 만드는 것입니다." 엔비디아는 '사람들이 GPU에서 효율적으로 딥러닝을 하는 일을 정말 쉽게 만들어주는 모든 소프트웨어'를 개발하고 싶어 했다. 이미 준비된 프레임워크와 완전한 구성의 지원 소프트웨어 라이브러리를 제공한다면 서드파티 개발자, 연구원, 엔지니어들이 AI를 생각할 때 가장 먼저 엔비디아를 고려할 수밖에 없을 것이기 때문이다.

CUDA는 엔비디아란 이름을 폐쇄적인 학계의 AI 연구자들 사이에 알렸고, 엔비디아의 차세대 하드웨어는 선구자들이 상업 시장에서 자신의 운을 시험해보기에 적절한 시점에 맞춰 등장한 듯하다. 곧 AI의 중심축은 스탠퍼드, 토론토, 칼텍과 같은 대학교에서 스타트업이나 거대 테크기업으로 옮겨갈 것이다. 제프리 힌튼과 페이페이 리는 구글에 합류했고 , 앤드류 응은 중국 최대 검색엔진이자 현재는 테크 대기업인 바이두에서 최고 과학자Chief Scientist로 일했다. 힌튼의 제자이자 AlexNet이라는 중요한 성과를 낸 세 명의 연구자 중 한 명인 일리야 수츠케버는 딥러닝 스타트업 오픈AI를 공동창업하며 AI 혁명을 대중의 인식 수준으로 끌어올렸다.

이들 모두에게 공통된 한 가지는, 학계에서 활동하던 시절 엔비디아 GPU를 사용해 획기적인 연구를 해냈다는 점이다. 이 선구자들은 AI를 이해하기 어려운 학문의 분야에서 전 세계가 열광하는 관심 분야로 변모시켰다. 새로운 칩, AI 서버, 데이터센터에 대한 엄청난 수요를 창출하는 과정에서 엔비디아는 여전히 이들이 선호하는 선택지로 남을 것이다.

빌 댈리와 브라이언 카탄자로의 프로젝트 덕분에 젠슨은 이

제프리 힌튼은 2023년 인공지능의 위험성을 경고하며 구글을 퇴사했고 2024년 노벨 물리학상을 받았다.

신기술의 잠재력을 일찍 감지했다. 젠슨은 10년 안에 AI가 "지난 수십 년간 우리가 목도한 중에 가장 큰 '전체 시장$^{TAM, Total}$ $^{Addressable Market}$'의 확장을 소프트웨어와 하드웨어 양쪽에서 만들어 낼 것"이라고 확신했다.[25]

그는 '빛의 속도'로 전력질주하여 몇 년 사이에 엔비디아를 AI 중심 기업으로 재편했다. 젠슨은 지진과도 같은 AI 충격이 마침내 찾아왔을 때 엔비디아가 그 기회를 활용할 수 있도록 준비시키는 과정에서 꽤 극단적인 조치를 취했다. 업계 전반에 만연했던 정체된 조직구조, 여유로운 개발일정, 인색한 연구개발 투자 등의 관행을 뒤집는 조치를 취하지 않았더라면 AI 중심 기업으로의 재편은 불가능했을 것이다. 하지만 그때는 젠슨조차도 AI 때문에 테크 업계 전체의 지반이 얼마나 격렬하게 흔들릴지 알지 못했다.

12

헤지펀드와 멜라녹스

"

그때 엔비디아 지분을 팔지 말 걸 그랬어요.

"

널리 알려지지 않은 사실이지만, 아마도 세계에서 가장 유명한 행동주의 헤지펀드인 스타보드 밸류Starboard Value와 엔비디아는 역사적으로 깊이 얽혀 있다.

스타보드 밸류의 창업자 제프 스미스는 뉴욕 주 롱아일랜드의 그레이트넥 지역*에서 성장했다. 1994년에 펜실베이니아 대학교 와튼 스쿨에서 경제학 학위를 취득하고 투자은행에서 일을 시작했다. 이후 나중에 코웬그룹으로 합병된 소형 헤지펀드

●   Great Neck. 뉴욕 롱아일랜드 북쪽 해안에 위치한 지역이다.

인 라미우스 캐피털에 합류했다.[1] 2011년 스미스와 두 명의 파트너는 스타보드 밸류를 독립 펀드로 떼어내어 '모든 주주의 이익을 위해 성과가 낮은 기업의 가치를 실현하는 것에 집중하는 펀드'로 정의했다.[2]

2014년 〈포춘〉 기사에 따르면, 스미스는 공격적인 행동주의 투자로 인해 미국 기업이 '가장 공포스러워하는 인물'로 빠르게 명성을 쌓았다.[3] 당시 스타보드는 30억 달러 이상의 자산을 운용했고, 연간 15.5퍼센트라는 인상적인 수익률을 기록하고 있었다. 이 펀드는 30개 이상의 기업 이사회에서 80명 이상의 이사를 교체했으며, 이들이 관여한 이사회에는 바이오테크 회사 서모딕스와 미용실 체인인 레지스가 포함되어 있었다. 2012년 AOL 이사회에 펀드 측의 이사를 임명하려는 위임장 대결에서는 드물게 패배했지만, 이후로도 점점 더 큰 목표를 조준하며 활동을 이어갔다.

2013년 말, 스타보드 밸류는 창립 이래 가장 주목을 받은 결정을 했다. 미국 최대 정통 체인 레스토랑들을 소유한 기업인 '다든 레스토랑'의 지분 5.6퍼센트를 확보했다고 발표한 것이다. 다든 레스토랑은 '올리브 가든', '레드 랍스터', '롱혼 스테이크하우스' 등 전국적인 레스토랑 체인을 소유하고 운영하던 기업이다. 하지만 회사의 매출은 수년간 하락세였고, 해산물 관련 비용 증가를 이유로 들며 레드 랍스터를 전부 매각하기로 결정했다.[4] 제프 스미스는 이 결정에 동의하지 않았다. 그는 다든의 고난은 경영 부실 때문이라고 주장하며, 레드 랍스터의 매각은 주주 가치를 창출하기는커녕 오히려 파괴할 것이라고 주장했다. 스타보드는 생존에 필요한 모든 것이 다든에 있으며 단 하나, 좋은 경영자만이 없을 뿐이라고 믿었다.

2014년 9월, 스타보드는 다든의 실적 개선을 위한 제안을 300페이지에 가까운 파워포인트 자료의 형태로 공개했다. 이 자료는 미국 주요 언론들로부터 큰 관심을 받았다. 비즈니스 저널리스트들은 이 제안서에서 특히 신랄한 어조가 사용된 부분("다든은 수년간 잘못 경영되었으며 … 대대적인 구조개선이 절실히 필요하다.")에 주목했다. 한편, 일부 언론에서는 이 제안서에 담긴 비용절감안 중 "웨이터들이 무제한으로 제공되는 간식용 빵을 고객에게 내갈 때 너무 많은 양을 주지 않도록 해야 한다." 등의 부분을 다소 희화화하여 다루기도 했다.[5]

하지만 스타보드의 제안은 종합적이고 논리적이었다. 빵에 대한 아이디어조차도 고객들과 종업원 간의 접점을 늘리려는 의도로 제시된 것이었다. 게다가 스타보드는 경제적인 이유를 넘어 다든의 브랜드를 진심으로 아끼는 모습을 보였다. 제안서의 한 페이지에는 "올리브 가든은 우리의 마음 한편에 특별한 자리를 차지하고 있다."라는 문구가 있었다.[6] 스타보드는 감성과 철저함을 결합한 공략으로 다든의 주주들을 설득하는 데 성공했으며, 위임장 대결에서 이기기 위한 지분을 확보하여 다든의 12인 이사회 전원을 교체했다. 다든의 CEO는 곧 사임했고, 회사는 스타보드가 승인한 구조조정 계획을 실행에 옮겼다. 스미스의 승리는 철저하면서도 강인하다는 그의 평판을 더욱 굳건하게 만들었다.

스타보드가 역사에 남을 다든 레스토랑과의 대결에서 승리를 거두기 1년 전, 스미스는 상대적으로 많이 주목받지 못한 엔비디아에 대한 작업을 시작했다.

2013년 초, 엔비디아의 주주들은 참을성을 잃어가고 있었다. 주가는 4년간 거의 정체 상태에 머물렀고, 재무적 성과도 엇갈렸다. 2013년 1월까지의 가장 최근 분기 매출은 전년 대비 7퍼센트 증가했지만, 순이익은 2퍼센트 감소했다.

엔비디아는 재무제표상 약 30억 달러의 순현금을 보유하고 있었는데, 이는 엔비디아의 전체 시장가치가 총 80억 달러였던 당시에 상당한 규모의 자산이었다. 그러나 성장률이 한 자릿수에 머무르면서 주가수익비율[PER]이 14배에 머물렀다. 스타보드는 엔비디아가 보유한 현금을 제외하고 분석했을 때 이 회사가 심각하게 저평가되어 있으며, 핵심 자산들이 훨씬 더 성장할 여지가 있다고 판단했다. 스타보드는 기회를 놓치지 않고 뛰어들었다. 미국 증권거래위원회의 13F 신고서 에서 공개된 바에 따르면, 2013년 6월 말까지의 분기에 이 헤지펀드는 약 6,200만 달러 상당 가치에 달하는 엔비디아 주식 440만 주를 확보했다.

　◦　　미국 증권거래위원회가 헤지펀드 등에게 제출을 요구하는 분기별 보고서로 기관투자자의 주식 보유 현황 등이 포함되어 있다.

엔비디아의 일부 임원들은 스타보드 밸류가 투자자로 들어온 사실을 썩 반기지 않았다. 한 고위 임원에 따르면, 엔비디아 이사회는 이 행동주의 펀드가 회사에 구조조정을 강요하거나, 자기들 입맛에 맞는 이사회를 설치하거나, CUDA에 대한 투자를 축소하게 만든다거나 하지 않을까, 이 점을 대단히 우려했다고 한다. 실제로 이 펀드는 이듬해 다든에 대해 대대적인 기업수술을 실행했다. 또 다른 엔비디아 임원에 따르면 스타보드는 이사회 의석을 요구했지만 이사회가 이를 거부했다고 한다.

그럼에도 불구하고 이들의 관계는 지나치게 적대적이지는 않았다. "그때 제가 위기 단계라고 부를 만한 수준까지 간 적은 없었던 것 같아요. '데프콘 1'이라는 용어 아시죠?" 한 엔비디아 임원은 미군에서 사용하는 핵전쟁 위기 체계를 인용하며 말했다. 데프콘 5는 평화상태를 뜻하고, 데프콘 1은 핵전쟁이 임박했음을 의미한다. "아마 데프콘 3 정도였다고 봐야 할 거예요."

스타보드 팀은 젠슨 및 엔비디아의 리더급 직원들과 수차례 만나 전략에 대해 논의했다. 스미스는 몇 년 후 밝히기를, 이때 그는 투자 측면에서 공격적인 자사주 매입 프로그램과 휴대폰에 들어가는 프로세서와 같은 비非GPU 프로젝트 축소를 주장했다고 한다.[7] 스타보드는 이때의 회의 이후에 더 이상의 압박을 자제했지만, 결국 자사주 매입 요구는 관철할 수 있었다.

2013년 11월, 엔비디아는 두 가지 발표를 했다. 회계연도 기준 2015년까지 10억 달러 규모의 자사주 매입을 약속하고, 추가로

10억 달러 규모의 자사주 매입을 승인했다는 내용이었다. 이 발표 후 몇 달에 걸쳐 주가는 약 20퍼센트 상승했고, 스타보드는 이듬해 3월까지 엔비디아 지분을 청산했다. 엔비디아와 스타보드는 이 짧은 기간 동안 갈등 관계보다는 오히려 상당히 우호적인 관계를 유지했던 것처럼 보인다. "우리는 젠슨에게 아주 깊은 인상을 받았어요." 스미스는 말했다.

젠슨은 그 당시 스타보드와 회의를 한 것은 기억하지만, 무엇을 논의했는지는 특별히 기억나는 게 없다고 말했다. 그가 신경 쓰기도 전에 스타보드는 투자자의 지위에서 떠났다. 하지만 그렇게 스타보드가 반도체 업계와 엔비디아에 미친 영향이 끝난 것은 아니었다.

멜라녹스는 1999년 CEO가 된 에얄 월드만이 주도하여 몇 명의 이스라엘 기술 전문가들이 함께 설립한 회사였다. 멜라녹스는 인피니밴드InfiniBand 표준에 따라 데이터센터와 슈퍼컴퓨터를 위한 고속 네트워킹 제품을 제공하면서 순식간에 업계의 선두주자로 자리 잡았다. 멜라녹스의 매출은 2012년 5억 달러에서 2016년에는 8억 5,800만 달러로 증가하는 등 인상적인 성장세를 보여줬지만, 연구개발 비용이 높은 탓에 순이익률이 매우 낮았다.

2017년 1월, 스타보드는 멜라녹스 주식 11퍼센트를 매입했다. 스타보드는 에얄 월드만과 경영진에게 지난 5년간의 경영 실적을 비판하는 서한을 보냈다. 멜라녹스의 주가가 하락하는 동안 반도체 산업 지수는 470퍼센트나 상승했다. 멜라녹스의 영업이익률은 동종업계 평균의 절반에 불과했다. 스타보드의 서한에는 이렇게 쓰여 있었다. "멜라녹스는 장기간에 걸쳐 가장 부진한 실적을 낸 반도체 기업 중 하나였습니다. 변죽만 울리는 변화나 미미한 개선만으로 해결할 수 있는 시기는 한참 전에 지나갔습니다."[8]

긴 논의 끝에 스타보드와 멜라녹스 이사회는 2018년 6월 타협안에 합의했다. 멜라녹스는 스타보드가 승인한 이사회 구성원 3명을 선임하고, 멜라녹스가 공개되지 않은 재무적 목표를 충족하지 못하면 스타보드에게 추가 권리를 부여하기로 했다. 스타보드는 이런 권리를 확보했음에도 CEO인 월드만을 교체하기 위해 위임장 대결을 펼칠 수 있는 권한을 유지했다. 멜라녹스에게는 다른 선택지도 있었다. 독립 기업으로 남는 경우보다 멜라녹스의 자산을 통해 좀 더 이익을 낼 수 있는 다른 회사가 있는 경우에는 그 회사에 자신을 매각하는 선택지였다. 이로써 반도체 업계 역사상 가장 파급력이 큰 인수합병의 무대가 마련되었다.

2018년 9월, 멜라녹스는 외부 기업으로부터 주당 102달러에 구속력 없는 매입 제안을 받았다. 이는 당시 주가 76.90달러에 비해 약 3분의 1에 가까운 프리미엄이 붙은 가격이었다. 멜라녹스는 본격적인 매각 작업에 돌입했다. 투자은행을 통해 다른 입찰자를 찾아 나섰고, 결국 잠재적 인수자 목록을 총 7곳으로 늘렸다.

엔비디아의 다른 임원에 따르면, 젠슨은 멜라녹스가 매물로 나올 때까지는 인수를 생각하고 있지 않았다고 한다. 그러나 그는 멜라녹스의 전략적 중요성을 빠르게 깨달았고, 엔비디아가 이 경쟁에서 반드시 승리해야 한다고 판단한 후 10월부터 이 인수전쟁에 참전했다.

마침내 세 곳의 진지한 인수의향자가 추려졌다. 엔비디아, 인텔, 주로 산업용 칩을 제조하는 자일링스는 몇 달에 걸쳐 치열한 입찰경쟁을 벌였고, 인텔과 자일링스는 주당 122.50달러 이상을 부르지 못했다. 그러나 엔비디아는 이를 약간 웃도는 주당 125달러를 제시했다. 2019년 3월 7일, 엔비디아는 69억 달러에 전액 현금 인수조건으로 전쟁에서 승리했다.

며칠 후, 엔비디아와 멜라녹스는 인수 사실을 공식 발표하며 애널리스트와 투자자들을 대상으로 컨퍼런스 콜을 진행했다.

"이번 인수가 왜 엔비디아에 필요한지, 제가 이번 인수 건을 왜 이렇게 기뻐하는지 설명해드리겠습니다." 젠슨이 말했다. 그는 고성능 컴퓨팅에 대한 수요가 어떻게 증가할지에 대해 이야기했다. AI, 과학 분야 컴퓨팅, 데이터 분석 등의 작업에서 엄청난 성능 향상에 대한 수요가 창출될 것이며, 이런 성능 향상은 GPU를 활용한 가속화 컴퓨팅과 더 나은 네트워킹 기술 없이는 달성할 수 없다는 설명이었다. 젠슨은 AI 애플리케이션들을 위해 결국 수만 대의 서버를 서로 연결하여 함께 동작하게 해야 할 것이며, 시장을 선도하는 멜라녹스의 네트워킹 기술은 이런 비전 실현에 필수적이라고 설명했다.

"이제 새롭게 떠오르는 AI와 데이터 분석 업무들에는 데이터 센터 규모의 최적화가 필요합니다." 젠슨은 컴퓨팅 작업이 하나의 장치를 넘는 수준으로 발전할 것이며, 전체 데이터센터가 하나의 컴퓨터처럼 되는 시대가 올 것이라고 예측한 것이다.

젠슨의 비전은 몇 년 만에 현실이 되었다. 2024년 5월, 엔비디아는 멜라녹스에서 넘어온 사업이 분기 매출 32억 달러를 기록했다고 발표했다. 이는 2020년 초 마지막 분기에 멜라녹스가 상장 기업이던 시절 마지막으로 공시한 매출보다 7배 이상 증가한 수치였다. 엔비디아가 69억 달러를 투자해 인수한 멜라녹스는 단 4년 만에 120억 달러 이상의 연 매출을 창출하며 세 자릿수 성장률을 기록하는 사업으로 자리 잡았다.

"솔직히 말하면 멜라녹스는 사실상 행동주의 투자자들이 집 앞에 놓고 간 선물 같은 거였죠." 한 엔비디아 고위 임원이 말했다. "지금 AI 스타트업들과 얘기해보면 알 수 있지요. 멜라녹스의 네트워킹 기술인 인피니밴드가 컴퓨팅 성능 확장이나 다른 모든 일에 있어 아주 중요한 역할을 하고 있어요."

GPU 클라우드 컴퓨팅을 제공하는 주요 기업이자 엔비디아의 고객이기도 한 코어위브의 공동창업자이자 CTO인 브라이언 벤투로는 인피니밴드 기술이 여전히 지연을 최소화하고 네트워크 혼잡을 제어하며 작업부하 성능을 효율적으로 관리하는 최고의 솔루션을 제공한다고 한다.

멜라녹스 인수는 여러 면에서 엔비디아에게 뜻밖의 행운이었다. 처음부터 젠슨이 이 기회를 파악하지는 못했다. 그러나 기회를 인식하고 이해한 순간, 적극적으로 멜라녹스를 노리기로 결정했다. 인수 거래 자체도 훌륭했지만, 이 거래로 인한 성과는 새로운 사업부를 기존 조직에 통합한 뒤 해당 사업을 실제로 실행하는 엔비디아의 역량에 달려 있었다. 그런 면에서 멜라녹스 인수는 전형적인 엔비디아식 성과였다. 다른 회사들이 주저할 때 엔비디아가 기회에 뛰어들었기 때문에 멜라녹스는 AI 세상에서 엔비디아가 지배적 위치로 부상하는 데 중요한 역할을 할 수 있었다.

"이건 당연히 역사상 가장 성공적인 인수 중 하나로 기록될 겁니다." 엔비디아의 글로벌 사업장 운영 책임자인 제이 푸리는 말했다. "젠슨은 데이터센터 규모의 컴퓨팅에 정말 뛰어난 고성능 네트워킹이 필요하다는 사실을 깨달았고, 멜라녹스는 그 분야에서 세계 최고였어요."[9]

엔비디아가 지난 10년에 걸쳐 거둔 성공을 지켜본 후, 스타보드 밸류의 제프 스미스도 자신의 심경을 한 마디로 덧붙였다. "그때 엔비디아 지분을 팔지 말 걸 그랬어요."

13

빛의 문샷

"

레이 트레이싱과 AI가 게임의 판도를 바꿀 게 분명했어요.
이것이 피할 수 없는 미래임을 알고 있었습니다.

"

빛은 극도로 복잡한 자연현상이다. 때로는 입자처럼, 때로는 파동처럼 움직인다. 어떤 때는 물체에 반사되기도 하고, 어떤 때는 물체를 통과하며 산란하기도 하고, 어떤 때는 완전히 흡수되기도 한다. 물체가 공간을 지나갈 때의 움직임이나, 다른 물체에 충돌했을 때 변형되는 현상과 달리, 빛은 단일한 물리법칙에 의해 지배되지 않는다. 그러나 우리는 태어나 눈을 뜬 순간부터 빛에 노출되며, 실제 현실에서 그것이 어떻게 '작동'하는지를 직관적으로 알고 있다.

그렇기에 빛은 컴퓨터 그래픽에서 가장 중요한 시각적 요소이자, 동시에 가장 재현하기 어려운 요소이기도 하다. 조명^{lighting}(라이팅)을 잘 넣지 못하면 이미지가 밋밋하거나 거칠거나 비현실적으로 보일 수 있다. 반대로 조명이 좋으면 아주 단순한 구성의 이미지도 극적인 감정과 효과를 전달하는 옛 대가들의 작품에 근접한 분위기를 낼 수 있다. 인간 예술가나 사진가조차 자신의 작품에서 빛을 잘 다루기까지 평생을 바쳐야 했다. 컴퓨터가 이 같은 수준의 기술에 도달하는 건 오랫동안 불가능하다고 여겨졌다.

대부분의 초기 컴퓨터 그래픽 기술은 조명을 설득력 있게 구현하는 데에 실패했다. 이는 당시의 가장 고급 프로세서로도 연산이 너무 어려웠기 때문이다. 최고의 렌더링 알고리즘조차 빛에 대한 물리는 단순한 방식으로 모델링할 수밖에 없었다. 그 결과 텍스처는 평면적이고, 그림자는 흐릿하며, 표면 반사는 부자연스러웠다. 다른 대부분의 그래픽 분야는 약 20여 년에 걸쳐 꾸준하게 개선되었다. 심지어 GPU까지 발명되어 그래픽 렌더링을 거의 모든 면에서 더 효율적으로, 더 뛰어나게 할 수 있게 되었다. 그럼에도 조명 분야는 여전히 난공불락으로 남아 있었다.

그때 데이비드 뤼브케가 등장했다. 1998년 뤼브케는 노스캐롤라이나 대학교 채플힐 캠퍼스에서 컴퓨터공학 박사학위를 취득하고 컴퓨터 그래픽 분야에서 학자의 길을 가기를 원했다. 그는 버지니아 대학교에서 8년 동안 조교수로 근무했지만, 연구 진행 속도가 너무 느렸던 탓에 점점 좌절감을 느꼈다. 그의 팀이 입자^{Particle} 렌더링이나 객체에 텍스처 매핑을 적용하는 새로운 그래픽 기술을 개발할 때마다, 논문으로 쓴 뒤 동료 평가 절차가 완료되는 데 6개월 이상 걸리다 보니 그때쯤 되면 이미 그 기술은 낡은 것이 되곤 했다.

뤼브케의 연구가 거의 바로 시의성을 잃게 된 원인은 다름 아닌 엔비디아였다. 엔비디아가 뤼브케의 팀이 연구소에서 개발한 기술보다 더 우수한 GPU 기능을 끊임없이 개발해서 출시했기 때문이다. "당시에 전 연구에 집중하지 못하고 겉돌고 있었어요. 솔직히 학계를 떠날까 하는 생각도 했습니다."[1]

그러던 어느 날, 뤼브케는 엔비디아의 최고 과학자인 데이비드 커크로부터 뜻밖의 전화를 받았다. 그는 뤼브케의 연구에 대해 잘 알고 있었다. "엔비디아에서 장기적인 연구를 주로 하는 조직을 만들려고 합니다. 혹시 관심이 있으세요?"

뤼브케는 자신을 계속 앞지르던 엔비디아에 대해 딱히 응어리를 품고 있지는 않았다. 오히려 그는 자신에게 컴퓨터 그래픽 분야에서 정상의 위치를 차지한 이 회사에 합류하고 싶은 마음이 있음을 깨달았다. 특히, 그것이 컴퓨터 그래픽의 미래를 정의하는 데 자신이 기여할 수 있다는 의미라면 더욱 그렇게 해야 했다.

2006년 그는 엔비디아의 신설 조직인 엔비디아 리서치^{Nvidia Research}의 첫 구성원으로 합류했다. 입사 첫 주에 그는 엔비디아의 시스템 아키텍트이자 오랜 친구인 스티브 몰나르와 점심을 함께 먹으며, 엔비디아에서 연구 조직이 무슨 일을 해야 한다고 생각하는지 물었다. 어쩌면, 특허 개발에 목표를 둔 조직으로 구성해야 할까? 몰나르는 잠시 생각하더니 이렇게 말했다. "내가 보기에 엔비디아가 IP(지식재산권) 성벽을 쌓는 회사라는 생각은 안 들어. 이 회사의 강점은 그냥 남들보다 앞서서 뛰는 데 있거든."

적절한 분석이었다. 엔비디아가 혁신의 최전선을 지킬 수 있던 주된 이유는 탁월한 운영 능력과 전략적 근면함이었다. 엔비디아는 빠른 출시 주기를 유지했고, 우선순위를 명확히 알고 있었다. 뚜렷한 상업적 목표 없이 추측성 연구에 예산을 투입하는 일은 우선순위에 없었다. 이렇게 보면 엔비디아 리서치의 존재는 회사의 핵심 역량과 충돌하는 것처럼 보였다.

하지만 커크는 이 새로운 조직을 적극적으로 지지했다. 그 이유는 컴퓨터 그래픽 분야에서 가장 복잡한 문제들을 해결하려면 그래도 시간을 충분히 들여 지속적으로 연구해야 한다고 생각했기 때문이다.

몇 주가 지난 뒤 3명이 팀에 합류해 뤼브케의 동료가 되었다. 그들은 팀으로서 커크와 첫 점심식사를 함께하며 무엇부터 시작하면 좋을지를 물었다. 커크는 분명한 대답을 해주지 않고 그들 스스로 자신의 역할을 정의해야 한다고 말했다. 그래도 몇 가지 기본적인 기준을 주기는 했다. 엔비디아 리서치는 회사에 중요한 일을 해야 했다. 그리고 그 프로젝트로 상당한 영향을 창출해야 했다. 엔비디아의 일반적인 사업 방식으로는 만들어낼 수 없고, 회사의 다른 조직에선 해내기 어려운, 특수한 목적의 장기 프로젝트 전담 부서가 있어야만 해낼 수 있는 성격의 혁신에 집중해야 했다.

레이 트레이싱^{Ray Tracing} (광선 추적)은 가상의 장면에서 빛이 물체에 반사되거나 통과하는 움직임을 시뮬레이션하는 기술이다. 정확히 커크가 제시한 기준을 따르는 프로젝트였다. 이론적으로 레이 트레이싱을 사용하면 당시 시장에 나온 어떤 기술보다 훨씬 사실적인 조명 효과를 구현할 가능성이 있었다. 그러나 실제로는 너무 많은 자원을 요구하는 기술이라 하드웨어가 처리하기가 버거웠다.

당시의 통념에 따르면, CPU가 더 폭넓고 다양한 연산을 수행할 수 있기 때문에 레이 트레이싱은 GPU보다 CPU에서 처리하는 게 유리하다고 여겨졌다. 인텔의 내부 연구조직은 이런 믿음을 강력히 지지했으며, 실제 세상에서 빛의 복잡한 움직임을 정확히 모델링하는 일은 오직 CPU만이 할 수 있다고 주장했다.

그러나 엔비디아 리서치는 설립된 지 6개월 만에 실험을 통해 GPU가 레이 트레이싱 연산을 처리할 정도로 충분히 강력해졌을 뿐 아니라, 현세대의 CPU보다 이를 더 빠르게 수행할 수 있음을 보여주는 근거를 발견했다. 컴퓨터 그래픽에서의 이 오래된 난제를 해결함과 동시에 상업화할 수 있다는 가능성에 뤼브케는 흥분했다. 뤼브케는 엔비디아 리서치와 젠슨 간의 첫 번째 회의를 잡았다.

보통 젠슨이 발표에 청중으로 참석하면 발표자는 몇 분만 발표한 뒤 곧바로 양방향 토론을 진행한다. 그러나 이번에 젠슨은 한 시간 내내 그들의 발표를 경청했다. "그가 우리에게 충분히 말할 기회를 주기 위해 참고 기다려준 것 같아요." 뤼브케는 말했다.

뤼브케의 발표가 끝나자 젠슨은 여러 피드백을 주었다. "레이 트레이싱은 게임 시장에서 명백한 잠재력이 있다. 하지만 뤼브케의 팀이 다른 분야도 봐야 한다."라고 얘기했다. 예를 들어, 레이 트레이싱은 엔비디아의 쿼드로 워크스테이션 그래픽카드의 홍보에도 이용될 수 있었다. 쿼드로는 판매량은 적었지만 판매가격이 높아서 당시 회사 수익의 거의 80퍼센트를 차지하는 제품이었다. 전문적이고 기술적인 시장을 공략하는 편이 결국 회사에 더 큰 도움이 될 수 있다는 뜻이었다.

레이 트레이싱 프로젝트를 계속할 가치가 있다는 젠슨의 믿음을 등에 업고, 뤼브케는 엔비디아 GPU 엔지니어링 팀의 설계 회의에 참석했다. 뤼브케의 팀은 레이 트레이싱에 필요한 연산 능력을 실현하기 위한 아이디어들을 갖고 있었다. 그중 하나는 GPU 자체의 심장에 자리잡은 프로세서들에 대한 설계 변경 아이디어였다.

학계에서의 자유로운 논의 방식에 익숙했던 뤼브케의 팀은 엔지니어들도 비슷한 방식을 쉽게 받아들일 거라 생각했다. "저희가 페르미 칩 아키텍처 회의에 불쑥 들어갔어요." 그는 당시 엔비디아가 개발 중이었던 차세대 칩의 이름을 언급하며 말했다. "저희 팀에서는 그냥 여러 스레드가 동일한 CUDA 코어 위에서 동시에 함께 실행될 수 있는 기능이 필요했죠."

젠슨이 그랬던 것처럼 페르미 GPU 아키텍트들도 이 새로운 동료들과 이들의 회사원답지 않고 튀는 행동을 받아들였다. "비용이 꽤 적게 드는 변경 아이디어네요. 제 생각엔 가능할 것 같아요." GPU 엔지니어링 팀의 책임자인 조나 앨번이 이렇게 말했다. 그러나 숨은 문제가 하나 있었다. "그런데 이해해주셔야 할 부분이 있어요. 우리는 데이터를 기반으로 결정을 내려야 하거든요."

엔비디아 리서치 팀은 숨은 의미를 이해하고 중요한 것을 배웠다. 자유롭게 의견을 내는 거야 괜찮지만, 중요한 결정을 내릴 때는 GPU 하드웨어 팀처럼 시간과 자원 투입을 정당화하기 위한 객관적 근거가 필요했다. "설명할 필요가 없어요. 이건 좋은 아이디어예요'라고 우기기만 하면 안 된다는 거죠." 뤼브케는 설명했다.

다음 해, 연구원들은 이에 대한 증거를 확보하기 위해 전력을 다했다. 그들은 GPU가 레이 트레이싱을 더 낮은 비용을 들여 더 효과적으로 구현할 수 있음을 입증하기 위해 이를 테스트할 수 있는 기술을 개발하고 알고리즘을 만들었다. 연구원들뿐만 아니라 모두가 아주 신나게 몰두한 작업이었다.

당시에 회사 인턴이었던 브라이언 카탄자로는 2008년 젠슨이 레이 트레이싱 연구팀의 회의에 참석한 일을 기억하고 있었다. 그는 아무 질문도 하지 않았다. 컴퓨터도 가져오지 않았다. 그냥 그곳에서 연구팀이 레이 트레이싱에 대해 이야기하는 것을 한 시간 동안 듣고 갔다.

데이비드 커크는 이 팀의 결과에 대단히 확신을 가졌고, 엔비디아 경영진을 재촉해 뤼브케의 아이디어를 빨리 제품으로 구현할 수 있도록 움직였다. 첫 번째 단계는 레이 트레이싱에 특화된 전문성을 보유한 스타트업을 인수하는 것이었다. 엔비디아는 독일 베를린에 기반을 둔 멘탈 이미지스$^{Mental Images}$와 미국 유타 주에 기반을 둔 레이스케일^{RayScale}을 인수했다. 뤼브케와 커크는 유타로 날아가 레이스케일 공동창업자인 피트 셜리와 스티브 파커에게 그들이 사용하던 CPU보다 GPU에서 레이 트레이싱이 훨씬 더 잘 되는 것을 보여주었다.

레이스케일이 엔비디아에 인수된 직후, 레이스케일의 직원들은 엔비디아 리서치 팀과 함께 일하며 2008년 SIGGRAPH 컨퍼런스용 데모를 준비했다. 1991년 커티스 프리엠이 자신이 만든 〈에비에이터〉 비행 시뮬레이터를 세계에 선보이며 컴퓨터 그래픽 기술로 무엇이 가능한지 보여준 바로 그 컨퍼런스다.

여기에 자주 참석했던 엔비디아는 이제 거의 20년 만에 컴퓨터 그래픽의 다음 진화형을 소개할 준비가 되어 있었다. 엔비디아가 준비한 GPU 구동 데모는 날렵하고 번쩍이는 스포츠카가 도시를 주행하는 영상이었는데, 곡면 반사, 선명한 그림자, 왜곡된 반사, 모션 블러 효과 등 레이 트레이싱을 통해서만 생성할 수 있는 온갖 효과로 채워져 있었다.

뤼브케는 떠올렸다. "그건 엔비디아에 결정적인 순간이었어요. 거대한 무언가가 시작되고 있었죠. 그 데모가 나오자 GPU에서 레이 트레이싱을 수행할 수 없다는 낭설은 싹 사라졌어요."

데모 시연 현장에는 몇몇 인텔 직원들이 있었다. 시연이 끝난 뒤, 그들은 엔비디아 리서치 팀에게 다가와 데모가 정말 GPU로 실행된 것이 맞느냐고 물었다. 뤼브케는 그렇다고 확인해주었다. 그러자 그들은 블랙베리폰으로 뭔가를 맹렬하게 타이핑해서 메시지를 보냈다. 이후 인텔의 연구조직은 CPU에서의 레이 트레이싱에 관한 논문을 발표하지 않았다.

이듬해인 2009년 SIGGRAPH에서 엔비디아는 쿼드로 그래픽카드를 위한 CUDA 기반의 완전 프로그래머블 레이 트레이싱 엔진인 OptiX를 공개했다. 이 엔진은 실사photorealistic 렌더링, 산업 디자인, 방사선 연구 등에서 레이 트레이싱을 빠르게 처리할 수 있도록 지원했다. 스티브 파커와 전前 레이스케일 직원들은 이 제품의 출시를 지원하고자 리서치 조직에서 나와 엔비디아의 주요 비즈니스 조직에 합류했다.

"엔비디아 리서치는 언제나 부화기 같은 존재로 여겨졌어요.

뭔가 성공한 제품이 나오면 요람에서 꺼내어 제품으로 발전시키는 식이었죠." 뤼브케는 말했다.

단 3년 만에 엔비디아 리서치는 실험적 컴퓨팅 프로젝트를 하던 연구조직에서 회사에 새로운 비즈니스 기회를 공급하는 원천으로 탈바꿈했다. 그렇지만 대중에게 레이 트레이싱의 접근성을 높이는 단계까지는 여전히 갈 길이 멀었다. 엔비디아가 2008년 SIGGRAPH에서 선보였던 데모는 여전히 소비자등급 그래픽카드의 성능을 넘는 수준이었다. OptiX를 통해 엔지니어들이 레이 트레이싱 장면을 더 빨리 렌더링할 수 있긴 했지만, 연산 측면에서 너무 부담이 큰 작업이었기 때문에 아주 단순한 장면이 아니라면 실시간으로 레이 트레이싱을 할 수는 없었다. 그래서 엔비디아는 게임에 레이 트레이싱을 적용하는 기술 개발 건은 일단 미루기로 결정했다.

그로부터 몇 년 후인 2013년 데이비드 커크가 다시 뤼브케를 찾아왔다. "레이 트레이싱을 다시 해봐야겠어요. 뭘 해야 그래픽의 중심에 레이 트레이싱을 둘 수 있을까요?" 커크는 게임에서 실시간 레이 트레이싱을 논할 때가 왔다고 생각했다. 뤼브케는 이 가능성에 너무나 흥분한 나머지 2013년 6월 10일 엔비디아 모든 직원에게 이메일을 보냈다. 바로 이 메일이 나중에 '레이 트레이싱 문샷'*으로 알려진 그 메일이다.

---

* 문샷(moonshot)은 '달 탐사선 발사'라는 뜻으로 대단히 야심 차고 혁신적인 계획을 의미한다. 이 이메일에 의해 실시간 레이 트레이싱 프로젝트의 코드명이 '문샷'으로 정해졌다.

"우리는 상당한 시간 동안 레이 트레이싱과 관련한 새로운 계획을 준비해왔습니다." 뤼브케는 이어서 썼다. "만약 레이 트레이싱을 100배 더 효율적으로 할 수 있다면 무엇을 할 수 있을까요? 그리고 레이 트레이싱을 100배 더 효율적으로 만들려면 무엇이 필요할까요?"

그가 문제의 규모를 과장한 것은 아니었다. 더 저렴한 소비자 등급 그래픽카드에서도 실시간 레이 트레이싱이 가능해지려면 그 정도로 효율성을 향상시켜야 했다. 이 수준을 달성하려면 새로운 알고리즘과 더불어 새로운 전용 하드웨어 회로까지 만들어야 했다. 게다가 GPU 기술로 어디까지 가능한지에 대한 새로운 시각도 필요했다.

가장 핵심적인 성과는 헬싱키에서 일하던 엔비디아 팀에서 나왔다. 산타클라라 본사 직원들은 이들을 '핀란드인$^{\text{The Finns}}$'이라 불렀다. 엔비디아가 2006년 인수를 통해 영입한 인재인 티모 아이라는 헬싱키 팀의 첫 번째 구성원이었다. 시간이 지나면서 아이라와 그의 동료들은 엔비디아 내부에서 일종의 특별기동대가 되어 엔비디아가 맞닥뜨린 가장 어려운 연구과제들을 해결하는 데 배정되었다. 그리고 이제 그들은 GPU 내부에 새로운 레이 트레이싱 처리 전용 코어를 넣는 연구에 도전하게 되었다. 엔비디아의 초기 구성원이자 칩 아키텍트인 에릭 린드홀름이 핀란드로 날아가 헬싱키 팀을 지원했다. "'핀란드인'들은 손대는 것마다 황금으로 바꾸는 정말 뛰어난 연구자들이에요." 뤼브케는 말했다.

엔비디아 리서치에서 GPU 아키텍처 팀에 부탁해 필요한 지원을 얻기로 한 후, 2014년 3월에 미국 내 엔지니어들이 헬싱키 팀과 협력하여 레이 트레이싱 코어를 개발하는 업무에 투입되었다. 2015년이 되자 헬싱키 팀이 엔비디아 본사로 이동해 남은 문제들을 해결했다. 2016년에 프로젝트는 거의 완성되었고, 엔비디아 리서치는 이 프로젝트를 오롯이 엔지니어링 팀에 넘겼다. 이 레이 트레이싱 기술을 그해 후반부에 출시될 예정이었던 '파스칼' 아키텍처에 넣기에는 시간이 부족했기 때문에 엔비디아는 다음 아키텍처인 '튜링'에 레이 트레이싱 전용 코어를 넣을 준비를 했다.

"내 임무는 핀란드 팀이 충분한 지원과 관심을 받을 수 있도록 돕고, 이 프로젝트가 지속되도록 보호하는 것이었어요." 뤼브케는 헬싱키 팀에 대해 이렇게 말했다.

젠슨은 2018년 SIGGRAPH 키노트 발표에서 레이 트레이싱 전용 코어를 탑재한 튜링 아키텍처를 소개하려고 했다. 엔비디아 리서치 팀이 만든 데모가 레이 트레이싱은 CPU보다는 GPU의 영역이라는 사실을 증명한 후 정확히 10년 만이었다. 젠슨의 발표 내용 대부분은 튜링 아키텍처와 '딥러닝' 신경망 작업을 가속화할 수 있게 설계된 2세대 텐서 코어의 소개에 관한 내용이었다. 하지만 젠슨은 만족스럽지 않았다. 그는 발표 자료에 컨퍼런스 청중의 마음을 사로잡을 내용이 더 필요하다고 생각했다.

컨퍼런스 2주 전, 젠슨은 키노트 발표 관련 아이디어를 듣고자 엔비디아 임원들을 불러모았다. 엔비디아 리서치의 애런 레폰은 새로운 딥러닝 안티앨리어싱^{DLAA} 기능을 시연할 것을 제안했다. 튜링의 텐서 코어를 쓰는 DLAA는 인공지능 기술을 이용해 이미지 품질을 향상시키며 고해상도 이미지를 선명하게 만들고 객체를 뚜렷하게 표현할 수 있었다. 젠슨은 감흥이 없었다. 그가 원한 건 확실하게 대단한 것이었다. "좀 더 이미지가 잘 보인다고 해서 GPU 판매가 크게 늘진 않을 것 같네요."

하지만 젠슨은 이 제안에서 어떤 영감을 얻었다. 딥러닝 안티앨리어싱은 이미 뛰어난 이미지를 더 개선하는 기술이다. 하지만 만약 텐서 코어를 활용해 하위급 그래픽카드가 최상위 모델과 비슷한 수준의 성능을 발휘할 수 있다면 어떨까? 예를 들어, 엔비디아는 이미지 향상 기능을 활용해 추가적인 픽셀을 샘플링하고 보간^{interpolation}할 수 있었다. 이를 통해, 원래 1440p$^{\text{QHD, Quad HD}}$ 해상도로 그래픽을 렌더링하도록 설계된 GPU가 4K$^{\text{UHD, Ultra HD}}$ 해상도의 이미지를 비슷한 프레임 속도로 생성할 수 있게 되는 것이다. 즉, AI가 저해상도^{1440p} 이미지를 고해상도^{4K} 이미지로 변환하며, 세부 디테일을 보완하는 방식이었다.

"정말 도움이 될 만한 건 말입니다. 딥러닝 슈퍼 샘플링$^{\text{Deep Learning Super Sampling, DLSS}}$을 할 수 있다면 좋겠는데요. 그건 정말 엄청난 일이 될 거예요. 할 수 있나요?" 젠슨이 물었다.

애런 레폰은 팀원들과 논의한 뒤 젠슨에게 가능성이 있다고 보고했다. 그렇지만 이 아이디어를 좀 더 충분히 연구해야 정확히 알 수 있었다. 일주일이 지난 후, 키노트 발표를 겨우 며칠 앞둔 날, 레폰은 젠슨에게 초기 연구 결과가 긍정적이고 나중에 'DLSS'라는 이름으로 알려지게 될 이 기술을 만들 수 있을 것 같다고 보고했다. 젠슨은 답했다. "발표 슬라이드에 넣읍시다."

"세상 누구도 가정용 컴퓨터에서 초당 수억 개의 픽셀을 추론할 수 있는 머신러닝 모델과 시스템을 만든다는 생각을 해본 적이 없었습니다." 브라이언 카탄자로는 말했다.[2]

DLSS는 젠슨이 즉석에서 생각한 아이디어였다. 그는 하나의 기술에 내재한 가능성을 보고, 그것을 더 나은 비즈니스 활용도가 있는 새로운 기능으로 변모시켰다. 이제 DLSS가 성공하면 저가형부터 고급형까지 모든 제품군의 경쟁력이 더 높아지고, 따라서 가치가 더 높아져서, 결국 엔비디아가 더 높은 가격을 책정하는 기반이 될 터였다.

"이 놀라운 기술을 발명한 건 연구자들이지만, 그것이 어디에 유용한지 간파한 건 젠슨이었어요. 연구자들이 생각한 것과 전혀 달랐죠. 이걸 보면 젠슨이 얼마나 뛰어난 리더인지, 얼마나 기술을 잘 아는 똑똑한 사람인지 알 수 있어요." 뤼브케의 말이다.

젠슨의 키노트 발표는 호평을 받았다. 하지만 튜링 GPU 기반의 지포스 RTX 그래픽카드는 그렇지 않았다. "레이 트레이싱과 DLSS를 출시했지만 반응은 조용했어요." 제프 피셔는 말했다. 문제는 지포스 RTX의 프레임속도 개선이 이전 세대의 파스칼 계열 그래픽카드에 비해 보잘것없었다는 점이었다. 게다가 게이머들이 게임을 할 때 핵심 신기능이 될 것이라 기대한 레이 트레이싱의 옵션을 활성화하자 그래픽카드의 프레임속도가 25퍼센트나 떨어졌다.

DLSS는 약간 더 나았다. DLSS 옵션을 활성화하면 RTX가 파스칼 계열보다 약 40퍼센트 더 빠르게 작동했지만, 눈에 띌 정도로 이미지 품질이 저하되었다. 게다가 엔비디아는 DLSS에 들어간 AI를 이 기술이 사용될 각 게임 화면에 일일이 맞춰 세부 조정하고 학습시켜야 했는데, 이는 매우 고되고 시간이 많이 걸리는 과정이었다. 그렇지만 엔비디아는 과거의 경험을 통해 시간을 들여 기술을 개발하고 반복적으로 개선하며 시장의 수요가 따라오기를 기다리는 일의 가치를 배운 바 있었다.

"닭이 먼저냐 달걀이 먼저냐의 문제는 '일단 내가 먼저 만들기'*로 해결해야 해요." 브라이언 카탄자로는 말했다. "수백만 가정에 환상적인 AI 기술을 보급하려면 누군가가 먼저 만들어야 하죠. 레이 트레이싱과 AI가 게임의 판도를 영원히 바꿀 게 분명했어요. 우리는 이것이 피할 수 없는 미래임을 알고 있었어요."

카탄자로는 2018년 튜링 출시 이후 DLSS 프로젝트에 합류했다. 그는 2020년 3월에 공개된 DLSS 2.0 개발에 참여했으며, 이 버전은 게임마다 따로 세부 조정할 필요가 없게 개선되었고 훨

---

* 원서에서의 단어는 부트스트래핑(bootstrapping). 외부 도움 없이 자체적으로 시작하고 성장하는 방식을 말한다.

씬 나은 평가를 받았다. "우리는 문제를 재정의했고, 모든 게임마다 맞춤형 학습 데이터가 없어도 더 나은 결과를 얻는 방법을 알아냈어요." 카탄자로는 말했다.

그다음 버전은 여기서 더 나아졌다. 카탄자로는 잠시 중국의 검색엔진 회사이자 테크기업인 바이두에서 일하기 위해 잠시 엔비디아를 떠났다가, DLSS 3.0으로 알려진 프로젝트에 참여하고자 다시 돌아왔다. 목표는 게임에서 렌더링된 프레임 사이에 딥러닝을 활용해 AI로 생성한 중간 프레임을 만들어내는 것이었다. 비디오 게임의 연속적인 프레임에는 모두 패턴과 상관관계가 존재하므로, AI 칩이 이런 패턴과 상관관계를 예측할 수 있다면 GPU의 렌더링 연산 부담을 덜어줄 수 있을 거라는 아이디어였다.

카탄자로에 따르면, 이런 프레임 생성 기능을 위해 충분히 정확도가 높은 AI 모델을 구축하는 데 6년의 시간이 걸렸다고 한다. "프로젝트를 진행하면서 결과물의 품질이 계속 나아지는 걸 봤기 때문에 계속할 수 있었어요. 학계에 있는 연구자들은 대부분 하나의 프로젝트를 6년 동안 붙잡고 있을 자유가 없죠. 왜냐하면 그들은 학위를 받고 졸업을 해야 하거든요."

DLSS와 실시간 레이 트레이싱의 개발 과정은 엔비디아가 혁신에 접근하는 방식을 보여준다. 엔비디아는 여전히 매우 빠른 주기로 새로운 칩과 보드를 출시하면서, 이제는 엔비디아 리서치나 다른 연구조직을 보강해 '문샷'을 동시에 추구하고 있다.

"그 후에 나온 암페어 아키텍처 시대가 되었을 때 우리는 레이 트레이싱과 DLSS에 대한 동력이 충분히 확보된 상태였기 때문에 그 제품에서 홈런을 칠 수 있었죠." 제프 피셔는 말했다.

클레이튼 크리스텐슨이 《혁신기업의 딜레마》에서 정체 상태, 즉 기업이 현재 수익을 창출하는 핵심 사업에만 집중하고 싶은 필연적인 욕구로 인해 수년 이상 상업적으로 실현될 가능성이 낮은, 좀 더 모험적인 혁신에 대한 투자를 소홀히 할 위험을 경고했다. 엔비디아는 이런 위험에서 벗어나기 위해 전보다도 더욱 발전되고 제도화된 보호장치로 혁신 방식을 구현했다고 할 수 있다.

존 페디 리서치에 따르면, 내가 이 글을 쓰는 시점에 엔비디아의 독립형 또는 애드인보드^{add-in-board} GPU 시장점유율은 지난 10년 동안 약 80퍼센트로 유지되고 있다. AMD가 성능 대비 가격이라는 전통적인 지표에 따르면 더 나은 선택지를 제공함에도 불구하고 게이머들은 엔비디아의 혁신 역량 때문에 계속 엔비디아를 선택한다. 레이 트레이싱과 DLSS는 이제 게임개발자들이 수백 개의 게임에서 지원하게 된 필수 기능이 되었다. 이 기능들은 엔비디아 그래픽카드에서 가장 뛰어난 성능을 발휘하기 때문에 AMD가 이런 부분에서 효과적으로 경쟁하기는 어렵다.

레이 트레이싱의 경우, 아이디어 단계에서 실제로 GPU에 통합되기까지의 여정이 약 10년이나 걸렸다. 마찬가지로, 프레임 생성 등 DLSS의 순차적 발전도 장장 6년에 걸쳐 이루어졌다.

"비전과 장기적인 인내심이 필요해요. 결과가 명확히 보이지 않을 때조차 투자할 수 있어야 가능한 일이죠." 브라이언 카탄자로는 말했다.

종합적으로 볼 때 엔비디아 리서치는 젠슨의 전략적 비전이 시간이 지나며 어떻게 변화했는지를 보여준 조직이다. 젠슨은 회사가 생존 모드에 있었던 초기에는 모든 직원이 구체적인 프로젝트에 집중하길 원했다. 이를테면, '빛의 속도'로 차세대 칩을 만들어내고, '소 한 마리'를 판매하며, 뛰어난 실행력을 통해 경쟁자에게 승리하는 등의 과제를 말한다. 이후 엔비디아가 더 성장하면서, 젠슨은 지금 단계에서 엔비디아의 생존이란 곧 가능한 한 많은 수단으로 회사를 미래의 위험에서 보호하는 것임을 깨달았다. 지속적인 혁신을 위해서는 엔비디아의 운영 방식을 더 유연하게 해야 했다. 이는 젊은 시절의 젠슨이라면 거부했을지도 모를, 어느 정도 위험을 감수하는 결정까지 해야 함을 의미했다.

이렇듯 더 성숙한 경영자가 된 젠슨은 단 한 번의 잘못된 선택을 하는 일을 두려워하지 않게 되었다. 그저 이제는 회사가 상당한 재정적인 안전망을 보유하고 있기 때문만은 아니다. "어느 정도 위험을 감수하고 스스로를 곤란하게 만드는 일을 두려워한다면 혁신은 불가능합니다." 그는 말했다.[3] "우리는 ROI(투자수익률) 일정표를 두지 않습니다. ROI 일정표도 없고, 수익성 목표도 없다는 얘기는 그것들이 우리가 최적화하는 목표가 아니라는 뜻입니다. 우리가 최적화하는 유일한 목표는 이것입니다. '이게 엄청나게 멋진 일인가? 사람들이 이걸 좋아할까?'"

어떤 전직 고위 임원은 엔비디아가 스스로 경쟁사들과 차별화한 부분은 바로 장기간의 실험과 투자를 기꺼이 실행하며, 좀 더 목표에 융통성이 있는 연구까지 성공적으로 수익화하는 능력이라고 얘기했다. 이는 구글과 같은 더 큰 테크 업계 공룡 기업들과 대조되는 요소이기도 하다.

구글은 종종 새로운 기술 연구에 막대한 자금을 투자하지만, 상업적인 성과는 거의 보여주지 못한다. 단적인 예로, ChatGPT와 같은 현대적인 대규모 언어 모델^{LLM}의 발전을 위한 기초가 되었던, 트랜스포머 딥러닝 아키텍처에 대한 중요한 논문인 〈어텐션이 중요하다$^{Attention\ Is\ All\ You\ Need}$〉의 저자인 구글 과학자 8명 전원은 곧 구글을 떠나 다른 곳에서 AI 창업에 뛰어들었다. "대기업이기 때문에 생기는 부작용일 뿐이죠." 이 트랜스포머 관련 논문의 공동저자 중 한 명이었던 리온 존스는 이렇게 말했다.[4] "[구글의] 관료주의는 제가 더 이상은 아무것도 할 수 없다고 느낄 수준이었어요." 그는 필요한 자원과 데이터에 접근할 수 없어서 겪었던 좌절감을 토로하며 이렇게 덧붙였다.

엔비디아는 두 번째로 맞은 10년 주기의 시작을 프로그래머블 셰이더에 대한 성공적인 연구개발 투자로 열었다. 그리고 업계를 정의한 혁신 기술인 CUDA로 나아갔다. 그다음에는 엔비디아 리서치 팀이 해낸 레이 트레이싱, DLSS, AI 분야의 획기적인 성과가 이어졌다. 지금에 와서 보면 이 모든 성과가 회사의 미래에 대단히 중요한 역할을 했음이 밝혀졌다.

현재 엔비디아 리서치 팀은 최고 과학자 빌 댈리가 이끄는 300명 규모의 연구 조직으로 성장했다. 엔비디아는 이제 혁신기업의 딜레마를 해결한 것을 넘어 완전히 정복한 것으로 보인다.

14

빅뱅

> "
>
> 엔비디아의 성공이 외부에는 기적처럼 보일지 몰라도,
> 내부 직원들에게는 자연 진화의 결과였습니다.
>
> "

전문 트레이더는 점점 사라져가는 직업군이다. 컴퓨터가 기업의 재무실적에 관한 정보나 경제 데이터 발표에 반응해 거래 주문을 넣는 일을 인간보다 더 빠르게, 보통은 더 효과적으로 할 수 있기때문에 지난 20년간 인간 트레이더들은 속절없이 사라져왔다.

코너스 망귀노는 여전히 뉴스 헤드라인과 실적 발표를 보고거래해서 생계를 이어가는 수천 명 남짓 남은 인간 트레이더 중하나다. 그는 수십 년의 경험과 블룸버그 단말기를 무기로 삼아매분기마다 알고리즘을 상대로 싸움을 이어간다. 그는 이 일을하면서 생계를 유지할 만큼 실력이 있었다.

그는 신속하게 반응해야 한다. 매수 또는 매도 버튼을 누를 때까지 1초 미만의 망설임만 있어도, 좋은 진입점과 치명적인 손실의 기로에서 승부가 갈릴 수 있다. 그의 친구들 사이에서는 망귀노가 중요한 뉴스 발표 기간 동안 눈을 깜빡이지 않는 초인적인 능력을 가졌다는 농담이 돈다.

2023년 5월 24일 수요일, 그는 주식시장 폐장 후 발표될 예정이었던 엔비디아의 실적 보고서를 기다리고 있었다. 이는 수년 만에 가장 주목받는 보고서 중 하나였다. 거래일 종료시간을 향해 시계의 초침이 흘러가는 동안 그는 자신의 단말기를 뚫어지게 바라보고 있었다.

2022년 말 오픈AI가 출시한 ChatGPT는 언론의 엄청난 관심을 불러일으켰다. 이 챗봇은 요청에 따라 시를 쓰고, 요리법을 알려주고, 노래 가사를 즉석에서 지어내는 능력을 보여주며 대중의 마음을 사로잡았다. ChatGPT는 역사상 가장 빨리 성장한 소비자 앱이 되었으며, 불과 2개월 만에 월간 활성 이용자^{MAU} 1억 명을 돌파했다. 기업들은 서둘러 AI의 장점으로 알려진 능력들, 즉 속도, 연산능력, 그중에서도 자연스럽게 보이는 언어를 처리하고 생성하는 능력을 어떤 식으로든 활용할 방법을 찾기 시작했다.

망귀노는 엔비디아가 AI 호황의 수혜를 입기에 제일 좋은 포지션에 있음을 알고 있었다. 중요한 것은 이 호황이 얼마나 커질 것인지, 엔비디아에 얼마나 큰 영향을 미칠 것인지였다. 엔비디아의 GPU는 데이비드 커크가 최상위 대학들과 좋은 관계를 구축한 덕분에 학계에서 인지도가 높았다.

한편, 젠슨은 지난 10년간 시장에서 엔비디아의 이미지를 그 래픽 회사에서 AI 회사로 탈바꿈시키기 위해 애써왔다. 메타와 틱톡이 추천 알고리즘과 광고를 더욱 효과적으로 만들기 위해 엔비디아의 GPU를 활용하는 등 어느 정도 성과도 있었다. 하지 만 AI는 엔비디아의 수익을 크게 좌우하는 원천은 아니었다.

2023년 1월로 끝난 2023 회계연도에 이 회사의 AI GPU 매출 이 포함된 데이터센터 매출은 전체 매출의 약 55퍼센트를 차지 했다. 그러나 이 비중은 게임용 그래픽카드 매출이 코로나19 대 유행이 끝난 후 게임 수요 둔화로 인해 25퍼센트 감소했기 때문 에 나온 숫자였다.

그러나 오후 4시 정각 주식시장 폐장 후 21분 만에 모든 것이 바뀌었다. 망귀노의 단말기 화면에 이런 헤드라인이 번쩍 떠올 랐다.

＊ NVIDIA SEES 2Q REV. $11.00B PLUS OR MINUS 2퍼 센트, EST. $7.18B

(엔비디아 2분기 매출 전망 110억 달러, 오차범위 ±2퍼센트, 증권사 예 상치 71억 8,000만 달러)

이 한 줄의 요약문은 경험 많은 트레이더에게는 충격 그 자체 였다. 엔비디아는 2분기 매출 전망치에서 월가의 예상치를 약

40억 달러나 초과하며 압도적인 서프라이즈를 보여주었기 때문이다. 망귀노는 실적보고서와 가이던스를 읽으면서 얼어붙었다. "40억 달러? 이게 진짜일 수 있나?" 그는 되뇌었다. "맙소사, 이게 뭐야!"

그가 겨우 정신을 차렸을 때는 이미 실적 발표와 시장 반응 사이의 시간 틈을 활용하기에는 너무 늦어 있었다. 엔비디아 주가는 이미 장 마감 후 거래에서 두 자릿수 비율로 급등해 있었다. 그는 아차상이라도 받을 생각으로 엔비디아의 주요 GPU 경쟁사인 AMD 주식을 매수했다. 엔비디아 주식에 몰린 수요가 경쟁사들에게도 옮겨갈 것을 기대했기 때문이다. 이번 경우에는 알고리즘의 승리였다. 그와 달리, 알고리즘은 본 적도 들은 적도 없는 이런 역대급 실적 발표에 대해서도 굳어버리지 않고 즉각 반응했다.

다른 월가 애널리스트들의 반응도 비슷했다. 번스타인에서 일하는 스테이시 라스곤은 자신의 보고서 제목을 '빅뱅The Big Bang'으로 지었다.

"우리가 이 일을 한 지 15년이 넘었지만, 엔비디아가 방금 발표한 가이던스 같은 건 단 한 번도 본 적이 없다." 그는 이렇게 쓰면서 엔비디아의 실적 전망치가 "어떤 면에서든 우주적cosmological"이라고 덧붙였다. 모건스탠리의 애널리스트 조셉 무어는 "엔비디아는 업계 역사상 가장 큰 규모의 매출 증가 가이던스를 발표했다."라고 보고서에 썼다.

피델리티에서 스타 펀드매니저로 일했고 지금은 수십억 달러 규모의 테크 분야 헤지펀드를 운용하는 개빈 베이커는 이 엔비디아의 전망치 가이던스를 테크 산업 역사의 중요한 실적보고들과 비교했다. 그는 구글이 2004년 상장 이후 첫 실적 보고에서 상장회사가 된 지 단 1분기 만에 매출과 이익이 모두 두 배가 되었음을 발표하며 대박을 터뜨린 역사의 현장에 있었다.[1] 그리고 2013년 2분기 페이스북 실적 발표 당시, 페이스북이 광고 사업을 성공적으로 모바일로 전환하며 월가의 매출 예측을 2억 달러 초과했을 때도 경험했다.[2] 엔비디아의 이번 가이던스 수치는 이런 사례보다도 더 높았다. "이 정도 규모의 기업에서 이렇게 큰 초과 실적을 내는 건 본 적이 없어요." 그는 이렇게 말했다.

다음 날, 엔비디아의 주가는 24퍼센트 급등하며 시가총액이 1,840억 달러 증가했다. 이는 상승폭만으로도 인텔의 시장가치를 넘어서는 규모였고, 미국 상장기업 역사상 가장 큰 당일 상승폭 중 하나로 기록되었다.

젠슨은 이런 관심을 받는 기회를 놓치지 않았다. 그다음주 대만에서 열린 컴퓨텍스 기술 컨퍼런스에서 키노트 발표를 하며 유리한 상황을 최대한 활용했다. 이 발표에서 그는 엔비디아의 새로운 AI 슈퍼컴퓨터 DGX GH200를 공개했다. 이전 모델의 GPU보다 32배 많은 256개의 GPU를 하나의 시스템에 통합한 모델이었다. 따라서 생성형 인공지능 애플리케이션을 위한 컴퓨팅 성능이 크게 향상되었고, 이를 통해 개발자들이 더 나은 AI 챗

4부 인피니트(Infinite): 무한한 확장과 지배

봇 언어모델을 개발하고, 더 복잡한 추천 알고리즘을 만들어내며, 더 효과적인 사기 탐지 및 데이터 분석 도구를 개발할 수 있게 되었다.

그의 핵심 메시지는 기술에 있어 비전문가도 이해할 수 있을 만큼 쉬웠다. 엔비디아는 더 낮은 GPU당 비용으로 훨씬 더 강력한 컴퓨팅 성능을 제공했다. 그는 발표 내내 핵심 메시지를 강조했다. 기술 사양을 읽어나가는 동안 "더 많이 살수록, 더 많이 절약할 수 있습니다."라는 표현을 반복해서 끼워 넣었다.

더 크게는 엔비디아의 영업팀이 고객들에게 생성형 AI에 적극 투자하지 않으면 경쟁자들에게 뒤쳐져 존재까지 위협받을 수 있다는 공포를 자극했고, 이는 전례 없는 수요에 불을 붙였다. 젠슨은 AI를 가리켜 합리적인 정확도로 미래를 예측할 수 있는 '범용 함수 근사기계universal function approximator'라 불렀다. 이 평가는 컴퓨터 비전, 음성 인식, 추천 시스템 등의 '하이테크' 분야가 아닌 문법 교정, 재무 데이터 분석 등의 '로우테크' 분야에도 적용될 수 있다. 그는 결국 "체계가 있는 거의 모든 것에 AI가 적용될 것"이라고 확신했다.

그리고 이 범용 함수 근사기계에 접근하는 가장 좋은 방법은 당연히 엔비디아의 기술을 이용하는 것이라는 주장이었다. 이를 통해 엔비디아는 이후 네 분기에 걸쳐 테크 업계 역사상 가장 놀라운 수준의 매출 증가를 달성했다. 2024 회계연도의 1분기 데이터센터 부문 매출은 전년도 같은 분기 대비 427퍼센트 증가하며 226억 달러를 기록했는데, 주로 인공지능 칩 수요가 견인한 결과였다. 소프트웨어처럼 본질적으로 증분 비용 없이 쉽게 확장할 수 있는 성격의 제품과 달리, 엔비디아는 복잡한, 그중 일부의 부품은 최대 3만 5,000개에 달하는 상위등급 AI 제품과 시스템을 생산하고 출하해야 했다. 엔비디아 규모의 테크 기업에서 이 정도로 높은 하드웨어 제품 성장률을 보인 것은 전례 없는 일이었다.

"외부 사람들에게는 혜성같이 나타난 엔비디아의 성공이 기적처럼 보일지 몰라도, 내부 직원들에게는 자연 진화의 결과로 여겨졌다."라고 제프 피셔는 말했다. 엔비디아는 그저 운이 좋았던 것이 아니다. 수년 전부터 수요의 파도가 밀려올 미래를 내다보고 바로 이 순간을 준비했기 때문이다.

엔비디아는 폭스콘, 위스트론, TSMC 등을 포함한 제조 파트너들과 협력해 생산능력을 확대했다. 엔비디아는 파트너사에 이른바 '해결사 팀'을 파견하여 파트너사의 효율성을 높이는 데 필요한 모든 작업을 수행하게 했다. 이 팀은 장비를 구매하고, 공장 부지를 확장하고, 테스트를 자동화하고, 고급 칩 패키징을 조달하는 등의 작업을 했다.

엔비디아는 젠슨 황의 '대략적인 정의rough justice' 모델에 따랐으므로 단순히 파트너사들의 기존 공정의 효율성을 향상하기 위해서 이런 노력을 한 것은 아니었다. 새로운 칩 설계 생산 속도를 더 빠르게 해서 기존의 제품 개발 주기인 2년 주기를 AI 칩에서는 1년 주기로 단축하려 했다. 엔비디아는 1990년대에 6개월마다 새 그래픽카드를 출시해 이보다 더 제품주기를 단축한 적이 있다. 이제는 AI 칩에서도 같은 전략을 적용하고자 했다.

"AI 시장이 커질수록 더 많은 솔루션이 필요해질 것이고, 우리는 그 목표와 기대를 더 빨리 충족시킬 것입니다." 엔비디아의 CFO 콜렛 크레스는 말했다.[3]

일반적으로 하드웨어를 생산하는 공장은 제조공정의 각 단계 사이에 평균 14주에서 18주의 주기를 가지고 운영된다. 제조업체들은 업스트림upstream(초기공정) 단계에서 발생한 문제가 다운스트림downstream(후기공정)에 영향을 미칠 위험에 대비해 공정 사이에 완충기를 포함시킨다. 이 때문에 기계, 재료, 부품이 며칠 동안 유휴 상태로 남을 수도 있다. 엔비디아에서 파견된 팀은 공정 초기에 품질관리 단계를 추가해 예기치 못한 문제가 발생할 위험을 줄이고 완충기의 필요성을 제거할 방법을 알아냈다.

제프 피셔에 따르면, 엔비디아의 접근법에 "마법은 없다." 그냥 경쟁우위를 유지하기 위한 근면한 노력과 철저한 효율성 추구가 전부다. 그리고 이런 철학은 엔비디아 내부 임직원만이 아니라 엔비디아와 함께 일하는 모든 사람이 받아들여야 한다.[4] 엔비디아의 해결사 팀이 찾아내 적용한 솔루션은 비용이 많이 들고 엔비디아의 재무적 성과지표에도 부담을 주었다. 그럼에도 불구하고 엔비디아는 중요한 사업 영역에 투자하기 위해 재정적 자원을 사용하는 일에 주저한 적이 없었다. 심지어 그것이 다른 회사의 사업을 지원하는 일이 된다 하더라도 말이다.

엔비디아는 다른 AI 칩 제조업체들에 비해 몇 가지 중요한 우위를 보유하고 있다. 애플이 아이폰에서 취하는 접근 방식과 유사하게 엔비디아는 하드웨어, 소프트웨어, 네트워킹에 걸쳐 고객 경험을 최적화하는 풀스택full-stack 모델을 채택했다. 반면 대부분의 경쟁사는 칩 제조만 하고 있다. 게다가 엔비디아는 경쟁사들보다 빠르게 움직인다.

예를 들어, 지금의 거대 언어 모델LLM에서 사용되는 핵심 아키텍처는 2017년 구글 과학자들이 발표한 논문 〈어텐션이 중요하다〉에서 소개된 트랜스포머Transformer다. 여기에서의 핵심적인 혁신은 '셀프어텐션self-attention' 메커니즘으로 이를 통해 언어 모델은 문장 내 단어들의 중요성을 평가하고, 문맥을 바탕으로 '장거리 의존성long-range dependencies'을 측정할 수 있다. 이 어텐션 메커니즘은 모델이 더 중요한 정보에 집중하도록 하고, AI 모델의 학습 속도를 높이고, 이전의 딥러닝 아키텍처와 비교해 더 고품질의 결과를 생성할 수 있도록 한다.

젠슨은 엔비디아의 AI 제품군에서 트랜스포머를 지원해야 할 필요성을 거의 바로 인지했다. 엔비디아에서 재무 임원으로 일했던 시모나 얀코프스키는 2017년 이 구글 논문이 발표된 지 몇 달 지나지 않았을 때 진행된 엔비디아 분기 실적 발표에서, 젠슨이 트랜스포머에 대해 꽤 상세한 이야기를 했음을 기억했다.[5] 그는 엔비디아 GPU 소프트웨어 팀에게 지시하여 트랜스포머 연산에 최적화된 엔비디아 텐서 코어용 특수 라이브러리를 개발하도록 했다. 이 라이브러리는 나중에 '트랜스포머 엔진'이라고 불렸다.[6] 트랜스포머 엔진은 2010년대 후반에 개발을 시작해 2022년 ChatGPT 출시 한 달 전에 공개된 호퍼 칩 아키텍처에 처음으로 들어갔다. 엔비디아 자체 테스트에 따르면, 트랜스포머 엔진이 탑재된 GPU는 가장 거대한 모델조차 며칠, 또는 몇 시간 만에도 학습시킬 수 있었다. 반면, 이 트랜스포머 엔진이 없는 상태에서 동일한 모델을 학습시키려면 몇 주, 또는 몇 달까지 걸릴 수도 있었다.

2023년 젠슨은 이렇게 말했다. "트랜스포머는 아주 중요했어요. 공간적 데이터와 순차적 데이터에서 패턴과 관계를 학습할 수 있는 능력이라는 건 아주 효과적인 아키텍처가 될 수밖에 없는 거예요. 그렇지 않나요? 그래서 기본 원리만 봐도 트랜스포머가 정말 중요한, 엄청난 기술로 자리 잡을 거란 생각이 들어요. 게다가 이 모델은 병렬로 학습시킬 수 있기 때문에 상당히 대규모로 확장될 수 있습니다."[7]

2023년 생성형 AI에 대한 수요가 폭발적으로 증가했을 때, 이를 완벽히 지원할 준비가 된 하드웨어 제조업체는 오직 엔비디아뿐이었다. 그리고 엔비디아가 준비를 갖출 수 있던 이유는 초기 신호를 감지했고, 이를 하드웨어와 소프트웨어 가속화 기능 형태로 제품화했고, 이런 기능을 시장에 출시하기 불과 몇 달 전의 칩 제품군에 통합할 수 있었기 때문이다. 엔비디아가 보여준 놀라운 속도는 마이크로소프트, 아마존, 구글, 인텔, AMD 등 여러 대기업이 자체 AI 칩을 개발하고 있음에도 불구하고 이 회사를 앞으로 왕좌에서 끌어내리기가 어려울 것임을 보여주는 증거다. 엔비디아는 창립 후 4번째 10년 주기에 접어들면서도 여전히 경쟁사를 앞질러 뛸 수 있음을 증명해냈다.

엔비디아의 두 번째 강점이자 비교적 덜 알려진 강점은 가격결정력이다. 엔비디아는 대중화 상품에 대해 큰 기대를 걸지 않는다. 대중화된 상품은 경쟁이 치열해질수록 가격 인하 압력을 받기 때문이다. 오히려 엔비디아는 창립 초기부터 반대로 가격을 올리는 전략을 취해왔다.

"젠슨은 언제나 '우리는 다른 사람들이 할 수 없는 일을 해야 한다. 우리가 시장에 특별한 가치를 제공해야 한다'라고 말해왔어요. 그리고 그는 최첨단의 영역에서 혁명적인 일을 함으로써 회사에 우수한 인재들을 끌어모을 수 있다고 생각했죠." 엔비디아 임원 제이 푸리는 말했다. "우리의 기업문화는 그냥 시장점유율을 좇아서 달리는 게 아니에요. 오히려 시장을 창출하는 쪽이죠."[8]

한 전직 엔비디아 임원은 다른 회사가 젠슨과 가격협상을 시도할 때 그가 얼마나 불쾌해했는지 기억하고 있었다. 계약 협상이 막바지에 이르면 그 잠재고객들은 항상 젠슨과 직접 만나려고 했다. 이 임원은 말했다. "우리는 항상 고객들에게 최선을 다해 미리 경고했어요. 가격을 얘기하지 마세요. 젠슨과 만날 때는 협상을 끝내고 합의를 확정할 때예요."[9]

젠슨은 이런 사고방식을 회사 전체에 철저히 주입했다. 마케팅 이사였던 마이클 하라는 엔비디아의 초창기 제품 가격 책정을 두고 젠슨과 논쟁했던 일을 떠올렸다. 하라는 엔비디아에 합류하기 전 S3에 있었고, 그곳에서 익힌 대중화 상품에 가까운 가격 전략에 익숙해져 있었다. 당시 S3의 시장 선도 제품이었던 3D 그래픽 칩은 5달러(오늘날 가치로 약 11달러)에 팔렸다. 1997년 RIVA 128을 출시할 때, 하라는 가격을 너무 높게 책정하면 구매자들이 망설일까 걱정했다. 하라는 '최고 10달러'로 제안했다. 젠슨은 이렇게 말했다. "아니, 그건 너무 싸. 15달러로 가자." 그 가격에 제품은 매진되었다. 이듬해 출시된 파생 제품인 RIVA 128ZX 칩의 가격은 32달러로 책정되었고, 1999년에 나온 차세대 지포스 256은 65달러에 판매되었다.

젠슨은 엔비디아 그래픽카드를 구매하는 게이머들이 성능에 대한 비용을 기꺼이 지불한다는 점을 이해했다. "화면을 보고 자신들이 이전까지 봤던 것과 완벽히 다른 무언가를 볼 수 있는 한, 그들은 구매할 것입니다." 젠슨은 말했다. 마이클 하라는 이 배움을 오랫동안 기억했다.

하라는 마케팅 부서에서 IR 부서로 옮겼을 때, 투자자들에게 같은 맥락의 주장을 펼쳤다. 엔비디아는 제품 평균 판매가격[ASP]

이 상승하는 특별한 반도체 회사가 될 거라는 얘기였다. "우리는 시간이 지남에 따라 ASP가 상승하는 유일한 회사가 될 겁니다. 그사이에 다른 모든 회사의 ASP는 하락할 거고요."

그 이유는 3D 그래픽 연산은 언제나 해결이 어려운 복잡한 문제로 남아 있을 것이며, 이를 개선하고 더 나은 하드웨어를 만들기 위한 경쟁이 계속될 것이기 때문이다. 하드웨어가 현실을 완벽하게 반영할 정도로 강력해질 수는 없을 것이다. 그럼에도 최신 3D 그래픽카드를 구매해본 사람이라면 이전 세대와 비교해 성능이 확실히 개선되었음을 느낄 수 있다. 조명은 더 자연스럽게 보이고, 텍스처는 더 현실감 있게 보이며, 객체의 움직임은 더욱 자연스럽다.

딥러닝과 인공지능에서도 이와 유사한 움직임이 현재 진행 중이다. 엔비디아의 최신 하드웨어는 불과 몇 년 만에 AI 모델이 크기와 능력 면에서 기하급수적으로 성장할 수 있도록 만들었다. 그러나 AI 연산능력에 대한 수요는 그보다 더 빠르게 증가하고 있다. AI가 해결할 수 있는 문제가 계속 더 복잡해지고 있기 때문이다. AI 모델의 세대 간에 큰 도약적 발전이 이루어지고 있는 이유는, 그 기반이 되는 하드웨어와 소프트웨어도 모델과 함께 나란히 발전했기 때문이다.

그럼에도 진정한 일반 인공지능$^{general\ AI}$의 실현은 아직 멀기만 하다. 앞으로 할 일이 여전히 많은 것이다. 최첨단 기술 수준을 유지하고, 성능 향상이 즉각적으로 드러나는 매우 노출도가 높은 분야에 현명하게 자리를 잡음으로써 엔비디아는 가격결정력과 제품 평균 판매가격을 높일 수 있었다.

오늘날 엔비디아의 그래픽카드 가격은 한 대에 2,000달러 이상에 이른다. 게다가 이건 소비자 등급용 가격이다. 지난 10년 동안, 엔비디아는 8개의 GPU가 장착된 AI 서버 시스템을 제공하기 시작했는데, 이런 시스템 한 대의 가격이 수십만 달러에 달한다. 분자 동역학 소프트웨어 AMBER를 가속화하기 위해 더 저렴한 지포스 제품군을 활용하려 한 시도 때문에 엔비디아와 대립했던 로스 워커는 당시 최상위 엔비디아 GPU 서버의 가격이 혼다 시빅 수준의 소형 중고차 한 대 가격과 맞먹었다고 기억했다. 하지만 현재 비슷한 서버의 가격은 집 한 채 수준이다.

"엔비디아가 DGX-1을 14만 9,000달러에 팔겠다고 발표했을 때 저도 그 자리에 있었어요." 워커는 AI 연구를 위한 텐서 코어와 트랜스포머 엔진으로 최적화된 최초의 GPU 서버를 언급하며 말했다. "청중 속에서 들릴 정도로 헉하는 소리가 나왔어요. 정말 믿을 수가 없었죠."[10]

그런데 이 서버 가격은 엔비디아에서 가장 비싼 제품의 가격에 근접하지도 못한다. 현재 이 책을 쓰는 시점 기준으로 엔비디아의 최신 서버 랙 시스템인 블랙웰 GB200 시리즈는 '1조 개의 파라미터'를 쓰는 AI 모델을 학습시키기 위해 특별히 설계된 제품이다. 이 시스템은 72개의 GPU를 탑재하고 있으며, 가격은 200만 달러에서 300만 달러 사이로, 엔비디아가 만든 기기 중 가장 비싸다. 엔비디아의 최상위 제품 가격은 단순히 높아지는 것을 넘어 가속화되고 있다.

젠슨이 AI가 정확히 언제 폭발적으로 성장할지를 아는 특별한 예측 능력을 가졌던 것은 아니다. 사실, 누군가는 엔비디아가 초기에는 너무 신중한 접근을 했다고 말할지도 모른다. 젠슨이 가능성을 보여주는 중대한 신호를 포착하기 전까지는 엔비디아는 AI 개발에 많은 인력과 자원을 할당하지 않았다. 그러나 젠슨은 그 신호를 알아챈 순간부터 아무도 따라올 수 없는 속도와 목적의식으로 움직였다.

젠슨은 충분히 일찍부터 최종적인 그림이 어떻게 될지 알고 있었다. 리드 헤이스팅스가 자신이 공동창업한 넷플릭스에서 이룬 성과에 대해 생각해보면 이해하기 쉽다. 헤이스팅스는 언젠가 세상이 인터넷을 통한 스트리밍 비디오의 단계로 나아갈 것임을 알고 있었다. 정확히 언제 그 일이 일어날지는 몰랐지만, 그것이 궁극적인 종착지가 될 거라는 직감이 있었다. 그는 CEO로서 DVD 우편 대여 사업을 운영하다가 기술이 발전해 스트리밍 사업이 가능한 수준까지 이르자마자, 마침내 그때가 왔을 때 전심전력으로 사업 전환을 실행했다.

젠슨도 AI에서, 그리고 그 이전에 비디오 게임 분야에서 비슷한 일을 해냈다. 1990년대 초, 그는 비디오 게임이 엄청난 시장이 될 것이라고 확신했다. "우리는 비디오 게임 세대로 자랐어요.[11] 비디오 게임과 컴퓨터 게임의 엔터테인먼트적 가치가 저에게는 너무나도 분명했습니다." 그는 PC 게임 시장이 5년, 10년, 또는 15년 이내에 폭발적으로 성장한다고 믿었다. 그리고 이는 1997년 〈GL 퀘이크〉의 출시와 함께 현실이 되었다.

젠슨은 항상 다음의 대세가 무엇이 될지, 엔비디아가 그것에서 이익을 얻으려면 지금 무엇을 준비해야 하는지를 알아내려고 노력한다. 2023년 초, 한 학생이 그에게 AI 이후에 AI를 기반으로 중요해질 분야가 무엇인지를 물었다. 그러자 그는 이렇게 답했다. "고민할 것도 없네요. 디지털 생물학이 그 자리를 차지할 거예요."[12]

생체는 가장 복잡한 시스템 중 하나지만 젠슨은 이제 역사상 처음으로 이를 디지털 방식으로 엔지니어링할 수 있게 되었다고 설명했다. 과학자들은 AI 모델 덕분에 이제 생물학적 시스템의 구조를 어느 때보다 더 깊숙이 모델링할 수 있게 되었다. 그리고 단백질이 상호작용하는 방식이나 환경과 상호작용하는 방식을 알 수 있게 되었고, 발전된 컴퓨팅 기술로 인해 활용할 수 있게 된 엄청난 연산능력을 통해 컴퓨터 기반 약물 연구와 신약 개발을 수행할 수 있다. 젠슨은 말했다. "엔비디아가 이 모든 것의 중심에 있다고 말할 수 있어 자랑스럽습니다. 우리가 중요한 돌파구 몇 가지를 가능하게 만들었어요. 엄청난 변화가 일어날 겁니다."

젠슨은 디지털 생물학이라는 분야에서 일어나는 일이 엔비디아 역사의 거의 모든 주요 이정표와 유사한 면이 많다고 생각한다. 그가 엔비디아를 공동창업했을 당시는 컴퓨터 기반의 반도체 설계가 막 가능해진 시기였다. "알고리즘, 충분히 빠른 컴퓨터, 노하우가 결합된 결과였어요." 그는 말했다.[13] 이 세 가지 요소가 특정 수준의 발전 단계에 도달했을 때, 반도체 업계에서 더 크고 복잡한 칩을 설계하는 일이 가능해졌다. 엔지니어들이 모든 신호 트랜지스터를 실제로 하나하나 늘어놓지 않고도 소프트웨어를 이용한 상위 추상화 단계에서 칩을 설계하고 시뮬레이션할 수 있었기 때문이다. 같은 요인들의 결합으로 인해 엔비디아는 2000년대 초 GPU를 발명하고 2010년대 후반 AI 영역을 지배할 수 있었다. 빌 댈리가 말했듯이 '연료와 산소의 결합'이 있었던 것이다.

엔비디아의 헬스케어 부문 부사장 킴벌리 파월은 컴퓨터 기반 신약 발견이 의약품 설계 분야에서 할 역할은, 컴퓨터 기반 설계와 전자 설계 자동화가 반도체 설계 분야에서 한 역할과 같을 것이라고 말했다. 기업들은 질병을 치료할 약물을 찾고, 나아가 이를 개개인의 특성에 맞게 맞춤화해 개발하는 과정을 더 안정적으로, 더 효율적으로 할 수 있게 될 것이다. 파월은 이를 가리켜 "이 기술을 통해 수동적인 발견이 아닌 설계를 할 수 있게 되고, 더 이상 모 아니면 도의 산업이 아니라 성공할 수 있는 조건을 만들어내는 산업이 될 것"이라고 표현했다.[14]

제너레이트 바이오메디슨^{Generate:Biomedicines} 은 AI와 엔비디아 GPU를

활용해 자연적 과정에서 생성되지 않는 새로운 분자 구조와 단백질 기반 의약품을 개발하는 스타트업 중 하나다. 이 바이오테크 회사는 머신러닝 알고리즘을 사용해 수백만 개의 단백질을 연구해서 자연이 작동하는 방식을 더 깊이 이해하는 수준에 도달하려 한다. 그리고 이 결과를 활용해 신약을 만든다. 이 회사의 공동창업자이자 CTO인 게보르그 그리고리얀은 다트머스 대학교에서 교수로 재직할 때 단백질의 통계적 패턴을 조사하고, 컴퓨팅 기술을 활용해 단백질을 더 잘 설계하고 모델링할 방법을 연구했다.

"매우 간단한 통계 기법만으로도 데이터에서 나타나는 패턴들이 일반화될 수 있습니다. 우리는 데이터집합을 넘어서는 원칙들을 찾고 있었어요. 다음 단계가 AI, 머신러닝, 대규모 데이터 생성 기술임은 명백했지요."[15]

그러나 학계라는 환경에서는 어려운 일이었다. 그의 소속 대학교가 보유한 예산 내에서는 이런 작업에 필요한 컴퓨팅 성능에 필요한 기기를 확보할 수가 없었기 때문이다. 그는 분자 설계를 위한 새로운 방식이 가진 상업적 잠재력을 깨달았고, 곧 제너레이트를 창업했다.

2000년대 초반, 리얀은 분자 동역학 시뮬레이션을 수행하는 많은 과학자가 엔비디아의 게임용 GPU를 구매해 비#그래픽 작업을 수행할 수 있게 강제로 소프트웨어를 바꿔서 쓰는 모습을 지켜보았다. 그는 원래 그 GPU가 비디오 게임용으로 출시된 것임에도, 엔비디아가 연구 커뮤니티의 요구에 부응하고 협력하려 한 방식을 높이 평가했다. "엔비디아와 분자과학의 아름다운 협력관계가 진정으로 시작된 때였습니다."

그는 머신러닝을 처음 사용하기 시작했을 때, 자연스럽게 메타가 2016년에 개발한 무료 오픈소스 머신러닝 라이브러리이자 현재는 리눅스 재단의 관리 하에 있는 파이토치^{PyTorch}를 쓰게 되었다. 그리고리얀은 말했다. "파이토치는 매우 잘 개발된 라이브러리였고, 거대한 커뮤니티도 있었고, 엔비디아의 강력한 지원을 받았어요. 어떤 GPU를 사용할지 선택의 문제도 없었죠. 파이토치는 CUDA와 잘 어울리고, CUDA는 엔비디아의 제품이니까요. 우리는 항상 별 고민 없이 엔비디아 하드웨어를 제일 먼저 썼어요."

한때 해결할 수 없다고 여겨졌던 구조 예측과 단백질 설계는 이제는 해결 가능한 문제가 되었다. 그리고리얀은 단백질과 단백질 상태의 경우의 수의 복잡성이 우주에 존재하는 원자 수를 넘어선다고 설명했다. "이 정도의 숫자는 어떤 계산 도구로도 다루기가 극도로 어려운 수준입니다."

그러나 그는 숙련된 단백질 생물물리학자가 특정한 분자구조를 관찰하여 그 잠재 기능을 추론할 수 있다고 믿는다. 이는 자연에서 배울 수 있는 일반 원리가 있을 수 있음을 시사한다. 바로 이런 작업이 AI와 같은 '범용 예측 엔진'이 풀어야 할 유형의 문제인 것이다.

제너레이트 바이오메디슨은 AI를 적용해 세포 수준에서 분자 지도를 그리고 분석한다. 그리고리얀은 동일한 기술을 인간 신체 전체로 확장할 수도 있다고 생각한다. 인간 신체의 반응을 시뮬레이션하는 것은 훨씬 더 복잡한 수준의 일이 되겠지만, 그리고리얀은 가능하다고 믿는다. "AI가 작동하는 모습을 한번 보면, 이 기술이 계속 발전하지 않을 거라 생각하기가 어렵지요."

이 모든 것이 SF 소설처럼 들릴 수도 있지만, 그리고리얀의 팀은 이미 세포 내 분자 기능을 최적화하는 생성형 모델을 만들고 있다. 궁극적인 목표는 신약 발견을 소프트웨어 문제로 만드는 것이다. 즉, AI 모델이 특정 유형의 암과 같은 질병을 입력값으로 받아 이를 치료할 수 있는 분자를 생성하는 방식도 가능하다.

그리고리얀은 덧붙였다. "완전히 말도 안 되는 소리는 아니죠. 어쩌면 우리 살아생전에 그런 충격적인 성과를 볼 수도 있다고 생각해요. 과학은 항상 우리를 놀라게 하지요. 아, 근데 정말 엄청난 시대에 살고 있지 않나요, 우리?"

기업 내에는 AI가 아직 손대지 못한 엄청난 양의 데이터 저장소가 존재한다. 이메일, 메모, 기업 소유 문서, 프레젠테이션 데이터 등이 그것이다. ChatGPT와 같은 챗봇이 이미 소비자 인터넷을 거의 장악한 상황에서, 다음으로 올 기회는 기업 내부에 있다. 이는 곧 지금은 회사 내에 고립된 상태로 존재하는 지식을 맞춤형 AI 모델을 이용해 직원들이 활용할 수 있게 한다는 의미다.

젠슨은 AI가 직원들이 정보와 상호작용하고 정보를 다루며 일하는 방식을 완전히 바꿀 것이라고 했다. 전통적인 IT 시스템은 특정한 저장장치를 지정하여 명시적인 기술적 검색문을 써서 요청해야 하는 정적인 파일 검색 시스템에 의존해왔다. 하지만 이런 요청은 검색요청 형식의 취약성과 엄격함 때문에 종종 실패하기도 했다.

현재의 AI 모델은 자연어를 분석할 수 있기 때문에 요청의 맥락을 이해할 수 있게 되었다. 이는 큰 변화다. "생성형 AI의 핵심은 데이터의 의미를 이해할 수 있는 소프트웨어 능력입니다." 젠슨은 말했다.[16] 그는 기업들이 자신들의 데이터베이스를 '벡터화'하여 정보를 색인화하고 표현형을 확보한 다음 이를 거대 언어 모델과 연결하여 사용자가 '데이터와 대화'하게 할 수 있다고 생각한다.

이 활용 시나리오는 내가 보기에도 분명히 가능성이 높다. 내가 대학 졸업 후 처음 출근한 회사는 경영 컨설팅 회사였다. 그 일에서 가장 힘들었던 부분은 서버의 파일 디렉터리를 일일이 수작업으로 뒤지면서 파워포인트나 워드 문서를 검색해서 상사가 나에게 찾으라고 시킨 수년 전 정보를 알아내는 일이었다. 때로는 그 문서를 찾는 데 몇 시간, 심지어 며칠이 걸리기도 했다.

이제는 엔비디아의 ChatRTX와 같은 AI 애플리케이션에서 지원하는 거대 언어 모델 덕분에 사용자들은 컴퓨터에 저장된 수많은 비공개 파일에서 찾아낸 맥락상 가장 적합한 답변을 받을

4부 인피니트(Infinite): 무한한 확장과 지배

수 있다. 이는 생산성을 획기적으로 향상시킨다. 시간을 많이 잡아먹던 지루하고 반복적인 작업이 몇 초 만에 완료되고, 직원들은 더 중요한, 고차원 작업에 더 많은 자원을 분배할 수 있게 되었다. 기업의 직원들이 거의 완벽한 기억력을 가지고, 컴퓨터와 인터넷에 저장된 지식을 즉시 찾아낼 수 있는 똑똑한 인턴과 같은 디지털 비서를 둘 수 있게 되는 것이다. 이런 모델은 단순한 파일 검색을 넘어 기업의 내부 데이터 전체에서 의미 있는 시사점을 도출할 수도 있다.

2023년 말 발표된 골드만삭스의 보고서에 따르면, 생성형 AI로 인한 비용 절감 효과는 향후 10년 동안 다양한 산업에서 총 3조 달러를 초과할 것으로 예상된다. 엔비디아 경영진이 반복해서 말하기를, 전 세계 데이터센터 컴퓨터 인프라에 총 1조 달러에 달하는 투자가 이루어졌고, 이들이 지금은 전통적인 CPU를 이용하는 서버들로 되어 있지만 결국에는 AI에 필요한 병렬 연산을 수행할 수 있는 GPU로 전환될 것이라고 한다. 이 전환은 엔비디아에게 황금 광맥과도 같은 기회다.

2024년 중반, JP모건은 연간 1,230억 달러 규모의 테크 항목 관련 기업 지출을 책임지는 166명의 최고정보책임자[CIO]를 대상으로 한 설문조사 결과를 발표했다. 이 보고서에 따르면, CIO들은 향후 3년 동안 AI 컴퓨팅용 하드웨어 지출을 매년 40퍼센트 이상 늘릴 계획이며, 전체 IT 예산 중 AI가 차지하는 비중은 2027년까지 5퍼센트에서 14퍼센트 이상까지 늘릴 전망이다. 이들

중 3분의 1은 이 새로운 AI 투자를 지원하기 위해 다른 IT 프로젝트들의 예산을 삭감할 계획이라고 답했다. 삭감 대상으로 보고 있는 상위 3개 카테고리에는 레거시 시스템 업그레이드, 인프라, 내부 애플리케이션 개발이 포함되었다.

젠슨은 AI에 대한 지출을 늘리는 것이 경영진과 투자자들을 위해서만이 아니라 사회에도 큰 도움이 될 거라 믿는다. "인공지능은 역사적으로 소외된 사람들을 도울 수 있는, 테크 산업에서 사회 공헌에 가장 크게 기여한 업적이라고 생각합니다." 젠슨은 2024년 오리건 주립대학 행사에서 이렇게 말했다.[17] 그는 자주 사회적 의견을 내는 편이 아니지만, 엔비디아의 규모와 영향력을 생각하면 이제는 그도 이런 의견을 내지 않을 수 없는 시점으로 보인다.

엔비디아를 방해할 수 있는 유일한 요소가 있다면 이른바 AI 스케일링 법칙AI scaling laws이다. 이 법칙에는 세 가지 구성 요소가 있는데 모델 크기, 컴퓨팅 성능, 데이터가 그것이다. 대형 테크기업들과 스타트업들은 가까운 미래에도 AI 모델의 성능이 계속 향상될 거라 확신하며, 2025년까지 AI 인프라 지출을 공격적으로 늘리고 있다.

그러나 기업들이 모델 크기를 계속 키우고, 엔비디아 GPU를 추가해 컴퓨터 성능을 높이며, 더 큰 데이터세트를 활용하게 되면 결국에는 수익 감소 효과에 직면하게 될 것이다. 이로 인해 엔비디아의 수요가 급감하는 때가 올지도 모른다. 현재 엔비디아의 데이터센터 매출의 대다수가 모델 학습과 관련되어 있기 때문이다. 2024년 초, 엔비디아는 자사의 데이터센터 GPU의 약 60퍼센트가 AI 모델 학습용으로 판매되었으며, 나머지 40퍼센트는 추론 즉, AI 모델에서 답변을 생성하는 용도로 판매되었다고 밝혔다.

이런 AI의 성장 둔화가 언제 일어날지는 아무도 알 수 없다. 2026년일지, 2028년일지, 아니면 5년 뒤일지 예측하기 어렵다. 하지만 엔비디아가 이런 도전에 대비할 준비가 되어 있으리라는 사실은 역사가 증명한다. 그리고 엔비디아는 다음에 찾아올 중요한 변화에 적응할 준비도 갖추고 있을 것이다. 그 변화가 무엇이 되든 말이다.

엔비디아
기업문화의 비밀

/

엔비디아를 31년 동안 경영해왔는데도 젠슨 황은 여전히 개인 사무실에서 일하지 않는다. 그는 엔비디아의 본사 건물인 엔데버에 있는 '메트로폴리스'라는 회의실을 정해놓고 하루 종일 그룹 회의를 진행한다. 좀 더 작은 회의가 필요한 경우에는 '정신 결합Mind Meld'이라는 이름의 5인용 회의실로 이동한다. 이 회의실의 이름은 〈스타트렉〉 영화에서 벌칸 종족이 텔레파시로 다른 존재들과 정신을 결합할 수 있는 능력이 있다는 설정에서 나온 것이다. 사실 너무 직설적인 비유일 수 있지만, 젠슨이 엔비디아를 자신의 강력한 지성의 확장으로 생각하고 설계했음을 보여주는 이름이다.

젠슨은 기술자형 창업자이자 CEO로서 엔비디아의 몇몇 경쟁사들과 다른, 차별화된 장점을 가진 인물이다. 그러나 그를 단순한 기술자로 분류한다면 엔비디아의 독특한 기업문화에 적합한 인재를 영입하고 키우는 그의 능력을 너무 과소평가하는 일이 될 것이다. 그는 직원들에게 개별 프로젝트에 대해 높은 수준의 자율성을 부여하지만, 오직 그 프로젝트가 회사의 핵심 목표와 완벽히 일치할 때만 그렇게 한다. 회사 내부의 불확실성을 줄이기 위해, 젠슨은 직원들과 소통하는 데 많은 시간을 투자하며, 회사의 전체 전략과 비전을 모든 직원이 공유할 수 있도록 한다. 그는 기업 대부분에서 C 레벨 최고경영진 아래까지는 공유하지 않는 수준의 정보까지도 직원들과 공유하고 있다.

한 대형 소프트웨어 기업의 전직 고위 임원은 여러 엔비디아 직원과 대화해도 이들끼리 서로 충돌하는 얘기를 한 적이 한 번도 없어서 그때마다 깊은 인상을 받았다고 말했다. CEO의 메시지가 일관되었고, 엔비디아 직원들은 이것을 익혀 자신의 것으로 만든 것이다. 그는 이를 자신이 일했던 다른 기업들과 대조하며, 대부분의 다른 기업에서는 종종 회사의 대표자들이 외부 고객 앞에서도 서로 논쟁하는 모습을 보였다고 말했다.

젠슨은 "궁극적으로 우리 회사의 e-스태프(경영진)는 내가 잘 다룰 줄 알아야 하는 대상입니다. 회사 조직은 경주용 자동차와 같아요. CEO가 제대로 운전할 줄 아는 기계여야 합니다."라고 말했다.

엔비디아 문화의 첫 번째 핵심 요소는 뛰어난 인재를 채용하는 것이다. 'Y 콤비네이터'의 공동창업자인 폴 그레이엄은, 그가 과거 야후에서 일할 때 관찰한 바로는 야후가 구글과 마이크로소프트와의 엔지니어 인재전쟁에서 지기 시작하면서부터 점점 평범한 회사의 길로 들어섰다고 했다. "훌륭한 프로그래머들은 다른 훌륭한 프로그래머들과 함께 일하고 싶어 한다. 그래서 회사의 프로그래머 수준이 한번 떨어지기 시작하면 회복 불가능한 악순환에 빠지게 된다."

그는 이렇게 썼다. "테크 업계에서는 실력이 별로인 프로그래머들을 뽑는 순간 회사가 망한다."[1]

대부분의 경우에는 인재들이 먼저 엔비디아를 찾는다. 그렇지 않더라도 엔비디아는 선제적으로 최고의 인재를 찾아낸다. 신규 채용의 3분의 1 이상이 현재 내부 추천을 통해 이루어진다.[2]

엔비디아는 경쟁사로부터 인재를 스카우트할 기회를 발견하면 신속하고 과감하게 행동한다. 크리에이티브 랩스의 CTO였던 호크 리오우는 엔비디아의 접근을 직접 경험한 적이 있다. 2002년 크리에이티브 랩스는 3D랩스라는 회사를 인수했는데, 이 회사는 앨라배마 주 헌츠빌에 그래픽 칩 엔지니어들이 일하는 사무실을 두고 있었다. 인수 3년 후, 크리에이티브 랩스는 3D랩스와 헌츠빌 사무실을 완전히 폐쇄할 것이라고 발표했다.

인텔이 빠르게 움직였다. 처음에는 엔비디아보다도 더 빨리 움직이며 헌츠빌에서 일하던 전직 3D랩스 직원들을 영입하려 시도했다. 그러나 인텔의 제안은 다른 지역에 위치한 인텔 사업장 중 하나로의 이전을 조건으로 하고 있었고 이 지역들은 모두 앨라배마에서 멀리 떨어진 곳이었다. 많은 직원들이 가족과 함께 생활 근거지를 바꿔야 하거나 더 생활비가 높은 지역으로 이동해야 하는 것을 꺼렸다.

젠슨은 인텔이 3D랩스 직원들에게 관심을 가진 사실을 알게 되자마자, 빠르게 임원들을 보내 근무지 이전을 요구하지 않는 조건으로 영입을 제안했다. 사실 이 신규 팀원들을 일하게 하기 위해 헌츠빌에 새 사무실을 만들라고 지시하기까지 했다.

리오우는 말했다. "엔비디아는 매우 빠르게 움직여요. 그들은 이기기 위한 사람과 기술을 공격적으로 축적합니다. 신속한 실행과 의사결정이 엔비디아의 전매특허죠." 엔비디아는 지금까지도 헌츠빌에 사무실을 유지하고 있다.

엔비디아에서 임원으로 일했던 벤 드 왈에게도 비슷한 경험이 있다. 2005년 그는 상사이자 소프트웨어 엔지니어링 부문의 책임자였던 드와이트 디어크스와 함께 인도의 푸네로 출장을 떠났다. 약 50명의 직원이 있던 비디오 인코더 소프트웨어 회사를 인수할지 결정하기 위해 회사를 평가하려는 목적이었다. 그러나 현장에 도착하자마자, 회사의 소유주들이 호텔 연회장에 직원들을 모아놓고 회사의 해체를 발표하는 상황을 목격했다. 회사는 심각한 세금 문제와 재정적 어려움에 처해 있었다.

"상황이 정말 힘들었어요. 사람들은 감정적이었고 울고 있었죠. 그들은 회사에 자신의 전심전력을 쏟았던 거예요." 드 왈은 이어서 말했다. "저는 처음부터 우리가 왜 여기에 왔는지조차 모르겠더라고요."[3]

디어크스는 아무런 성과 없이 캘리포니아로 돌아간다면 기회를 놓치게 될 수도 있다고 생각했다. 엔비디아는 새로운 프로젝트를 위해 더 큰 소프트웨어 팀이 필요했고, 이 회사의 직원들은 매우 뛰어났다. 그는 그해에만 9번이나 인도에 스카우트 출장을 다녔고, 이 회사를 가장 유망한 후보로 점찍어 두고 있었다.

그에게 한 가지 아이디어가 떠올랐다. 회사를 인수하는 대신, 직원들을 직접 고용하면 안 될까? 그는 이 아이디어를 젠슨에게 제안했고, 젠슨은 바로 승인했다. "그때 출장의 목적을 인수에서 고용으로 바꿨어요." 디어크스는 말했다. "우리는 낡은 호텔의 비즈니스 센터에서 밤새 50여 부의 고용 제안서를 출력했어요. 인도의 고용계약은 미국의 표준 고용계약보다 훨씬 복잡하거든요."[4]

첫날이 끝나갈 무렵, 그 회사 54명의 직원 중 51명이 엔비디아의 제안을 수락했다. 이들은 푸네에 새롭게 설립된 엔비디아 지사의 핵심 구성원이 되었고, 이후 이 지사는 1,400명이 넘는 직원들이 근무하는 핵심 엔지니어링 허브로 성장했다.

"최고의 인재는 항상 필요합니다." 디어크스는 엔비디아가 한꺼번에 여러 인재를 채용하는 것을 전략으로 삼고 있다고 덧붙이면서 말했다.

때로는 제일 직접적인 접근 방식을 택하기도 한다. 엔비디아 임원들은 다른 회사의 에이스 엔지니어들에게 가서 그 회사는 결국 패배자가 될 테니 승자 편에 서는 게 낫지 않겠냐고 말하는 것을 꺼리지 않는다. 엔비디아는 1997년 컨퍼런스에서 RIVA 128 칩 데모를 시연한 뒤, 렌디션의 최고 아키텍트였던 월트 도너번을 이런 식으로 스카우트했다.

"월트는 우리와 경쟁하기보다 우리의 일원이 되기를 원해서 경쟁사에서 이직한 첫 최고 아키텍트였어요." 커크가 말했다. "이 일을 겪고 저는 다른 회사에서 최고의 인재들을 영입할 수 있다면 우리가 훨씬 더 많은 일을, 훨씬 더 잘할 수 있겠다고 생각했죠."[5]

엔비디아의 최고 과학자였던 데이비드 커크는 인재 스카우트 기술을 갈고닦았다. 그는 어떤 회사에 핵심 역할을 하는 직원이 누구인지 주변에 알아본 다음, 그 사람에게 전화를 걸어 용건을 꺼냈다. "안녕하세요, 요즘 어떠신가요? 현재 직장은 괜찮으신가요? 제가 당신 이름을 주변에서 많이 들어서 연락드립니다. 존경할 만한 분이시더군요." 그는 점찍은 목표에게 이렇게 물었다고 한다. "당신의 팀이 훌륭한 제품을 만들어내고 있다고 들었습니다. 그 작업에 아키텍트가 몇 명 참여하고 있나요?"

보통은 한 회사 당 아키텍트의 수는 한두 명 정도였다. 업계 표준이자 어느 정도 합리적인 이유도 있었다. 아키텍트는 보통 한 제품군 전체를 감독하며, 대부분의 회사는 한 번에 생산 중인 제품군이 많지 않았기 때문이다. 하지만 엔비디아는 달랐다. 커크는 엔비디아에는 20명의 아키텍트가 있으며, 하나하나가 모두 업계 지평을 뒤흔들 프로젝트에 참여하고, 필요한 모든 자원을 지원받는다고 설명했다. 그는 전화 저편에 있는 상대방에게, 엔비디아에서는 당신과 같은 사람들이 필요하다고 말하곤 했다. "여기에 와서 이 프로젝트를 함께 해보는 게 어떨까요? 정말 재미있는 일이 될 거예요. 금상첨화로 많은 돈까지 벌 수 있을 겁니다. 혼자 외롭게 거기에서 일하는 것보다는 훨씬 더 좋지 않을까요?"

나중에 엔비디아 직원들은 회사가 어떻게 그렇게 많은 경력 아키텍트를 스카우트하고 유지할 수 있었는지에 대해 감탄했다. 그들은 자존심이 강한 것으로 유명했기 때문이다.

하지만 엔비디아의 칩이 점점 더 복잡해짐에 따라 고급 칩 설계자는 아무리 많아도 부족했다. 엔비디아에는 할 일이 넘쳐났다. 게다가 커크는 접근할 인재를 신중하게 선택했다. 보이는 사람이면 다 뽑는 게 아니라 상호보완적인 역량을 가진 사람들을 뽑으려 했다. 누군가는 리더이자 관리자였고, 다른 누군가는 수학이나 그래픽 알고리즘과 같은 특수한 분야를 다룰 수 있는 전문가였다.

"더 이상 두서넛의 엔지니어가 머리를 맞대고 봉투 뒷면에 도

면을 그리면서 칩을 설계할 수 있는 시대가 아니었어요." 커크는 인재가 절실했음을 이렇게 표현했다.

상호보완성이 돋보이는 사례 중 하나가 엔비디아에서 가장 유명한 영입 건으로 꼽히는 실리콘 그래픽스의 존 먼트림이었다. 그는 SGI의 고급 3D 그래픽 하드웨어인 리얼리티엔진을 개발한 인물로, 몇 달 전에 이미 합류해 있던 월트 도노반과 함께 일하게 되었다. 커크의 평가에 따르면, 먼트림은 전체 시스템 아키텍트로서의 재능이 있고, 모든 구성요소가 어떻게 맞아떨어지는지를 볼 수 있으며, 도노반은 그래픽 텍스처와 텍스처 필터링의 전문가로, 한 엔비디아 직원에 따르면 '엔비디아 픽셀 품질의 수호신'이었다고 한다. 두 사람 모두 수십 년 동안 엔비디아에서 활약했다.

커크는 회상했다. "우리는 아키텍트 올스타 팀을 만들었어요. 다른 회사의 경영진들은 우리가 인재를 훔쳐간다고 분개했죠."

1994년 디어크스가 엔비디아에 합류한 과정은 눈여겨볼 만하다. 대단히 중요하면서도 어려운 인재 채용에 대한 젠슨의 굳은 심지를 잘 보여주는 사례이기 때문이다. 엔비디아에 오기 전, 디어크스는 '펠루시드'라는 그래픽 스타트업에서 일했는데 이 회사는 나중에 미디어비전에 인수되었고, 더 나중에 미디어비전은 이후 금융사기 혐의로 수사를 받게 된다.

젠슨은 처음에 펠루시드에서 일했던 스콧 셀러스와 엔비디아

입사에 대해 이야기를 나누었다. 하지만 셀러스는 아무것도 결정하지 못했다(셀러스는 이후 3dfx의 공동창업자가 된다). 젠슨은 면접 과정에서 셀러스에게 펠루시드에 있는 인재들에 대해 물었고, 그는 소프트웨어 팀에 있는 디어크스와 그의 직속상사가 우수하다고 답했다. 젠슨은 이를 기억해두었다.

그 뒤에 젠슨은 디어크스의 상사에게 전화를 걸어 이렇게 말했다. "듣기로 실리콘밸리에서 가장 똑똑한 분 중 하나라고 하더군요. 이쪽으로 오셔서 우리와 이야기해보시죠." 그는 동의했고, 바로 엔비디아에 승선했다.

그로부터 얼마 지나지 않아, 미디어비전의 상황이 악화되면서 디어크스 역시 회사를 떠나기로 결심했다. 그의 전 상사가 연락해서 젠슨과 만나볼 것을 권유했다. 젠슨은 디어크스와 대화를 나눠본 뒤 확실히 그에게서 깊은 인상을 받았고, 디어크스의 전상사에게도 이렇게 말했다. "디어크스는 훌륭한 전사네요. 내가 당신과 디어크스를 베트남 전쟁에 보냈다면, 당신은 그의 등에 업혀 돌아왔을 겁니다."

디어크스는 흥분에 휩싸였다. 그는 다음날 바로 사표를 제출하고, 펠루시드의 최고위 임원에게 자신은 엔비디아로 간다고 말했다. 그러자 그 임원은 미친 듯이 화를 냈다. "네가 갈 수 있을 줄 알아! 너와 엔비디아에 소송을 걸 거야. 실리콘밸리에서 다시는 발붙이지 못하게 해주지."

그는 디어크스에게 엔비디아가 이런 법적 위협 때문에 겁먹고 물러날 것이라고 했다. 엔비디아는 당시 겨우 1살짜리 회사였던 데다 자금 사정도 제한적이었으니까 말이다.

그러나 디어크스가 이 위협에 대해 젠슨에게 전했을 때 엔비디아의 CEO는 전혀 동요하지 않았다. "해보시든가." 젠슨은 대답했다. 이 순간 디어크스는 자신이 함께 일하고 싶은 상사가 어떤 사람인지 깨달았다. 그는 엔비디아의 제안을 수락했고 이후 30년 넘게 엔비디아에서 일하고 있다.

이런 회사의 채용 방식은 엔비디아 방식의 한 부분일 뿐이다. 다른 요소로 인재 유지에 대한 강조도 있다. 젠슨은 해당 직원이 회사에 얼마나 중요하게 여겨지는지에 따라 분배하는 스톡그랜트(주식보상)로 성과를 보상한다.

전 인사 책임자 존 맥솔리는 말했다. "젠슨은 엔비디아 주식을 자신의 피처럼 여겼어요. 그는 주식 할당 보고서를 현미경 보듯이 꼼꼼하게 검토합니다."

주식보상은 양도제한조건부주식^{RSUs}의 형태로 이루어진다. 직원이 회사에 입사하면 증권사 계좌가 제공된다. 첫 1년이 경과하면 이 직원은 초기 스톡그랜트의 4분의 1에 해당하는 주식을 한 번에 받는다. 예를 들어, 전체 약속분이 1,000주였다면 직원은 이때 250주를 받는 것이다. 이후 직원은 자신이 배정받은 연간 스톡그랜트의 4분의 1씩을 매분기마다 정기적으로 받는다.

'에쿼티 클리프$^{equity\ cliff}$' 문제(미국 테크 업계 표준인 4년간의 주식보상 행사기간을 넘긴 후 엔지니어들이 퇴사하는 현상)가 일어나지 않도록 하기 위해 엔비디아는 매년 추가 스톡그랜트를 제공한다. 직원이 상사로부터 '탁월한 성과' 등급을 받으면 그 직원은 추가로 주식 300주를 더 받을 수 있으며, 이 주식은 그 후 또 4년에 걸쳐 행사기간이 도래한다. 이론적으로 직원들은 매년 이런 추가 스톡그랜트를 받을 수 있으며, 회사에 남아야 할 이유가 계속 늘어나게 된다.

또 다른 특별한 제도는 TC^Top Contributor(최고공헌자) 선정 제도다. 중간관리자들은 특별한 공헌이 있는 직원들을 고위 경영진에게 추천할 수 있다. 젠슨은 TC 후보자 목록을 검토하고 특별 스톡그랜트를 수여하며, 이 또한 4년에 걸쳐 행사기간이 도래하는 조건이다.

이런 특별 스톡그랜트가 승인되면, 그 직원은 고위 경영진 중 하나로부터 젠슨을 참조란에 넣은 이메일을 받게 된다. 이메일 제목은 "특별 그랜트"로 시작한다. 이 RSU 그랜트가 "당신의 탁월한 공헌을 인정하여" 부여됨을 명시하며 그에 대한 합당한 근거가 상세히 따라붙는다.

젠슨은 연례 성과평가를 기다리지 않고 조직 어디든지 직접 스톡그랜트를 줄 수도 있다. 대단한 일을 해낸 직원들이 그 순간에 바로 인정받았다고 느끼게 만드는 장치이다. 이는 회사의 모든 측면과 사람들에 대한 그의 관심을 보여주는 또 다른 증거다.

세일즈 및 마케팅 부분의 고위 이사였던 크리스 디스킨은 2000년 마이크로소프트와의 Xbox 파트너십 체결에서 중요한 역할을 했다. 그는 엔비디아에 합류한 지 몇 달 만에 젠슨이 자신의 스톡그랜트를 두 배로 늘려주었다고 했다. 디스킨은 젠슨에게 감사하면서도 더 달라는 뉘앙스를 담아 "정말로 제가 한 일에 감명받으셨다면 아마 두 배 이상을 주셨겠지요."라고 말했다. 이후 그의 스톡그랜트는 정말 두 배 이상이 되어 있었다.

엔비디아의 빠르고 유연한 성과 중심의 보상 철학은 낮은 이직률을 유지하는 데에 중요한 역할을 해왔다. 2024 회계연도에 엔비디아는 3퍼센트 미만의 이직률을 공시했으며, 링크드인 자료에 따르면 이는 업계 평균인 13퍼센트보다 훨씬 낮다. 엔비디아 주식 가격이 계속 상승하고 있다는 사실도 아직 행사기간에 도달하지 않은 주식을 보유한 직원들을 회사에 머무르게 하는 강력한 요소다.

"이 회사는 직원들에 대한 대우가 아주 좋아요. 단순히 급여나 복지 측면에서만이 아니라 직원들을 대체 가능한 엔지니어가 아니라 인간으로 대우하거든요." 어떤 전 엔비디아 직원은 이렇게 말했다. "자기계발을 위한 많은 기회가 있어요." 그는 엔비디아에서 한 직원의 가족구성원이 암 진단을 받았을 때 회사가 원격 근무를 허용한 사례나, 어떤 직원의 집이 화재로 전소되었을 때 회사가 위로금을 지급했던 일과 같은 사례를 언급했다.

"사람들은 자신을 지원해주는 회사에 충성심을 느끼기 마련입니다." 그 직원은 말했다. 또 다른 고위 임원도 배우자가 심각한 건강 문제를 겪었을 때의 경험을 얘기해주었다. 그는 젠슨에게 가족과 가까운 곳으로 멀리 이사해야 할 것 같다고 말했다. 젠슨은 이렇게 말했다. "걱정할 것 없네. 가서 다시 일에 복귀할 준비가 됐을 때 내게 바로 연락을 주게나." 이 임원은 풀타임으로 일할 수 없었음에도 계속 급여를 받았다.

　회사가 직원을 붙잡는 방법에는 보상만 있는 것이 아니다. 탁월함을 추구하는 문화를 통해서도 가능하다. 폐기되거나 방치되거나 시대에 뒤처질 제품이나 기술을 개발하기 위해 자신의 시간을 몇 년씩 투자하고 싶어 하는 직원은 없다. 엔비디아에서는 엔지니어들이 심층적인 기술지식과 경험을 보유한 업계의 거장들과 나란히 일할 수 있으며, 동시에 세상을 바꿀 가능성이 높은 제품을 만들 수 있다.

　많은 고위 임원과 엔지니어가 다른 주요 테크기업에서보다 엔비디아에서 더 장기근속하는 경향이 있다. 소프트웨어 엔지니어링 책임자인 드와이트 디어크스, PC 사업 부문 임원인 제프 피셔, GPU 아키텍처 책임자인 조나 알벤은 모두 거의 30년 가까이 이 회사에서 일했다. 엔비디아의 고위 임원 중 경쟁사로 이직하거나 스타트업 세계에 뛰어들어 자신의 회사를 차린 인물은 거의 없다(물론 엔비디아와 경쟁해야 한다는 생각에 위축된 것일 수도 있다).

모든 직급의 직원들에게도, 회사가 내부 정치보다 개별 구성원 각자 업무의 탁월함을 강조하는 것은 그 회사에 헌신할 충분한 이유가 된다. 더 큰 회사의 이익에 공헌하기보다 자신의 조직 내 자리를 위해 싸우는 유형의 사람은 엔비디아에서 어려움을 겪을 것이다.

"어떤 회사에서는 이런 유형의 사람들을 선호하겠지만, 엔비디아는 그렇지 않아요. 엔비디아에서는 기술적인 부분에 100퍼센트 집중할 수 있고, 그 외 다른 것은 걱정하지 않아도 됩니다." 엔비디아에서 GPU 아키텍트였던 리이 웨이는 말했다.[6]

실제로 엔비디아는 다른 많은 조직에서 의도적이든 아니든 커지는 경향이 있는, 구성원 간 서로를 짓밟는 경쟁적인 문화가 생기지 않도록 적극적인 조치들을 취한다. 직원들은 목표를 달성하는 데 어려움을 겪고 있거나, 기술적인 문제에 직면했을 때 주변에 도움을 요청하라고 교육받는다.

"만약 우리가 실패한다면, 그건 당신이 도움을 받지 못했기 때문이 아니어야 합니다. 우리는 함께 일합니다. 아무도 혼자 실패하지 않습니다." 젠슨은 엔비디아 직원들에게 자주 이렇게 조언한다.[7]

예를 들어, 특정 지역을 담당하는 영업 임원이 할당량을 충족하지 못할 위험에 처했다면, 빨리 팀에 알려서 도움을 받을 수 있어야 한다. 젠슨부터 고위 엔지니어링 임원들까지 포함해 회사 내부 자원들이 그 문제의 해결에 동원될 수도 있다.

"'아무도 혼자 실패하지 않는다'라는 정신은 특히 영업 조직에 잘 맞는 원칙입니다." 글로벌 지역 운영 책임자인 제이 푸리는 말했다. 그는 자신의 영업팀 인원수를 인용하며 덧붙였다. "우리는 경쟁사들에 비해 매우 작은 조직으로 운영되기 때문에 중요한 일이 발생하면 모두 함께 뭉쳐서 대응해야 합니다."[8]

엔비디아의 영업 임원인 앤서니 메데이로스는 자신이 썬 마이크로시스템즈에서 일할 때는 다른 사고방식이 사내를 지배했다고 했다. 썬에서는 자신이나 동료들이 스스로 문제를 해결해서 그들이 받는 돈이 아깝지 않음을 입증해야 했으며, 도움을 구하는 행동은 약점을 드러내는 것으로 간주되었다.

메데이로스는 엔비디아의 문화를 설명하며 말했다. "혼자 꼭꼭 숨기지 말고 말을 하는 게 아주 중요해요. 말하지 않으면 더 큰 문제가 생길 테니까요."[9]

엔비디아는 직원들에게 높은 보상과 필요한 지원을 주는 대신, 꽤 많은 것을 요구한다. 극도의 헌신은 아주 중요한 요소다. 최소 주 60시간 근무가 기본적으로 기대되는데, 이는 심지어 하위 직급에서도 마찬가지다. 칩 개발 단계에서 중요한 시기가 되면, 득히 하드웨어 엔지니어라면 주 80시간이나 그 이상을 일해야 할 수도 있고, AI로의 전환과 같이 전사적 전략에 갑자기 크고 중요한 변화가 있는 경우에도 그럴 수 있다.

투명성 또한 아주 중요하다. 표준적인 보고체계 외에도 직원들은 젠슨과의 직접 소통 채널을 별도로 유지해야 한다. 이 채널은 종종 탑5 이메일과 같은 형태를 취할 수도 있다. 또는 복도나 심지어 화장실에서까지 불쑥 던져지는 질문의 형태로도 나타난다.

엔비디아에서는 숨을 수가 없다. 회사 행사라 해도 마찬가지다. 엔비디아에서 개발자이자 기술 엔지니어로 일했던 피터 영은 신입 구성원을 위한 파티에서 처음 젠슨을 만났다. 놀랍게도 젠슨은 그가 누군지 이미 알고 있었다. "당신이 피터 영이군요. 소니 플레이스테이션, 그전에는 3dfx에서 일하다가 우리 회사에 들어온 지 1년 정도 된 분이죠." 젠슨은 그 자리에 참석한 50명의 약력을 전부 기억하고 있었다.

피터 영은 CEO가 상대적으로 신입이고, 또 상대적으로 낮은 직급의 사람에 대해 전부 알고 있다는 사실에 깜짝 놀랐다. 그는 이를 자신의 상사에게 얘기했는데 그는 이렇게 답했다. "별일 아니야. 그는 모든 사람에게 이렇게 대하거든." 영은 수천 명의 직원들이 일하는 회사의 CEO가 직원 개개인과 소통하기 위해 그렇게 많은 시간과 노력을 들이는 모습에 감동받았다.[10] 하지만 이는 젠슨이 회사의 모든 구성원을 주시하고 있으며, 그들의 잠재력을 알고, 또 그만큼의 성과를 기대하고 있다는 뜻이기도 했다.

젠슨은 구성원들이 회사의, 그리고 젠슨 스스로의 지식 기반을 계속 확장시켜주기를 기대한다. 그를 보좌하는 임원들은 젠슨이 수십 년간 지켜온 오랜 습관에 대해 웃음을 짓곤 한다. 임원들이 무역박람회, 게임 행사, 대만 출장 등에 갔다가 돌아올 때마다 젠슨은 그들을 붙잡고 이렇게 묻는다. "그래서, 뭘 배웠나?"

"그게 젠슨을 정의하는 특징이에요. 그는 세상에서 무슨 일이 일어나고 있는지를 항상 알고 싶어 하죠." 제프 피셔가 이어서 말했다. "그는 더 나은 결정을 내리기 위해, 세상에서 무슨 일이 일어나고 있는지 알고 싶어 하는 거예요."[11]

젠슨은 최선의 결정을 내릴 수 없다고 느낄 때 좌절감을 느끼는데, 이런 젠슨의 기분은 엔비디아의 투명한 문화 덕분에 종종 공개적으로 드러나곤 한다. 그래도 최소한 일부 구성원들은 젠슨을 성질이 급한 사람이라고 평가하는 건 공정하지 않다고 생각한다.

"그 역시 분명 화를 낼 수 있는 인간이죠. 그래도 그 정도까지 가려면 누군가 꽤 일을 망쳐놔야 해요." 한 직원이 말했다. "그는 직원들이 하는 일을 이해하고 그 일에 관여하고 싶어 합니다. 그래서 그 과정에서 매우 직설적으로 말하고 아주 어려운 질문을 많이 던질 겁니다. 만약 그런 유형의 토론 방식에 익숙하지 않다면 나소 누려울 수 있어요. 하지만 젠슨에게 숨은 악의는 없습니다. 뭔가를 진전시키기 전에 먼저 빈틈없는 논리를 구축하자는 의도에서 하는 얘기일 뿐이에요."

젠슨은 자신의 시간에 우선순위를 매기는 데도 아주 철저하다. 어도비의 CEO인 샨타누 나라옌은 젠슨과 아침식사를 함께 하며 혁신, 전략, 문화 등의 측면에서 비즈니스 이슈에 대해 의미 있는 대화를 나눈 일을 기억하고 있다.[12] 당시 나라옌이 시계를 확인하자 젠슨이 물었다. "왜 시계를 보시는 거죠?" 나라옌이 대답했다. "젠슨, 일정이 있지 않아요?" 그러자 젠슨이 웃으며 말했다. "그게 무슨 말이에요? 나는 지금 내가 가장 중요하다고 생각하는 일을 하고 있는 거예요." 나라옌은 그 말에서 깊은 인사이트를 얻었다. 젠슨은 그에게 항상 가장 중요한 일에 집중하고 일정표에 매여 있지 말라고 얘기한 것이다.

반면, 어떤 직원이 두서없이 말을 늘어놓기 시작하면 젠슨은 이렇게 말한다. "LUA(루아)." 엔비디아 임원인 브라이언 카탄자로에 따르면 'LUA'는 젠슨의 인내심이 한계에 이르고 있음을 알리는 경고 신호다. 젠슨이 이 말을 하면 하던 말을 멈추고 다음 세 가지를 하라는 뜻이다.

질문을 들어라[Listen].
질문을 이해하라[Understand].
질문에 답하라[Answer].

카탄자로는 설명했다. "LUA는 정신 차리라는 의미죠. 당신이 중요한 주제에 대해 얘기하고 있으며 그걸 제대로 전달해야 한다는 뜻이거든요. 젠슨은 사람들이 추상적인 얘기를 하거나 미사여구를 써서 질문에 대한 답변을 회피하는 것을 싫어합니다. 젠슨 밑에서 일하는 사람이라면 누구나 LUA를 들어봤을 겁니다."[13]

이는 젠슨이 스스로에게도 관철하는 원칙이다. 이 책을 위해 인터뷰한 사람들은 전부 젠슨의 첨단 컴퓨팅 문제에 관해 듣고, 이해하고, 답할 수 있는 비범한 능력에 대해 입을 모아 인정했다.

엔비디아의 오랜 투자자인 배은학은 젠슨의 능력을 이렇게 평가했다. "모든 것에 대해 이야기할 수 있는 능력을 가진 분입니다. 기술적인 관점에서만이 아니라 비즈니스 관점에서도요. 진정으로 다재다능하면서도 깊이가 있는 기술 CEO를 꼽는다면, 젠슨이 제일 먼저 떠오를 겁니다."[14]

분명히 젠슨 황이 아니었다면 엔비디아를 오늘날의 자리에까지 올려놓을 사람은 없었을 것이다. 그는 기술과 비즈니스 전략을 모두 깊숙이 파악하고, 매일매일 대규모 사업을 실제로 운영하는 더 어려운 문제까지도 제대로 이해하고 있다. 그는 스스로의 높은 기준을 엄격히 지키며, 조직 내에 비효율이란 잡초가 뿌리내리기 전에 이를 솎아낸다. 그는 점진적이고 느린 개선이 아니라, 비약적인 계단식 성과를 창출할 수 있도록 엔비디아를 구성했다. 모든 사업은 '빛의 속도'로 진행되며, 젠슨은 누군가가 뒤처지는 모습을 포착하면 공개적으로 사람들 앞에 불러내어 지적하기도 한다. 어쩌면 엔비디아 문화에 대한 가장 간단명료한

■ 엔데버 사옥 앞에서 커티스 프리엠, 젠슨 황, 크리스 말라초프스키

정의는 '젠슨의 방식'이며, 나아가 그냥 젠슨 그 자체라고 하는 게 더 정확할지도 모른다.

그러나 이는 곧 엔비디아가 젠슨에게 거의 완전히 의존하고 있음을 의미한다. 어떤 면에서는, 그가 회사에서 빠졌을 때 전체 시스템이 중단되는 단일 장애점single point of failure이 될 수도 있다. 이 글을 쓰는 시점에 젠슨의 나이는 61세. 많은 미국 남성이 그렇듯 그가 65세에 은퇴할 거라고는 생각하기 힘들지만, 언젠가 그가 엔비디아의 일선에서 물러나야 하는 순간은 피할 수 없다. 누가 그의 뒤를 이어 세계에서 가장 중요한 컴퓨터 하드웨어 회사를 이끌 수 있을까? 지난 31년간 성공적으로 엔비디아를 운영해 온 젠슨을 대체할 사람이 과연 존재할까?

엔비디아의 역사에 대해 쓰면서, 나는 이 회사가 실패와 파산 직전까지 갔던 순간들을 마주하고 충격을 받았다. 만약 몇몇 상황에서 일이 약간만 다르게 흘러갔다면, 컴퓨팅 세계의 역사가 완전히 다른 방향으로 바뀌었을 수도 있었다. 우리가 사는 세상 자체가 달라졌을 수도 있는 것이다.

엔비디아의 성공은 부분적으로는 순전한 우연들 덕분이기도 했다. 크리스 말라초프스키가 미국 의대입학시험을 보고 의학 분야에서 진로를 선택했었을 수도 있다. 그는 원래 생각하던 디지털 이큅먼트로 다음 면접을 보러 갔을 수도 있지만, 그냥 연습용이라고 생각하고 면접에 응한 썬 마이크로시스템즈의 채용 제안을 받아들였다.

커티스 프리엠이 NV1 칩을 시장에 나와 있는 다른 제품들과 좀 더 비슷하게 설계하겠다고 결정했을 수도 있다. 그리고 그렇게 했다면 아마 NV1 칩이 성공했을지도 모른다. 그러나 진짜로 그랬다면, 엔비디아는 그 칩의 실패를 통해 배우고 이 회사를 살려낸 후속 칩인 RIVA 128을 만들어낼 기회를 잃었을 것이다. "만약 NV1이 실패하지 않았다면, 엔비디아가 실패했을 겁니다." 프리엠은 말했다.[15]

그러나 엔비디아 역사의 대부분은 결국 젠슨의 노력의 산물이다. 그는 엔비디아를 창업할 자금을 조달했고, 당시 회사를 구할 유일한 방법이었던 추가 자금을 또 조달했다. 그는 RIVA 128을 제때 출시하기 위해 VGA 코어의 라이선스를 받아왔다. CUDA를 준비하던 시기에 모두가 단기 이익을 위해 자신의 장기 비전을 포기하라고 말할 때 월스트리트의 압박을 잘 막아냈다. 그는 성과와 인재에 대해 높은 기준을 설정하는 법을 배웠고, 기존의 통념에 맞서는 결정을 내렸다. 그의 직설적이고 무뚝뚝한 태도는 시간 낭비와 오해를 줄이고, 중요한 순간에 엔비디아의 속도를 높였다.

그는 무엇이 가장 중요한지에 대해 사람들이 집중할 수 있도록 자신의 철학을 몇 가지 짧은 문구로 정리했다.

"임무가 곧 상사다."
"빛의 속도로."
"어려워봤자지."

젠슨과 그가 구축한 엔비디아의 문화는, 회사가 파산 직전까지 내몰렸던 위기부터 인력과 매출이 기하급수적으로 성장한 변혁의 시기까지, 내부 문화의 통일성과 일관성을 유지하는 데 핵심적인 역할을 했다. 젠슨은 나와의 인터뷰에서 반복적으로 말하길, 엔비디아의 성공을 지능이나 천재성으로 설명할 수 없다고 했다. 그게 아니라 힘든 노력을 계속하는 근면함과 회복력 덕분이었다는 것이다. 이렇게까지 힘들게 할 필요는 없었을 수도 있지만 그래도 역시 그랬고 앞으로도 그럴 것이다. 이 일은 젠슨 자신을 포함한 모든 사람에게 단 한 가지를 요구했다. 그것은 '순수한 의지력'이다.

그동안 수백 곳의 경쟁사가 엔비디아에게 도전장을 내밀었지만, 결국 엔비디아만이 유일한 독립 그래픽 칩 회사로 남아 있다. 젠슨은 테크 업계에서 가장 오랜 기간 재직 중인 CEO가 되었다.

우리는 가끔 자신을 자기계발 전문가나 구루로 칭하는 사람들에게 더 적게 일하면서 더 많은 돈을 벌 수 있다는 이야기를 듣는다. 젠슨은 그 정반대 명제를 실현한 증거다. 지름길은 없다. 성공으로 가는 최선의 길은 더 어려운 길을 택하는 것이다. 최고의 스승은 바로 역경이다. 그리고 이것은 젠슨이 아주 잘 알고 있는 스승이다. 그가 여전히 어떤 나이대의 누구라도 번아웃을 겪을 만한 페이스로 계속 일하는 이유가 여기에 있다. 그렇기에 그는 지금 망설임도, 반어법도, 의구심도 한 점 없이 그대로 말할 수 있다. "나는 엔비디아를 사랑합니다."

감사의 글

이 책은 어느 날 도착한 이메일 한 통에서 시작되었다. 2023년 5월 10일, 나는 "W. W. 노튼 출판사에서 보냅니다 - 엔비디아 책을 내보시겠습니까?"라는 제목의 이메일을 받았다. 출판사 편집자 댄 거슬에게서 온 메일이었다. 그가 담당하는 작가 중 한 명(매튜 볼, 고맙습니다)이 내가 엔비디아에 대한 책을 쓸 수 있을 것 같다고 추천해서 나에게 연락을 했다고 했다.

주요 테크기업에 관한 책들이 적게 잡아도 네다섯 권씩은 나와 있으니 당연히 엔비디아에 관한 책도 꽤 있을 것으로 생각했다. 하지만 찾아보니 단 한 권도 없었다. 그 순간, 내가 이 책을 쓰고 싶다는 생각이 들었다.

그때부터 운명은 빠르게 흘러갔다. 나는 뉴욕 맨해튼에 있는 브라이언트 파크 카페에서 댄과 만났다. 대화 끝에 그는 나에게 책 계약을 담당할 에이전트가 필요할 것이라 말했다. 친구들의 추천으로 필라 퀸을 만나서 에이전트 계약을 했다. 첫 이메일을 받은 지 한 달 만에 나는 책을 쓰는 계약을 체결했다.

지난 1년은 소용돌이 속에 있는 기분이었다. 나에게 소중한 기회를 주면서 귀중한 조언과 지침을 아끼지 않은 댄과 필라에게 갚지 못할 도움을 받았다. 원고를 편집하고 훌륭한 피드백을 주면서 근면하게 일해준 프리랜서 편집자 대릴 캠벨에게도 고맙다는 말을 하고 싶다.

젠슨에게도 감사의 뜻을 전한다. 엔비디아는 처음에 이 책의 출간에 소극적으로 협력했다. 아마 내가 이전에 썼던 부정적인 기사 때문일 수 있다. 그럼에도 젠슨은 이 책에서 소개한 취재원들이 나와 얘기하는 것을 절대 방해하지 않았다. 커티스 프리엠과 크리스 말라초프스키의 기여에도 고마움을 표하고 싶고 엔비디아 팀의 스테파니, 밥, 밀렌, 켄, 헥터에게도 감사드린다.

마지막으로 바쁜 일상에서도 시간을 내어 자신의 경험을 공유해준 취재원들에게 진심으로 마음속 깊은 곳에서 우러난 고마움을 전한다. 컴퓨터 역사의 초기 수십 년에 대한 이들의 이야기를 수집하는 일, 특히 이 중 다수가 처음으로 기록되는 것이기에 이는 나에게 큰 영광이었다. 그들의 관대함이 책의 내용을 더욱 풍성하게 만들었고, 덕분에 이 책이 탄생할 수 있었다.

젠슨의 철학

"필요한 만큼의 수로, 가능한 한 적은 수로."

회의에는 관련 지식을 가진 필수 직원들만 초대하고, 참여가 꼭 필요한 사람이 아니라면 그들의 시간을 낭비하지 말라.

"AMAN, ALAP (As Much As Needed, As Little As Possible)."

필요한 만큼만, 가능한 한 조금만 사용하라. 직원의 시간과 회사의 자원을 절약하라.

"항상 최고의 인재를 채용하라."

똑똑하고 우수한 사람을 채용하면, 그들이 문제를 해결하고 새로운 도전과제에 적응할 것이다.

"비판은 선물이다."

직접 피드백을 제공하면 지속적인 개선으로 이어진다.

"점수를 보지 말라. 게임을 어떻게 하는지에 집중하라."

주가의 변동성에 주의를 뺏기지 말라. 탁월한 업무성과를 내고 가치를 창출하는 데 집중하라.

"미래 성공의 조기 지표."

새 프로젝트가 탄력을 받고 있다는 증거.

"바닥을 싹싹 긁어라." "소 한 마리를 출하하라."

칩 제품군을 설계할 때 일부 중복된 부분들을 포함시켜서 만약 미약한 제조 결함이 발생하더라도 그 칩을 저성능 부품으로 다시 판매할 수 있게 하고 낭비를 줄여라.

"칼을 가는 과정이다."

격렬한 논쟁이 종종 최고의 아이디어로 이어진다.

"어려워봤자지."

눈앞에 놓인 일의 양에 압도되는 느낌을 받지 않도록 스스로 되뇌는 말.

"지적인 정직함."

진실을 말하고, 실패를 인정하며, 과거의 실수에서 배우고 앞으로 나아가라.

"측정할 수 있으면 개선할 수 있다. 하지만 측정할 대상이 정확해야 한다!"

잘못된 지표를 추적하는 함정에 빠지지 마라. 똑똑한 방식으로 데이터 중심으로 행동하라.

"세계 수준인가?"

엔비디아의 제품, 인재 영입, 비즈니스 실무는 반드시 업계 최고 기준에 맞춰 평가해야 한다.

"기본 원칙으로 돌아가자."

백지상태에서 문제를 공략하라. 과거에 그 문제를 해결한 방식에 얽매이지 말라.

"LUA."

질문을 들어라[Listen]. 질문을 이해하라[Understand]. 질문에 답하라[Answer]. 길고 장황한 답변에 대해 젠슨이 답답함을 느끼고 있다는 경고 신호이다.

"임무가 곧 상사다."

내부정치가 아니라 고객을 위한다는 최종 목표에 기반해 의사결정을 내린다.

"아무도 혼자 실패하지 않는다."

만약 목표를 달성하지 못할 위험에 처했다면 팀에 신속하게 알리고 도움을 받으라.

"엔비디아는 실행할 수 있다."

엔비디아는 우월한 기술력과 실행력을 통해 승리한다.

"파일럿 인 커맨드(PIC, 지휘권이 있는 조종사)."

중요한 프로젝트에서 젠슨이 지정한 리더로, 회사 전체에서 우선적인 지원을 받아야 하는 인물.

"2등은 첫 번째 패배자이다."

목표와 기대를 언제나 승리하는 것에 둔다.

"작은 걸음, 큰 비전."

실행 가능한 과제들을 우선순위에 따라 나누고, 가장 중요한 첫 번째 과제를 최선을 다해 완료하라.

"빛의 속도로."

업무 속도를 기존과 비교하며 만족해선 안 된다. '빛의 속도'처럼 물리적 한계에까지 몰아붙여 최상의 결과를 내는 것을 목표로 해야 한다.

"전략이란 포기할 대상을 정하는 일이다."

모든 것을 자세하게 살펴 가려내고, 가장 중요한 것을 선택한 다음엔, 그 일을 하고, 나머지는 제쳐두라.

"우리는 시장점유율을 뺏는 경쟁을 하지 않는다. 우리는 시장을 창출한다."

엔비디아는 기존 사업에서 경쟁하기보다는 새로운 영역에서 시장을 주도하고자 한다.

"믿어야 한다면 진심으로 믿어야 한다."

무언가를 믿는다면 그것에 투자하라. 그것을 실행하라. 모든 에너지를 쏟아부어라.

"당신의 장점이 당신의 약점이 될 수도 있다."

지나친 친절함과 신중함은 때로 당신의 발전을 방해할 수도 있다.

주

프롤로그

1. Hendrik Bessembinder, "Which U.S. Stocks Generated the Highest Long-Term Returns?," S&P Global Market Intelligence Research Paper Series, July 16, 2024. http://dx .doi .org/10 .2139/ssrn .4897069.

1. 소년과 청년

1. Lizzy Gurdus, "Nvidia CEO: My Mom Taught Me English," CNBC, May 6, 2018.
2. Matthew Yi, "Nvidia Founder Learned Key Lesson in Pingpong," San Francisco Chronicle, February 21, 2005.
3. "A Conversation with Nvidia's Jensen Huang," Stripe, May 21, 2024, video, 10:02.
4. Maggie Shiels, "Nvidia's Jen-Hsun Huang," BBC News, January 14, 2010.
5. Brian Dumaine, "The Man Who Came Back from the Dead Again," Fortune, September 1, 2001.
6. Interview with Judy Hoarfrost, 2024.
7. "19th Hole: The Readers Take Over," Sports Illustrated, January 30, 1978.
8. Yi, "Nvidia Founder Learned Key Lesson."
9. "2021 SIA Awards Dinner," SIAAmerica, February 11, 2022, video. https://www .youtube .com/watch?v=5yvN_T8xaw8.
10. "The Moment with Ryan Patel: Featuring NVIDIA CEO Jensen Huang | HP," HP, October 26, 2023, video, 1:47.
11. "Jen-Hsun Huang," Charlie Rose, February 5, 2009.
12. Interview with Jensen Huang, 2024.
13. "2021 SIA Awards Dinner," SIAAmerica, 1:04:00.
14. "The Moment with Ryan Patel," HP, 3:07.
15. "Jen-Hsun Huang, NVIDIA Co- Founder, Invests in the Next Generation of Stanford Engineers," School News, Stanford Engineering, October 1, 2010.

16. Gurdus, "Nvidia CEO."

17. "Jensen Huang," Stanford Institute for Economic Policy Research, March 7, 2024, video, 38:00.

2. 프리엠, 말라초프스키, 그리고 젠슨

1. Frederick Van Veen, The General Radio Story (self- pub., 2011), 153.

2. Van Veen, General Radio Story, 171- 75.

3. Interview with Chris Malachowsky, 2023.

4. Interview with Curtis Priem, 2024.

5. Van Hook was a graphics pioneer in his own right, however. He would later design the graphics architecture of the Nintendo 64.

6. Interview with Chris Malachowsky, 2023.

3. 발렌타인의 재판

1. "Jensen Huang," Sequoia Capital, November 30, 2023, video, 5:13.

2. "Jen-Hsun Huang, NVIDIA Co- Founder, Invests in the Next Generation of Stanford Engineers," School News, Stanford Engineering, October 1, 2010.

3. "2021 SIA Awards Dinner," SIAAmerica, February 11, 2022, video, 1:11:09. https://www .youtube .com/watch?v=5yvN_T8xaw8.

4. "Jen-Hsun Huang," Stanford Online, June 23, 2011, video, 9:25.

5. National Science Board, "Science and Engineering Indicators-2002," NSB-02- 01 (Arlington, VA: National Science Foundation, 2002). https://www.nsf.gov/pub lications/pub_summ .jsp?ods_key=nsb0201.

6. Interview with Jensen Huang, 2024.

7. "Jensen Huang," Sequoia Capital.

8. Interview with Mark Stevens, 2024.

4. 지옥과 천국

1. "Jen-Hsun Huang," Stanford Online, June 23, 2011, video, 45:37.

2. Interview with Pat Gelsinger, 2023.

3. Interview with Dwight Diercks, 2024.

4. Jon Peddie, The History of the GPU: Steps to Invention (Cham, Switzerland:

Springer, 2022), 278.

5. Peddie, History of the GPU, 278.

6. Interview with Curtis Priem, 2024.

7. Interview with Michael Hara, 2024.

8. "Jen-Hsun Huang, NVIDIA Co- Founder, Invests in the Next Generation of Stanford Engineers," School News, Stanford Engineering, October 1, 2010.

9. "Jensen Huang," Sequoia Capital, November 30, 2023, video, 13:57.

10. Jon Stokes, "Nvidia Cofounder Chris Malachowsky Speaks," Ars Technica, September 3, 2008.

11. "Dean's Speaker Series | Jensen Huang Founder, President & CEO, NVIDIA," Berkeley Haas, January 31, 2023, video, 32:09.

12. Interview with former Nvidia employee, 2023.

13. "3dfx Oral History Panel," Computer History Museum, July 29, 2013, video.

14. Orchid Technology, "Orchid Ships Righteous 3D," press release, October 7, 1996.

15. "3dfx Oral History Panel," Computer History Museum.

16. Interview with Scott Sellers, 2023.

17. Interview with Dwight Diercks, 2024.

18. "Jen-Hsun Huang," Oregon State University, February 22, 2013, video, 37:20.

19. Interview with former Nvidia employee, 2023.

20. "Jen-Hsun Huang," Oregon State University, 30:28.

21. Interview with Curtis Priem, 2024.

22. Interview with Dwight Diercks, 2024.

23. Interview with Henry Levin, 2023.

24. Interview with Chris Malachowsky, 2023.

25. Interview with Jensen Huang, 2024.

26. Interview with Eric Christenson, 2023.

27. Personal e-mail from Sutter Hill CFO Chris Basso.

28. Nvidia, "Upstart Nvidia Ships Over One Million Performance 3D Processors," press release, January 12, 1998.

29. Interview with Jensen Huang, 2024.

5. 우리는 초적극적인 기업입니다

1. Interview with Caroline Landry, 2024.

2. Interview with Michael Hara, 2024.

2. Interview with Michael Hara, 2024.

3. Interviews with Tench Coxe and other former Nvidia employees, 2023.

4. Interview with Robert Csongor, 2023.

5. Interview with Jeff Fisher, 2024.

6. Interview with Geoff Ribar, 2023.

7. Interview with John McSorley, 2023.

8. Interview with Andrew Logan, 2024.

9. Interview with Kenneth Hurley, 2024.

10. Interview with Caroline Landry, 2024.

11. Interview with Sanford Russell, 2024.

12. Interview with Andrew Logan, 2024.

13. Interview with Jeff Fisher, 2024.

14. "Morris Chang, in Conversation with Jen-Hsun Huang," Computer History Museum, October 17, 2007, video, 23:00.

15. Interview with Chris Malachowsky, 2023.

16. Interview with Curtis Priem, 2024.

17. Interview with Geoff Ribar, 2023.

18. Interview with Michael Hara, 2024.

19. Interview with Michael Hara, 2024.

20. Interview with Jeff Fisher, 2024.

21. Interview with Curtis Priem, 2024.

22. Interview with Nick Triantos, 2023.

6. 무조건 승리하라

1. Interview with Ross Smith, 2023.

2. Interview with Scott Sellers, 2023.

3. Interview with Dwight Diercks, 2024.

4. Interview with Michael Hara, 2024.

5. Interview with David Kirk, 2024.

6. Interview with Curtis Priem, 2024.

7. Interview with Dwight Diercks, 2024.

8. Interview with Dwight Diercks, 2024.

9. Interview with Rick Tsai, 2024.

10. Dean Takahashi, "Shares of Nvidia Surge 64% after Initial Public Offering," Wall Street Journal, January 25, 1999.

11. Interview with Kenneth Hurley, 2024.

12. Takahashi, "Shares of Nvidia Surge."

13. Dean Takahashi, Opening the Xbox: Inside Microsoft's Plan to Unleash an Entertainment Revolution (Roseville, CA: Prima Publishing, 2002), 230.

14. Interview with Oliver Baltuch, 2023.

15. Takahashi, Opening the Xbox, 202.

16. Interview with George Haber, 2023.

17. Interview with Chris Diskin, 2024.

18. Interview with George Haber, 2023.

19. Interview with Curtis Priem, 2024

20. Interview with Michael Hara, 2024.

7. 지포스와 혁신기업의 딜레마

1. Clayton Christensen, The Innovator's Dilemma: When New Technologies Cause Great Firms to Fail (Boston, MA: Harvard Business School Press, 1997), 47.

2. Interview with Michael Hara, 2024.

3. Interview with Jeff Fisher, 2024.

4. Interview with Tench Coxe, 2023.

5. "Jensen Huang of Nvidia on the Future of A.I. | DealBook Summit 2023," New York Times, November 30, 2023, video, 19:54.

6. Interview with Nvidia employee, 2023.

7. Interview with Sanford Russell, 2024.

8. Interview with Dan Vivoli, 2024.

9. John D. Owens et al., "A Survey of General-Purpose Computation on Graphics Hardware," State of the Art Reports, Eurographics 2005, August 1, 2005.
   https://doi.org/10 .2312/egst.20051043.

10. Interview with David Kirk, 2024.

11. Interview with Jensen Huang, 2024.

12. Interview with two former Nvidia employees, 2023.

13. "Best Buy Named in Suit over Sam Goody Performance," New York Times, November 27, 2003.

14. Interview with Jensen Huang, 2024.

8. GPU의 시대, CUDA의 제국

1. Interview with David Kirk, 2024.
2. Interview with Jensen Huang, 2024.
3. Interview with Jensen Huang, 2024.
4. Ian Buck et al., "Brook for GPUs: Stream Computing on Graphics Hardware," ACM Transactions on Graphics 23, no. 3 (August 2004): 777– 86.
5. Interview with Andy Keane, 2024.
6. Anand Lal Shimpi, "Nvidia's GeForce 8800," Anandtech, November 8, 2006.
7. "A Conversation with Nvidia's Jensen Huang," Stripe Sessions 2024, April 24, 2024, video, 01:04:49.
8. "No Priors Ep. 13 | With Jensen Huang, Founder & CEO of NVIDIA," No Priors: AI, Machine Learning, Tech, & Startups, April 25, 2023, video. https://www.youtube.com/watch?v=ZFtW3g1dbUU.
9. Rob Beschizza, "nVidia G80 Poked and Prodded. Verdict: Fast as Hell," WIRED, November 3, 2006; Jon Stokes, "NVIDIA Rethinks the GPU with the New GeForce 8800," Ars Technica, November 8, 2006.
10. Interview with David Kirk, 2024.
11. Interview with Mark Berger, 2024.
12. Interview with Derik Moore, 2024.
13. "NVIDIA CEO Jensen Huang," Acquired, October 15, 2023, video, 49:42.
14. Interview with Amir Salek, 2023.

9. 탑5 이메일과 화이트보드

1. Nvidia Corporation, "Letter to Stockholders: Notice of 2010 Annual Meeting" (Santa Clara, CA: Nvidia, April 2010).
2. Interview with Dan Vivoli, 2023.
3. Interview with Anthony Medeiros, 2024.
4. Interview with Jensen Huang, 2024.
5. "In Conversation | Jensen Huang and Joel Hellermark," Sana AI Summit, June 29, 2023, video, 32:10.
6. "A Conversation with Nvidia's Jensen Huang," Stripe, May 21, 2024, video, 11:06.
7. Interview with Tench Coxe, 2023.
8. Interview with Oliver Baltuch, 2023.
9. Interview with Andy Keane, 2024.

10. Interview with Jensen Huang, 2024.

11. Interview with Simona Jankowski, 2024.

12. Interview with Jay Puri, 2024.

13. Interview with Jensen Huang, 2024.

14. Interview with Robert Csongor, 2023.

15. Interview with Michael Douglas, 2024.

16. Interview with Michael Douglas, 2023.

17. Interview with John McSorley, 2023.

18. Interview with former Nvidia employee, 2024.

19. Interview with Mark Berger, 2024.

20. Interview with Jay Puri, 2024.

21. Interview with David Ragones, 2024.

22. Interview with Michael Douglas, 2024.

23. Interview with Jensen Huang, 2024.

10. 엔지니어의 뇌를 가진 경영자

1. Carl Icahn, "Beyond Passive Investing," Founder's Council program, Greenwich Roundtable, April 12, 2005.

2. Walt Mossberg, "On Steve Jobs the Man, the Myth, the Movie," Ctrl- Walt- Delete Podcast, October 22, 2015.

3. Interview with former Nvidia employee, 2024.

4. Interview with Tench Coxe, 2023.

5. Interview with Ali Simnad, 2024.

6. Interview with Leo Tam, 2023.

7. Interview with Kevin Krewell, 2024.

8. "In Conversation | Jensen Huang and Joel Hellermark," Sana AI Summit, June 29, 2023, video, 29:20.

9. "Jen-Hsun Huang," Stanford Online, June 23, 2011, video, 32:41.

10. "Jen-Hsun Huang," Oregon State University, February 22, 2013, video, 1:15:58.

11. Interview with Tench Coxe, 2023.

12. Interview with Jeff Fisher, 2023.

13. Interview with Bryan Catanzaro, 2024.

14. Maggie Shiels, "Nvidia's Jen-Hsun Huang," BBC, January 14, 2010.

15. "Saturday's Panel: A Conversation with Jen-Hsun Huang (5/7)," Committee

of 100, May 18, 2007, video, 5:43.

16. "Jensen Huang— CEO of NVIDIA | Podcast | In Good Company | Norges Bank Investment Management," Norges Bank, November 19, 2023, video, 44:50.

17. Alexis C. Madrigal, "Paul Otellini's Intel: Can the Company That Built the Future Survive It?," The Atlantic, May 16, 2013.

18. Interview with Pat Gelsinger, 2023.

19. Mark Lipacis, "NVDA Deep- Dive Presentation," Jefferies Equity Research, August 17, 2023.

20. "Search Engine Market Share Worldwide," Statcounter. https://gs .statcounter .com/search -engine -market -share (accessed August 9, 2024).

11. AI 쇼크

1. William James Dally, "A VLSI Architecture for Concurrent Data Structures," PhD diss., California Institute of Technology, 1986.

2. Interview with David Kirk, 2024.

3. Brian Caulfield, "What's the Difference Between a CPU and a GPU?," Nvidia Blog, December 16, 2009.

4. "NVIDIA: Adam and Jamie Explain Parallel Processing on GPU's," Artmaze1974, September 15, 2008, video.

5. John Markoff, "How Many Computers to Identify a Cat? 16,000," New York Times, June 26, 2012.

6. Interview with Bill Dally, 2024.

7. Adam Coates et al., "Deep Learning with COTS HPC Systems," in Proceedings of the 30th International Conference on Machine Learning, Proceedings of Machine Learning Research, vol. 28, cycle 3, ed. Sanjoy Dasgupta and David McAllester (Atlanta, GA: PMLR, 2013), 1337- 45.

8. Jensen Huang, "Accelerating AI with GPUs: A New Computing Model," Nvidia Blog, January 12, 2016.

9. Interview with Bill Dally, 2024.

10. Coates et al., "Deep Learning with COTS HPC Systems," 1338.

11. Coates et al., "Deep Learning with COTS HPC Systems," 1345.

12. Interview with Bill Dally, 2024.

13. Interview with Bryan Catanzaro, 2024.

14. Dave Gershgorn, "The Data That Transformed AI Research— and Possibly

the World," Quartz, July 26, 2017.

15. Jessi Hempel, "Fei- Fei Li's Quest to Make AI Better for Humanity," WIRED, November 13, 2018.

16. Gershgorn, "The Data That Transformed AI Research."

17. Interview with Bill Dally, 2024.

18. Interview with Bryan Catanzaro, 2024.

19. Interview with Bryan Catanzaro, 2024.

20. Interview with Bryan Catanzaro, 2024.

21. Interview with Bryan Catanzaro, 2024.

22. "NVIDIA Tesla V100: The First Tensor Core GPU," Nvidia. https://www.nvidia .com/engb/data -center/tesla -v100/ (accessed August 13, 2024).

23. Interview with Bill Dally, 2024.

24. "No Priors Ep. 13 | With Jensen Huang, Founder & CEO of NVIDIA," No Priors: AI, Machine Learning, Tech, & Startups, April 25, 2023, video, 16:19. https://www .youtube .com/watch?v=ZFtW3g1dbUU.

25. "Q3 2024 Earnings Call," Nvidia, November 21, 2023.

12. 헤지펀드와 멜라녹스

1. Michael J. de la Merced, "A Primer on Starboard, the Activist That Pushed for a Staples- Office Depot Merger," New York Times, February 4, 2015.

2. "Transforming Darden Restaurants," Starboard Value, PowerPoint presentation, September 11, 2014.

3. William D. Cohan, "Starboard Value's Jeff Smith: The Investor CEOs Fear Most," Fortunate, December 3, 2014.

4. Darden Restaurants, "Darden Addresses Inaccurate and Misleading Statements by Starboard and Provides the Facts on Value Achieved with Red Lobster Sale," press release, August 4, 2014.

5. Myles Udland and Elena Holodny, "Hedge Fund Manager Publishes Dizzying 294- Slide Presentation Exposing How Olive Garden Wastes Money and Fails Customers," Business Insider, September 12, 2014.

6. "Transforming Darden Restaurants," Starboard Value, 6- 7.

7. Interview with Jeff Smith, 2024.

8. Starboard Value letter to Mellanox Technologies, Ltd., January 8, 2017.

9. Interview with Jay Puri, 2024.

13. 빛의 문샷

1. Interview with David Luebke, 2024.
2. Interview with Bryan Catanzaro, 2024.
3. Interview with Jensen Huang, 2024.
4. Jordan Novet, "Google A.I. Researcher Says He Left to Build a Startup after Encountering 'Big Company- itis,' " CNBC, August 17, 2023.

14. 빅뱅

1. John Markoff, "At Google, Earnings Soar, and Share Price Follows," New York Times, October 22, 2004.
2. Ben Popper, "Facebook's Q2 2013 Earnings Beat Expectations," The Verge, July 24, 2013.
3. Interview with Colette Kress, 2023.
4. Interview with Jeff Fisher, 2024.
5. Interview with Simona Jankowski, 2024.
6. Dave Salvator, "H100 Transformer Engine Supercharges AI Training, Delivering Up to 6x Higher Performance without Losing Accuracy," Nvidia Blog, March 22, 2022.
7. "No Priors Ep. 13 | With Jensen Huang, Founder & CEO of NVIDIA," No Priors: AI, Machine Learning, Tech, & Startups, video, 16:51. https://www .youtube .com/watch?v=ZFtW3g1dbUU.
8. Interview with Jay Puri, 2024.
9. Interview with former Nvidia executive, 2024.
10. Interview with Ross Walker, 2024.
11. "Jen-Hsun Huang," Stanford Online, June 23, 2011, video, 9:25.
12. "Dean's Speaker Series | Jensen Huang Founder, President & CEO, NVIDIA," Berkeley Haas, January 31, 2023, video, 49:25.
13. "Download Day 2024 — Fireside Chat: NVIDIA Founder & CEO Jensen Huang and Recursion's Chris Gibson," Recursion, June 24, 2024, video, 1:32.
14. Kimberly Powell Q&A interview by analyst Harlan Sur, 42nd Annual J.P. Morgan Healthcare Conference, San Francisco, CA, January 8, 2024.
15. Interview with Gevorg Grigoryan, 2024.
16. "Nvidia CEO," HBR IdeaCast, November 14, 2023.
17. Brian Caulfield, "AI Is Tech's 'Greatest Contribution to Social Elevation,' NVIDIA CEO Tells Oregon State Students," Nvidia Blog, April 15, 2024.

에필로그

1. Paul Graham, "What Happened to Yahoo," PaulGraham.com, August 2010.

2. Nvidia Corporation, "NVIDIA Corporate Responsibility Report Fiscal Year 2023" (Santa Clara, CA: Nvidia), 16.

3. Interview with Ben de Waal, 2023.

4. Interview with Dwight Diercks, 2024.

5. Interview with David Kirk, 2024.

6. Interview with Li- Yi Wei, 2024.

7. Interview with Anthony Medeiros, 2024.

8. Interview with Jay Puri, 2024.

9. Interview with Anthony Medeiros, 2024.

10. Interview with Peter Young, 2024.

11. Interview with Jeff Fisher, 2024.

12. Interview with Shantanu Narayen, 2024.

13. Interview with Bryan Catanzaro, 2024.

14. Interview with Jeff Fisher, 2024.

15. Interview with Curtis Priem, 2024.

옮긴이 | **김정민**

서울대학교 컴퓨터공학과를 졸업하고 SK텔레콤에서 소프트웨어 엔지니어로 근무했다. 변호사 자격을 취득하고 현대자동차, 헬스케어 회사, 블록체인 회사 등을 거쳐 특허, 저작권, 영업비밀, 개인정보, 기술전략, 규제대응 그 외 폭넓은 영역에서 다양한 기술 및 법률자문을 제공하고 있다. 옮긴 책으로는《기계의 반칙》,《기계는 어떻게 생각하고 학습하는가》,《컴퓨터 프로그램의 구조와 해석》,《소프트웨어 개발의 지혜》등이 있다.

엔비디아 레볼루션

초판 1쇄 발행   2025년 3월 18일

지은이 태 킴
옮긴이 김정민
감수한이 김상균

책임편집 이정아
마케팅 이주형
기획편집 오민정, 이상화, 윤지윤
제작 357 제작소

펴낸이 이정아
펴낸곳 (주)서삼독
출판신고 2023년 10월 25일 제 2023-000261호
이메일 info@seosamdok.kr

© 태 킴
ISBN 979-11-93904-30-5 (03320)

서삼독은 작가분들의 소중한 원고를 기다립니다. 주제, 분야에 제한 없이 문을 두드려주세요.
info@seosamdok.kr로 보내주시면 성실히 검토한 후 연락드리겠습니다.